DCG 11

Contrôle de gestion

TOUT L'ENTRAÎNEMENT

Claude ALAZARD
Agrégée d'économie et de gestion
Professeur en classes préparatoires au DCG

Sabine SÉPARI
Agrégée d'économie et de gestion
Docteur en sciences de gestion
Maître de conférences à l'ENS Cachan

2e édition

DUNOD

ISBN 978-2-10-056022-6

ISSN 1269-8792

Table des matières

PARTIE 1
Mise en œuvre du contrôle de gestion

Thème 1 – Gestion par les coûts

Thème 2 – Gestion de la structure

1 PARTIE

MISE EN ŒUVRE DU CONTRÔLE DE GESTION

1 THÈME

Gestion par les coûts

CHAPITRE 1

Thème 1 – Gestion par les coûts

Méthode des centres d'analyse

Rappel de cours

La comptabilité de gestion est conçue pour :

– analyser le « résultat général » et le décomposer en « résultats élémentaires » par activité ou par produit afin de permettre des contrôles de rendement et de rentabilité ;

– fournir à la comptabilité financière des bases d'évaluation de certains éléments d'actifs (stocks et production d'immobilisations).

1. Les charges, éléments constitutifs des coûts

La comptabilité financière est fortement influencée par des considérations juridiques et fiscales. La comptabilité de gestion peut (et doit) se libérer de ces influences et privilégier au maximum une approche économique des phénomènes.

1.1 Nature des charges incorporables

En principe, **toutes les charges enregistrées** dans un compte de la classe 6 en comptabilité financière sont incorporables aux coûts sauf celles qui répondent à un des critères suivants.

a) Les charges non incorporables

Ces charges dites « **non incorporables** » sont :

– des charges sans rapport direct avec l'activité de l'entreprise ;

– des charges qui ne relèvent pas de l'exploitation courante ;

– des charges qui n'ont pas le caractère de charges.

Ainsi, la comptabilité de gestion ne retient pas certaines charges. Parmi celles qui sont incorporables, elle considère que, pour certaines, leur montant doit être « recalculé ».

b) Les charges calculées

Ce sont des charges incorporées aux coûts pour un montant différent de celui pour lequel elles figurent dans la comptabilité financière.

➤ *Les charges d'usage*

Les charges d'usage se substituent aux dotations aux amortissements de la comptabilité financière. Les charges d'usage diffèrent des amortissements sur trois points essentiels :

- la **base amortissable** d'une immobilisation doit être sa valeur actuelle (fondée sur le prix du marché) ;
- la **durée d'amortissement** doit être une durée probable d'utilisation ;
- la **charge d'usage** reste incorporée aux coûts tant que l'immobilisation reste en service.

La charge d'usage ainsi calculée est prise en compte dans les charges incorporables et crée des différences d'incorporation positives ou négatives.

➤ *Les charges étalées*

Les charges étalées se substituent aux dotations aux provisions de la comptabilité financière.

Les provisions pour risques et charges anticipent des dépenses de gestion courante parfaitement intégrables aux coûts mais leurs montants importants et irréguliers d'un exercice à l'autre entraînent des variations sensibles dans les résultats obtenus. C'est pourquoi la comptabilité de gestion retient des charges étalées, c'est-à-dire une dotation moyenne qui permet de lisser les coûts.

➤ *Les charges abonnées*

L'abonnement des charges permet d'intégrer aux coûts des charges incorporables de la comptabilité financière selon une périodicité différente de leur périodicité d'apparition.

c) Les charges supplétives

Ce sont des charges incorporées aux coûts, bien qu'elles ne figurent pas en comptabilité financière pour ces raisons juridiques et fiscales :

- **la rémunération conventionnelle des capitaux propres :** la rémunération des capitaux nécessaires à l'exploitation doit être prise en compte dans le calcul des coûts, quelle que soit leur nature : fonds propres ou ressources empruntées ;
- **la rémunération du travail de l'exploitant.**

En résumé, les charges incorporables peuvent être illustrées par le schéma suivant :

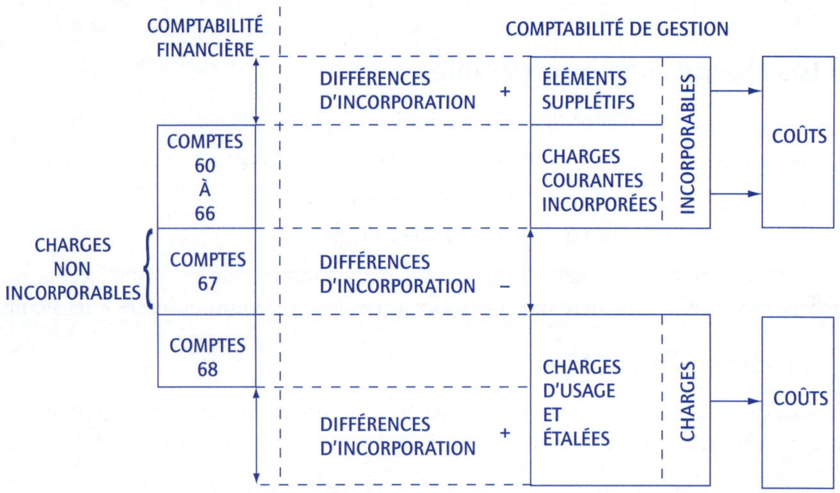

1.2 Le traitement des charges indirectes

Les charges sont dites « **directes** » lorsque l'on peut les affecter **sans ambiguïté et sans calcul préalable** au coût d'un produit ou d'un établissement : ce sont des charges dont la destination est connue.

Les charges indirectes sont donc définies *a contrario*. Elles obligent, pour connaître leur destination, à des calculs préalables dans les **centres d'analyse.**

Le cheminement des différentes charges vers les coûts peut être schématisé de la façon suivante :

AFFECTATION DES CHARGES

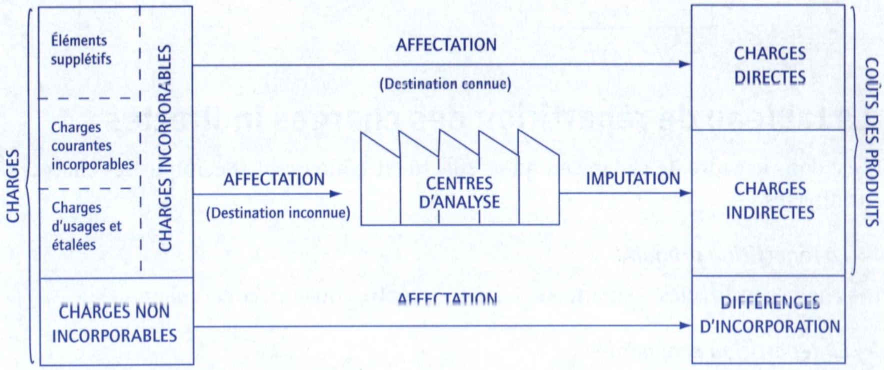

a) Les centres d'analyse

Un centre d'analyse est « **une subdivision comptable de l'entreprise où sont analysés et regroupés les éléments de charges indirectes préalablement à leur imputation aux coûts** ».

Deux critères procèdent à la définition des centres d'analyse :

- ils doivent correspondre autant que possible à une **division réelle** de l'entreprise ou à l'exercice d'une responsabilité ;
- les charges totalisées dans un centre doivent avoir un **comportement commun** de telle sorte qu'il soit possible de déterminer une unité de mesure de l'activité de chaque centre.

b) Les unités de mesure d'activité

Les **unités d'œuvre** représentent l'unité de mesure de l'activité des différents centres.

Elles permettent de :

- fractionner le coût d'un centre d'analyse et d'obtenir un coût par **unité d'œuvre** ;
- d'imputer une fraction du coût d'un centre d'analyse à un coût de produit à partir du nombre d'unités d'œuvre consommées par la fabrication de ce produit.

c) Classification des centres d'analyse

La classification et le mode de fonctionnement des centres d'analyse peuvent s'exprimer de la façon suivante :

TYPES ET FONCTIONNEMENT DES CENTRES D'ANALYSE

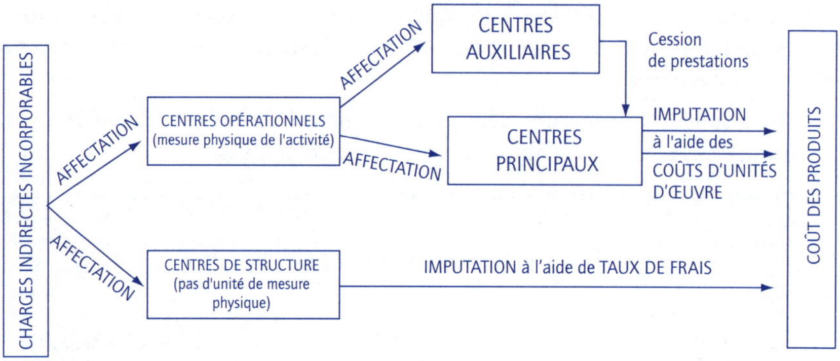

1.3 Le tableau de répartition des charges indirectes

C'est dans le cadre de ce tableau que s'effectue le traitement spécifique des charges dites « indirectes ».

➤ *La répartition primaire*

Les charges indirectes sont affectées dans les centres qu'elles concernent.

➤ *La répartition secondaire*

Il s'agit de répartir le total de la répartition primaire des centres auxiliaires dans le coût des centres principaux au profit de qui ils fonctionnent.

Cette cession de charges peut s'effectuer selon deux méthodes :

- par une **mesure réelle des prestations fournies ;**
- par une **estimation plus ou moins arbitraire** des prestations fournies aux centres principaux ; on utilise alors une clé de répartition.

Par définition, les centres auxiliaires travaillent au profit des centres principaux. En conséquence, la répartition secondaire conduit à vider les centres auxiliaires des charges qui y étaient affectées.

Il s'agit seulement d'une redistribution des charges entre les centres. C'est pourquoi le total de la répartition secondaire doit toujours rester égal au total de la répartition primaire.

➤ *Le calcul du coût des unités d'œuvre*

Le total de la répartition secondaire de chaque centre d'analyse est fractionné en un coût unitaire en fonction du nombre d'unités d'œuvre de chaque centre.

Chaque produit recevra une proportion de charges indirectes qui sera fonction des unités d'œuvre qui auront été nécessaires à sa production.

CAS 1 & 2

2. Du coût d'achat au coût de revient

2.1 L'organisation générale de la méthode

La constitution des coûts par étapes fait apparaître :

- un ou des coûts d'approvisionnement ou d'achat ;
- des coûts de production ;
- des coûts de distribution.

L'obtention du coût de revient des produits se fait par intégration successive des différents coûts selon un procédé s'apparentant au mécanisme des « poupées gigognes » :

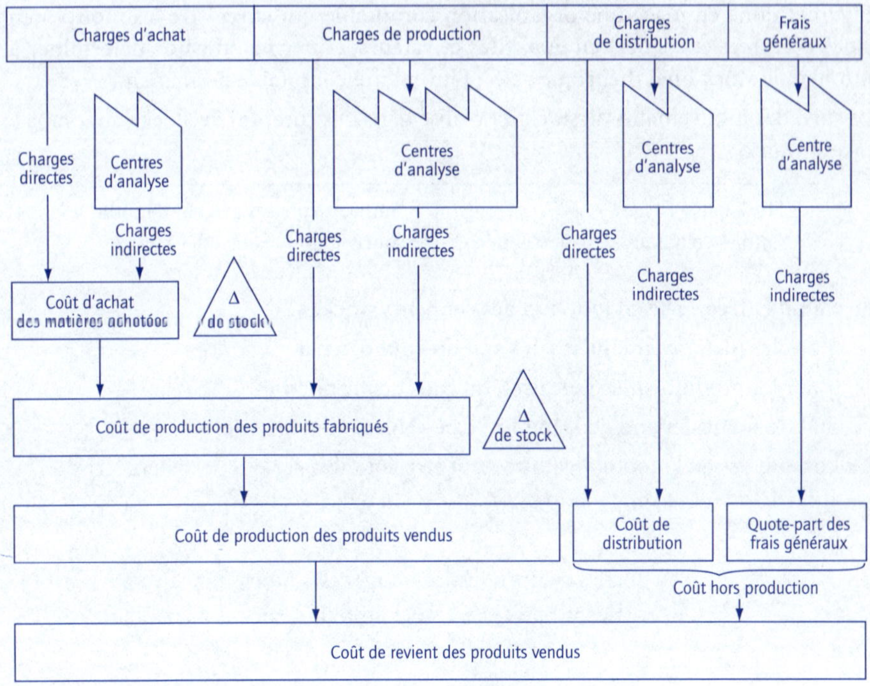

2.2 Le coût d'achat

Le coût d'achat est un coût qui regroupe les charges relatives à la fonction approvisionnement de l'entreprise.

Il faut calculer un coût d'achat pour chaque type d'éléments approvisionnés dont on désire suivre le niveau des stocks.

Le coût d'achat est constitué des charges directes et indirectes d'approvisionnement.

Les **charges directes** sont :

- les achats nets valorisés hors taxes ;
- les frais directs d'achats, à savoir les transports, les droits de douane, commissions et courtages.

Les **charges indirectes** sont essentiellement les coûts des centres d'analyse d'approvisionnement.

Le calcul des coûts d'achat a pour objectif de déterminer le coût d'entrée en stock des différentes matières qui vont faire l'objet d'un suivi particulier par la méthode de l'inventaire permanent.

2.3 L'inventaire permanent

C'est une organisation comptable qui permet, par la tenue de comptes de stocks, le suivi et la valorisation des mouvements des éléments stockés.

La comptabilité de gestion se doit de calculer les coûts selon une périodicité rapprochée (souvent le mois).

Elle met donc en place une **organisation comptable qui enregistre les mouvements de stocks** (entrées et sorties) **en quantités et valeurs, et permet ainsi de déterminer à tout moment le stock final théorique** : c'est l'inventaire comptable permanent.

Le suivi des mouvements de stock est réalisé dans des comptes de stocks qui ont la structure suivante :

• Stock initial • Entrées valorisées au coût d'entrée	• Sorties valorisées au coût de sortie • Stock final

Le **coût d'entrée varie en fonction des éléments stockés** :

- pour les matières premières, il s'agit du coût d'achat ;
- pour les produits intermédiaires, du coût de production.

Le **coût de sortie dépend de la méthode de valorisation choisie.**

Un compte de stock doit obligatoirement être équilibré, ce qui permet d'écrire :

$$\text{Stock initial} + \text{Entrées} = \text{Sorties} + \text{Stock final}$$

d'où l'on tire :

$$\text{Sorties} = \text{Stock initial} + \text{Entrées} - \text{Stock final}$$
$$\text{Sorties} = \text{Entrées} + (\text{Stock initial} - \text{Stock final})$$

ou encore :

$$\text{Sorties} = \text{Entrées} + (\text{Variation de stock})$$

La valorisation des sorties ne s'effectue qu'en fin de période en calculant le **coût unitaire moyen pondéré** par les quantités des éléments en stock, selon la formule :

$$\text{CUMP} = \frac{\text{Valeur du stock initial} + \text{Valeur des entrées de la période}}{\text{Stock initial en quantités} + \text{Entrées en quantités}}$$

2.4 Le coût de production

Le nombre de coûts à calculer dépend de la complexité du processus de fabrication de l'entreprise et de la nature des produits apparaissant au cours de ce processus.

a) Les produits obtenus

En fonction de son niveau d'élaboration, seront distingués :

– le **produit fini** : produit qui a parcouru la totalité du cycle de fabrication et a atteint un stade d'achèvement complet (par rapport à ce processus) ;
– le **produit intermédiaire** : produit qui a terminé certaines phases du processus de fabrication mais n'a pas encore effectué la totalité du cycle de fabrication. Il peut être stocké ou livré en direct à l'atelier suivant. On parle aussi de produit semi-fini ou de produit semi-œuvré ;
– l'**encours de fabrication** : produit qui, au moment du calcul des coûts, n'a pas terminé une phase du cycle de production : il est encore en atelier. Chaque cycle peut donc avoir des encours. Par principe, il est admis que ces encours sont terminés en priorité à la période suivante ;
– le **sous-produit** : produit qui apparaît du fait de la production du produit principal : produire de la farine (produit principal) oblige à l'apparition de son (sous-produit) ;
– les **produits résiduels** : ce sont, soit des déchets, soit des rebuts :
  • **déchets** quand il s'agit de résidus de fabrication qui résultent du processus normal de production ;
  • **rebuts** pour des produits finis ou intermédiaires qui ne répondent pas aux normes exigées.

b) Les composantes du coût

Le coût de production est constitué des charges directes et indirectes de production.

Les **charges directes de production** sont :

– matières, produits et emballages de conditionnement valorisés au coût de sortie du stock ou au coût d'achat pour les articles qui ne sont pas stockés ;
– les frais directs de production, essentiellement le coût de la main-d'œuvre directe des ateliers.

Les **charges indirectes** sont les coûts des centres d'analyse de production : usinage, montage, finition. Le coût des centres est imputé d'après les unités d'œuvre utilisées pour réaliser le produit.

c) Les encours de production

La difficulté soulevée par l'intégration du coût des encours dans le coût de production du produit peut s'exprimer par le schéma suivant :

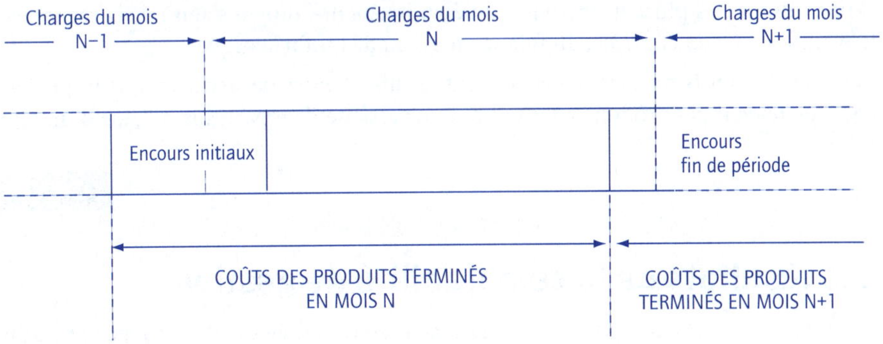

Le décalage entre le coût de production de la période (charges d'un mois) et le coût de production des produits finis sur la période oblige à établir la règle suivante :

	Charges de production de la période N (charges du mois N)
+	Coût de production des encours initiaux (commencés en N–1)
–	Coût de production des encours de fin de période (terminés en N+1)
=	Coût de production des produits terminés en période N

À chaque fin de période, il faut donc évaluer les encours de production qui subsistent dans les ateliers de fabrication.

2.5 Le coût de revient

Un coût de revient est calculé par type de produits vendus.

Un coût de revient est composé :

- du coût de production des produits vendus ;
- des coûts hors production eux-mêmes constitués par :
  - le coût de distribution,
  - une quote-part du coût des centres de structure.

a) Le coût de distribution

C'est un coût **autonome** qui globalise les charges relatives aux différentes opérations de distribution. Comme tous les coûts, il peut être composé de :

- **charges directes** : frais de personnel, de publicité et des emballages de conditionnement consommés dans la mesure où ils n'ont pas été intégrés dans les charges indirectes ;
- **charges indirectes** : coût des centres de distribution (études de marché, magasinage, après-vente, etc.).

b) Quote-part des charges des centres de structure

Certaines fonctions restent spécifiques à l'entité économique qu'est l'entreprise, ou encore sont communes à plusieurs activités ou établissements. Il peut s'agir : de la recherche, de la planification, du contrôle, du financement ou de l'informatique.

Ces charges sont regroupées dans des centres dits « **centre de structure** » et imputées aux coûts de revient des produits au prorata d'une assiette de répartition à l'aide d'un taux de frais.

CAS 3 & 4

3. Les résultats de la comptabilité de gestion

Il est nécessaire de distinguer les « **résultats analytiques élémentaires** » par produits du « **résultat de la comptabilité de gestion** ».

3.1 Les résultats analytiques

Un **résultat analytique élémentaire** se calcule par type de produit vendu. Ce résultat est obtenu en faisant la différence entre :

– les **produits d'exploitation** relatifs au produit vendu, c'est-à-dire son chiffre d'affaires ;

– et le **coût de revient** de ce même produit.

Dans une première approche, le **résultat de la comptabilité de gestion** peut être considéré comme la somme des résultats analytiques élémentaires.

Ce résultat doit coïncider avec celui de la comptabilité financière calculé sur la même période.

L'égalité recherchée n'est pas obtenue spontanément car les **modes de traitement** des charges et des produits diffèrent dans les deux approches : il existe des différences de traitement comptable.

La prise en compte de ces différences doit permettre d'obtenir l'égalité recherchée, à savoir :

Somme des résultats analytiques élémentaires
+ ou – Différence de traitement comptable
= Résultat de la comptabilité de gestion

qui doit être identique au résultat de la comptabilité financière.

3.2 Les différences d'incorporation

Il s'agit de différences entre charges et produits incorporés par la comptabilité de gestion par rapport à ceux pris en compte par la comptabilité financière.

a) Différences sur amortissements et dépréciations

Il est possible de substituer aux dotations aux amortissements, aux dépréciations et aux provisions de la comptabilité financière des charges spécifiques de la comptabilité de gestion. Ce sont :

– les charges d'usage pour les dotations aux amortissements ;

– les charges étalées pour les dotations aux provisions pour risques et charges.

Dans le cas où les charges d'usage et étalées sont supérieures aux dotations de la comptabilité financière, l'influence sur le résultat analytique peut se résumer par le schéma suivant :

Différence d'incorporation sur amort. et dépréciations	⇒ Coûts ↗	⇒ Résultat analytique ↘	⇒ Différence à ajouter

b) Différences pour éléments supplétifs

Les éléments supplétifs sont des charges spécifiques au traitement analytique.

Ces éléments supplétifs s'effectuent au moment de l'affectation des charges indirectes dans les centres d'analyse.

Les charges des centres sont majorées, donc également les coûts dans lesquels elles sont reversées. Le résultat analytique est diminué par rapport à celui de la comptabilité financière. Dans la démarche de rapprochement, il faut ajouter la différence sur éléments supplétifs au résultat analytique pour retrouver celui de la comptabilité générale.

Différence d'incorporation sur éléments supplétifs	⇒	Coûts ↗	⇒	Résultat analytique ↘	⇒	Différence à ajouter

L'influence des éléments supplétifs sur le résultat de la comptabilité de gestion est toujours le même.

c) Différences d'incorporation sur produits

Certains produits de la comptabilité financière ne sont pas pris en compte en comptabilité de gestion. Ils font apparaître des différences d'incorporation sur produits. Il s'agit principalement des produits exceptionnels.

Dans le cadre de la concordance, l'influence de ces différences d'incorporation est directe et unique.

Différence d'incorporation sur produits	⇒	Produits ↘	⇒	Résultat analytique ↘	⇒	Différence à ajouter

3.3 Différences d'inventaire constatées

La pratique de l'inventaire permanent permet à tout moment de connaître l'existence théorique en stock. Le Plan comptable impose, au minimum, un dénombrement physique des existants réels à la fin de l'exercice.

La non-concordance entre l'existant théorique et l'existant réel fait apparaître des différences de quantités appelées « Différences d'inventaire ».

Les causes de ces différences peuvent être multiples :

- des mesurages approximatifs ;
- des erreurs de suivi administratif ;
- des vols ou détériorations de manutention.

L'entreprise doit faire apparaître le stock final pour la **quantité réellement dénombrée** et redresse le stock théorique mais ne corrige pas les coûts calculés.

Les différences d'inventaire sont de deux sortes :

Stock réel < Stock théorique	⇒	Il s'agit d'un mali d'inventaire traité comme une sortie fictive
Stock réel > Stock théorique	⇒	Il s'agit d'un boni d'inventaire traité comme une entrée fictive

L'influence sur les coûts peut s'analyser ainsi :

Boni d'inventaire	⇒	Coûts ↗	⇒	Résultat analytique ↘	⇒	Différence à ajouter

En cas de mali d'inventaire, la consommation de produits est minorée et son influence sur la concordance est inverse.

Mali d'inventaire	⇒	Coûts ↘	⇒	Résultat analytique ↗	⇒	Différence à déduire

CAS 5 & 6

Tests de connaissances

(*Plusieurs réponses possibles par question*)

1 Les charges étalées sont :

- ❑ *A* des charges de la CG[1] directement incorporables aux coûts
- ❑ *B* des charges de la CG non incorporables du fait de leur caractère excessivement juridique
- ❑ *C* des charges de la CG recalculées du fait de leur variation importante d'un exercice à l'autre
- ❑ *D* assimilables à des éléments supplétifs

2 Les charges abonnées sont :

- ❑ *A* des charges de CG prises en compte par la CA[2] pour leur montant exact mais sur une périodicité différente
- ❑ *B* des charges de CG dites calculées pour tenir compte de la périodicité propre aux calculs des coûts.
- ❑ *C* la prise en compte de tous les frais d'abonnement de la société
- ❑ *D* des charges de la CG incorporables selon une périodicité différente de celle de leur apparition

3 Dans la méthode des centres d'analyse, les prestations réciproques posent un problème pour :

- ❑ *A* l'imputation des charges des centres principaux aux différents produits
- ❑ *B* la détermination des coûts des unités d'œuvre des centres auxiliaires
- ❑ *C* la détermination du nombre d'unités d'œuvre des centres de structure
- ❑ *D* la détermination du montant des frais de chaque centre auxiliaire à répartir

4 Le loyer d'une machine utilisée par un atelier et servant à la fabrication de 3 produits est :

- ❑ *A* un coût variable direct par rapport à l'atelier et aux produits
- ❑ *B* un coût fixe direct par rapport à l'atelier et indirect par rapport aux produits
- ❑ *C* un coût semi-direct
- ❑ *D* un coût fixe indirect par rapport à l'atelier et aux produits

5 Les charges supplétives sont :

- ❑ *A* des charges inscrites en CA pour un montant différent de celui qui figure en CG
- ❑ *B* des charges figurant en CA mais non inscrites en CG
- ❑ *C* des charges estimées forfaitairement aux lieux et place de consommations réelles de ressources
- ❑ *D* des charges qui doivent être rajoutées au résultat analytique dans une démarche de concordance

(1) CG : Comptabilité générale ou financière.
(2) CA : Comptabilité analytique ou de gestion.

6 Dans la méthode des centres d'analyse, un centre d'analyse est obligatoirement :

- ❑ *A* une division réelle de l'entreprise
- ❑ *B* un centre de reclassement des coûts qui peuvent être rapportés à une unité commune
- ❑ *C* un compartiment comptable comprenant un seul type de coût
- ❑ *D* une subdivision de l'entreprise dont les tâches sont voisines

7 Les coûts hors production comprennent :

- ❑ *A* uniquement les coûts de distribution
- ❑ *B* le coût de production des produits vendus et le coût de distribution
- ❑ *C* le coût de distribution et une quote-part des frais des centres de structure
- ❑ *D* des coûts autonomes et indépendants du coût de production

8 Une différence d'inventaire exprimant une perte de matière est synonyme :

- ❑ *A* d'un mali d'inventaire
- ❑ *B* d'un boni d'inventaire
- ❑ *C* doit être ajoutée aux résultats analytiques élémentaires dans une démarche de concordance
- ❑ *D* doit être soustraite aux résultats analytiques dans une démarche de concordance

9 Lors d'une opération de production, un déchet apparaît qui est vendu sans bénéfice après un traitement spécifique dans un atelier spécialisé. Pour une période donnée, il a été produit 8 tonnes de déchets, il a été traité 8 tonnes de déchets et il en a été vendu 10 tonnes...

Le prix de vente de la tonne est de 1 000 €. Les charges totales de l'atelier spécialisé sont les suivantes : matières consommables = 800 € ; main-d'œuvre = 2 200 € ; charges indirectes = 4 000 €. L'influence du déchet sur le coût de production du produit principal est de :

- ❑ *A* – 1 000
- ❑ *B* – 7 000
- ❑ *C* + 3 000
- ❑ *D* – 3 000
- ❑ *E* + 7 000

10 Soient les informations suivantes : charges de la comptabilité financière = 110 000 € ; charges non incorporables = 2 000 € ; coût de revient des produits vendus = 150 000 € ; matières consommables indirectes = 7 500 € ; montant des ventes = 180 000 € ; encours de fin de période = 6 500 € ; charges supplétives = 1 000 € ; différence d'inventaire (mali) = 500 €.

Le résultat de la comptabilité de gestion est de :

- ❑ *A* 29 500
- ❑ *B* 28 500
- ❑ *C* 32 000
- ❑ *D* 33 500
- ❑ *E* 31 500

Pour bien comprendre les définitions et les analyses sur ces points, se référer au chapitre 3 du ***Manuel DCG 11, Contrôle de gestion*****, Dunod Éditeur.**

Exercices d'application

CAS 1 ENTREPRISE TOURTO

Niveau ✶[1] **Thème : tableau de répartition des charges indirectes**

L'entreprise Tourto fabrique, à partir de sous-produits de farine d'origines diverses (blé, seigle, avoine...) et de compléments vitaminés, des aliments pour les élevages de volailles (poules, canards), commercialisés sous forme deux formes :

- des sacs de billes de 50 kg à distribuer à la volée ;
- une base alimentaire sous forme de tourteaux de 25 kg à diluer en bouillie.

Les sous-produits de farine sont achetés en grande quantité et sont dirigés vers un processus de production organisé en 4 étapes. Seule la dernière étape diffère selon le type de produit à obtenir :

1 – lavage et tri des matières dans l'atelier 1 ; ces deux opérations entraînent une perte de poids globale de 10 % de la matière traitée ;

2 – malaxage dans l'atelier 2 ;

3 – étuvage dans l'atelier 3 d'où une nouvelle perte de poids de 4 % de la matière mise à étuver. Cette préparation est ensuite stockée en silo avant d'être conditionnée à la demande ;

4 – finition billes : granulation et ensachage dans l'atelier 4 d'où une dernière perte de poids évaluée à 2 % ;

5 – finition tourteaux : compactage de la matière étuvée. Cette opération n'a pas d'impact sur le poids des aliments traités.

La consommation des composants vitaminés est traitée comme une charge indirecte compte tenu du faible rapport de poids entre ces composants et celui des tonnages de sous-produits traités.

Tableau de répartition des charges indirectes

	Total	Énergie	Entretien	Stockage	Atelier 1	Atelier 2	Atelier 3	Atelier 4	Atelier 5
Totaux primaires	?	9 882	7 452	6 318	17 400	5 805	28 779	?	6 259
Énergie		-	20 %	-	30 %	30 %	10 %	5 %	5 %
Entretien		15 %	-	10 %	25 %	20 %	20 %	10 %	10 %
Unités d'œuvre				1 tonne manipulée	1 tonne traitée	1 tonne traitée	1 tonne obtenue	Sac obtenu	Tourteau produit

L'unité d'œuvre « tonne manipulée » concerne les tonnages de matières achetées et les tonnages de produits finis fabriqués.

Les informations suivantes relatives au mois de mai ont été rassemblées :

- achat de sous-produits de farine : 54 tonnes ;
- consommations de matières : 42 tonnes sont entrées dans l'atelier 1 ;
- production de billes en sacs : 510 sacs ;
- production de tourteaux de 25 kg : 648 tourteaux ;
- compléments vitaminés : entrées en stock : 43 750 €, variation de stock : + 11 850 €, pas de différence d'inventaire constatée ;
- charges indirectes : les charges inscrites en comptabilité financière aux comptes 61 à 68 et qui peuvent être considérées comme charges incorporables et indirectes s'élèvent à un montant de 40 754 € ;

(1) Le nombre d'étoiles augmente avec la complexité (de 1 à 3 ✶)

mais :

– il faut tenir compte de la rémunération fictive, à 4 % l'an, du capital de l'entreprise qui s'élève à 1,2 million d'euros.

➲ Questions

1) Présenter un schéma des flux de produits entrant et sortant de chaque atelier.

2) Retrouver le montant total des charges indirectes. En déduire le montant des charges indirectes de l'atelier 4.

3) Terminer le tableau de répartition des charges indirectes.

CAS 2 SOCIÉTÉ DAGOR

Niveau ✶✶ **Thème : Charges incorporables en comptabilité de gestion**

La société Dagor vous fournit son compte de résultat résumé au 31 décembre pour que vous procédiez au calcul des charges à incorporer au titre de l'année.

Compte de résultat au 31 décembre

Achats stockés	300 000	Ventes de produits	825 000
Variation de stocks	– 25 000	Production stockée	56 000
Services extérieurs	21 000	Produits financiers	6 000
Autres services extérieurs	77 000	Produits exceptionnels	4 000
Impôts, taxes et versements assimilés	39 000		
Charges de personnel	147 000		
Autres charges de gestion courante	9 000		
Charges financières	31 000		
Charges exceptionnelles	46 000		
Dotations aux amortissements	112 000		
Dotations aux dépréciations	9 000		
Impôts sur les bénéfices	42 000		
Résultat de l'exercice	83 000		
	891 000		891 000

Les renseignements complémentaires suivants vous sont communiqués :

- Les charges exceptionnelles ne sont pas incorporables.
- Les dotations aux amortissements se décomposent ainsi :

– frais d'établissement : 3 000 ;

– installations techniques : 43 000. L'amortissement dégressif fiscal est pratiqué. Il correspond à la charge d'usage ;

– matériel informatique : 16 000. En dépit de l'amortissement dégressif retenu, la charge d'usage est sous-évaluée de 15 000 € compte tenu de l'obsolescence rapide de ces matériels ;

– matériel de transport : 50 000. Amortissement dégressif fiscal. La charge comptabilisée est surévaluée de 20 % par rapport à la charge d'usage calculée sur les km parcourus.

- Les dotations aux dépréciations :
- – pour dépréciation des stocks : 6 000. Une somme de 4 000 € correspond à une dépréciation exceptionnelle du stock de matières suite à un incendie. Les autres dépréciations sont normales compte tenu des conditions d'exploitation ;
- – pour dépréciation des clients : 3 000. Ces valeurs correspondent aux moyennes constatées jusqu'à présent dans cette entreprise et dans la profession.
- Le taux de placement pour les capitaux à long terme peut être évalué à 5 % annuel.

Les capitaux propres hors résultat de l'exercice de l'entreprise au 31/12 s'élèvent à 300 000 € dont 150 000 de capital social, 50 000 de primes d'émission et 100 000 de réserves. Une double augmentation de capital a eu lieu le 30 juin de l'année : incorporation de réserves pour 50 000 €, apports en numéraires 100 000 € dont la moitié en prime d'émission.

- La direction export de l'entreprise a été assurée pendant les 3 derniers mois de l'année par un stagiaire d'une grande école de commerce qui a perçu à ce titre une indemnite de 4 500 €. À compter du 1er janvier de l'année suivante, il est remplacé par un cadre payé 2 100 € brut, charges sociales patronales 1 000 € par mois.

➲ Questions

1) Déterminer précisément le montant des différences d'incorporation sur amortissements et dépréciations de l'exercice.

2) Déterminer le montant des différences d'incorporation pour éléments supplétifs de l'exercice.

3) Calculer le montant des charges incorporables en comptabilité de gestion au titre de l'année.

CAS 3 NAIRIN

Niveau ✶✶ **Thème : Coûts d'achat et de production – déchets**

L'entreprise Nairin est spécialisée dans la fabrication de plats cuisinés. Elle commercialise un nouveau produit « Saveurs lointaines ». Celui-ci est constitué de 3 ingrédients principaux (viandes, semoule et carottes). Après traitement, le produit résultant est immédiatement conditionné dans deux types de boîtes : un conditionnement de 400 g et un conditionnement de 800 g.

Dans un premier temps, la viande est préparée. Cette préparation fait apparaître 2 % de déchets de découpe qui doivent être évacués pour un coût de 2 € le kg. Une fois préparée, la viande est mélangée aux autres ingrédients et mise en cuisson : la cuisson fait perdre 10 % du poids global des matières premières utilisées. Le mode de fabrication permet de réaliser l'ensemble des travaux dans un même atelier. Le produit est ensuite stocké avant d'être vendu.

Les seules charges directes de la période concernent les achats de matières premières :

- 300 000 kg de viande pour 1 140 000 € ;
- 200 000 kg de semoule à 89 € les 100 kg ;
- 125 000 kg de carottes à 220 € les 100 kg.

Du compte de résultat et pour la même période sont extraites les données suivantes :

• services extérieurs :	115 000
• impôts, taxes et versements assimilés :	100 500
• charges de personnel :	240 000
• charges financières :	118 000
• charges exceptionnelles :	52 000
• dotations aux amortissements :	93 800

Le tableau de répartition des charges indirectes est le suivant :

	Total	Approvisionnement	Fabrication	Conditionnement	Distribution
Répartition secondaire	?	42 125	418 275	103 125	?
Nature unité d'œuvre		La tonne de matières achetées	La tonne de produits obtenus	1 000 boîtes conditionnées	1 000 € de CAHT

Le montant des charges supplétives est de 14 909 €.

En début de mois, les stocks initiaux représentent :

- viande : 10 000 kg pour un montant global de 40 100 €,
- semoule : 7 tonnes pour un montant de 6 412 €,
- carottes : 15 tonnes pour un montant de 33 955 €,
- plats en boîtes de 400 g : 24 500 unités pour un montant global de 20 815 €,
- plats en boîtes de 800 g : 22 000 unités pour un montant global de 32 780 €.

Les consommations de matières premières de la période considérée sont les suivantes : 300 000 kg de viande, 160 000 kg de semoule et 96 000 kg de carottes. Le coût des boîtes livrées en juste à temps est de 0,10 € pour les 400 g et 0,16 € pour les 800 g.

Il a été produit 137 500 boîtes de 400 g et 550 000 boîtes de 800 g.

Les ventes de la période se sont élevées à 150 000 boîtes de 400 g au prix de 2,50 € la boîte et 529 000 boîtes de 800 g au prix de 4,90 € la boîte.

➲ Questions

1) Quel est le montant des charges indirectes incorporables ?

2) Finaliser le tableau de répartition des charges indirectes.

3) Calculer les coûts d'achat des trois matières premières.

4) Calculer le coût unitaire moyen pondéré des stocks de matières et en déduire la valeur des consommations de matières à intégrer dans le coût de production.

5) Calculer le coût de production des barquettes.

6) Déterminer le coût de revient et le résultat analytique de chacune des boîtes.

CAS 4 SOCIÉTÉ BAGUES

Niveau ✶✶✶ **Thème : Coûts complets et intérêt de la méthode**

La société Bagues fabrique en série des produits notés A et B. Ces produits sont fabriqués à partir de matière première M2 et de composants C1 et C2. L'assemblage des produits s'effectue dans l'atelier W. Les composants C1 et C2 sont fabriqués dans l'entreprise au sein de l'atelier ZZ à partir d'une matière première unique nommée M1. La société Bagues vend ses productions à deux grands types de clientèle : des particuliers et des collectivités publiques (État).

Lors de la réunion de concertation relative au budget N+1, deux remarques ont été émises par des responsables opérationnels.

- Le **responsable des achats** a annoncé qu'il avait été démarché par un fournisseur asiatique qui proposait d'approvisionner l'entreprise en composant C2 au prix de 65 € l'unité livrée dans l'atelier selon un contrat à long terme qui garantirait les mêmes délais et qualité d'approvisionnement qu'actuellement. Il considérait que cette offre était avantageuse.

- Le **responsable des ventes**, considérant que la distribution des produits aux collectivités publiques entraînait des charges de distribution trois fois inférieures à celles de ventes aux particuliers, proposait de développer ce type de ventes en recherchant de nouveaux clients dans le secteur public.

Avant de prendre toute décision, le directeur demande au contrôleur de gestion de calculer le résultat analytique prévisionnel dans des conditions qui sont considérées comme normales pour l'entreprise. Ces informations sont regroupées ci après.

Les gammes opératoires de fabrication des composants C1 et C1 mis en œuvre dans l'atelier ZZ sont les suivantes :

	Composant C1 (unité)	**Composant C2 (unité)**
Matière M1	2 unités	1 unité
Heures main-d'oeuvre directe	30 minutes	1 heure
Atelier ZZ (heures machines)	0,25 heure	0,75 heure

Les gammes opératoires des produits A et B, produits dans l'atelier W, sont les suivantes pour une unité de produit :

	Produit A (unité)	**Produit B (unité)**
Matière M2	0,5 unité	2 unités
Composant C1	3 unités	3 unités
Composant C2	1 unité	1 unité
Heures main-d'oeuvre directe	1,5 heure	1,9 heure
Atelier W (heures machines)	0,8 heure machine	0,5 heure machine

Les charges mensuelles, y compris les matières consommables, ont été ventilées entre les centres d'analyse comme suit, après répartition secondaire :

Totaux	**Magasin**	**Atelier ZZ**	**Atelier W**	**Ventes aux particuliers**	**Ventes à l'État**
608 020	50 120	207 600	223 800	90 800	35 700

Les frais indirects de magasinage sont à imputer aux matières et produits stockés à raison de :

- 20 % à chacune des deux matières premières acquises à l'extérieur,
- 60 % aux produits fabriqués, frais traités comme charges de distribution réparties entre les catégories de ventes (particuliers et État) en fonction des quantités vendues.

Au début du mois, les stocks étaient les suivants (valorisés au CUMP) :

- Matière 1 : 3 000 unités pour : 15 020 €
- Matière 2 : 2 500 unités pour : 10 240 €
- Composant C1 : 1 200 unités pour : 44 400 €
- Composant C2 : 800 unités pour : 56 000 €
- Produit A : 130 unités pour : 28 600 €
- Produit B : 75 unités pour : 16 500 €

Le budget des achats prévoit les acquisitions suivantes :

- Matière 1 : 24 000 unités pour : 99 400 €
- Matière 2 : 4 200 unités pour : 126 000 €

Sur la période, il est prévu de produire :

- 8 420 composants C1 et 3 700 composants C2 dans l'atelier ZZ
- 2 480 produits A et 720 produits B dans l'atelier W.

Les ventes estimées du mois décomposent ainsi :

- produit A : 720 ventes à l'État au prix unitaire de 450 € et 1 820 ventes aux particuliers au prix unitaire de 470 € ;
- produit B : 760 vendus aux particuliers au prix unitaire de 510 €.

On remarque, en outre, que la main-d'œuvre, payée en fixe mensuel est considérée comme un coût direct par rapport aux ateliers. Les frais de main-d'œuvre directe sont de 286 000 € dans l'atelier ZZ et de 270 400 € dans l'atelier W.

➲ Questions

1) Calculer le coût de revient de chaque catégorie de ventes. En déduire les résultats analytiques.

2) Analyser les propositions du responsable des achats et celles du service commercial.

CAS 5 ENTREPRISE RIGAUD

Niveau ✶ **Thème : Concordance simple**

L'examen de la comptabilité analytique de l'entreprise Rigaud fait apparaître les éléments suivants :

• Les charges indirectes de la période transférées de la comptabilité financière s'élèvent à un montant de 700 000 € dont 1 500 € de charges exceptionnelles non incorporables. Par ailleurs, il a été tenu compte de 10 300 € de charges supplétives.

• Les imputations de charges indirectes dans les coûts des produits stockés ont été de 708 000 €.

• Après traitement analytique, le coût des produits vendus apparaît pour un total de :

- produit A : 710 000 €
- produit B : 376 200 €
- produit C : 196 200 €.

• Les produits de la comptabilité financière s'élèvent à 1 400 000 € dont 5 000 de produits exceptionnels. Leur répartition entre les trois produits est la suivante : produit A = 800 000 € ; produit B = 400 000 € ; produit C = 195 000 €.

• En fin de période comptable, l'inventaire physique extra-comptable fait apparaître :

- le stock réel de matières premières est inférieur au stock calculé de 380 €
- le stock réel de produits finis est supérieur de 3 200 € au stock calculé.

• En comptabilité financière, le solde du compte de résultat présente un solde créditeur de 127 520 €.

➲ Questions

1) Établir la concordance entre comptabilité de gestion et comptabilité financière.

CAS 6 SA SERGIO

Niveau ✶✶ Thème : Compte de stocks – Concordance et compte de résultat simplifié

La SA Sergio au capital de 40 000 €, créée en mars N, produit deux types de pièces métalliques destinées aux entreprises de bâtiment.

L'activité de la société se déroule dans deux centres de production :

- dans l'atelier 1, on effectue le traitement de la matière M et de la matière N afin d'obtenir un produit fini A ;
- dans l'atelier 2, on effectue le traitement de la matière M et de la matière N afin d'obtenir un produit fini.

Pour le mois de septembre A vous disposez de tableaux suivants :

1) Tableau de répartition des charges indirectes du mois de septembre A

	Totaux	Approvisionnement	Atelier 1	Atelier 2	Service commercial
Totaux	256 700	8 907,50	117 000	97 125	33 667,5
Unités d'oeuvre		Tonnes de MP achetées	HMOD	HMOD	Nombre unités vendues
Nombre UO		70	5 000	3 500	1 500
Coût UO		127,25	23,4	27,75	22,445

Les 256 700 € de charges indirectes comprennent 2 700 € de charges supplétives.

2) Coûts d'achat

Éléments	Matière M			Éléments	Matière N		
	Quantité	Coût unitaire	Montant		Quantité	Coût unitaire	Montant
Charges directes				*Charges directes*			
Achat mat. M	40	995,00	39 800	Achat mat. N	30	1 235,75	37 072,5
Charges indirectes				*Charges indirectes*			
Approvisionnement	40	127,25	5 090	Approvisionnement	30	127,25	3 817,5
Coût d'achat M	40	1 122,25	44 890	Coût d'achat N	30	1 363,0	40 890,0

3) Coûts de production

Éléments	Produit A			Éléments	Produit B		
	Quantité	Coût unitaire	Montant		Quantité	Coût unitaire	Montant
Charges directes				*Charges directes*			
Matières M	35	1 120,00	39 200	Matières M	20	1 120,00	22 400
Matières N	23	1 356,00	31 188	Matières N	18	1 356,00	24 408
MOD	5 000	14,75	73 750	MOD	3 500	14,75	51 625
Charges indirectes				*Charges indirectes*			
Atelier 1	5 000	23,40	117 000	Atelier 2	3 500	27,75	97 125
Coût de production A	400		261 138	Coût de production B	1 500		195 558

4) Coûts de revient

Éléments	Produit A			Éléments	Produit B		
	Quantité	Coût unitaire	Montant		Quantité	Coût unitaire	Montant
Charges directes Coût de production des produits vendus	650	653,818	424 981,70	*Charges directes* Coût de production des produits vendus	850	132,87	112 939,50
Charges indirectes Service commercial	650	22,445	14 589,25	*Charges indirectes* Service commercial	850	22,445	19 078,25
Coût de revient A	650	676,263	439 570,95	Coût de revient B	850	153,315	132 017,75

5) Éléments complémentaires pour le mois de septembre A

- Montant des charges exceptionnelles : 4 560 €
- Montant des ventes de produits finis A : 455 000 €
- Montant des ventes de produits finis B : 136 000 €

	Au 1er septembre		Au 30 septembre
	En quantités	Valeur totale	
Matière M	25 tonnes	27 910,00	9,8 tonnes
Matière N	35 tonnes	47 250,00	24 tonnes
Produit A	350	229 225,50	100
Produit B	120	19 691,40	770

➲ Questions

1) Définir les notions de charge directe et de charge indirecte.

2) Présenter les comptes de stocks :
   - pour les matières premières M et N ;
   - pour les produits finis A et B.

   Utiliser la méthode du coût moyen unitaire pondéré avec cumul du stock initial.

3) Présenter la concordance des résultats entre la comptabilité financière et la comptabilité de gestion.

4) Présenter le compte de résultat de la comptabilité financière pour le mois de septembre A.

Cas de synthèse

CAS 7 ENTREPRISE TIPLAST

Thème : Coût de fonctionnement d'un atelier et rentabilité d'un produit

Tiplast est un équipementier automobile de premier rang, sous-traitant de constructeurs dont l'activité principale est la plasturgie. Son offre se décline en diverses lignes de produits dont les pare-chocs. L'objectif est de développer une politique d'intégration des fonctions dans de nombreux domaines : gestion des chocs, sécurité des passagers et des piétons, intégration d'aides électroniques aux conducteurs. La qualité et le design des équipements correspondent à des facteurs de différenciation du véhicule, porteurs de valeur pour le client final.

Vous êtes chargé(e) de la détermination du coût du projet de fabrication « Bas de caisse ZR » pour un véhicule automobile. Ce calcul sera à la base de la proposition du contrat présenté au constructeur. Le produit serait fabriqué en France. Le taux d'IS à utiliser s'élève à 33 1/3 %.

A) Fabrication d'un jeu « Bas de caisse ZR »

Le jeu brut « Bas de caisse ZR » est obtenu par injection dans l'atelier Moulage.

La technique de l'injection permet d'obtenir en une seule opération des pièces finies. La matière plastique (polymère) est d'abord malaxée par une vis tournant dans un cylindre chauffé puis introduite sous pression dans un moule fermé.

Les moules utilisés dépendent du produit fabriqué. Ils sont développés et construits par l'entreprise. Le moulage est réalisé par des presses thermoplastiques de puissance de fermeture variable.

Le jeu brut est ensuite peint dans l'atelier Peinture.

Trois types de matières premières sont nécessaires : la peinture primaire, la peinture métallique et le vernis.

Après contrôle de qualité, le jeu est fini puis emballé et transporté chez le client en respectant le cahier des charges (les constructeurs automobiles imposent une livraison en juste à temps).

- *Investissements*

Deux types d'investissements sont distingués pour la production des jeux :

a) les investissements spécifiques à chaque centre de travail (ex : pour l'atelier Moulage : la presse thermoplastique). Ces investissements servent à des productions variées.

b) les investissements spécifiques à un produit donné (ex : pour l'atelier Moulage : le moule utilisé pour le jeu Bas de caisse ZR). Ils ne sont donc réalisés qu'en cas de signature du contrat de vente par le client. L'entreprise lui facture alors une partie variable de ces investissements.

- *Caractéristiques du projet « Bas de caisse ZR »*

Le service « Recherche/Développement » du groupe travaille sur le projet. Après les études techniques, il faut déterminer les coûts afin de présenter une proposition cohérente au constructeur automobile.

Le coût du projet sera calculé sur la base des données retenues en N.

Des actualisations seront réalisées en permanence, afin de suivre la rentabilité réelle en cas d'obtention du marché.

L'offre constructeur prévoit une livraison de 120 000 jeux par an pendant trois ans. Le démarrage de la production s'effectuerait début janvier N+2.

B) Coûts prévisionnels de fonctionnement de l'atelier « Peinture » établi en N

Caractéristiques générales

Nombre de cabines de peinture	1
Surface nécessaire par cabine	3 000 m2
Jours travaillés	235 (5 jours x 47 semaines)
Nombre d'heures d'activité par jour	24
Temps effectif de fonctionnement de la cabine	90 % du temps d'activité
Durée de vie économique de la cabine	10 ans
Électricité consommée par heure effective de fonctionnnement	700 kWh
Gaz consommé par heure effective de fonctionnement	1 800 équivalents kWh

Éléments de coûts d'atelier

Valeur d'achat de la cabine	7 000 k€
Coût du kWh (électricité)	0,07 €
Coût de l'équivalent kWh (gaz)	0,04 €
Coût annuel de la maintenance	490 k€
Charge locative annuelle d'un m2 de l'usine	80 €
Coût structurel annuel des assurances, impôts (hors IS)	350 k€

Éléments de coûts annuels de l'usine

Coût de la structure technique :	1 618 k€	Part affectée à l'atelier Peinture : 35 %
Coût de la structure administrative :	1 015 k€	Part affectée à l'atelier Peinture : 30 %

C) Éléments de coûts prévisionnels pour la mise en peinture des jeux « Bas de caisse ZR »

Matières premières

Matières utilisées	Coût d'achat en € au m^2	Coefficient de majoration des matières utilisées(1)	Surface en m^2 à peindre par jeu
Primaire	0,36	1,05	1,125
Métallique	2,15	1,23	1,125
Vernis	0,54	1,12	1,125
(1) Ces surconsommations proviennent de pertes de matière.			

Main-d'œuvre directe (MOD)

Opération	Temps de MOD exprimé en heures effectives de travail pour un lot de 100 jeux(1)	Coût d'une heure de présence (durée légale = 35 heures)
Chargement	3	Taux brut moyen : 18 €
Déchargement	1	Charges sociales salariales : 22 % du brut
Préparation	2	Charges sociales patronales : 40 % du brut
Peinture et polissage	2	Congés payés et RTT : 6,5 semaines par an
Contrôle	1	Taux d'absentéisme : 3 % du temps de présence(2)
(1) Le temps effectif de travail correspond à 88 % du temps de présence.		
(2) Le coût de l'absentéisme est pris en charge à 50 % par l'entreprise.		

Fonctionnement de l'atelier

Le rendement est de 100 jeux par heure effective de fonctionnement.

Le taux de rebut des jeux peints s'élève à 4 %.

D) Coût du projet « Bas de caisse ZR »

Matière plastique utilisée

Poids d'un jeu : 4 kg • Coût au kg : 1,5 €

Différents ateliers de production (hors matières)

	Moulage	Peinture	Finition
Coût horaire effectif de fonctionnement hors matières et MOD(1)	150 €	À calculer	40 €
Coût horaire effectif de travail de la MOD	–	À calculer	46 €
Investissements spécifiques au produit fabriqué	400 k€		200 k€
Temps de cycle par lot de 100 jeux = 15 heures (temps total dans l'atelier y compris les temps d'attente)	3 h	10 h	2 jh
Temps effectif de MOD par jeu (en centièmes d'heure)	0	9	1
Temps effectif de fonctionnement par jeu (en centièmes d'heure)	1	1	1
Taux de rebut (produits entrant dans l'atelier)	3 %	4 %	0 %

(1) Y compris la main-d'oeuvre indirecte et les dotations aux amortissements sur la quote-part des investissements spécifiques aux centres de travail.

Au niveau du packaging, un jeu coûte 0,66 € d'emballages et 2,14 € de transport sur ventes.

Questions

1) Calculer le coût prévisionnel effectif de l'heure de fonctionnement de l'atelier « Peinture » hors matières et main-d'œuvre directe en N.

2) Calculer le coût prévisionnel de la mise en peinture d'un jeu « Bas de caisse ZR » contrôlé.

3) Calculer le coût de revient prévisionnel d'un jeu « Bas de caisse ZR ».

Ce cas peut être complété par un questionnement sur les indicateurs de performance (voir Cas 66, Tiplast, chapitre 12 « Tableaux de bord et indicateurs »).

Thème 1 – Gestion par les coûts

2
CHAPITRE

Le seuil de rentabilité

Rappel de cours

1. Calcul du seuil de rentabilité

Le calcul du seuil de rentabilité s'inscrit dans l'analyse des coûts différentiels (et partiels) et nécessite le rappel de certains éléments de terminologie.

1.1 Terminologie

Le plan comptable définit les termes suivants :

Résultat : différence entre prix de vente et coût de revient (donc complet).

La marge sur coût variable (M/CV) se définit donc comme la différence entre le chiffre d'affaires et l'ensemble des charges variables nécessaires à l'obtention du produit.

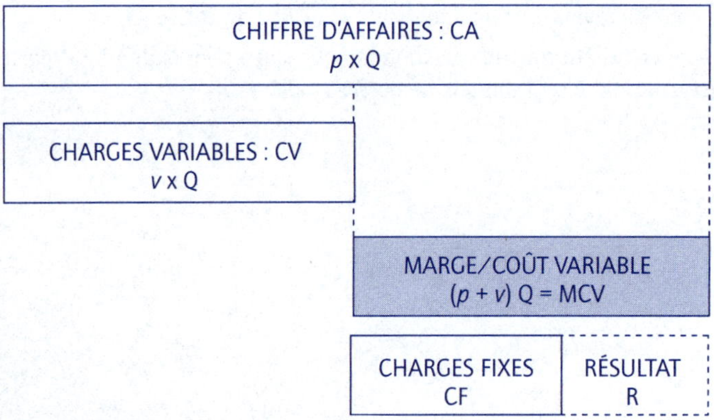

avec p : prix de vente

v : charges variables par produit

Q : les quantités produites et vendues

Les trois notions, chiffre d'affaires, charges variables et marge sur coûts variables, sont proportionnelles aux quantités.

Si le prix de vente est le même sur toute la période de référence des calculs, il est possible d'écrire que les charges variables et la marge sur coûts variables sont proportionelles au chiffre d'affaires.

Sont ainsi définis :

- Le taux de charges variables comme le rapport des charges variables totales sur le chiffre d'affaires :

$$t' = \frac{CV}{CA} \times 100$$

- Le taux de marge sur coûts variables, souvent appelé taux de marge, comme le rapport entre la marge sur coûts variables et le chiffre d'affaires :

$$t = \frac{MCV}{CA} \times 100$$

- Compte tenu de leur définition, l'égalité suivante doit être respectée :
  $t = 1 - t'$ ou encore $t + t' = 1$

1.2 Concept de seuil de rentabilité

Le seuil de rentabilité d'une entreprise est le **chiffre d'affaires** pour lequel l'entreprise couvre la totalité de ses charges (CV + CF) et donc dégage un **résultat nul.**

On parle également de chiffre d'affaires critique (CAC) ou de point mort.

Cette définition entraîne trois relations qui permettent de connaître le seuil de rentabilité (noté S*) :

- Relation 1 : S* (=) CAC = Charges variables + Charges fixes
- Relation 2 : S* (=) Résultat = 0
- Relation 3 : S* (=) Marge/Coûts variables = Charges fixes

Si les trois relations permettent de déterminer le seuil de rentabilité (nous le verrons graphiquement), la dernière reste la plus utilisée car la plus propice à des travaux de prévision.

a) Calcul arithmétique

Ce calcul utilise les règles de proportionnalité dégagées entre la marge sur coûts variables et le chiffre d'affaires.

Pour un CA annuel donné, l'entreprise génère une marge sur coûts variables donnée. Quel est le CA ou seuil nécessaire pour générer une marge sur coûts variables égale aux charges fixes ?

Le taux de marge sur coûts variables (t) a été précédemment défini comme le rapport entre la MCV/CA. Il vient :

$$S^* = CF \times \frac{1}{t}$$

ou encore plus simplement que :

$$S^* = \frac{CF}{t}$$

b) Calcul algébrique

Ce mode de calcul est préférable dès qu'une représentation graphique est demandée puisqu'il oblige à définir les équations des différentes droites concernées.

Soit la relation S* (=) MCV = CF

Équation des différentes droites :

MCV $\Rightarrow y = t \, . \, x$ avec chiffre d'affaires = x

CF $\Rightarrow y =$ CF

$$\Rightarrow S^* = t \, . \, x = CF \Rightarrow x^* = \frac{CF}{t} \text{ CQFD}$$

1.3 Rythme irrégulier des ventes

C'est le cas de toutes les entreprises dont les ventes sont saisonnières. Dans ce cas les conditions de production et de ventes ne changent pas, la proportionnalité du CA et de la MCV reste la même et donc le seuil, exprimé en CA HT ou en quantités, n'est pas modifié. Seule la date du seuil change.

Une démarche en cumul est nécessaire pour retrouver la date du seuil.

REMARQUE : Un rythme de production plus rapide en début d'année permet d'atteindre le seuil plus tôt dans l'année, alors que des ventes regroupées sur la fin de l'année entraînent le résultat inverse.

CAS 8 & 9

2. Le seuil de rentabilité comme outil de simulation

Cet outil offre une modélisation de la réalité de l'exploitation de l'entreprise qui se prête facilement à des tentatives de simulation.

2.1 Le seuil comme outil pour prévoir la rentabilité future d'un investissement de productivité

Cette représentation est simplifiée puisqu'elle ne reconnaît que deux types de comportement de charges mais elle exprime bien la réalité de problèmes fondamentaux sur les quantités minimums à produire et à vendre pour éviter des pertes.

Cependant, dans le cas d'investissement aux influences multiples, ce modèle permet des prévisions rapides et de chiffrer des alternatives concurrentes.

CAS 10

2.2 Le seuil de rentabilité comme outil pour analyser la rentabilité de l'entreprise par rapport à son marché : prise en compte de l'élasticité

Dans le cas précédent, les modifications des conditions d'exploitation provenaient de l'entreprise et de ses décisions de gestion. Le même modèle de représentation de la réalité peut servir pour simuler des évolutions de la rentabilité de l'entreprise par une meilleure adaptation aux conditions externes du marché.

Dans cette problématique, une information supplémentaire est connue : elle concerne les liens existant entre la demande et le prix du produit ; ce lien est exprimé par l'élasticité de la demande par rapport au prix.

➤ *Rappel sur la notion d'élasticité*

• L'élasticité se définit comme le rapport des variations relatives de deux variables économiques. Le choix des variables économiques dépend du problème de gestion envisagé.

Exemples d'élasticité :

– de la demande par rapport au prix :

$$E_{D/P} = \frac{\Delta D/D}{\Delta P/P}$$

– du résultat d'un projet par rapport au taux de l'impôt (t) :

$$E_{R/t} = \frac{\Delta R/R}{\Delta t/t}$$

– du résultat d'un projet par rapport au taux de l'emprunt (i) :

$$E_{R/i} = \frac{\Delta R/R}{\Delta i/i}$$

– du cours boursier d'un titre (C) par rapport au taux de rémunération des ressources stables (r) :

$$E_{C/r} = \frac{\Delta C/C}{\Delta r/r}$$

• La valeur de l'élasticité peut être positive ou négative selon les sens relatifs de variation des deux variables ; elle s'exprime par un nombre et un signe.

> EXEMPLE : Une élasticité $E_{D/P}$ de + 0,8 signifie que, si les prix augmentent de 10 %, la demande augmentera (élasticité positive donc variation dans le même sens) de : 10 % x (+ 0,8) = + 8 %. Cette situation est le fait de produits de luxe pour lesquels un prix élevé est synonyme de qualité (effet de snobisme).
>
> Par contre une élasticité de même nature de – 1,5, signifie qu'une augmentation des prix de 10 % provoquera une baisse de : (– 1,5) x (+ 10 %) = – 15 % de la demande. C'est le cas de la majorité des produits de grande consommation où, pour une entreprise de taille moyenne, augmenter ses prix signifie diminuer ses ventes. À l'inverse, une baisse des prix permet un accroissement des quantités vendues.

• L'élasticité, rapport de deux pourcentages, traduit la variation de la variable exprimée au numérateur à une variation de la variable exprimée au dénominateur. On parle aussi de sensibilité ou de volatilité d'une variable par rapport à l'autre. Plus l'élasticité est importante plus sa valeur absolue est importante et plus la variable exprimée au numérateur est sensible à une variation de la variable du dénominateur.

> EXEMPLE : Si, pour un projet donné, E R/i est égale à – 0,8 et E R/t est égale à – 1,2, il est possible de dire que le projet envisagé présente une sensibilité plus grande aux variations du taux de l'impôt qu'à celles du taux de l'emprunt. Cet indicateur permet de prendre conscience des paramètres clés en termes de prise de décision : une instabilité des règles fiscales est, dans ce cas, un facteur de risque pour la rentabilité du projet.

2.3 Le seuil de rentabilité, outil pour la recherche de l'optimum économique

La notion d'élasticité engendre d'autres types de préoccupation :

1) puisqu'il existe une relation entre le niveau des prix et celui de la demande, n'est-il pas possible de déterminer le couple « demande-prix » qui assure le profit maximum ? Il s'agit dans ce cas de rechercher l'optimum de profit ;

2) autre questionnement possible : pour quel(s) couple(s) « demande-prix » dégage-t-on un résultat positif ? les calculs doivent amener à proposer les limites d'une zone de profitabilité.

Ces deux questions seront examinées successivement.

a) Maximum d'une fonction

Pour qu'une fonction (à définir) présente un maximum, il faut que deux conditions soient remplies simultanément :

- la dérivée première de la fonction doit être nulle (présence d'un extremum) ;
- la dérivée seconde de la même fonction doit être négative (extremum égal à un maximum).

En gestion, dans ce type de problème, il est fréquent de considérer que les conditions de second ordre (sur la dérivée seconde) sont respectées sans le vérifier mathématiquement.

b) Définition de la fonction de profit

Il s'agit donc de définir mathématiquement la fonction de profit qui dépend tout à la fois du niveau des prix et de celui de la demande, soit deux inconnues pour une équation. Dans ce cas, il faut pour pouvoir trouver l'optimum de la fonction éliminer une des inconnues en se servant de la relation existant entre elles deux. L'élasticité permet de concrétiser une relation entre le prix et la demande.

Dans ce type de problème, sont connues généralement :

- une situation de base caractérisée par : un prix de vente P ; des quantités vendues D ; des informations permettant de calculer la marge sur coûts variables et le montant des charges fixes ;
- l'élasticité de la demande par rapport au prix :

$$E_{D/P} = \frac{\Delta D/D}{\Delta P/P} = \frac{\Delta D}{D} \times \frac{P}{\Delta P} = \frac{\Delta D}{\Delta P} \times \frac{P}{D}$$

Dans un exercice, les valeurs de $E_{D/P}$, P et D sont connues, il est alors possible d'exprimer la variation de la demande en fonction de la variation des prix comme suit :

$$\Delta D = (E_{D/P} \times \frac{P}{D})\, \Delta P$$

Les données $E_{\Delta D/P}$, D, P étant connues, on obtient une expression de la variation de la demande par rapport au prix.

Il est alors possible d'exprimer la fonction de profit en fonction de t et de maximiser cette fonction.

CAS 11

2.4 Le seuil de rentabilité, outil pour rechercher une zone de profitabilité

Il s'agit sur la fonction du résultat de déterminer les valeurs de *t* pour lequel ce dernier est nul. C'est la définition même du seuil de rentabilité.

La fonction de résultat est à une constante près identique à celle de la marge sur coûts variables : il s'agit d'un trinôme du second degré dont il faut rechercher les racines.

Pour mémoire les deux racines de ce trinôme sont égales à :

$$\Delta P' = \frac{b + \sqrt{\Delta}}{2a} \qquad \Delta P'' = \frac{-b + \sqrt{\Delta}}{2a} \qquad \text{avec } \Delta = b^2 - 4ac$$

Représentation graphique

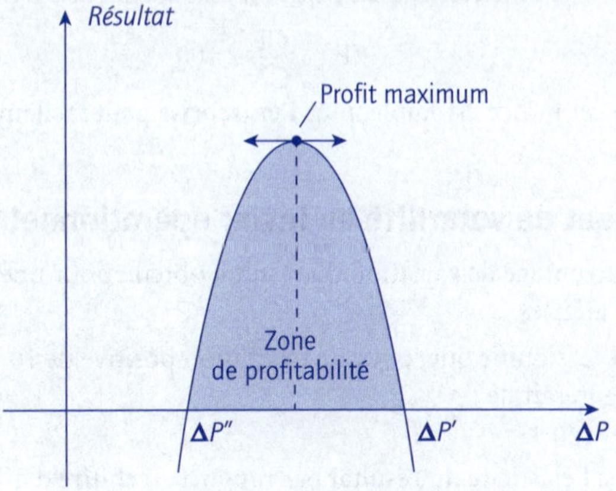

CAS 12 & 13

3. Le seuil de rentabilité : prise en compte du risque

Le modèle charges variables/charges fixes sur lequel s'appuie le seuil de rentabilité offre de nombreuses possibilités de simulation. Il permet de classer facilement des solutions alternatives en termes de rentabilité. Cependant il néglige la prise en compte du risque de chaque décision. Ce risque intègre une évaluation des choix faits en termes de sécurité : cela peut conduire à des classements de projets différents voire antagonistes de ceux obtenus sur le seul critère de la rentabilité.

La notion de risque est exprimée par des indicateurs qui sont différents selon l'univers dans lequel est prise la décision.

3.1 Seuil de rentabilité et mesure du risque en avenir certain

a) La date du seuil de rentabilité

Cet indicateur a déjà été défini plus haut et mis en œuvre dans les cas n° 8 et n° 9.

Plus le seuil de rentabilité est atteint tôt dans l'année civile, plus l'entreprise est à l'abri d'un retournement de tendance qui ferait chuter ses ventes.

b) La marge de sécurité (MS)

Elle se définit comme la différence entre le chiffre d'affaires annuel et le chiffre d'affaires critique.

$$MS = CA - S^*$$

La marge de sécurité représente le montant de chiffre d'affaires qui peut être supprimé par une conjoncture défavorable sans entraîner de perte pour l'entreprise.

Cette marge est souvent rapportée au chiffre d'affaires annuel. On parle, alors d'indice de sécurité (IS).

$$IS = \frac{CA - S^*}{CA}$$

c) L'indice de prélèvement (IP)

Il se définit comme le pourcentage du chiffre d'affaires qui sert à couvrir les charges fixes.

$$IP = \frac{CF}{CA} \times 100$$

Plus la valeur de cet indice est faible, plus l'entreprise peut facilement atteindre son seuil de rentabilité.

d) Le coefficient de volatilité ou levier opérationnel (LO)

Il exprime le pourcentage de variation du résultat obtenu pour une variation en pourcentage du chiffre d'affaires.

Ainsi un LO de + 2, signifie que, pour une variation positive de 10 % du chiffre d'affaires, le résultat augmenterait de :

$\Delta R = LO \times 10\ \% = 20\ \%$

Il représente aussi l'élasticité du résultat par rapport au chiffre d'affaires d'où son nom de coefficient de volatilité.

Il s'écrit :

$$e_{R/CA} = \frac{\frac{\Delta R}{R}}{\frac{\Delta CA}{CA}}$$

On préfère pour le calculer une autre forme plus opérationnelle. En effet on peut écrire :

$$e_{R/CA} = \frac{\frac{\Delta R}{R}}{\frac{\Delta CA}{CA}} = \frac{\Delta R}{R} \cdot \frac{CA}{\Delta CA} = \frac{\Delta R}{\Delta CA} \cdot \frac{CA}{R}$$

Or, il vient :

$$\begin{aligned} \Delta CA &= CA' - CA \\ \Delta R &= R' - R = [(CA' \cdot t) - CF] - [(CA \cdot t) - CF] \\ &= t\,(CA' - CA) \end{aligned}$$

donc le rapport $\frac{\Delta R}{\Delta CA} = \frac{t\,(CA' - CA)}{CA' - CA} = t$

Reporté dans l'expression de l'élasticité, il vient : $e_{R/CA} = \frac{CA \cdot t}{R} = \frac{MCV}{R}$

d'où la définition du levier opérationnel : $LO = \frac{MCV}{R}$

Mais toutes ces transformations n'ont été possibles que sous réserve d'hypothèses implicites relatives aux calculs, à savoir :

- le prix de vente est constant,
- les conditions d'exploitation sont identiques tant pour les charges variables unitaires que pour les charges fixes globales.

DONC la variation du chiffre d'affaires envisagée ne peut provenir que d'**une variation des quantités.**

3.2 Le seuil de rentabilité et mesure du risque en avenir aléatoire

a) Notion de loi de probabilités

Dans ce contexte, le décideur est en situation de pouvoir affecter aux différents niveaux de ventes une fréquence d'apparition c'est-à-dire une probabilité. Dans la plupart des cas, les ventes de l'entreprise « Q » suivent une loi de probabilité de Laplace-Gauss, dite Loi normale, caractérisée par une moyenne E (Q) et un écart type σ (Q).

Il est facile, connaissant la loi suivie par les quantités, d'en déduire les paramètres de la loi suivie par le résultat. Le résultat est lié aux quantités par la relation suivante :

$(p - v)\ Q - CF$

où p, v et CF sont des données constantes.

Cette relation est de type linéaire et, compte tenu des propriétés des variables aléatoires indépendantes, il est possible d'écrire :

$E\ (R) = (p - v)\ E\ (Q) - CF$

$\sigma\ (R) = (p - v)\ \sigma\ (Q)$

b) Indicateurs de risque

• **L'écart type** exprime la variation du résultat autour de la valeur de la moyenne. Toutes les lois normales peuvent être centrées et réduites et présentent les mêmes caractéristiques de distribution, à savoir que, pour tout intervalle donné centré autour de la moyenne, la fréquence d'apparition de la variable aléatoire est la même.

En gestion, il est fréquent de retenir quelques valeurs importantes. Ainsi, pour une loi normale de paramètres m et σ :

Nature de l'intervalle centré	% des valeurs de la variable incluse
[m – σ ; m + σ]	66,66 %
[m – 2 σ ; m + 2 σ]	95 %
[m – 3 σ ; m + 3 σ]	99 %

EXEMPLE : Soit une loi normale L_1 de paramètres m = 1 000 et σ = 100, 66,66 % des valeurs de la variable sont incluses dans un intervalle centré égal à [900 ; 1 100].
Soit une loi normale L_2 de paramètre m = 1 000 et σ = 150, 66,66 % des valeurs de la variable sont incluses dans un intervalle centré égal à [850 ; 1 150].
Pour une même probabilité d'apparition les valeurs de L_1 sont plus regroupées et le risque plus faible.

Plus l'écart type est petit et plus les valeurs possibles de la variable sont regroupées autour de la moyenne.

Un écart type de faible valeur traduit donc un risque de dispersion plus faible.

- **Dispersion absolue et dispersion relative**

L'écart type du résultat ou dispersion absolue mesure le risque de s'écarter plus ou moins du résultat espéré $E(R)$.

Il est égal en valeur absolue à la dispersion de la marge sur coûts variables, donc il ne prend pas en compte le montant des frais fixes.

Or, à marges égales, le risque est plus élevé pour une entreprise à charges fixes importantes. C'est pourquoi il peut paraître préférable de calculer une dispersion relative définie comme suit :

Dispersion relative : $\sigma(R)/E(R)$.

CAS 14 & 15

Tests de connaissances

(*Plusieurs réponses possibles par question*)

Une entreprise vend un produit unique au prix unitaire de 40 €. Les coûts variables unitaires de ce produit s'élèvent à 25 €, les coûts fixes à 300 €.

1 Le seuil de rentabilité, exprimé en volume, est de :

❑ *A* 12 ❑ *B* 0,375
❑ *C* 20 ❑ *D* 15

2 Dans le cadre d'une représentation graphique du seuil de rentabilité en fonction du chiffre d'affaires, l'équation du résultat est égale à :

❑ *A* $y = 15x + 300$ ❑ *B* $y = 15x - 300$
❑ *C* $y = 0{,}375x + 300$ ❑ *D* $y = 0{,}375x - 300$

3 En cas de ventes régulières sur la période (considérer une année de 12 mois de 30 jours), le seuil de rentabilité est atteint au bout de :

❑ *A* 3 mois ❑ *B* 6 mois
❑ *C* 8 mois ❑ *D* n'est pas calculable

Soit deux entreprises aux caractéristiques suivantes :

	Quantités annuelles	Coût variable unitaire	Coût fixe	Prix de vente	Élasticité prix/volume
Entreprise A	1 200	35	10 000	50	– 1,2
Entreprise B	1 000	25	18 000	52	– 0,7

4 Quelle est l'entreprise qui atteint le plus tôt son seuil de rentabilité ?

❑ *A* Entreprise A ❑ *B* Entreprise B ❑ *C* Pas de différence

5 Quelle est l'entreprise la plus profitable ?
❑ *A* Entreprise A ❑ *B* Entreprise B ❑ *C* Pas de différence

6 Quelle est l'entreprise la plus sécurisée en termes de marge de sécurité ?
❑ *A* Entreprise A ❑ *B* Entreprise B ❑ *C* Pas de différence

7 Quelle est l'entreprise la plus flexible en termes d'indice de prélèvement ?
❑ *A* Entreprise A ❑ *B* Entreprise B ❑ *C* Pas de différence

8 Quelle est l'entreprise qui peut plus facilement faire face à un retournement de tendance en termes de ventes ?
❑ *A* Entreprise A ❑ *B* Entreprise B ❑ *C* Pas de différence

9 Quelle est l'entreprise dont le volume des ventes sera le plus impacté par une baisse des prix de 10 % ?
❑ *A* Entreprise A ❑ *B* Entreprise B ❑ *C* Pas de différence

10 Quelle est l'entreprise qui sera la plus bénéficiaire en cas d'une baisse des prix de 10 % ?
❑ *A* Entreprise A ❑ *B* Entreprise B ❑ *C* Pas de différence

Pour bien comprendre les définitions et les analyses sur ces points, se référer aux chapitres 4 et 5 du Manuel *DCG 11, Contrôle de gestion*, Dunod Éditeur.

Exercices d'application

CAS 8 BASIC

Niveau ∗ **Thème : Seuil de rentabilité simple**

◗ *Données de base*

Soit l'entreprise Basic dont les caractéristiques d'exploitation, pour l'année N, sont les suivantes : quantités vendues, 45 000 unités ; prix de vente unitaire, 75 € ; charges variables de production, 52,50 € par unité ; charges variables unitaires de distribution : 10 % du prix de vente ; charges fixes globales, 500 000 €.

➲ Questions

1) **Présenter le tableau différentiel d'exploitation.**

2) **Calculer le seuil de rentabilité. En donner une représentation graphique. En déduire sa date.**

CAS 9 BIBASIC

Niveau ∗ **Thème : Seuil de rentabilité et ventes irrégulières**

◗ *Données de base :* Identiques au cas n° 8.

◗ *Données complémentaires :*

L'entreprise réalise ses ventes de façon irrégulière. Son rythme de production est le suivant :

Janv/fév : 5 % • Mars/avr. : 15 % • Mai/juin : 10 % • Juil/août : 10 % • Sept/oct : 30 % • Nov/déc : 20 %.

➲ **Questions**

Quelle est la date du seuil de rentabilité ? En proposer une représentation graphique.

CAS 10 BASINVEST

Niveau ✶✶ **Thème : Rentabilité future d'un investissement de productivité**

◗ *Données de base :* Les mêmes que celles du cas n° 8.

◗ *Données complémentaires*

L'entreprise Basinvest envisage l'installation d'une nouvelle machine qui modifie sensiblement les conditions d'exploitation : les charges variables de production baissent de 4,76 % ; les charges fixes d'amortissement supplémentaires s'élèvent à 142 800 € par an. Ce nouvel investissement serait opérationnel le 1er juin N+1. Il doit permettre d'augmenter le rythme de production mensuel de 4 % deux mois après sa mise en service.

➲ **Questions**

1) Calculer le résultat N+1.

2) Calculer le seuil de rentabilité. En déduire la date.

3) Ce projet est-il intéressant ?

CAS 11 BASELAST

Niveau ✶✶ **Thème : Seuil, élasticité et part de marché**

◗ *Données de base :* Identiques au cas n° 8.

◗ *Données complémentaires :*

L'élasticité de la demande par rapport au prix s'établit à – 2 pour un intervalle de prix compris entre 60 € et 85 €. L'entreprise désireuse d'accroître sa part de marché envisage de baisser, dès le début de l'exercice ses prix de 4 %.

➲ **Questions**

1) Quel résultat peut-elle attendre d'une telle décision ?

2) À quelles conditions d'élasticité cette décision vous paraîtrait-elle opportune ?

CAS 12 BASOPT

Niveau ✶ **Thème : Recherche d'optimum économique**

◗ *Données de base :*

Celles du cas n° 8 simplifiées : on ne retient que des charges variables unitaires de 60 € sans distinction entre charges de production et charges de distribution.

▸ *Données complémentaires :*
L'élasticité de la demande par rapport aux prix est égale à – 2.

➲ **Question**

Pour quel couple « demande-prix » le profit de l'entreprise sera-t-il maximum ?

CAS 13 BASZON

Niveau ✶ **Thème : Recherche d'une zone de profitabilité**

▸ *Données de base :* Les mêmes que celles du cas n° 12.
Données complémentaires : Aucune.

➲ **Question**

Rechercher la zone de profitabilité de l'entreprise.

CAS 14 BASINDIC

Niveau ✶ ✶ **Thème : Seuil et indicateurs de risque en avenir certain**

▸ *Données de base*
Entreprise Basindic dont les conditions d'exploitation sont identiques à celle du cas n° 8.

▸ *Données complémentaires*
Sur le même marché, l'entreprise concurrente B présente les caractéristiques d'exploitation suivantes : quantités vendues, 47 000 produits ; prix de vente : 72,5 € ; charges variables unitaires de production, 45 € ; charges variables de distribution, 10 % du prix de vente ; charges fixes totales : 755 000 €.

➲ **Questions**

1) Calculer, pour l'entreprise Basindic, le seuil de rentabilité, la marge de sécurité, l'indice de sécurité, l'indice de prélèvement et le coefficient de volatilité.

2) Quelle est la baisse des ventes (en quantités) que peut supporter l'entreprise Basindic sans être en perte ?

3) De combien peut-on baisser le prix de vente une fois le seuil atteint sans générer de perte ?

4) Estimer le résultat attendu si les quantités augmentent de 5 % à prix constant ?

5) De combien doivent augmenter les quantités vendues si l'on désire que le résultat augmente de 10 % ?

6) Présenter le tableau différentiel de l'entreprise B.

7) Calculer, pour l'entreprise B, le seuil de rentabilité, la marge de sécurité, l'indice de sécurité, l'indice de prélèvement et le coefficient de volatilité.

8) En vous servant du coefficient de volatilité de l'entreprise Basindic, calculer le résultat attendu pour obtenir un chiffre d'affaires de 3 407 500 €. Comparer vos résultats avec ceux obtenus à la question 6. Pourquoi sont-ils différents ?

9) Comparer les situations d'exploitation des entreprises Basindic et B en termes de risque.

CAS 15 BASPROB

Niveau ✶ **Thème : Seuil de rentabilité et mesure du risque en avenir aléatoire**

◗ *Données de base* : Identiques au cas n° 8.

◗ *Données complémentaires* :

• En année N, une étude de marché estime la demande moyenne à 45 000 produits avec une fluctuation de plus ou moins 7 000 autour de cette moyenne dans 90 % des cas pour l'année N.

• En N+1, les ventes augmenteraient de 20 % avec une fluctuation réduite à plus ou moins 4 000 autour de la moyenne dans 60 % des cas. Un phénomène d'apprentissage organisationnel permettrait de réduire les charges variables unitaires à 55 €. Les charges fixes augmenteront de 250 000 € sur cet exercice pour pouvoir satisfaire la hausse de la demande.

• En N, comme en N+1, on supposera une distribution normale de la demande.

➲ Questions

1) Déterminer les paramètres de la loi de la demande.

2) Calculer les résultats espérés et analyser le risque dans chacune des situations.

Cas de synthèse

CAS 16 SOCIÉTÉ ATOBOIS

Thème : Seuil et prévisions d'exploitation

La société Atobois est spécialisée dans la valorisation de déchets de bois. Elle traite 50 000 à 60 000 tonnes de déchets de bois par an sur un site industriel situé au sud du département du Nord.

Les déchets de bois sont essentiellement des emballages tels que des palettes, des caisses et des cagettes. Les panneaux souples, les bois traités ou pollués sont exclus du recyclage.

Les approvisionnements sont assurés par apport volontaire ou par collecte.

Les procédés de valorisation de ces déchets sur le site d'Atobois permettent deux types de recyclage :

- Le **recyclage énergétique** par la fabrication de **plaquettes** d'une taille variant entre 2 et 6 cm utilisées pour le chauffage ;
- Le **recyclage matière** par la production de fines **particules** de bois destinées essentiellement à être utilisées dans l'industrie de fabrication de panneaux d'agglomérés.

Le processus de production est le suivant :

- **opération 1** : les déchets sont dirigés vers un pré broyeur qui fonctionne 21 heures par jour au maximum (à l'issue de chaque poste le matériel est nettoyé pendant une heure). Les déchets sont ainsi concassés.

- **opération 2** : les déchets concassés sont triés automatiquement pour éliminer les pièces métalliques les plus importantes et manuellement pour retirer les matières indésirables comme le plastique, le verre ou les pierres.
- **opération 3** : le bois trié est ensuite repris vers un broyeur qui fonctionne 21 heures par jour au maximum (à l'issue de chaque poste le matériel est nettoyé pendant une heure). Les déchets, réduits sous forme de plaquettes de 2 à 6 cm de côté sont stockés sur une aire bétonnée. Les plaquettes sont destinées à être vendues en l'état, tandis qu'une autre partie est transformée en particules.
- **opération 4** : une partie des plaquettes est acheminée vers une coupeuse fonctionnant 8 à 12 heures par jour. Les déchets sont à ce stade transformés en particules stockées dans un bâtiment.

Les opérateurs de production travaillent en deux postes (5h-13h et 13h-21h). Un poste de nuit peut être ajouté en fonction de l'augmentation de l'activité (21h-5h). Les opérateurs de tri bénéficient en général de contrats de travail aidés.

Les principaux débouchés sont :

- à partir de particules : fabrication de panneaux agglomérés ;
- à partir de plaquettes : valorisation énergétique en chaufferie (bois de chauffage).

Les acheteurs actuels de plaquettes sont, en général, des clients fidèles désireux de négocier les prix. La demande de plaquettes vendues en l'état génère des variations saisonnières importantes. La mise en place de flux tendus n'est pas envisageable pour ce type d'activité. L'entreprise peut se trouver face à deux situations problématiques : une rupture de stocks et/ou une augmentation forte et temporaire de la production (l'entreprise utilise la flexibilité pour répondre aux variations de la demande en utilisant la troisième équipe).

Le contrôle de gestion a réuni les informations prévisionnelles suivantes relatives à l'année N.

A) Données prévisionnelles de gestion pour l'année N

	Plaquettes vendues en l'état	Particules
Coût variable par tonne	20	30
Coût structurel par tonne(1)	30	38
Production fabriquée et vendue en tonnes(2)	50 000	20 000
Prix de vente unitaire par tonne	55	75

(1) Les coûts structurels unitaires obtenus sont calculés sur la base des prévisions pour N.

(2) On prévoit donc 70 000 tonnes de plaquettes produites dont 50 000 seraient vendues en l'état et 20 000 transformées en particules. Le développement du site au-delà de 70 000 tonnes n'est pas envisageable à court terme, pour des raisons de respect de la réglementation environnementale.

B) Prévisions concernant les plaquettes vendues en l'état pour le 1er trimestre N

Vous admettrez, par simplification, que la production et la vente sont régulières au cours du trimestre.

- Stock au 1er janvier N (en tonnes) : 15 000
- Production du 1er trimestre N en tonnes : 10 200

La demande prévisionnelle de ce trimestre suit une loi normale d'espérance mathématique 22 000 tonnes et d'écart type 8 000 tonnes.

C) Projet de développement des ventes de particules

Le marché régional des particules est en nette progression depuis quelques mois, attirant la concurrence belge. Les négociations actuelles avec de nouveaux clients montrent qu'il serait possible d'augmenter les ventes de l'ordre de 5 000 tonnes en N à condition de baisser le prix de vente unitaire de 10 % sur ces ventes supplémentaires. La structure de l'entreprise ne serait pas modifiée à l'exception d'une aire de stockage supplémentaire de particules. Le coût de celle-ci est estimé à 30 000 € amortissables économiquement sur 5 ans.

➲ Questions

1) Présenter le tableau des résultats prévisionnels par produit et globaux (coûts complets). Commenter ces résultats. En quoi cette démarche est insuffisante pour établir des simulations en termes de volumes vendus ? Proposer une autre démarche de calcul des coûts plus adaptée.

2) Déterminer le seuil de rentabilité et le levier opérationnel à partir des données globales. Analyser le levier opérationnel ; les résultats obtenus sont-ils significatifs ?

3) Déterminer l'équation du résultat et du seuil de rentabilité à partir des données par produits. Commenter. Présenter un graphique des résultats et commenter. Positionner la combinaison productive prévue pour N.

4) Calculer l'incidence sur le résultat d'une diminution de la production et des ventes de 4 000 tonnes de plaquettes vendues en l'état. Positionner cette combinaison productive sur le graphique de la question précédente.

5) Comment expliquer l'importance de l'écart type de la demande de plaquettes du 1er trimestre N ?

6) Calculer la probabilité de se trouver en rupture de stock de plaquettes au cours du trimestre. Conclure.

7) Quel niveau de production permettrait de satisfaire 98 % de la demande trimestrielle de plaquettes sans retard de livraison ? Conclure.

8) Calculer l'incidence sur le résultat du remplacement des ventes de 5 000 tonnes de plaquettes vendues en l'état par 5 000 tonnes de particules vendues 10 % moins cher. Quels autres éléments faut-il prendre en considération pour prendre une décision définitive ?

9) Compte tenu de l'ensemble des calculs réalisés, analyser la situation de l'entreprise quant aux arbitrages entre produits.

(D'après DCG 2010)

2 THÈME

Gestion de la structure

3
CHAPITRE

Thème 2 – Gestion de la structure

Centres de responsabilité et prix de cession interne

1. Centres de responsabilité
2. Prix de session interne

Rappel de cours

1. Centres de responsabilité

L'organisation en centres de responsabilité est une organisation qui tente de généraliser, à l'intérieur de l'entreprise, des relations clients fournisseurs entre entités autonomes de manière à retrouver les avantages de souplesse et de réactivité de la petite unité tout en préservant les économies d'échelle liées à la taille.

Un centre de responsabilité est un ensemble d'acteurs de l'organisation regroupés autour d'un responsable auquel des moyens sont octroyés pour réaliser l'objectif qui lui a été assigné.

Ce découpage de l'organisation doit prévoir la définition des centres de responsabilité, leur degré d'autonomie, les règles de régulation du système.

L'ensemble de ces données est regroupé dans le tableau suivant :

Nature du centre de responsabilité	Caractéristiques et éléments de responsabilité	Critères et indicateurs utilisés
Centre de coûts	• Objectifs d'activité prévisionnelle (outputs) au moindre coût tout en respectant des objectifs de qualité et de délais • Le centre n'est pas responsable de son niveau d'activité	• Quantité produite • Coût unitaire de l'UO • Coût unitaire des produits (coût rationnel) • Qualité • Délais
Centre de dépenses discrétionnaires	• Pas de définition d'outputs mesurables • Objectif de respect de l'enveloppe budgétaire prévue • Qualité du service rendu	• Coût total du centre • Qualité du service en termes de taux de réclamations, temps moyen de traitement d'un dossier, etc.
Centre de recettes	• Maximiser un chiffre d'affaires en termes de niveau et de composition des ventes • Quelquefois, minimiser des frais de commercialisation	• Montant de chiffre d'affaires • Structure de ce chiffre (s'apparente à la notion de qualité du chiffre d'affaires) • Coûts propres au centre

☞

Nature du centre de responsabilité	Caractéristiques et éléments de responsabilité	Critères et indicateurs utilisés
Centre de profit	• Responsabilité globale en termes de chiffre d'affaires et de consommations compte tenu de moyens (humains et capitaux) alloués et de spécificités concernant les outputs • Peu ou pas de responsabilité sur l'adéquation capacité utilisée/capacité disponible	• Marge générée avant financement des moyens alloués : EBE • Efficience du centre : production/moyens utilisés • Rendement des moyens alloués = marge/capitaux • Qualité des produits • Respect des délais
Centre d'investissement ou de rentabilité	• Responsabilité globale en termes de chiffre d'affaires, de consommations et d'un certain niveau de rentabilité des actifs • Responsabilité des coûts de capacité	• Vision globale de l'efficience • Coût du gaspillage : production/moyens utilisés • Coût de l'oisiveté : moyens utilisés disponibles

Le découpage en centres de responsabilité relève du contrôle de gestion. Il dépend évidemment de l'objet de l'entreprise, de sa structure et de son niveau d'intégration.

CAS 17

2. Prix de cession interne

Les échanges internes entre centres posent le problème de l'évaluation du prix de cession entre la division acheteuse et la division vendeuse.

2.1 Qualités d'un système de prix de cessions internes

Le prix de cession interne permet la valorisation des transferts entre centres de profit. Ce prix doit permettre :

- d'assurer la cohérence entre les objectifs de la société ou du groupe et les objectifs de chaque centre de responsabilité ;
- de respecter l'autonomie des centres de responsabilité ;
- d'éviter la création de rentes de situation qui bénéficient à certains centres au détriment d'autres, sources de conflit de personnes ;
- de permettre une juste évaluation des performances des centres.

2.2 Le choix des prix de cession internes

a) Prix de cession en référence à un coût

Ce choix privilégie une logique d'intégration, où les unités doivent principalement s'approvisionner en interne. Le prix est constitué en référence à un coût plus une marge déterminée de telle sorte qu'elle incite à l'efficience le centre de responsabilité vendeur.

Les principaux coûts retenus sont repris dans le tableau suivant :

Coût de référence	Avantages	Inconvénients
Coût réel	• Simplicité et facilité de calculs • Compréhensible par tous	• Transfère l'efficience ou inefficience du centre amont vers le centre aval : ne permet pas une localisation équitable des performances. • Instable et connu avec retard (rythme d'élaboration de la comptabilité analytique)
Coût standard complet	• Permet une localisation des performances • Cohérence avec les procédures budgétaires • Stable et connu à l'avance	• La performance du centre amont dépend du niveau d'achat du centre aval : plus ou moins grande absorption des charges fixes • Méconnaissance au sein de l'entreprise de la structure des coûts
Coût variable standard plus un forfait	• Volonté d'amélioration de la performance des centres par la réduction de leurs coûts • Maintien d'un niveau minimum d'achat • Bonne connaissance au sein de l'entreprise de la structure des coûts	• Difficile à mettre en œuvre et à faire « vivre »
Coût marginal	• Recherche d'un optimum global • Possibilité d'intégrer un coût d'opportunité	• L'optimum de chaque centre ne correspond pas forcément à l'optimum global

b) Prix de cession en référence au prix du marché

Le prix de marché correspond à une logique de marché où les centres de responsabilités bénéficient d'une liberté pour acheter ou vendre à l'extérieur de l'entreprise dans la mesure où un marché existe.

Plusieurs prix peuvent être retenus mais il s'agit de définir des prix stables à long terme sous réserve de l'existence d'un marché et d'un accès à la connaissance des prix du marché :

- prix du marché à moyen terme ;
- prix du marché moins une commission.

Ces prix motivent les centres à être aussi performants que les concurrents. Ils sont une bonne base pour étudier des choix entre faire ou faire faire au sein de l'entreprise mais peuvent conduire à la disparition de centres fournisseurs internes non compétitifs, ce qui peut s'opposer à une logique d'intégration ou d'indépendance des approvisionnements voulue par l'entreprise.

CAS 18, 19 & 20

Tests de connaissances

(*Plusieurs réponses possibles par question*)

1 La structure organisationnelle d'une entreprise peut être découpée selon les critères suivants :

- ❑ *A* en fonctions, services
- ❑ *B* en sites, usines, ateliers
- ❑ *C* en processus, activités, tâches
- ❑ *D* en centres de coût, centres de profit, centres d'investissement
- ❑ *E* une combinaison de ces découpages

2 Un découpage en centres de responsabilité permet :

- ❑ *A* d'affecter des coûts et des performances à différentes entités qui travaillent ensemble
- ❑ *B* de valoriser les échanges entre des centres
- ❑ *C* de motiver les dirigeants par une responsabilisation plus grande
- ❑ *D* de repérer les centres qui dépensent et les centres qui rapportent
- ❑ *E* la construction des budgets

3 Un centre de responsabilité est :

- ❑ *A* une unité de fabrication en amont d'un processus conditionnant les autres activités
- ❑ *B* une unité de décision décentralisée dans le domaine de la production ou de la commercialisation pour être plus efficace
- ❑ *C* un groupe d'acteurs avec un responsable qui doit atteindre un objectif assigné
- ❑ *D* la visualisation de la hiérarchie au sein d'une entité

4 Dire si les affirmations suivantes sont vraies :

- ❑ *A* Un centre de coûts doit réaliser un bien ou un service au moindre coût
- ❑ *B* Un centre de recettes doit maximiser un chiffre d'affaires d'un bien ou service
- ❑ *C* Un centre de profit doit dégager une marge maximale en tenant compte du coût des moyens investis

5 Les différentes entités d'un groupe peuvent se livrer des prestations en interne :

- ❑ *A* à titre gratuit
- ❑ *B* à titre payant
- ❑ *C* Toujours à titre payant

6 Les prestations payantes à l'intérieur d'un groupe sont valorisées à un :

- ❑ *A* tarif de commercialisation interne TCI
- ❑ *B* prix de cession interne PCI
- ❑ *C* taux de crédit internalisé TCI
- ❑ *D* participation compensatoire interne. PCI

7 La tarification pertinente en interne peut être fondée sur :

- ❑ *A* un coût total réel
- ❑ *B* un coût total standard
- ❑ *C* un coût partiel
- ❑ *D* un coût marginal

8 Le choix des tarifications entre entités doit permettre :

- ❑ *A* une juste évaluation de la performance de chaque centre
- ❑ *B* un pilotage de l'efficacité de l'ensemble des entités
- ❑ *C* un respect de l'autonomie de gestion des centres de responsabilité
- ❑ *D* une mesure du respect du budget de l'entité

9 La tarification des prestations internes est liée :

- ❑ *A* à des choix stratégiques de localisation de la performance dans les entités
- ❑ *B* à des choix fiscaux et sociaux
- ❑ *C* au degré d'intégration de l'entreprise
- ❑ *D* au degré de concurrence sur le marché

10 les prestations internes payantes à l'intérieur d'une organisation :

- ❑ *A* génèrent automatiquement une dynamique de groupe et une performance de toutes les entités
- ❑ *B* permettent un optimum local et un optimum global
- ❑ *C* induisent automatiquement des conflits d'intérêts

Pour bien comprendre les définitions et les analyses sur ces points, se référer au chapitre 8 du manuel, *DCG11, Contrôle de gestion*, Dunod Éditeur.

Exercices d'application

CAS 17 DEFIN

Niveau ✶ **Thème : Notion de centre de responsabilité**

Un employé de l'entreprise Defin déclare : « Un centre de profit est un centre d'analyse dont le chef a pour objectif essentiel de minimiser les consommations directes et indirectes. La performance du chef d'un centre de profit est appréciée par la direction générale en suivant l'évolution du coût horaire complet de l'heure d'activité du centre, ce coût prenant évidemment en compte une quote-part des frais généraux de l'entreprise. »

➲ Questions

En excellent contrôleur de gestion, vous corrigez les erreurs ou les contresens que contient une telle affirmation.

CAS 18 ENTREPRISE DILIEUX

Niveau ✶ **Thème : Détermination d'un prix de cession**

Dans le cadre d'une restructuration et dans le but premier d'améliorer le système de mesure des performances, l'entreprise Dilieux, organisée en centres de responsabilité, a décidé de les transformer en centres de profit.

Elle étudie les stratégies possibles de fixation des prix de cession interne entre deux centres particuliers « A » et « B ».

Le centre « A » fabrique des pièces détachées de type « A2 ». Il en vend actuellement 900 unités par semaine sur le marché, au prix unitaire de 100 €.

Sa capacité de production maximale est fixée à 1 200 unités par semaine. Compte tenu de cette capacité, son coût complet standard s'établit à 60 € dont 40 € de charges variables et 20 € de charges fixes.

PARTIE 1

Le centre « B » fabrique actuellement des pièces détachées de type « B 42 » mais le responsable technique pense qu'afin de mieux utiliser la capacité de production du centre « A », il pourrait produire un nouveau produit XX qui aurait pour composant la pièce « A2 ». Ce nouveau produit, fabriqué par « B », serait commercialisé à 165 € l'unité.

Le contrôle de gestion de l'entreprise a estimé les coûts additionnels de fabrication de ce produit par le centre « B » à 50 € de charges variables unitaires et 10 000 € de charges fixes pour une production de 300 unités.

Le centre « B » prévoit d'être capable de travailler à pleine capacité pour cette fabrication compte tenu des perspectives d'évolution du marché.

➲ Questions

1) Quel est le résultat actuel du centre « A » ? L'entreprise a-t-elle intérêt à produire le produit XX ?

2) Le prix de cession interne doit être égal au prix du marché. Le prix retenu permet-il d'optimiser le fonctionnement de l'entreprise ?

3) Expliquer l'origine de la différence de résultats entre les deux stratégies.

4) Déterminer les limites du prix de cession interne qui feront qu'il sera acceptable à la fois par « A » et par « B », en présentant des marges de manœuvres possibles.

PARTIE 2

Une étude de marché récente sur la pièce « A2 » montre une élasticité des quantités par rapport aux prix négative et égale à – 22,5. Pour faire face à un concurrent agressif, le centre « A » envisage de porter ses ventes de pièces détachées sur le marché extérieur à 1 062 unités en réduisant ses prix.

➲ Questions

5) Quel résultat le centre « A » peut-il espérer de cette décision ?

6) L'entreprise aura-t-elle intérêt à promouvoir cette stratégie ?

CAS 19 ENTREPRISE MAGNETO

Niveau ✶✶ **Thème : Gestion de conflits**

Une entreprise est spécialisée dans le montage et la vente de lecteurs DVD via deux établissements :

- un, à vocation industrielle, situé à Lille et dirigé par M. Martin ;
- un autre, à vocation commerciale, sis à Paris et dirigé par M. Charles.

L'établissement lillois réceptionne tous les composants. Il procède au montage de quatre appareils standard. Toute cette production est ensuite acheminée vers la région parisienne. Par ailleurs, l'établissement peut prélever sur cette production certains appareils pour les installer au standard européen et les vendre à des clients externes. Sur ces ventes externes, il réalise une marge moyenne de l'ordre 10 % du coût de revient des appareils. D'autre part, il assure le service après-vente de tous les lecteurs vendus par l'entreprise.

L'organisation de l'entreprise est la suivante : chaque établissement, érigé en centre de profit, dispose d'une comptabilité analytique autonome. Les produits sont cédés à Paris au prix de revient complet réel tel qu'il ressort de la comptabilité analytique de l'établissement lillois, majoré d'une marge de 3 ou 5 % selon les appareils.

Les prix de transfert sont responsables de tensions entre les responsables des centres de profit.

M. Charles considère le prix de transfert trop élevé, non pertinent, tardif et instable. Selon lui, l'établissement de Lille devrait être uniquement un centre de coût et, dans ce contexte, il serait plus judicieux d'utiliser un prix de transfert égal au coût complet standard. Il trouve par ailleurs que les coûts imposés par Lille jouent défavorablement sur la rentabilité de son établissement alors même que son entité réalise la plus grosse part du chiffre d'affaires de l'entreprise.

M. Martin répond que le mode de fixation du prix de transfert lui permet de réaliser une marge spécifique à l'usine de Lille ce qui motive le personnel et l'incite à maîtriser au mieux les coûts. Il estime, par ailleurs, qu'une grande partie de la richesse provient de son usine et il trouve logique qu'une partie du résultat lui soit affectée.

Le directeur général, qui souhaite conserver l'organisation en centre de profit, vous appelle auprès de lui pour l'aider et le conseiller dans la gestion du conflit qui oppose M. Martin et M. Charles.

➲ Questions

1) Analysez l'organisation actuelle.

2) Que pensez-vous des arguments de M. Charles et de ceux de M. Martin ?

3) Proposez un système de prix de cession qui puisse satisfaire les deux parties.

4) Quels conseils feriez-vous au directeur général pour que le système fonctionne de façon satisfaisante ?

Cas de synthèse

CAS 20 HÔPITAL SAINT-PAUL

Thème : Centre de responsabilité, prix de cession, faire ou externaliser

L'hôpital public Saint-Paul est un centre hospitalier situé dans une ville de 50 000 habitants. Il partage l'offre de soins pour les habitants de la ville et de ses environs avec deux cliniques ainsi qu'avec des libéraux, médecins et infirmières, ayant leur cabinet en ville.

L'hôpital Saint-Paul est constitué de quatre bâtiments :

- deux bâtiments réservés aux soins hospitaliers, dans lesquels se trouvent les services de soins (service des urgences, bloc opératoire, pharmacie, services de chirurgie, obstétrique, ophtalmologie, pédiatrie, radiologie, etc.) ainsi que 140 chambres offrant une capacité de 230 lits ;

- une maison de retraite disposant d'une capacité d'accueil maximale de 100 personnes âgées ;
- un bâtiment pour les services administratifs (direction, secrétariat, accueil, comptabilité, économat) et logistiques (entretien, blanchisserie, stockage, restauration).

Comme de nombreux établissements hospitaliers, l'hôpital Saint-Paul se trouve en difficultés financières depuis plusieurs années. Ces difficultés se traduisent par l'impossibilité de payer les fournisseurs en fin d'année, ainsi que les primes de décembre des personnels soignants. Ces « charges à payer sur exercices antérieurs » sont reportées et réglées en début d'exercice suivant.

PARTIE 1 : RÉORGANISATION

Afin d'améliorer l'ensemble des performances de l'hôpital, et dans le cadre de la modernisation des établissements de santé, la direction de l'hôpital souhaite créer au sein de son établissement quatre pôles (ou centres) de responsabilités :

- un pôle « médical » regroupant l'ensemble des services de soins et dont la responsabilité sera confiée à un chef de service membre de la commission médicale de l'établissement ;
- un pôle « maison de retraite » qui pourrait être confié au médecin gériatre ;
- un pôle « management » regroupant les services administratifs dont elle aura la responsabilité ;
- un pôle « logistique » regroupant les services entretien et maintenance, restauration et self, blanchisserie, stocks dont la responsabilité incombera au directeur des services économiques.

Ce projet d'organisation sera étalé sur deux années, notamment pour préparer les mentalités et dissiper les réticences des personnels médicaux et soignants. Dans un premier temps, le pôle « Logistique » sera mis en place. Il pourra ainsi servir de pôle pilote pour les trois autres.

Remarque : Le conseil d'administration, présidé par le maire de la ville, se réunit une fois par trimestre en moyenne et définit les orientations stratégiques de l'établissement dans le cadre de la politique régionale de la santé.

La commission médicale de l'établissement (CME) se réunit deux fois par trimestre en moyenne. Présidée par un médecin et composée de représentants des praticiens hospitaliers et des infirmiers, elle a pour rôle de définir et mettre en œuvre les projets médicaux.

➲ Questions

1) **Présenter les principales caractéristiques du pôle « logistique » : nature du centre de responsabilités, principaux objectifs à atteindre, outils spécifiques de gestion à mettre en place, périodicité et modalités des comptes rendus des résultats à la direction et au conseil d'administration (reporting).**
2) **Quels sont les avantages que l'on peut attendre de l'organisation de cet établissement en pôles de responsabilités ? À quels types de réticences de la part des personnels médicaux et soignants ce projet peut-il se heurter ?**

PARTIE 2 : GESTION D'UNE ACTIVITÉ « RESTAURATION » DU PÔLE LOGISTIQUE

L'activité restauration est l'une des activités logistiques les plus importantes de l'hôpital Saint-Paul. En effet, l'hôpital dispose de sa propre cuisine, dont les équipements sont modernes car elle a été rénovée en N–3. Les repas sont préparés « en liaison froide » ce qui signifie que les plats sont mis sous vide et refroidis rapidement avant d'être distribués :

- dans les offices (différentes unités où les plats sont réchauffés avant d'être servis aux malades par les agents de service) ;
- au self.

Ce système présente un double avantage : respect de la chaîne du froid, et donc des normes d'hygiène, ainsi que la possibilité pour le personnel de cuisine de travailler cinq jours sur sept, les repas des week-ends et jours fériés étant préparés et réfrigérés à l'avance.

Le coût des repas est une variable importante à maîtriser, non seulement dans le but d'optimiser les coûts, mais aussi pour affecter correctement ces coûts aux différentes unités (notamment la maison de retraite) et fixer les prix de vente aux clients externes à l'organisation (clinique ou commensaux).

A – Coût des repas

Le directeur des services économiques communique l'évaluation du coût des repas réalisée fin N sur la base des quantités prévues pour l'année N+1, les tarifs des repas servis au self et aux familles et votés par le conseil d'administration.

Prévision du nombre de repas pour l'année N		Coût des repas et tarification pour l'année N
Hôpital :		
Patients	177 830	Coût d'un repas fabriqué : **5,28 €**
Familles	2 170	Tarifs des repas pour les familles : **6,00 € HT par repas**
Total hôpital	*180 000*	
Maison de retraite :		
Résidents	80 450	Coût des repas affecté à la maison de retraite : **10,50 € par jour**
Familles	6 550	
Total maison de retraite	*87 000*	
Self :		Tarifs d'un repas pris au self :
Personnel	62 050	• personnel : **4,20 € HT** (le complément étant pris en charge par subvention) ;
Externes	10 950	• personnes externes : **6,00 € HT**.
Total self	73 000	
Total repas	340 000	

Par ailleurs, on relève les informations suivantes :

- personnel de cuisine : 24 personnes ETP (équivalent temps plein) dont 2 cadres ;
- personnel du self : 4 personnes ETP ;
- nombre de jours de fonctionnement annuel de la cuisine : 252 ;
- capacité maximale : 1 500 repas par jour de fonctionnement ;
- distribution des repas : 9 offices (services de soins ou maison de retraite) ou au self 365 jours sur 365.

Les familles ont la possibilité de prendre leur repas avec leur parent dans les chambres, à condition de les commander et de régler par chèque.

Le nombre de 340 000 repas, relativement stable, peut être considéré comme représentant l'activité normale de la cuisine. Cette activité est régulièrement répartie sur l'année.

Le directeur des services économiques est conscient que son évaluation des coûts n'est pas assez précise et qu'il conviendrait de revoir la politique de tarification des repas et d'affectation des coûts à la maison de retraite.

En s'inspirant d'une mission nationale d'expertise réalisée au sein du ministère de la Santé auprès de dix hôpitaux, recalculer les coûts de repas à partir des processus de fabrication et de distribution en vous appuyant sur des données collectées par le contrôleur de gestion de l'hôpital.

Étude du contrôleur de gestion en date du 31/08/N

	Coût total prévu (en €)	Nature des charges
Fabrication		
Matières		
• denrées alimentaires	612 000	Variable
• conditionnement	115 600	Variable
Frais de personnel :	782 000	Fixe : 90 % Variable : 10 %
Charges d'exploitation :		
• eau énergie	20 400	Variable
• fournitures	37 400	Variable
• amortissements	102 000	Fixe
Total fabrication	1 669 400	
Distribution offices et maison de retraite		
Frais de personnel	854 400	
Amortissements	13 350	
Total distribution offices et maison de retraite	867 750	
Distribution en self		
Frais de personnel	103 660	
Amortissements	14 600	
Autres charges d'exploitation	7 300	
Total distribution self	125 560	

➲ Questions

1) Calculer le coût d'un repas fabriqué en N, sur la base des prévisions réactualisées à la date du 31 août N.

2) Calculer le coût d'un repas :
– distribué en office (hôpital et maison de retraite) ;
– distribué au self.

3) Que pensez-vous des tarifs pratiqués en N pour les repas servis au self et pour ceux servis aux familles ?

4) Évaluer, sur la base des quantités de repas prévues, le manque à gagner en recettes subsidiaires pour l'année N sur les repas servis aux familles en chambre et les repas externes servis au self.

5) Quelles conclusions tirer de ces résultats pour les tarifs des repas N+1 et pour le budget de fonctionnement de N+1 ?

B – Prix de cession des repas à la maison de retraite

La tarification des prestations internes entre l'hôpital et la maison de retraite (restauration, traitement du linge) n'est pas qu'une simple question de transfert entre les budgets des deux unités (neutralisé au niveau du budget consolidé de l'établissement). Elle a un impact sur les ressources de la maison de retraite, et donc sur les ressources globales de l'établissement.

En effet, les tarifs journaliers demandés aux résidents, dont une partie est prise en charge par le conseil général sous la forme de l'allocation personnalisée d'autonomie (APA), sont calculés à partir des charges affectées à la maison de retraite.

Des prix de cession bas se traduisent par des tarifs journaliers sous-évalués et donc des recettes réduites. Des prix de cession élevés ont l'effet inverse.

Mais toute hausse du tarif est limitée :

- par la politique sociale du conseil général, qui peut décider ou non de relever le montant de l'APA ;
- par les moyens financiers des résidents (ou de leur famille) ;
- par les tarifs des établissements concurrents.

Il convient donc de fixer des prix de cession internes justes (sincérité des comptes) et justifiés par des évaluations pertinentes. Une étude sur les tarifs d'établissements similaires donne les résultats suivants :

« Les prix des entreprises privées et associations qui livrent des repas aux entreprises, collectivités et organismes publics (lycées, hôpitaux) varient de 5,50 € à 8,20 € HT pour un repas.

À prestation équivalente à celle des repas fabriqués par l'hôpital, on peut considérer que le prix moyen du marché est de 6,50 € HT.

Le budget consacré par ces entreprises aux frais commerciaux (prospection, promotion des produits, visites des clients, communication...) est de 10 % de leur chiffre d'affaires hors taxes. »

Remarque : les frais de distribution des repas en maison de retraite n'ont pas à être retenus dans la tarification interne des repas, car ils correspondent à des frais de personnel spécifiquement affectés à cette unité et déjà inclus dans le tarif journalier. Par souci de simplification, on fera abstraction de la TVA.

➲ Questions

1) Présenter les différentes méthodes de fixation des prix de cession interne, en précisant pour chacune d'entre elles son nom, une définition succincte, son principal avantage et son principal défaut.

2) Quels sont les critères à prendre en compte pour la fixation d'un prix de cession interne ?

3) Quel prix de cession suggérer ? Justifier la réponse.

PARTIE 3 : ÉTUDE DE PROJETS

A – Livraison de repas à une clinique

L'une des cliniques de la ville serait intéressée pour passer une convention avec l'hôpital portant sur l'achat de 80 repas par jour sur toute l'année. Elle n'est en effet pas satisfaite de la qualité des repas qui lui sont actuellement livrés par un prestataire privé.

Le prix de vente maximum qui serait accepté par la clinique serait de 5,00 € HT par repas. Ce projet, qui pourrait démarrer dès le début de l'année N, nécessiterait pour l'hôpital :

- l'achat d'un véhicule léger réfrigéré : coût HT (la TVA serait récupérée dans ce cas, car il s'agit d'une prestation « marchande ») de 28 000 € amortissables sur 4 ans ;
- la création d'un poste supplémentaire spécifique pour la gestion des commandes de la clinique, la préparation et le conditionnement ainsi que la livraison matin et soir : coût fixe de 23 000 € par an, charges sociales incluses.

➲ Questions

1) Sur la base du prix maximum proposé par la clinique, calculer le seuil de rentabilité de ce projet.

2) Calculer le résultat marginal que pourrait générer ce projet. Conclure sur le projet.

B – Création d'un GIP

Une réflexion est engagée avec les responsables des cliniques ainsi que d'autres maisons de retraite proches de la ville pour la création d'une structure commune sous forme de groupement d'intérêt public (GIP) pour la restauration. Cette structure fabriquerait et livrerait les repas (matin et soir toute l'année) aux établissements adhérents au GIP, avec une capacité de fabrication qui pourrait être comprise entre 3 000 et 5 000 repas par jour selon l'option retenue.

Pour l'hôpital Saint-Paul, cela signifierait :

- le maintien du self ;
- le transfert de certains équipements au GIP ;
- le transfert de 50 % des effectifs de cuisine au GIP, soit 12 personnes dont le chef cuisinier. Sur les 12 agents restants, 4 partiront à la retraite. Les 8 autres seraient reclassés dans les services après formation sur des postes à pourvoir après départ à la retraite.

Des groupements similaires implantés dans d'autres départements proposent des repas à un prix HT allant de 4,20 € à 5,20 €.

Ce GIP pourrait être opérationnel à partir de l'année N+2. Un autre projet est également à l'étude pour le traitement du linge (création d'une unité de traitement commune sous forme de GIP ou de syndicat inter-hospitalier).

➲ Questions

1) Quels seraient les avantages et les inconvénients, pour l'hôpital Saint-Paul, d'adhérer au GIP Restauration ?

2) Quelle est la logique, au plan stratégique, qui peut conduire un établissement de santé à adhérer à ce type de structure pour ses activités logistiques ?

THÈME 3

Gestion par les budgets

4
CHAPITRE

Thème 3 – Gestion par les budgets

Construire les budgets

1. Planification et gestion budgétaire
2. Principe de construction des budgets
3. Budget de trésorerie et documents de synthèse

Rappel de cours

1. Planification et gestion budgétaire

1.2 La planification d'entreprise

La planification est un système de données organisées sur le futur de l'entreprise en fonction d'horizon de temps de plus en plus court.

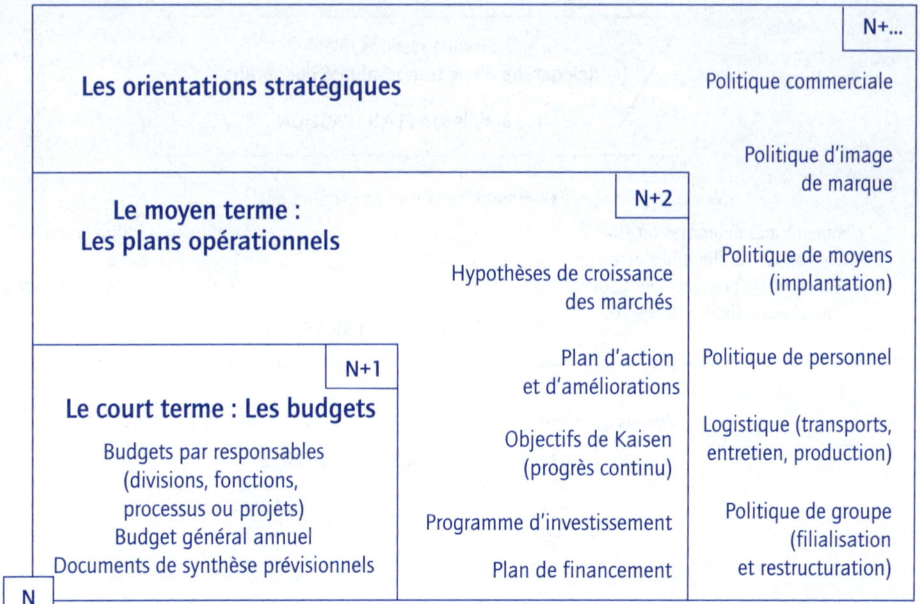

La stratégie d'entreprise est l'ensemble d'actions organisées en vue d'atteindre des objectifs par rapport à l'environnement. Elle s'appuie sur :

- un diagnostic externe qui envisage les opportunités et les menaces de l'environnement,
- un diagnostic interne qui répertorie les forces et les faiblesses de l'organisation.

La recherche des orientations stratégiques permet à partir d'une analyse des marchés et des clientèles futures de mettre en perspective la chaîne de valeur et les facteurs clés de succès sur lesquels veut se positionner l'organisation.

Ainsi en fonction de ces choix stratégiques, l'entreprise pourra :

- déterminer les offres commerciales à construire, leurs caractéristiques et les capacités à offrir regroupées dans des **programmes** prévisionnels ;
- en déduire la composition et la localisation des moyens de production et donc les PLANS d'investissements nécessaires.

1.2 Le budget

Le budget est l'expression quantitative du programme d'actions proposé et retenu par la direction, il doit contribuer à la coordination et l'exécution de ce programme en intégrant les aspects financiers et non financiers sur un horizon annuel.

PRÉPARATION DES PLANS D'ACTION

À partir d'hypothèses économiques arrêtées par la direction

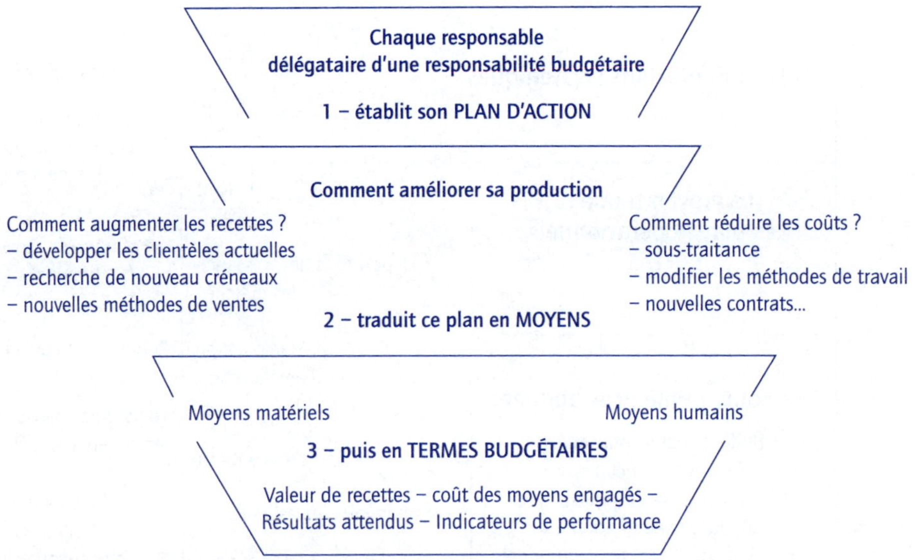

Le budget général réalise la synthèse des prévisions figurant dans les budgets spécifiques des organisations. Il traduit les conséquences des décisions relatives à l'exploitation et au financement.

2. Principe de construction des budgets

2.1 Horizon de temps

Dans la plupart des cas, l'horizon est annuel et coïncide avec le temps comptable. Il est tout de fois possible d'établir des budgets à horizons différents :

- sur quelques mois pour une manifestation ponctuelle (salon international par exemple),
- sur plusieurs années pour appréhender l'ensemble des dépenses généré par un projet (lancement d'un modèle spécifique intégrant la conception, la production et l'après-vente).

Aujourd'hui, compte tenu des moyens informatiques, il est de plus en plus fréquent de rencontrer des budgets glissants à périodicités décroissantes et dynamiques :

- le semestre en cours est décliné en mois,
- le semestre suivant en trimestre,
- l'année N+1 en semestre.

À chaque fin de mois, l'horizon est modifié et les données actualisées compte tenu de l'évolution de l'environnement.

Enfin, certaines pratiques introduisent le progrès continu dans les prévisions : elles partent d'une situation initiale et donnent au responsable comme un objectif de réduction de coût (le plus souvent unitaire) à prestations constantes en qualité et moyens mobilisés : c'est le Kaizen appliqué au budget.

> REMARQUE : Le progrès peut résulter de deux modes de changement qui sont, soit l'amélioration continue, soit l'innovation. Cette dernière consiste en des investissements importants qui génèrent des ruptures et qui nécessitent des adaptations difficiles voire longues à réaliser.

L'amélioration continue est peu coûteuse, et ne nécessite pas de grands plans d'investissement. Il n'y a pas trop de risques pris, mais les gains peuvent être très importants. Cela implique le souci permanent de la standardisation dans tous les domaines de l'entreprise. Elle doit être une véritable culture d'entreprise, un des éléments principaux de la culture.

2.2 Budget et responsabilité

Si l'on désire que le budget remplisse son rôle d'aide au pilotage dans la perspective d'actions coordonnées et voulues par la direction générale, il est primordial que le responsable de la délégation budgétaire ait la maîtrise des moyens dont il a la responsabilité. Il doit donc agir sur des coûts dits « maîtrisables ».

Un coût maîtrisable est un coût dont le niveau dépend essentiellement de l'action du responsable d'un centre de responsabilité donné pendant une période donnée.

L'application de ce principe conduit à calquer la structure de délégation budgétaire sur la structure organisationnelle et hiérarchique.

Structure organisationnelle et hiérarchique	Nature des budgets
Structure fonctionnelle	Budgets par fonctions : ventes, production, achat, production, administration et finance
Structure par projets	Budgets par projets ou par chantiers
Structure par processus	Budget par processus

Cependant, dans une perspective de mobilisation des responsables, il peut être utile d'inclure des postes non maîtrisables dans les états comptables des centres de responsabilité. Cela suppose une délégation définie pas uniquement sur le degré de maîtrise des coûts mais aussi en termes de compétences et de connaissance des informations. Le problème est, alors, de savoir quelles personnes interroger et non quelles personnes blâmer.

Quel que soit le mode de structuration des budgets, l'ensemble des budgets partiels doit être centralisé pour permettre l'établissement de documents de synthèse prévisionnels seul moyen de s'assurer que les projets partiels envisagés conduisent à un impact commun conforme aux volontés stratégiques de la direction générale.

2.3 Budget et système d'information comptable

L'établissement des budgets n'est qu'une étape de la gestion budgétaire. Le budget vu comme l'ensemble des prévisions chiffrées à court terme de toute l'organisation doit être compris comme le guide aux réalisations de l'année en cours. Pour en faire un outil de pilotage, il faut lui adjoindre une comparaison systématique entre le réel et le prévu, c'est l'objet du contrôle budgétaire et de l'analyse des écarts. Ce point est envisagé au chapitre 5 du présent ouvrage.

Pour que cette comparaison soit pertinente, il est important que l'élaboration des prévisions et celles des réalisations soient conçues en référence au même système d'information comptable.

Dans la majorité des cas, le budget se décline selon la méthode des centres d'analyse avec une distinction charges directes charges indirectes.

Pour certaines organisations, les reproches de non-pertinence formulés à l'encontre de la méthode des centres d'analyse se reportent également sur les budgets. Elles cherchent alors à mettre en œuvre d'autres relations entre les ressources et les charges consommées dès la phase prévisionnelle : leur budgétisation est alors basée sur les activités (ABB : budgets basés sur les activités).

CAS 21 à 24

3. Budget de trésorerie et documents de synthèse

Une fois les principaux budgets arrêtés (ventes et production) il est possible de décliner les budgets secondaires :

- budget des frais commerciaux ;
- budget de la sous-traitance ;
- budget des approvisionnements, et d'en déduire les budgets de fonctionnement des différents services.

Il est alors nécessaire de vérifier la cohérence de l'ensemble prévisionnel construit et la capacité monétaire de l'entreprise à le réaliser.

L'objet du budget de trésorerie est de traduire, en termes monétaires (encaissements et décaissements), les charges et les produits générés par les différents programmes.

L'élaboration du budget de trésorerie est la résultante d'une démarche budgétaire complète. Il faudra la finaliser par l'établissement de documents de synthèse prévisionnels qui devront être cohérents avec les travaux de planification à plus long terme existant dans l'entreprise.

3.1 Principes de construction

Le budget de trésorerie est la transformation des charges et des produits de tous les budgets précédents en encaissements et de décaissements, notions qui privilégient l'échéance des flux monétaires.

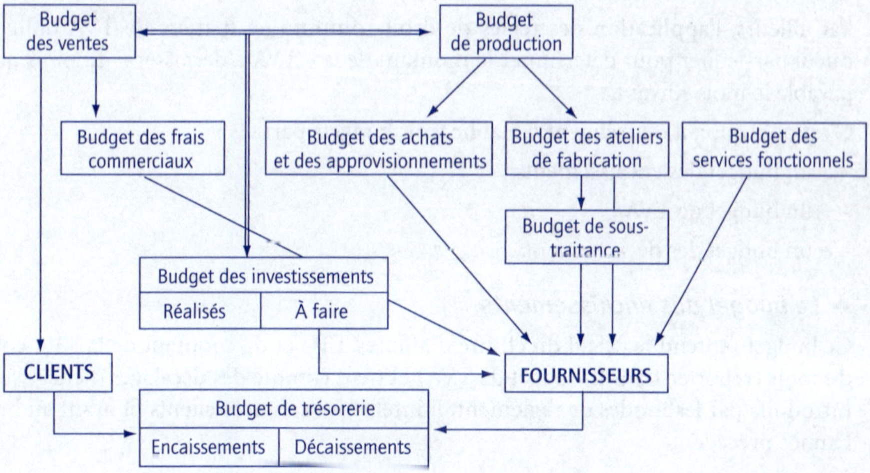

Dans une optique strictement budgétaire, le budget de trésorerie répond à deux impératifs :

- s'assurer d'un équilibre mensuel entre encaissements et décaissements en vue de mettre en place, préventivement, des moyens de financement nécessaires à court terme en cas de besoin de liquidités pour un ou des mois donnés ;
- connaître le solde de fin de période budgétaire des comptes de tiers et de disponibilités, tels qu'ils figureront dans le bilan prévisionnel.

L'établissement d'un budget de trésorerie nécessite plusieurs étapes indispensables qui permettent un bouclage de la démarche budgétaire finalisée par les « documents de synthèse » prévisionnels

- la collecte des informations nécessaires,
- la préparation des budgets partiels de trésorerie,
- l'élaboration et l'ajustement du budget récapitulatif de trésorerie.

a) La collecte des informations

Le budget de trésorerie relie des informations budgétaires d'exercices différents. La phase de collecte est primordiale et obligatoire Les informations recueillies doivent être exhaustives.

Les éléments nécessaires pour élaborer le budget de l'année en cours sont :

- le bilan de l'année précédente,
- tous les budgets approuvés de l'année en cours,
- la connaissance des modes de règlement de l'entreprise,
- les décaissements et encaissements exceptionnels qui n'entrent pas dans le cadre d'un budget précis.

Il faut s'assurer de l'exhaustivité des informations collectées et également de leur fiabilité.

b) Les budgets partiels de trésorerie

Les budgets sont établis généralement en montant hors taxes. Les encaissements et les décaissements doivent être exprimés toutes taxes comprises.

Par ailleurs, l'application des règles de droit commun en matière de TVA oblige à un calcul particulier pour déterminer le montant de la « TVA à décaisser » du mois qui sera payable le mois suivant.

C'est pourquoi, il est fréquent d'établir trois budgets partiels :

- un budget des encaissements ;
- un budget de TVA ;
- un budget des décaissements.

➤ *Le budget des encaissements*

Ce budget reprend le calcul du chiffre d'affaires TTC et du montant de la TVA collectée du mois (reportée dans le budget de TVA) et tient compte des décalages d'encaissements introduits par les modes de règlement, il intègre les créances clients figurant au bilan de l'année précédente.

➤ *Le budget de TVA*

Ce budget permet le calcul du décaissement de TVA selon les règles de droit commun, à savoir :

TVA à décaisser du mois M	=	TVA collectée du mois M	–	TVA déductible/ immobilisations du mois M	TVA déductible/ Biens du mois M

La « TVA à décaisser » d'un mois donné est payable dans le courant du mois suivant. La construction du budget de trésorerie oblige à déterminer le montant de « TVA déductible » du mois, et donc à reconstituer les achats de toute nature en valeur toutes taxes comprises (TTC).

La détermination de la « TVA à décaisser » d'un mois est obtenue en appliquant la règle ci-dessus énoncée.

➤ *Le budget des décaissements*

Il regroupe les dépenses, reprises pour leur montant TTC, et figurant dans les budgets de charges selon leur mode de règlement. Il intègre les décalages calendaires entre l'apparition des charges et la date de leurs décaissements.

3.2 Le budget récapitulatif de trésorerie

Ce budget récapitulatif est généralement présenté sous deux versions successives. Dans ce cas, le travail budgétaire consiste en :

- l'établissement d'une version initiale du budget, faisant apparaître les soldes bruts mensuels de trésorerie ;
- la mise au point d'un budget de trésorerie ajusté, compte tenu des desiderata financiers de l'entreprise.

a) La version initiale du budget

Dans cette optique, mois par mois, les encaissements sont comparés avec les décaissements, tels qu'ils sont apparus dans les budgets partiels précédents, et en tenant compte des disponibilités qui figurent au bilan de l'exercice antérieur.

Cette version s'établit colonne par colonne puisque le solde final de trésorerie d'un mois donné est la trésorerie initiale du mois suivant.

b) Le budget de trésorerie ajusté

Il présente obligatoirement des soldes de trésorerie nuls ou positifs puisqu'il tient compte des modes de financement retenus par l'entreprise pour équilibrer sa trésorerie.

La gestion de trésorerie a pour vocation, entre autre, d'assurer quotidiennement la pérennité de l'entreprise en lui maintenant un niveau de liquidités suffisantes par une gestion en temps réel des comptes bancaires et des refinancements nécessaires. En effet, négocier préventivement des financements est moins coûteux et plus sûr que le recours éventuel à des crédits à court terme en situation de trésorerie négative.

3.3 Les documents de synthèse prévisionnels

Pour finaliser la démarche budgétaire, il est nécessaire alors de construire les documents de synthèse tels qu'il résulte des engagements pris dans les différents budgets.

Les informations des budgets de fonction (achat, production et ventes) établis hors taxes sont regroupées principalement dans un compte de résultat prévisionnel. Les encaissements et les décaissements exprimés en toutes taxes comprises ainsi que les éléments de créances et dettes impactent le bilan.

Tests de connaissances

(*Plusieurs réponses possibles par question*)

1 La gestion budgétaire peut se définir comme :

- ❑ *A* des plans d'action chiffrés à horizon de 2 à 3 ans
- ❑ *B* un mode de gestion consistant à traduire en programmes d'action chiffrés appelés « budget » les décisions prises par la direction
- ❑ *C* un mode de pilotage qui englobe l'organisation dans un ensemble de prévisions, régulièrement confronté aux réalisations par la mise en évidence d'écarts qui doit déclencher des actions correctives
- ❑ *D* un ensemble de budgets imposés ou négociés au sein d'une organisation

2 Lors de la phase de budgétisation, la logique de construction des budgets peut être caractérisée par :

- ❑ *A* une logique de navette entre les propositions des responsables budgétaires et celles retenues par la direction
- ❑ *B* un processus court et simple à mettre en œuvre

❑ *C* un déroulé organisé qui part des budgets déterminants (ventes et production) vers les budgets secondaires (activités de soutien des fonctions principales et services fonctionnels)

❑ *D* un déroulé organisé qui définissant un niveau de résultat attendu en détermine les coûts des moyens nécessaires pour en déduire le niveau des ventes

3 Relevez les items qui peuvent caractériser le contrôle budgétaire :

❑ *A* Il est l'étape première de la gestion budgétaire

❑ *B* Il permet de rechercher les causes d'écarts

❑ *C* Il permet d'apprécier l'activité des responsables budgétaires

❑ *D* Il est constitué de deux activités principales : mises en évidence d'écarts et mise en œuvre d'actions correctives

4 La gestion par exception peut être définie comme :

❑ *A* un mode de gestion de supervision directe

❑ *B* un mode de gestion où le responsable budgétaire est totalement libre de ses choix quelles que soient ses réalisations

❑ *C* un mode de gestion où le niveau hiérarchique N+1 n'intervient dans le niveau N qu'en cas d'écarts importants hors de certaines limites préalablement définies

❑ *D* un mode de gestion qui s'inscrit dans un esprit de direction par objectifs

5 Dans un budget de trésorerie, il s'agit de prévoir :

❑ *A* l'impact des charges et des produits sur le résultat

❑ *B* l'impact des encaissements et des décaissements sur la trésorerie

❑ *C* l'impact des encaissements et décaissements de TVA sur les dettes fiscales éventuelles de fin de période

❑ *D* les soldes de trésorerie pour anticiper placements ou financements futurs

6 La gestion budgétaire et le concept de temps : relevez dans les items suivants ceux ou celui qui renvoient à la notion de «temps» tel que le conçoit la gestion budgétaire (GB) :

❑ *A* Le GB inclut le temps de la durée de vie des produits

❑ *B* Le GB ne sait pas suivre les différents horizons des investissements

❑ *C* Le GB intègre le temps des exercices comptables

❑ *D* Le GB intègre les charges ou les produits dont les effets sont différés dans le temps

7 La gestion budgétaire et le découpage en entités : relevez dans les items suivants les phénomènes qui expliquent les limites de la gestion budgétaire (GB) :

❑ *A* L'existence d'entreprises en réseau

❑ *B* L'apparition de base de données au détriment des liasses physiques de documents

❑ *C* La demande de prise en compte de transversalités internes à l'entreprise

❑ *D* L'organisation de la production en juste à temps

8 Gestion budgétaire et la mesure : relevez dans les items suivants ceux ou celui qui caractérise la GB.

❑ *A* La GB sait mesurer les performances qualitatives

❑ *B* La GB recherche à minimiser les délais et la durée des processus

❑ *C* La mesure porte sur l'interaction des phénomènes

- ❑ *D* La mesure est essentiellement financière et quantitative
- ❑ *E* Les nouveaux moyens informatiques ont supprimé les difficultés de mesure en GB.

9 L'idéologie véhiculée par le GB : parmi les items qui suivent, retrouvez ceux qui sous-tendent l'idéologie du GB.

- ❑ *A* Le temps est une variable continue
- ❑ *B* Le décideur a une connaissance parfaite des données du problème
- ❑ *C* Le décideur est immergé dans la situation et les données qu'il reçoit sont contradictoires
- ❑ *D* Le décideur est au centre de jeux d'influence dont il est conscient

10 L'ensemble « standards – plans – budgets – reporting » est le modèle dominant de contrôle de gestion dans les grands groupes. De nombreuses critiques s'élèvent contre cet ensemble d'outils ; pour autant il reste pertinent dans certains contextes. Cochez les items vrais dans ceux proposés.

- ❑ *A* À l'heure actuelle, cet outil est source d'immobilisme voire d'opposition au changement
- ❑ *B* Cet outil est pertinent dans un contexte stable et en croissance
- ❑ *C* L'élaboration des budgets est la phase ou l'on constate le moins d'effets pervers
- ❑ *D* Cet outil mesure tous les aspects de la performance
- ❑ *E* Les budgets sont souvent perçus comme une évaluation du pouvoir des responsables

Pour bien comprendre les définitions et les analyses sur ces points, se référer aux chapitres 8, 10, 11 et 19 du manuel *DCG 11, Contrôle de gestion*, Dunod Éditeur.

Exercices d'application

CAS 21 VÉLOCYC

Niveau ✶ **Thème : Budget et stock**

L'entreprise Vélocyc a une division qui produit des bicyclettes. Le budget des ventes du modèle H sont inscrites au budget pour 450 000 unités au prix unitaire de 220 € pour les grandes surfaces et 350 000 unités à 270 € pour les détaillants (le modèle bénéficie alors de certains accessoires additionnels et d'un logo particulier). L'objectif du stock final est de 100 000 bicyclettes et le stock initial est de 120 000 unités.

Les roues sont achetées à l'extérieur. On considère qu'il faut 1 roue de rechange pour le service après vente pour 10 roues achetées. L'objectif pour le stock final est de 30 000 roues. Le stock initial est de 20 000 roues. Le prix d'achat budgété d'une roue est de 15 €.

➲ Questions

1) **Calculer le budget des ventes en valeur.**
2) **Calculer le nombre de bicyclettes à produire.**
3) **Calculer les achats budgétés de roues en quantité et en valeur.**

CAS 22 PLASTIFORM

Niveau ✶✶ **Thème : Budget d'achat et de production**

La société Plastiform est un sous-traitant important de l'industrie automobile. Un de ses départements est spécialisé dans le moulage plastique de pièces destinées à l'industrie automobile : tableaux de bord, habillage de portières ou de vide-poches...

Dans cette unité, ne sont réalisés que trois produits A, B et C à l'aide d'une même qualité de matière plastique obtenue sous forme de granulés.

Le volume de production prévu pour l'année suivante est de 300 000 A, 125 000 B et 25 000 C.

Les étapes de production se résument au moulage et au vernissage des produits en cabine.

Schéma des étapes de production

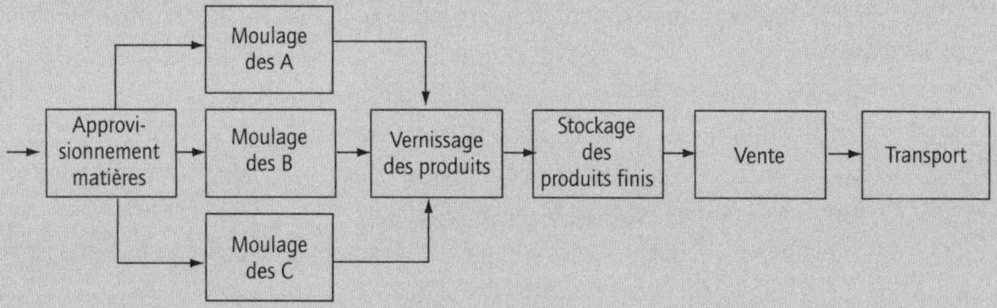

1. Approvisionnements matières

Ceux-ci sont effectués en fonction des besoins de la production, mais on considère qu'un stock de matières d'une semaine de production est indispensable.

Au début de la période le stock de matières premières est de 27 600 kg.

Les besoins en matières sont respectivement de :

- 3 kg par unité de produit pour les produits A ;
- 5 kg par unité de produit pour les produits B ;
- 10 kg par unité de produit pour les produits C.

Les coûts engendrés par le service Approvisionnement sont principalement, bien entendu, les achats de matières, sur la base d'un prix fournisseur prévu à 1,25 € par kg acheté.

Le fonctionnement du service Approvisionnement nécessite deux personnes rémunérées chacune 1 675 € par mois. Comme pour l'ensemble du personnel, ces salaires sont payés sur 13 mois et entraînent des charges sociales qui représentent 42,7 % du montant des salaires annoncé ci-dessus.

Le personnel du service Approvisionnement utilise deux chariots élévateurs (prix d'acquisition : 18 750 € chacun) et un tapis roulant (prix d'acquisition : 15 100 €).

Les chariots élévateurs nécessitent des fournitures consommables dont le coût global pour les deux chariots peut être évalué à 650 € par mois d'utilisation. Ils fonctionnent 11 mois par an, l'ensemble des activités étant stoppé au mois d'août.

2. Moulage

Le moulage de chaque produit (A ou B ou C) est effectué sur un parc machines spécifique. En revanche, le personnel du moulage est polyvalent, et constitué d'une équipe de 15 opérateurs pouvant travailler sur n'importe quelle machine de moulage. Chacun de ces opérateurs est rémunéré 1 880 € par mois pour un temps de travail de 35 heures par semaine, et dispose annuellement de 5 semaines de congés. Tout le temps des opérations n'est pas intégralement disponible pour la production-moulage proprement dite. On évalue en effet à 8 % le temps rémunéré perdu en absentéisme ; le temps nécessaire au réglage et au nettoyage des machines représente 6 % du temps de travail effectif du personnel.

Moulage des A

Il y a 8 machines identiques permettant d'effectuer cette opération (prix d'acquisition de chaque machine : 24 900 €).

On compte deux minutes pour le moulage d'un produit A sur une machine donnée ; l'opération mobilise un opérateur sur la machine pendant ces deux minutes.

Le fonctionnement de chaque machine entraîne :

- un coût de 25,50 € d'énergie par heure de marche
- un coût de 0,90 € de matières consommables par heure de marche
- un coût d'entretien effectué par un prestataire de services extérieur ; le forfait mensuel est de 200 € par mois sur 11 mois (rien en août).

Moulage des B

Il y a 8 machines identiques permettant d'effectuer le moulage des produits B (prix d'acquisition de chaque machine : 42 400 €).

On compte quatre minutes pour le moulage d'un produit sur une machine donnée ; l'opération mobilise un opérateur sur la machine pendant ces quatre minutes.

Le fonctionnement de chaque machine entraîne :

- un coût de 50,60 € d'énergie par heure de marche ;
- un coût de 1,90 € de matières consommables par heure de marche ;
- un coût d'entretien effectué par un prestataire de services extérieur le forfait mensuel est de 325 € par mois sur 11 mois (rien en août).

Moulage des C

Il y a là 2 machines identiques pour le moulage des produits C (prix d'acquisition de chaque machine : 65 800 €).

On compte six minutes pour le moulage d'un C sur une machine donnée ; l'opération mobilise deux opérateurs sur la machine pendant ces six minutes.

Le fonctionnement de chaque machine entraîne :

- un coût de 67,10 € d'énergie par heure de marche ;
- un coût de 1,90 € de matières consommables par heure de marche ;
- un coût d'entretien effectué par un prestataire de services extérieur ; le forfait mensuel est de 325 €.

Il n'y a aucun stock intermédiaire de produits entre le moulage et le vernissage.

3. Vernissage

Le vernissage s'effectue automatiquement dans des cabines où les produits sont introduits, et dont ils sont retirés, par deux opérateurs.

Il y a 5 cabines identiques, qui autorisent le vernissage des trois types de produits. Pour des raisons de commodité, les produits sont passés en cabine de vernissage par lots homogènes : chaque cabine peut traiter à la fois, soit 50 A, soit 20 B, soit 5 C.

Dans tous les cas, la durée d'un cycle de vernissage est de 20 minutes.

Ces cabines ont été achetées au prix d'acquisition de 44 900 € chacune. Elles font l'objet d'un contrat d'entretien avec un prestataire extérieur pour un forfait mensuel de 276 € par mois et par cabine sur 11 mois (rien en août).

Le fonctionnement de chaque cabine entraîne en outre :

- un coût de 105 € d'énergie par heure de marche ;
- et un coût de 225 € de matières consommables par heure de marche.

Les deux opérateurs affectés au vernissage sont rémunérés chacun 1 975 € par mois. Ils suffisent amplement à assurer le chargement et le déchargement des 5 cabines, et consacrent le restant de leur temps à manipuler les stocks de produits finis, ce qui est logique puisque les produits sont effectivement finis après passage au vernissage.

Il faut considérer cependant que cette dernière occupation représente pour eux un temps pratiquement négligeable. On peut compter ici aussi 8 % de temps perdu en absentéisme et 6 % de temps nécessaire au nettoyage des cabines.

4. Procédure budgétaire imposée par le contrôle de gestion

L'année budgétaire débute le 1er janvier et se termine le 31 décembre. La production s'organise sur 11 mois (l'entreprise est fermée en août). La procédure de budgétisation est la suivante :

- étape 1 : sur la base de propositions remontées des différents départements de l'entreprise, les volumes de production et de vente sont arrêtés par la direction générale ;
- étape 2 : compte tenu de ces prévisions, chaque département établit, par atelier, un budget annuel de dépenses de son département dit « budget premier » ;
- étape 3 : les différents budgets « premiers » sont consolidés par le service de contrôle de gestion et des documents prévisionnels (compte de résultats et bilans) établis. Compte tenu de cette projection, la direction générale valide ou révise les budgets premiers ;
- étape 4 : une fois le budget « premier » validé, chaque département décline le budget annuel en budget mensuel plus opérationnel.

La direction générale souhaite, par ailleurs, que chaque département soit conscient du coût des moyens engagés : les frais financiers seront évalués sur la base d'un raisonnement économique et non à partir d'une analyse comptable des frais effectivement engendrés par les emprunts en cours ou par l'utilisation du découvert.

Ce raisonnement économique est le suivant : à chaque étape où sont mises en jeu des immobilisations (actifs à long terme), celles-ci seront supposées financées, à concurrence de leur valeur nette comptable moyenne de l'année en cours par des ressources à long terme au taux moyen de 8 % l'an.

Pour l'ensemble des immobilisations de la société, les matériels sont amortissables en linéaire sur 10 ans, et ont été acquis il y a environ 2 ans (calculés au début de la période considérée ici).

➲ Question

Établir le budget « premier » de ce département en spécifiant pour chaque étape du schéma de production les volumes et les engagements financiers.

CAS 23 PLASTIFORM (SUITE)

Niveau ✶✶ **Thème : Méthode Kaizen appliquée aux budgets**

Le budget « premier » du département de l'entreprise Plastiform est validé par la direction générale. L'atelier Moulage est retenu pour une démarche expérimentale d'amélioration continue ou Kaizen. Sur la base du coût standard tel qu'il ressort du budget premier de l'atelier concerné, l'atelier doit mettre en œuvre une série d'actions qui doivent conduire de mois en mois à une réduction de coût évaluée à 99,8 % du coût de référence du mois précédent.

La production mensuelle prévue pour le premier trimestre civil est la suivante

	Janvier	février	Mars
Produit A	31 000	25 500	32 400
Produit B	13 100	10 600	13 400
Produit C	2 700	2 100	2 700

➲ Questions

1) **Quel est le coût budgété de référence pour chacun des produits (garder 3 chiffres après la virgule) ?**
2) **Chiffrer en masse les économies à réaliser sur les mois de février et mars.**
3) **Quel est l'intérêt d'appliquer la méthode Kaizen ? Quelles sont les limites de la méthode ?**

CAS 24 LIVEXPRESS

Niveau ✶ **Thème : Budget basé sur les activités**

La société LivExpress est une plate-forme d'envoi en urgence. Elle gère, pour le compte de quatre PME locales, le suivi et la livraison de leurs pièces détachées vers leurs clients. Les sociétés adhérentes mettent à disposition de LivExpress des stocks de pièces détachées à charge pour l'entreprise de répondre sous 48 heures aux demandes de pièces de rechange qui émanent des clients des sociétés adhérentes.

La société veut établir un budget basé sur les activités pour l'exercice à venir afin de mieux suivre le volume des charges (autres que la valeur des marchandises stockées). Un calcul test est construit sur le mois de janvier N.

Cinq activités principales sont recensées par le service contrôle de gestion :

- Stockage des pièces : concerne l'ensemble des pièces, il dépend du poids et du volume des pièces. L'inducteur est le kg/dm3 occupé par le stock.
- Prise de commandes : concernent toutes les pièces détachées détenues par LivExpress. L'inducteur de coût est le nombre de commandes émises par les clients.
- Manutention : Concerne le colisage et la manutention des pièces. L'inducteur de coût est le nombre de colis manipulés.
- Transport : Concerne la livraison des différentes commandes à l'aide d'une flotte de 5 camionnettes. L'inducteur de coût est le nombre de kilomètres parcourus.
- Facturation : Concerne la refacturation du service fourni aux PME adhérentes. L'inducteur de coût est le nombre de factures émises.

Volume prévu et coût unitaire des inducteurs pour l'année N

Activités	Janvier N budgété	PME A	PME B	PME C	PME D
Stockage	23 €	12 500	14 320	4 520	1 400
Commande	12 €	230	260	62	10
Manutention	4,30 €	320	1 230	172	10
Transport	1,20 €	1 150	2 580	3 420	10 750
Facturation	12,50 €	12[1]	260	50	10

(1) La PME A est facturée par relevés mensuels de factures.

➲ Questions

1) Quel est le coût budgété de chacune des activités pour N ? En déduire le budget de l'entreprise.

2) Quel est l'intérêt d'établir le budget des charges sur la base des activités ?

3) Pouvez-vous proposer des actions de réductions des coûts en fonction des profils des différentes entreprises adhérentes ?

Cas de synthèse

CAS 25 SOCIÉTÉ MIXAR

Thème : Démarche complète de budgétisation

La société Mixar fabrique 2 produits A et B, en utilisant les deux matières premières principales MP1 et MP2.

Les dirigeants de la société ont mis en place récemment un système de contrôle de gestion.

Au 1er octobre N, M. Naneau, contrôleur de gestion de la société, après avoir fait établir le bilan prévisionnel ajusté pour N, veut établir le budget N+1. Il obtient les renseignements suivants des différents services.

1) Service commercial

Compte tenu des renseignements des représentants et de son appréciation de la situation économique, le service commercial a prévu de vendre, pour l'exercice N+1 :

- 9 200 produits A à 200 € l'unité,
- 3 900 produits B à 110 € l'unité.

Ces ventes devraient entraîner (charges annuelles)

- 52 300 € de commissions sur ventes,
- 120 600 € de salaire des vendeurs.

Néanmoins, le service commercial estime qu'une campagne publicitaire est nécessaire pour atteindre les objectifs. Son coût devrait s'élever à 31 500 € pour les deux produits.

2) Service des approvisionnements

Le service estime pouvoir se procurer les matières premières MP1 et MP2 aux coûts respectifs de 18 € et 24 € l'unité. Ce coût inclut les charges d'approvisionnement.

Au **31 décembre N**, l'état des stocks est le suivant :

- matière MP1 : 4 000 unités à 17,60 € l'unité ;
- matière MP2 : 1 500 unités à 23,00 € l'unité ;
- produits A : 450 unités à 142,40 € l'unité ;
- produits B : 320 unités à 63,80 € l'unité ;

En **31 décembre N+1**, la constitution d'un stock de sécurité impose de posséder les quantités suivantes :

- matière MP1 : 5 500 unités
- matière MP2 : 1 325 unités

- produits A : 850 unités.
- produits B : 420 unités.

Le système de valorisation des sorties de stocks de matières premières et de produits finis retenu est, par simplification, le coût standard unitaire tel qu'il ressort du budget.

3) Service de production

Les normes de production concernant une unité de chacun des deux produits devraient rester en N+1 la même qu'en N.

	Produit A	Produit B
Matière première MP1	3 unités	1 unité
Matière première MP2	1 unité	0,5 unité
Main-d'œuvre directe	1 heure	0,5 heure

Le service précise que, dans ses ateliers, l'heure de MOD, charges sociales comprises, est de 42 €.

4) Contrôleur de gestion

Pour le niveau d'activité envisagé, M. Naneau estime que les charges suivantes devront être engagées :

▶ *Charges indirectes de production (pour N+1)*

Fournitures :	50 000 €
Main-d'œuvre indirecte :	59 000 €
Qualité (Tests et études) :	39 000 €
Primes diverses :	23 600 €
Entretien :	
• variable :	41 000 €
• fixe :	3 000 €
Assurances :	2 920 €
Taxes diverses (payables par moitié au 2e et 4e trimestre N+1) :	30 000 €
Amortissement des équipements :	125 000 €

Ces charges indirectes de production seront imputées entre les produits A et B au prorata des heures de main-d'œuvre directe consommées.

Frais généraux (N+1)

Voyages et déplacements liés aux ventes :	10 000 €
Charges de gestion :	30 000 €
Salaires des cadres et du directeur :	180 000 €

5) Directeur financier

Le service financier a collationné l'ensemble des informations comptables et financières nécessaires à l'établissement des budgets financiers.

▶ *Informations comptables*

	TRIM1	TRIM2	TRIM3	TRIM4
Ventes HT	525 000	520 000	560 000	664 000
TVA comptabilisée	102 900	101 920	109 760	130 144
Achats HT	210 000	205 000	220 600	256 000
TVA comptabilisée	41 160	40 180	43 238	50 176

Informations financières

Compte tenu des renseignements obtenus des autres services, les prévisions de trésorerie suivantes par trimestre ont pu être établies dans l'année N ; on considère que les dettes et créances figurant au bilan du 31 décembre N impactent le premier trimestre de l'année N+1, sauf informations spécifiques données dans le texte.

L'entreprise portera en réserves la totalité du résultat de l'exercice N.

	TRIM1	TRIM2	TRIM3	TRIM4
Encaissements				
• Clients TTC	609 960	586 040	639 860	621 920
dont TVA collectée	99 960	96 040	104 860	101 920
Décaissements				
• Matières premières	215 280	203 320	251 160	197 340
dont TVA déductible	35 280	33 320	41 160	32 340
• Salaires	180 000	180 000	210 000	300 000
• Services extérieurs	39 000	40 000	50 000	45 900
• Acomptes d'IS	12 000	14 000	14 000	14 000
• Équipements		250 000		

Par mesure de simplicité, on admet que :

- seuls les ventes et les achats supportent une TVA à 19,6 % ;
- toutes autres dépenses sont hors TVA ;
- le taux de l'impôt est de 30 %.

Le bilan au 31 décembre N se présentait ainsi :

Actif		Passif	
Immobilisations brutes	2 405 000	Capitaux propres	
amortissements	– 619 000	Capital	1 500 000
Immobilisations nettes	1 786 000	Réserves	527 396
Stocks et encours		Résultat net	100 000
Matières premières	104 900		
Produits finis	84 496	Dettes fournisseurs	253 000
Créances clients	280 000		
Disponibilités	150 000	Dettes fiscales(1)	25 000
	2 405 396		2 405 396

(1) Dont 10 000 € de TVA à payer au premier trimestre et 15 000 € de solde d'IS de l'exercice N payable au deuxième trimestre N+1

Questions

1) Préciser la mission et le rôle du contrôleur de gestion de Mixar.

2) Citer quelques obstacles pouvant affecter la mise en place d'un système de contrôle de gestion.

3) Présenter tous les budgets nécessaires à l'établissement des documents de synthèse.

Thème 3 – Gestion par les budgets

CHAPITRE 5

Contrôle budgétaire – Analyse des écarts

Les budgets des différents pôles de responsabilité établis, il s'agit d'utiliser ces prévisions pour en faire un outil de pilotage de l'organisation par la confrontation régulière avec les réalisations comptables. La mise en évidence d'écarts entre le « réel » et le « prévu » devient un moyen d'alerte des responsables opérationnels sur la qualité de leur gestion. Dans cette optique, **l'écart est un clignotant**, un **signal d'alerte** qui permet de s'interroger sur l'efficience et/ou l'efficacité des décisions prises mais pas un élément explicatif d'un éventuel dysfonctionnement.

L'analyse des écarts s'inscrit dans le cadre d'un centre de profit et commence par la mise en évidence d'un écart de résultat.

Rappel de cours

1. Écart de résultat et pôles de responsabilité

Soit un centre de profit doté qui doit maximiser un résultat construit selon la structure ci-après :

Chiffre d'affaires (noté CA)

– Coût de production des produits vendus (noté CP)

– Autres charges (noté AC)

= Résultat (noté R)

L'écart de résultat entre les éléments réels de la comptabilité (noté *r*) et le budget (noté *b*) de ce centre est donc égal à :

Écart de résultat = $(CA_r - CP_r - AC_r) - (CA_b - CP_{b-} AC_b)$

Le calcul de cet écart de résultat ne présente d'intérêt que s'il permet de localiser les performances de chacun des acteurs de ce centre de profit.

Dans cette démarche, il s'agit d'individualiser les performances de trois grands types de pôles de responsabilité :

– la fonction commerciale,

- la fonction de production,
- et les fonctions de support (administration et services fonctionnels) ; c'est pourquoi il est nécessaire de prendre en compte une donnée complémentaire qui se calcule comme suit :

$$\text{Coût de production unitaire budgété des produits vendus} \times \text{Quantité réelle des produits vendus}$$

Cette donnée exprime le coût de production budgété des quantités réelles vendues, c'est-à-dire le coût de production attendu des ventes réelles si les conditions de fabrication retenues au budget ont été intégralement respectées.

Par la suite, et pour le distinguer du coût de production réel et du coût de production budgété, nous appellerons ce coût, coût de production préétabli ou adapté et il sera noté CP_a.

La décomposition de l'écart de résultat se présente alors comme suit :

$$\text{Écart de résultat} = \underbrace{\{(CA_r - CP_a) - (CA_b - CP_b)\}}_{\text{Responsabilité de la fonction commerciale}} - \underbrace{(CP_r - CP_a)}_{\text{Responsabilité de la fonction de production}} - \underbrace{(AC_r - AC_b)}_{\text{Responsabilité des fonctions de support}}$$

À ce niveau, il convient de prendre en compte l'influence des quantités : quantités vendues pour les services commerciaux et fonctionnels, quantités produites pour les services productifs.

Or, l'ensemble des raisonnements précédemment effectués l'a été en référence aux quantités vendues.

Dans la mesure où les quantités vendues peuvent être égales aux quantités produites plus ou moins les quantités stockées, il est possible de reprendre l'écart relatif aux services productifs comme suit :

Soit QP les quantités produites et QS la variation des quantités stockées, il vient :

Quantités vendues = QP + QS

$$(CP_r^{QV} - CP_a^{QV}) = (CP_r^{QP} - CP_a^{QP}) + (CP_r^{QS} - CP_a^{QS})$$

Pour neutraliser l'écart relatif aux quantités stockées, il suffit, lors de l'établissement des données réelles, de valoriser la variation de stock en se servant des coûts de production unitaires budgétés.

L'écart de résultat s'écrit alors :

$$\text{Écart de résultat} = \{(CA_r^{QV} - CP_a^{QV}) - (CA_b^{QV} - CP_b^{QV})\} - (CP_r^{QP} - CP_a^{QP}) - (AC_r^{QV} - AC_b^{QV})$$

CAS 26

2. Contrôle budgétaire de la fonction commerciale

Le suivi de la fonction commerciale s'étudie différemment selon les entreprises et la nature de leurs produits. Dans une première analyse, il y a lieu de distinguer l'entreprise qui souhaite suivre les performances de la fonction commerciale produit par produit car sa gamme est peu étendue, de celle qui, compte tenu de l'ampleur de sa gamme, se contente d'une approche globale.

2.1 Cas d'une gamme peu étendue (deux sous-écarts)

L'écart sur marge est égal à :

$$\{(CA_r^{QV} - CP_a^{QV}) - (CA_b^{QV} - CP_b^{QV})\}$$

ce qui donne pour un produit :

{(Prix réel – Coût budgété) Qté réelle} – {(Prix budgété – Coût budgété) Qté budgétée}

ou encore

{Marge unitaire dite réelle x Qté réelle – Marge unitaire budgétée x Qté budgétée}

Il s'agit alors de mettre en évidence un écart sur marge unitaire et un écart sur quantité qui se définissent comme suit :

Écart sur marge unitaire : (Marge unitaire réelle – Marge unitaire budgétée) Qté réelle

Écart sur qté : (Qté réelle – Qté budgétée) Marge unitaire budgétée

L'écart sur marge unitaire est appelé **écart sur prix** car :

Écart sur marge = (Marge unitaire réelle – Marge unitaire budgétée) Qté réelle
= {(Prix réel – Coût budgété) – (Prix budgété – Coût budgété)} Qté réelle
= {(Prix réel) – (Prix budgété)} Qté réelle

2.2 Cas d'une gamme étendue (trois sous-écarts)

Cas de gamme homogène (volume = quantités)

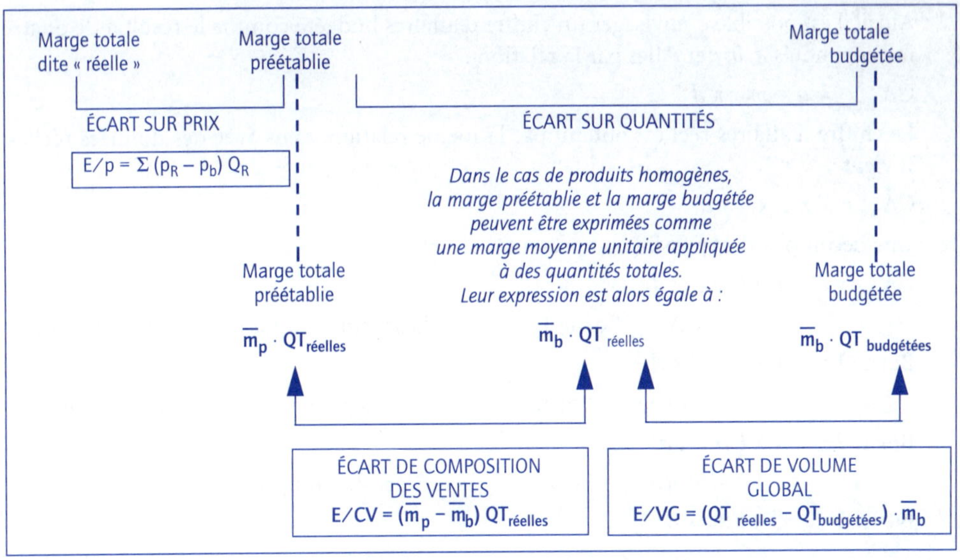

$\overline{m}$ = marge moyenne

CAS 27

3. Contrôle budgétaire du chiffre d'affaires

Dans certains contextes, il est seulement utile de suivre la réalisation du chiffre d'affaires pour contrôler les performances.

L'entité est alors amenée à faire une décomposition très proche de celle qui a été pratiquée dans le cas d'une gamme étendue à produits homogènes.

Cette décomposition est proposée dans le schéma suivant :

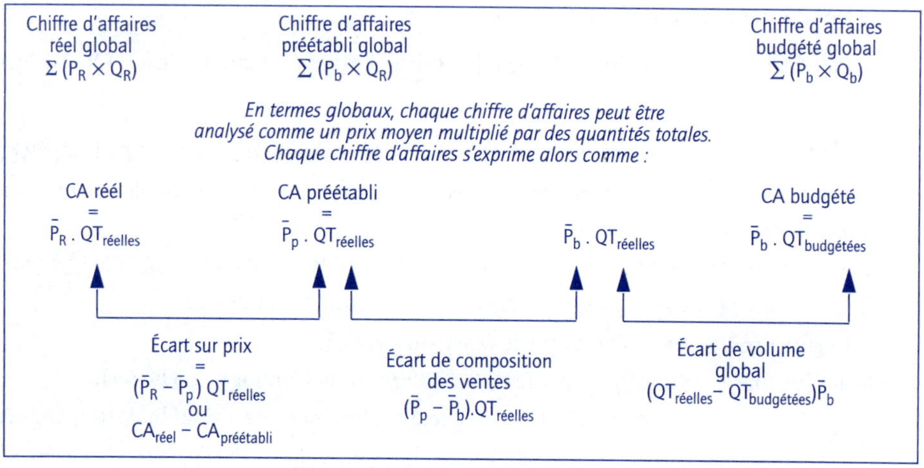

$\bar{p}$ = prix moyen

Dans d'autres contextes, le chiffre d'affaires peut s'analyser comme une composition de plusieurs paramètres. Il convient dans ce cas de trouver une décomposition qui permet d'analyser l'influence de chaque composante dans l'écart final.

Ainsi, il est possible d'envisager un chiffre d'affaires budgété comme le résultat de quatre facteurs notés *a*, *b*, *c* et *d* liés par la relation :

$CA_{budgété} = a \times b \times c \times d$

Le chiffre d'affaires réel est obtenu par la même relation, mais avec des données réelles. Il vient :

$CA_{réel} = a' \times b' \times c' \times d'$

Une décomposition possible est présentée ci-après :

$CA_{réel}$: $a' \times b' \times c' \times d'$

$CA_{réel} -$ Borne 1 = Écart sur composant $d = (d' - d)\, a'\, b'\, c'$

Borne 1 : $a' \times b' \times c' \times d$

Borne 1 – Borne 2 = Écart sur composant $c = (c' - c)\, a'\, b'\, d$

Borne 2 : $a' \times b' \times c \times d$

Borne 2 – Borne 3 = Écart sur composant $b = (b' - b)\, a'\, c\, d$

Borne 3 : $a' \times b \times c \times d$

Borne 3 – $CA_{budgété}$ = Écart sur composant $a = (a' - a)\, b\, c\, d$

$CA_{budgété}$: $a \times b \times c \times d$

$CA_{réel} - CA_{budgété}$ = Écart sur CA

La décomposition proposée a choisi de valoriser les différents sous-écarts en référence initiale au CA du budget. Il est possible de prendre en référence initiale le chiffre d'affaires réel. En fait, il existe de nombreuses combinaisons pour valoriser les sous-écarts. Il convient de comprendre que l'important, c'est d'en définir une et de s'y tenir pour pouvoir d'une période sur l'autre comparer les performances des unités commerciales.

CAS 28 & 29

4. Contrôle budgétaire de la fonction de production

Le suivi de la fonction de production s'étudie en référence à la structure de coûts des produits en distinguant les charges directes des charges indirectes.

Compte tenu de la nomenclature et la gamme des produits de l'entreprise, le budget, établit une fiche récapitulative de la structure des coûts d'un produit : la fiche de coût standard. Il définit dans le même temps une production prévue ou normale qui implique un certain niveau d'activité ou activité normale. Ce sont ces éléments qui permettent de chiffrer l'ensemble des consommations de charges de production et d'en déduire les implications en termes de décaissements et encaissements telles qu'elles seront prises en compte dans le budget de trésorerie.

Dans le cadre du suivi budgétaire, il y a lieu, avant de mettre en évidence des écarts, de recalculer les consommations attendues de la production réelle ; ces données s'appellent également coût de production adapté ou préétabli (*cf.* partie 1 de ce chapitre).

Ce travail s'effectue pour chaque élément de coût d'un produit (matières, MOD ou charges indirectes) selon le schéma suivant :

		Quantité standard de facteurs par produit × Production réelle de la période	×	Coût unitaire standard de facteur
Coût préétabli adapté à la production réelle	=	Consommation préétablie du facteur	×	Valorisée au coût standard

Ainsi, est définie, *a posteriori*, une « dotation budgétaire correspondant à la production réelle et respectant les rendements standards de coût et de quantité de facteurs ».

4.1 Décomposition d'un écart de charges directes

Soient les notations suivantes :

Qr : quantité réelle consommée du facteur ;

Qp : quantité préétablie (consommation standard adaptée à la production réelle) ;

c_r : coût unitaire réel du facteur ;

c_s : coût unitaire standard du facteur.

a) Écart du coût

L'écart sur coût se définit de la manière suivante :

$$E/C = (c_r - c_s)\ Qr \qquad \text{ou encore} \qquad E/C = (\Delta c)\ Qr$$

Il mesure les conditions dans lesquelles l'entreprise a rétribué ses facteurs de production. Un coût réel supérieur au coût standard indique une détérioration des coûts de l'entreprise et donc un écart défavorable.

b) Écart sur quantité

L'écart sur quantité se définit comme :

$$E/Q = (Qr - Qp)c_s \quad \text{ou encore} \quad E/Q = (\Delta Q)c_s$$

Dans la mesure où les consommations comparées sont adaptées à la production réelle, l'écart sur quantité mesure la différence entre le rendement réel et le rendement standard.

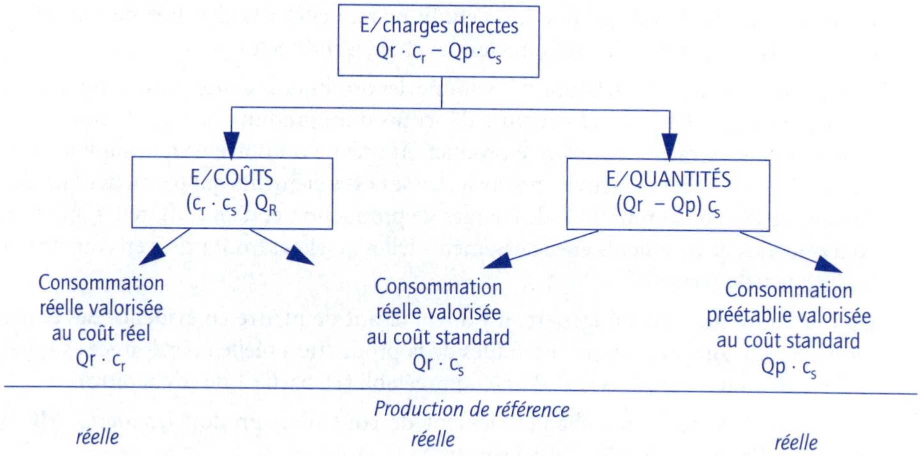

4.2 Décomposition d'un écart de charges indirectes

Cette décomposition fait appel à deux notions complémentaires :

- le budget flexible,
- le budget standard.

Soient :

FF_s : frais fixes pour l'activité normale (A_n) ;

v_s : coût variable unitaire standard ;

f_s : coût fixe unitaire standard défini par FF_s/A_n.

Le budget flexible pour une activité donnée A* s'écrit :

$$BF(A^*) = v_s \cdot A^* + FF_s$$

et le budget standard pour une activité donnée A* est égal à :

$$BS(A^*) = (v_s + f_s)\,A^*$$

ou encore :

$$BS(A^*) = c_s \cdot A^*$$

Du fait même de leurs définitions, les deux budgets sont égaux pour une activité particulière : l'activité normale.

Il est calculé trois sous-écarts. Ils peuvent être obtenus de la façon suivante :

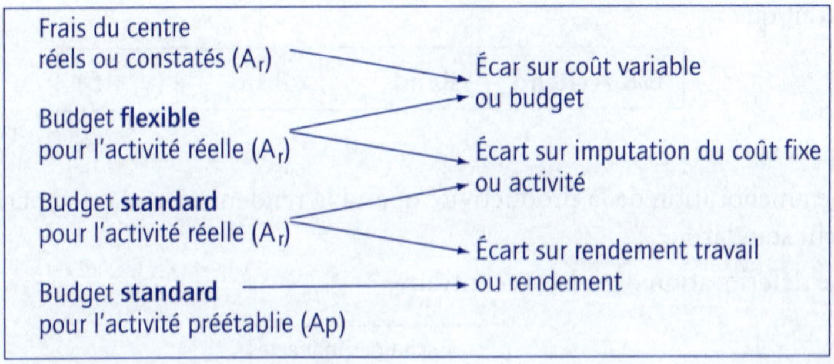

a) Écart sur budget (E/B)

Soit E/B $= \text{frais réels} - \text{budget flexible } (A_r)$

$= [(v_r \times A_r) + FF_r] - [(v_s \times A_r) + FF_s]$

Si l'on admet l'hypothèse simplificatrice suivante : les frais fixes réels sont identiques aux frais fixes standard, il vient :

$$E/B = (v_r - v_s)\, A_r$$

Sous cette forme, l'écart sur coûts variables exprime des différences entre les coûts variables unitaires d'unité d'œuvre pour une structure donnée, ce qui peut jutifier l'hypothèse simplificatrice précédente.

b) Écart sur activité (E/A)

E/A $= \text{budget flexible } (A_r) - \text{budget standard } (A_r)$

$= [(v_s \times A_r) + FF_s] - [(v_s + f_s)\, A_r]$

$= FFs - (f_s \times A_r)$

Comme les frais fixes standard FFs ont été déterminés pour une activité normale A_n, il vient :

$$E/A = (A_n - A_r)\, f_s$$

Il s'agit donc de la valorisation de la différence d'imputation des coûts fixes provenant d'un écart entre activité normale et activité réelle. C'est la définition même d'un écart d'imputation rationnelle qui exprime :

- un **coût de chômage** quand $A_r < A_n$;
- un **boni de suractivité** dans le cas où $A_r < A_n$.

c) Écart de rendement (E/R)

E/R $= \text{Budget standard } (A_r) - \text{Budget standard } (A_p)$

$= (v_s + f_s)\, Ar] - [(v_s + f_s)\, A_p]$

$= (A_r - A_p)\, (v_s + f_s)$

Comme :

$A_r = \text{Production réelle} \times \text{Rendement réel } (r_r)$

$A_p = \text{Production réelle} \times \text{Rendement standard } (r_s)$

Il apparaît que :

$$E/R = (Rend_{réel} - Rend_{standard}) \times Prod_{réelle} \times (v_s + f_s)$$

Cet écart exprime :

– une amélioration de la productivité quand le rendement réel est supérieur au rendement standard ;
– une détérioration dans le cas contraire.

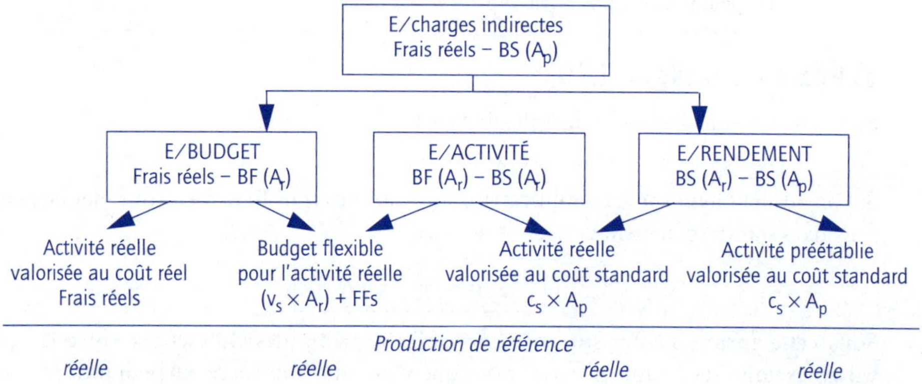

CAS 30 & 31

Tests de connaissances

(*Plusieurs réponses possibles par question*)

Soient les renseignements suivants obtenus en l'absence de variation de stocks :

Chiffre d'affaires réel (CAr)
Chiffre d'affaires préétabli (CAp)
Chiffre d'affaires budgété (CAb)
Quantités totales réelles (QTr)
Quantités totales budgétées (QTb)
Coût de production réel (CPr)
Coût de production préétabli (CPp)
Coût de production budgété CPb)
Autres charges réelles (ACr)
Autres charges budgétées (ACb)

1 L'écart de résultat est égal :

❑ *A* $(CA_r - CP_r - AC_r) - (CA_b - CP_b - AC_b)$
❑ *B* $(CA_r - CP_p - AC_r) - (CA_b - CP_b - AC_b)$
❑ *C* $(CA_r - CP_r - AC_r) - (CA_p - CP_p - AC_b)$

2 L'écart sur coût de production est égal :

❑ *A* $(CP_r - AC_r) - (CP_b - AC_b)$
❑ *B* $(CP_r - AC_r) - (CP_p - AC_b)$
❑ *C* $(CP_r - CP_b)$
❑ *D* $(CP_r - CP_p)$
❑ *E* n'est pas calculable car il faut connaître les quantités produites

3 L' écart sur marge sur coûts préétablis est égal à :

❑ *A* $(CA_r - CP_r) - (CA_b - CP_b)$ ❑ *B* $(CA_r - CP_p) - (CA_b - CP_b)$

❑ *C* $(CA_r - CP_r) - (CP_p - CP_p)$ ❑ *D* aucune réponse ne convient

4 L'écart sur composition des ventes se calcule, dans le cas d'une gamme homogène et étendue selon la formule :

❑ *A* (QT réelles – QT budgétées) CA_r

❑ *B* (Marge moyenne réelle – marge moyenne budgétée) QT réelles

❑ *C* (Marge moyenne préétablie – marge moyenne budgétée) QT réelles

5 L'écart sur volume global se calcule, dans le cas d'une gamme homogène et étendue selon la formule :

❑ *A* (QT réelles – QT budgétées) marge réelle

❑ *B* (QT réelles – QT budgétées) marge budgétée

❑ *C* (QT réelles – QT budgétées) marge préétablie

Problème A

Un centre d'analyse a une activité normale de 5 000 heures et des coûts fixes pour 40 000 €. Les frais réels de ce centre d'analyse s'élèvent à un montant de 61 000 € pour une activité de 4 975 heures. Les écarts sur budget, activité et sur rendement sont respectivement de : + 1 100 ; + 200 ; – 7 600.

6 Le budget flexible pour l'activité réelle s'élève à :

❑ *A* 61 000 ❑ *B* 62 100

❑ *C* 60 000 ❑ *D* 59 900

7 L'écart total sur charge indirectes est de :

❑ *A* (– 6 300) DEF ❑ *B* (– 6 300) FAV

❑ *C* (+6 300) FAV ❑ *D* (8 800) DEF

8 Le coût standard de l'unité d'œuvre est de :

❑ *A* 19,06 ❑ *B* 18,56

❑ *C* 12,00 ❑ *D* 19,00

9 Compte tenu des données fournies, on peut affirmer que :

❑ *A* L'activité réelle est inférieure à l'activité préétablie

❑ *B* L'écart sur activité est un boni d'activité

❑ *C* Les données ne permettent pas de répondre

10 Compte tenu des données fournies, on peut affirmer que :

❑ *A* Le rendement standard est meilleur que le rendement réel

❑ *B* L'activité standard est inférieure à l'activité préétablie

❑ *C* Le rendement standard est moins bon que le rendement réel

❑ *D* Les données ne permettent pas de répondre

Pour bien comprendre les définitions et les analyses sur ces points, se référer au chapitre 12 du manuel, *DCG 11 Contrôle de gestion*, Dunod Éditeur.

Exercices d'application

CAS 26 ENTREPRISE VARIPROD (1)

Niveau ✶ **Thème : Décomposition d'un écart de résultat**

Dans la société Variprod, on extrait du plan industriel et commercial les informations suivantes :

Produits	A	B	C	D
Prix prévu	115 €	140 €	70 €	130 €
Ventes prévues	12 300	11 700	11 400	51 600
Production budgétée	12 200	11 500	11 400	50 000
Coût standard production	85 €	115 €	65 €	90 €
Autres charges budgétées	3 €	5 €	2 €	4 €
Stock initial	500	200	100	1 000

Par ailleurs, les données de la comptabilité analytique pour la même période sont les suivantes :

Produits	A	B	C	D
Chiffres d'affaires	1 364 000 €	1 980 000 €	606 000 €	6 528 000 €
Quantités vendues	12 400	13 200	10 100	51 000
Quantités produites	12 100	18 000	11 000	50 500

Le coût de production réel s'élève pour la période à 8 024 160 €.
Les autres charges réelles présentent un montant de 350 200 €.

➲ Questions

1) **Présenter le budget par produit et le résultat global budgété.**
2) **Présenter le compte de résultat réel établi dans le cadre du contrôle budgétaire.**
3) **Calculer et décomposer en fonction des responsabilités l'écart sur résultat pour la période de référence.**

CAS 27 ENTREPRISE VARIPROD (2)

Niveau ✶ **Thème : Décomposition simple d'un écart de marge**

Reprendre les données du Cas n° 26.

➲ Questions

1) **Décomposer l'écart de marge dans le cas d'un suivi produit par produit.**
2) **Décomposer l'écart sur marge dans le cas d'une gamme étendue homogène.**

CAS 28 ENTREPRISE VENTAL

Niveau ✶ **Thème : Écart sur chiffre d'affaires (démarche classique)**

Soit les données suivantes du budget des ventes de l'entreprise Vental :

• Produit A :	12 500	à	32 € l'unité soit :	400 000
• Produit B :	34 500	à	40 € l'unité soit :	1 380 000
• Produit C :	75 000	à	21 € l'unité soit :	1 575 000
• Produit B :	95 400	à	12 € l'unité soit :	1 144 800

Pour le mois de janvier, les réalisations sont les suivantes :

• Produit A :	13 900	pour	458 000 €
• Produit B :	31 800	pour	1 320 000 €
• Produit C :	76 900	pour	1 590 000 €
• Produit B :	97 100	pour	1 210 000 €

➲ Question

Décomposer l'écart sur chiffre d'affaires.

CAS 29 CABINET CONSEILS & CO

Niveau ✶ ✶ **Thème : Analyse du CA dans un cabinet de conseil**

Soit les données suivantes d'un budget établi dans le cabinet Conseil & Co, en certification de conformité. Chaque collaborateur est responsable d'un chiffre d'affaires facturable constitué comme suit :

Nombre de jours travaillés x Temps présence par jour x Coefficient d'activité
x Taux théorique de facturation

Les normes du cabinet sont les suivantes :

- Nombre de jours travaillés = (52 semaines – 6 semaines de congés payés) x 5 jours, auquel il est déduit une tolérance de 3 jours pour convenances personnelles.
- Temps de présence par jour : Temps légal journalier (7 heures) auquel il est déduit une heure pour tenir compte des temps de déplacement d'un client à l'autre.
- Coefficient d'activité : Compte tenu de la qualification du collaborateur, ce temps d'activité est estimé à 70 %. Les 30 % restant sont constitués par des travaux préparatoires, des mises à niveau en formation, des tâches administratives non facturables aux clients.

Pour le collaborateur concerné, il a été retenu un taux de facturation de 42 € de l'heure.

Pour un exercice donné, l'activité de ce même collaborateur a permis de facturer 950 heures d'honoraires dont 400 heures à 47 € et 550 heures à 40 €.

Le collaborateur a pris 6 semaines de congés payés et 8 jours de congés sans solde pour convenances personnelles ; son temps de travail journalier moyen s'est établi à 6 heures 20 minutes.

➲ Question

Proposer une décomposition de l'écart sur chiffre d'affaires qui mette en évidence les éléments constitutifs de cet écart.

CAS 30 PRODUIT R

Niveau ✶ **Thème : Écarts sur coût de production**

La fiche de coût préétabli d'un produit R se présente comme suit :

- matières premières : 1,2 unité à 20 € ;
- main-d'œuvre directe : 0,8 unité à 15 € ;
- centre usinage : 1,4 UO à 45 €

La production normale pour la période est fixée à 2 000 produits. Les charges fixes représentent 40 % du budget du centre usinage.

Pour la même période, la comptabilité analytique fournit les informations suivantes :

- production réelle : 1 800 produits ;
- matières premières : 2 200 unités pour un montant de 45 100 € ;
- main-d'œuvre directe : 1 362,50 unités pour un montant de 21 800 € ;
- charges indirectes : 2 500 UO pour un montant global de 112 000 €

➲ Questions

1) Reconstituer les consommations prévues dans le cadre du budget.

2) Calculer l'écart sur coût de production et décomposer cet écart par élément de coût.

3) Analyser les écarts par élément de coût ; justifier les résultats.

CAS 31 OMÉGA

Niveau ✶ **Thème : Écart sur charges indirectes**

Les frais réels d'un centre d'analyse de l'atelier Oméga s'élèvent à un montant de 61 000 € pour une activité réelle de 3 200 UO. Les écarts sur budget, sur activité et sur rendement sont respectivement de (+ 1 600), (– 1 400), (+ 7 600).

Il a été produit 5 600 unités sur la période. Le budget prévoyait une production de 6 000 unités.

Le contrôleur de gestion souhaite décomposer autrement l'écart sur charges indirectes. Son objectif est de distinguer les variations des charges variables de celles des frais fixes.

Dans ce but, il envisage de subdiviser l'écart sur budget en deux sous-écarts. Les charges fixes réelles sont en fait égales à 22 100 €.

➲ Questions

1) Retrouver le budget flexible pour l'activité réelle, le coût standard de l'unité d'œuvre, le niveau de l'activité préétablie ou attendue.

2) En déduire le montant des charges fixes prévues au budget.

3) Proposer une décomposition qui réponde aux objectifs du contrôleur de gestion.

Cas de synthèse

CAS 32 MECANIK

Thème : Contrôle budgétaire complet d'un centre de profit

Soit trois produits A, B et C dont les fiches de coût standard sont les suivantes :

	Produit A			Produit B			Produit C		
	Qté	CU	Total	Qté	CU	Total	Qté	CU	Total
Matières premières	1,5	2	3	3,5	2	7	3	2	6
MOD 1	2	1,5	3	4	1,5	6			
MOD 2							3,5	2	7
Centre usinage	1	3	3	3	3	9	2	3	6
Total			9			22			19

Le budget du centre usinage s'élève, pour une activité normale de 7 600 UO, à 22 800 € dont 9 120 € de charges fixes.

Les prévisions retenues sont les suivantes :

	Prix de vente	Quantité produite et vendue	Stock initial	Coût de production	Autres charges
A	18	1 000	100	9	1
B	25	1 400	120	22	2
C	32	1 200	130	19	7

Pour la même période, la comptabilité analytique fournit les informations suivantes :

	Chiffre d'affaires	Quantité vendue	Quantité produite	Coût de production	Autres charges
A	20 400 €	1 200	1 100	9 240	1 070
B	36 000 €	1 500	1 450	30 750	3 000
C	30 800 €	1 100	1 180	19 800	8 200
Total	87 200 €	3 800	3 730	59 790	12 270

Au cours de l'exercice, il a été consommé :

- 10 110 unités de matières pour un montant global de 18 198 € ;
- 7 830 HMOD 1 au taux horaire moyen de 1,4 € ;
- 4 101 HMOD 2 pour un montant global de 8 230 € ;
- 22 400 € de charges indirectes pour une activité de 8 000 UO.

➲ Questions

1) Présenter le budget de cette entité.

2) Sous une présentation similaire, mettre en évidence le résultat réel.

3) Mettre en évidence l'ensemble des sous-écarts.

4) Représenter vos résultats sous la forme d'une arborescence.

4

THÈME

Gestion des ressources humaines

6 CHAPITRE

Thème 4 – Gestion des ressources humaines

Suivi de la masse salariale

1. Masse salariale et effet report
2. Analyse de la masse salariale

Rappel de cours

1. Masse salariale et effet report

1.1 Effet niveau

L'**effet niveau** est le pourcentage d'évolution de la rémunération pour un niveau de qualification donnée, entre deux dates données (mois *m* de l'année N par rapport au mois *m* de l'année N+1). Il exprime la variation de salaire telle qu'elle est perçue par le salarié.

$$\text{Évolution en niveau} = \frac{\text{Salaire décembre N+1}}{\text{Salaire décembre N}} \qquad \text{Expression en indice} = \frac{\text{Indice déc. N+1}}{\text{Indice déc. N}}$$

1.2 Effet masse

L'**effet masse** est le pourcentage d'évolution de la masse salariale annuelle de l'année N+1 par rapport à l'année N, compte tenu des augmentations accordées durant l'année N. Il exprime le coût réel supporté par l'entreprise.

$$\text{Évolution en masse} = \frac{\text{Salaires annuels (année N+1)}}{\text{Salaires annuels (année N)}} \qquad \text{Expression en indice} = \frac{\text{Indice moyen N+1}}{\text{Indice moyen N}}$$

1.3 Effet report

L'**effet report** exprime l'évolution de la masse salariale d'une année donnée, compte tenu des augmentations attribuées l'année précédente. Il mesure l'incidence sur une année pleine des augmentations survenues au cours de l'année précédente.

$$\text{Effet de report} = \frac{\text{Salaire décembre N+1 x 12 mois}}{\text{Salaire annuel N+1}} \qquad \text{Expression en indice} = \frac{\text{Indice déc. N+1}}{\text{Indice moyen N+1}}$$

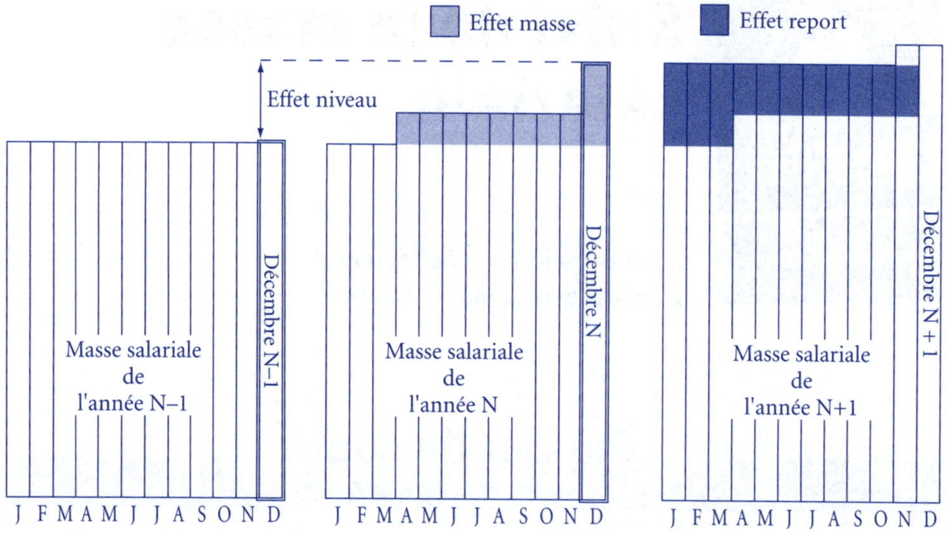

Pour une même augmentation en masse, le décideur a le choix entre plusieurs possibilités d'augmentation en niveau en fonction du calendrier des hausses retenu : plus **le calendrier est tardif, plus l'augmentation en niveau peut être élevée.**

Mais, dans ces choix, il lui faut intégrer la notion d'effet report qui traduit les conséquences sur le futur de décisions d'aujourd'hui (coûts irréversibles) : **plus l'augmentation en niveau est tardive, plus l'effet report sera important.**

CAS 33 & 34

2. Analyse de la masse salariale

2.1 Structure des éléments constitutifs d'une masse salariale

La masse salariale d'une année donnée est le résultat d'un effectif global (E) par un salaire moyen annuel global (S).

Cet effectif est composé de catégories : employés, ouvriers, techniciens ou ingénieurs… Le poids relatif de chaque catégorie dans l'effectif global définit une structure de masse salariale pour une année donnée.

Une masse salariale s'exprime par quatre composantes :

- un effectif global (E) ;
- un salaire moyen annuel global (S) ;
- des salaires moyens annuels globaux de catégories (S_c) ;
- des salaires moyens annuels globaux de niveau d'ancienneté (S_a).

Les effectifs des catégories (E_c) et des anciennetés (E_a) n'ont qu'une fonction de pondération dans le calcul des salaires moyens.

Compte tenu des composantes définies de la masse salariale et de leur structure de type « gigogne » (le salaire moyen global dépend des salaires moyens des catégories qui, eux-mêmes, dépendent des salaires moyens par niveau d'ancienneté), la décomposition des écarts va consister à « recalculer des masses salariales » en modifiant successivement chacun des paramètres afin d'isoler leur influence dans un écart spécifique.

(Voir schéma page suivante.)

2.2 Calcul des différents écarts

a) Écart sur Effectif

$$\text{Écart/Effectif} = \{(E)_{n+1} - (E)_n\} \times (S)_n$$

b) Écart de structure professionnelle

La masse salariale à salaire global constant a pour référence le poids relatif des catégories de l'année de base : l'effectif des catégories $(E_c)_n$ et les salaires moyens des catégories $(S_c)_n$. Il faut donc recalculer la masse salariale N+1 en prenant l'effectif N+1 des catégories $(E_c)_{n+1}$ valorisé aux salaires moyens des catégories de l'année de base $(S_c)_n$. Cette masse salariale peut se nommer « Masse salariale à structure professionnelle constante » et on la note MS_{cat}.

Écart sur structure professionnelle $= MS_{cat} - MS_{sal}$

$= \text{Somme}\ \{(E_c)_{n+1} \times (S_c)_n\} - \text{Somme}\ \{(E_c)_n \times (S_c)_n\}$

c) Écart de composition d'ancienneté

Une « masse salariale N+1 à composition d'ancienneté constante » notée MS_{anc} est calculée et comparée à la masse salariale à structure constante. Elle se définit comme :

$$MS_{anc} = \text{Somme}\ \{(E_a)_{n+1} \times (S_a)_n\}$$

Ce calcul revient à recalculer un salaire moyen de la catégorie en s'appuyant sur les salaires moyens de N pondérés par les effectifs par niveau d'ancienneté de N+1.

Écart/composition d'ancienneté $= MA_{anc} - MS_{cat}$

$= \text{Somme}\ \{(E_c)_{n+1} \times \text{Somme}\ \{(S_a)_n\ \{(E_a)_{n+1} - (E_a)_n\}\}\}$

Cet écart est très souvent favorable car il traduit le remplacement des salariés âgés qui partent en retraite par des plus jeunes, qui, à qualification égale, sont moins bien rémunérés.

Cet effet de remplacement de générations est appelé « effet de noria ».

d) Écart sur taux nominal

Il suffit de comparer la masse salariale de N+1 à la masse salariale à composition d'ancienneté constante. En effet :

$$MS_{n+1} = \text{Somme}\ \{(E_a)_{n+1} \times (S_a)_{n+1}\}$$

$$MA_{anc} = \text{Somme}\ \{(E_a)_{n+1} \times (S_a)_n\}$$

donc la différence évalue, pour des effectifs n+1, la différence de salaires nominaux.

Écart /taux nominal $= \text{Somme}\ \{(E_a)_{n+1} \times \{(S_a)_{n+1} - (S_a)_n\}\}$

La masse ainsi nommée :	Masse salariale N+1	Masse salariale à ancienneté constante	Masse salariale à structure constante	Masse salariale à salaire constant	Masse salariale N
notée :	MS_{n+1}	$MS_{anc.}$	$MS_{cat.}$	$MS_{sal.}$	MS_n
est calculée par rapport à un effectif global de :	$(E)_{n+1}$	$(E)_{n+1}$	$(E)_{n+1}$	$(E)_{n+1}$	$(E)_n$
valorisé par un salaire moyen global noté :	$(S)_{n+1}$	$(S_{anc.})$	$(S_{cat.})$	$(S)_n$	$(S)_n$
par référence à : – une structure de catégories :	$(E_c)_{n+1}$	$(E_c)_{n+1}$	$(E_c)_{n+1}$	$(E_c)_n$	$(E_c)_n$
– une composition d'ancienneté :	$(E_a)_{n+1}$	$(E_a)_{n+1}$	$(E_a)_n$	$(E_a)_n$	$(E_a)_n$

La comparaison entre les MS permet la mise en évidence d'écarts qui se nomment :	Écart sur taux nominal	Effet noria ou sur composition d'ancienneté	Écart sur structure professionnelle	Écart d'effectif

2.3 Analyse des taux d'accroissement de la masse salariale

Masse salariale N+1	Masse salariale à ancienneté constante	Masse salariale à structure constante	Masse salariale à salaire constant	Masse salariale N
MS_{n+1}	$MS_{anc.}$	$MS_{cat.}$	$MS_{sal.}$	MS_n
$(E)_{n+1}$	$(E)_{n+1}$	$(E)_{n+1}$	$(E)_{n+1}$	$(E)_n$
$(S)_{n+1}$	$(S_{anc.})$	$(S_{cat.})$	$(S)_n$	$(S)_n$
$(E_c)_{n+1}$	$(E_c)_{n+1}$	$(E_c)_{n+1}$	$(E_c)_n$	$(E_c)_n$
$(E_a)_{n+1}$	$(E_a)_{n+1}$	$(E_a)_n$	$(E_a)_n$	$(E_a)_n$

Écart sur taux nominal	Effet noria ou sur composition d'ancienneté	Écart sur structure professionnelle	Écart d'effectif
$(S)_{n+1}/(S_{anc.})$ Effet sur taux	$(S_{anc.})/(S_{cat.})$ Effet de noria	$(S_{cat.})/(S_n)$ Effet de structure	$(E)_{n+1}/(E)_n$ Effet d'effectif

Les liens entre les effets définis ci-dessus sont représentés dans le schéma suivant :

Accroissement des salaires nominaux (1+a)

Effet de noria (1+b)

Accroissement des salaires moyens par catégories (1+a) (1+b) | Effet de structure (1+c)

Accroissement du salaire moyen global (1+a) (1+b) (1+c) | Effet effectif (1+d)

Accroissement général de la masse salariale (1+a) (1+b) (1+c) (1+d) ou encore MS_{n+1} / MS_n

a) Notion de GVT

Les trois termes renvoient aux notions suivantes :

G = Glissement
Hausse des salaires due aux promotions individuelles non liées à l'ancienneté (mérite)

V = Vieillissement
Hausse des salaires due à l'ancienneté des salariés

T = Technicité
Hausse des salaires due à la progression des qualifications techniques

CAS 35 & 36

Tests de connaissances

(*Plusieurs réponses possibles par question*)

Pour les questions suivantes, caractériser la notion évoquée en retenant les codes suivants :

A : notion d'effet niveau • B : notion d'effet de masse • C : notion d'effet de report

1 Expression de l'évolution de la masse salariale d'une année donnée compte tenu des données de l'année précédente

2 Expression de l'augmentation de la rémunération d'un mois *m* au mois *m*+12

3 Deux salariés évoquent le niveau de leur rémunération d'une année sur l'autre

4 Expression de l'évolution de la masse salariale annuelle par rapport à la masse de l'année précédente

5 Un responsable regrette de ne pouvoir accorder les augmentations de rémunérations envisagées compte tenu des impacts de celles de l'an passé

6 Cocher les items vrais relatifs à la notion de GVT :

- ❑ *A* Il signifie Glissade – Vitesse – Technologie
- ❑ *B* Il signifie Glissement – Vieillesse – Technicité
- ❑ *C* Il est égal à l'effet ancienneté x effet catégorie professionnelle
- ❑ *D* Il traduit l'augmentation structurelle d'une masse salariale indépendamment de toutes hausses de salaires nominaux.

7 Un effet de noria favorable est caractérisé par :

- ❑ *A* le remplacement de populations peu qualifiées par des personnels hautement qualifiés
- ❑ *B* le remplacement de personnel de nationalité étrangère par du personnel de la nationalité de l'entreprise
- ❑ *C* le remplacement de personnel en fin de carrière par du personnel débutant
- ❑ *D* une économie de masse salariale entre N et N+1

8 L'écart sur effectif se calcule :

- ❑ *A* sur la base des salaires moyens de la masse salariale
- ❑ *B* sur la base des effectifs par catégories professionnelles de la masse salariale
- ❑ *C* sur la base des effectifs globaux de la masse salariale
- ❑ *D* sur la base des salaires nominaux déflatés de l'effet prix

9 L'écart sur taux nominal se calcule :

- ❑ *A* sur la base des salaires moyens de la masse salariale
- ❑ *B* sur la base des salaires moyens par catégories professionnelles
- ❑ *C* sur la base des effectifs globaux de la masse salariale
- ❑ *D* sur la base des salaires nominaux par ancienneté

10 Soit une masse salariale dont l'augmentation générale est de 5 %. L'effet sur ancienneté est de – 5 %, celui sur les catégories professionnelles de + 1 %. Les effectifs de N sont de 100, ceux de N+1 de 102.

- ❑ *A* L'effet effectif est de + 2 %
- ❑ *B* L'effet effectif est de 5 % – (– 5 %) – (+1 %) = 9 %
- ❑ *C* L'effet salaires nominaux est égal à 5 % = (x) + (– 5 %) + (+ 1%) + (+ 2 %), soit x = 2 %
- ❑ *D* L'effet salaires nominaux est égal à 1,05 = (x) (0,95) (1,01) (1,02), soit x = 7,28 %

Pour bien comprendre les définitions et les analyses sur ces points, se référer aux chapitres 10 et 15 du manuel *DCG 11, Contrôle de gestion*, Dunod Éditeur.

Exercices d'application

CAS 33 SOCIÉTÉ BASIC

Niveau ✶ **Thème : Effet report**

La société Basic emploie 20 personnes payées sur 13 mois (le 13e mois est versé en fin d'année) ; la masse salariale de décembre A a été de 54 100 e.

Conformément à un accord salarial signé en A–1 et relatif à l'établissement, des augmentations générales interviendront pendant l'année A+1 selon les modalités suivantes :

- janvier : 1 % ;
- mai : 1,5 % ;
- septembre : 2 %.

Il n'est pas prévu de mouvements de personnel au cours des années à venir.

➲ Questions

1) **Calculer la masse salariale de l'établissement pour l'exercice A+1.**
2) **Calculer, pour l'année A+1, l'effet niveau et l'effet masse. En déduire l'effet report pour l'exercice A+2.**
3) **La direction générale décide que l'augmentation globale de la masse salariale de l'établissement pour A+2 ne doit pas dépasser 3 %. Quel est le niveau possible pour des augmentations de salaires spécifiques à l'établissement ?**

CAS 34 ENTREPRISE PORTIC

Niveau ✶ **Thème : Analyse d'une évolution de masse salariale**

Soient les données suivantes pour une catégorie de personnel :

Année	Effectif	Salaire moyen annuel en €	Salaire décembre en €	Masse salariale annuelle en €
A–1	5	24 300	2 050	121 500
A	5	24 950	2 100	124 750
A+1 (prévision)	30	25 474	NC	NC

➲ Questions

1) **En se servant de l'effet niveau et de l'effet masse, retrouver la date à laquelle les effectifs de la catégorie concernée ont bénéficié d'une augmentation générale des salaires au cours de l'exercice A.**
2) **Calculer l'effet report d'une telle augmentation sur l'exercice A+1. Proposer deux modes de calculs.**
3) **Analyser l'augmentation des salaires prévue entre A et A+1. En déduire le niveau moyen des augmentations prévues des salaires nominaux pour l'exercice A+1. Vérifier les résultats.**

CAS 35 INFO SA

Niveau ✶✶ **Thème : Écart sur masse salariale et effet relatif d'accroissement**

Soit une masse salariale dont les principales données vous sont fournies pour deux années consécutives en k€. Compte tenu de l'importance de la catégorie des ingénieurs, celle-ci est suivie en fonction de l'ancienneté.

Catégories de salariés	Nature ancienneté	Masse salariale N			Masse salariale N+1		
		Effectif	Poids relatif en %	Total salaires annuels	Effectif	Poids relatif en %	Total salaires annuels
Ingénieurs	Junior	50	48 %	2 622	80	50 %	5 000
	Senior	45	43 %	2 805	56	35 %	3 900
	S/total	*95*	*90 %*	*5 427*	*136*	*85 %*	*8 900*
Techniciens		5	5 %	120	8	5 %	197
Employés		5	5 %	97	16	10 %	251
Total général		105	100 %	5 644	160	100 %	9 348

Durant l'année N+1, cinq ingénieurs « juniors » ont démissionné et trente ont été promus ingénieurs « seniors ».

➲ Questions

1) Analyser l'évolution de la masse salariale entre les années N+1 et N.

2) Mesurer les effets relatifs de cette évolution.

3) Calculer le GVT.

CAS 36 LYON

Thème : Gestion prévisionnelle d'une masse salariale

Un responsable d'établissement de Lyon doit établir son budget de masse salariale. Celle-ci s'élève en A–1 à 1 102 400 €, soit 53 personnes rémunérées à un salaire moyen mensuel de 1 600 € sur 13 mois. Le treizième mois est payé en totalité en décembre comme prime de fin d'année.

La direction générale de l'entreprise fixe à 3 % maximum la hausse acceptable de la masse salariale pour l'année A tous phénomènes confondus.

Il est prévu le départ en retraite de quatre personnes sur le début du deuxième semestre de l'année A. Ces salariés ne seront pas remplacés.

L'évolution naturelle de la masse salariale est connue, ce centre de responsabilité retient un GVT positif de 4,0964.

➲ Questions

1) Définir le GVT. Que signifie-t-il ?

2) Quelle hausse des salaires nominaux est envisageable compte tenu des directives de la DG ? (En pourcentages et en euros.)

3) Par ailleurs des accords de branches antérieurs prévoient une augmentation générale des salaires comme suit : 1 % le 1er mars, 2 % le 1er juin de l'année A.

4) Quel peut-être le montant maximum de l'enveloppe budgétaire utilisable pour des augmentations individuelles ? Qu'en pensez-vous ?

5) Sur la base de 49 personnes, chiffrer l'effet report sur l'exercice A+1 des augmentations générales prévues pour l'année à venir.

6) Si les accords de branches avaient prévu des augmentations générales de 2 % en mars et 1 % en juin, quelles auraient été les conséquences attendues sur l'effet niveau et l'effet masse pour l'année A ?

Cas de synthèse

CAS 37 ENTREPRISE IMECA

Thème : Prévision de masse salariale et embauches

L'entreprise Imeca est implantée dans le secteur du tourisme. Son activité, saisonnière par nature, s'étale d'octobre d'une année à septembre de l'année suivante. Elle cherche à maîtriser ses coûts salariaux sur l'ensemble de ses activités.

Jusqu'à maintenant, l'entreprise a favorisé les promotions internes. Elle a décidé d'opérer, pour le prochain exercice, une nouvelle politique basée sur le recrutement extérieur pour rajeunir le personnel et stabiliser la masse salariale des permanents (c'est-à-dire sans compter les emplois saisonniers).

Les départs seront tous remplacés. Les conditions prévues de recrutement figurent ci dessous. Les salaires du personnel partant correspondent au salaire moyen de la catégorie concernée.

En plus de l'effet de report, l'entreprise prévoit une augmentation consécutive à divers effets (ancienneté, promotion...).

La hausse nominale consécutive à tous ces effets (y compris l'effet de report) est estimée à 2,8 % de la masse salariale de référence.

Masse salariale actuelle et départs de salariés

Catégories	Effectifs	Masse salariale annuelle hors partie variable (exercice actuel)	Salaire moyen d'octobre[1] hors partie variable	Nombre de salariés partants prévus lors de l'exercice suivant
Cadres	7	840 800	9 950	1
Techniciens	10	301 600	2 670	2
Employés en contact avec la clientèle	14	210 000	1 290	3
Employés sans contact avec la clientèle	12	248 000	1 780	1

(1) Le dernier mois de l'exercice est constitué par le mois d'octobre et non par le mois de décembre. C'est donc le mois d'octobre qui sert de base pour le calcul des effets de variation du taux nominal salarial. Il faut tenir compte en outre des éléments variables qui étaient de 78 000 € dans l'exercice précédent et peuvent être estimés à 3 % du CAHT prévisionnel de la restauration (estimé à 2 800 000 €).

Aucun autre type de départ n'est envisagé.
Les salaires des remplaçants ne bénéficieront pas des divers effets (+ 2,8 %).

Conditions de recrutement

Cadres	60 % du salaire moyen annuel de la catégorie[1]
Techniciens	70 % du salaire moyen annuel de la catégorie[1]
Employés en contact avec la clientèle	80 % du salaire moyen annuel de la catégorie[1]
Employés sans contact avec la clientèle	85 % du salaire moyen annuel de la catégorie[1]
(1) Il s'agit du salaire de l'exercice actuel, hors partie variable.	

➲ Questions

1) Calculer l'effet de report (calculé sans la partie variable) sur le futur exercice.

2) Vérifier si l'objectif de stabilisation de la masse salariale peut être atteint.Pour simplifier l'étude, on prendra l'hypothèse que les départs et leurs remplacements auront lieu au début de l'exercice suivant. En déduire le nombre de saisonniers que l'entreprise pourrait employer éventuellement pour la saison d'hiver (4 mois) avec un salaire moyen de 1 700 €, toutes charges comprises, en utilisant l'économie salariale éventuellement réalisée ?

7
CHAPITRE

Compétence et pilotage des ressources humaines

Rappel de cours

1. La nécessaire prise en compte des connaissances et des compétences des acteurs pour piloter la performance

Les **connaissances** sont l'ensemble des savoirs, d'un individu ou d'une entité appris ou acquis, permettant de mieux réfléchir, de mieux décider, de mieux agir, dans les pratiques et les actes de la vie. Les connaissances s'accumulent grâce aux informations collectées et se combinent grâce à l'intelligence des acteurs qui les rapprochent, les comparent pour améliorer leur utilisation. Les connaissances changent la représentation que l'on se fait d'un élément en augmentant les informations que l'on a dessous. Dans toute l'histoire des sociétés humaines, des économies et des entreprises, les connaissances sont considérées comme un atout, un avantage permettant de progresser, tant au plan technique que social.

De ce fait les entreprises cherchent à gérer les connaissances des acteurs pour en tirer des bénéfices

La **gestion des connaissances** (en anglais *knowledge management*) – ou ingénierie des connaissances – est l'ensemble des méthodes et des techniques qui recueille, identifie, trie, range, analyse, stocke, partage des connaissances, internes et externes à une organisation entre ses membres. La gestion des connaissances est une application pratique des sciences cognitives qui en sont le fondement théorique, c'est pourquoi on l'associe à l'**apprentissage organisationnel**.

Les potentialités de mémorisation et d'analyse apportées par les logiciels de KM ont été un levier important pour l'introduction et le développement de la gestion des connaissances au sein des organisations et permettent de stimuler une boucle d'apprentissage collectif organisationnel.

La notion de **compétence** apparaît dans les années 80 dans les organisations pour remplacer la notion trop statique de qualification ; la **qualification** exprime une valorisation, reconnue à un moment donné, de connaissances professionnelles codifiées. Une qualification est associée à un poste, à un type d'activités, dans un système productif taylorien parcellisé. Les compétences correspondent à une approche dynamique du travail des acteurs. Les **compétences** regroupent les savoirs, les savoir faire, l'expérience d'un individu ; elles se développent et évoluent lui permettant de s'adapter à des contextes différents. Les compétences se construisent au cours du temps et constituent les capacités d'un individu à se comporter dans des situations de travail variées, ses savoir-être. Dans le cadre actuel d'incertitude et de complexité, des adaptations stratégiques fréquentes, de la gestion nécessaire du changement organisationnel, les compétences deviennent des leviers d'action importants.

Ces **compétences** doivent donc aussi être **gérées comme une ressource** concurrentielle, consolidées par la **gestion des connaissances**, transmises et exploitées, par l'**apprentissage organisationnel**.

La **gestion prévisionnelles des emplois et des compétences** (GPEC) cherche à faire converger, tout au long de la vie professionnelle des salariés et des évolutions stratégiques de l'entreprise, les besoins et les ressources disponibles en compétences de toute nature.

Il s'agit d'aligner les choix de ressources humaines aux orientations stratégiques et de rendre cohérent à court et moyen terme les recrutements, les carrières, les formations, les mobilités, pour affecter, le mieux possible, les compétences aux postes. La GPEC se situe au niveau individuel et au niveau collectif. Une meilleure anticipation et une gestion prévisionnelle doivent permettre de réduire les écarts entre les besoins et les ressources humaines, tant au plan quantitatif que qualitatif, pour l'entreprise, mais aussi une véritable gestion des promotions et des carrières pour les salariés. La GPEC peut permettre une reconnaissance, une valorisation des compétences, des contributions personnelles et collectives, mais aussi apporter des effets bénéfiques au niveau d'un territoire (bassin d'emploi, collectivité) si elle concerne les problèmes environnementaux ou sociétaux.

Le **contrôle de gestion** peut participer à la démarche de GPEC en fournissant des informations précises sur le coût des activités, sur la productivité des services, sur les besoins en capacité, en personnel, pour piloter en amont, les écarts entre les besoins et les ressources. De même, le contrôle de gestion peut aider à déceler des écarts de volume et de prix à combler, avec de nouveaux postes, de nouvelles compétences ou de nouvelles affectations de personnes aux postes.

2. Le pilotage des ressources humaines

Le contexte économique et social actuel, ainsi que le cadre d'analyse des organisations conduisent à accorder un **rôle primordial aux acteurs** de l'entreprise, considérés comme un **capital humain stratégique**, **source de potentialités** mais aussi **source de conflits** et de résistances. Il faut donc gérer les ressources humaines, tout au long de leur carrière dans l'entreprise, pour capter et développer leurs compétences, canaliser leurs forces, leurs connaissances, leurs expériences pour la progression de l'ensemble, pour contribuer à la satisfaction de chacun et de tous, dans des conditions physiques et sociales de travail correctes.

La **gestion des ressources humaines** regroupe la gestion de nombreux processus RH :

- processus de recrutement, de gestion de carrière et de mobilité ;
- processus d'évaluation et de formation ;

– processus de rémunération directe et indirecte ;
– processus de gestion des compétences, des connaissances et de l'apprentissage ;
– processus de gestion des relations sociales et syndicales.

De ce fait, ces processus requièrent des informations pour les piloter et induisent des systèmes d'information intégrant des données quantitatives et qualitatives. Le contrôle de gestion est de plus en plus sollicité pour ce domaine des ressources humaines (calcul sur la masse salariale, budgets, écarts mais aussi tableau de bord). Dans ce cadre, de nombreux logiciels sont à la disposition de l'entreprise ; on peut citer, parmi d'autres :

– logiciel de gestion des informations concernant le salarié : fiche signalétique du salarié, gestion de carrière, formation suivie, historique des compétences, entretien, évaluation, etc. ;
– logiciel de gestion des plans de formation enregistrant les besoins annuels, le catalogue des formations, des organismes de formation, la gestion des inscriptions, le calendrier des formations ;
– logiciel des compétences associées permettant d'affecter un salarié à un poste ou d'affecter une personne à une équipe en fonction de ses compétences ;
– logiciel de gestion hygiène et sécurité ;
– logiciel de paie : l'établissement du bulletin de salaire en est la pièce maîtresse, prenant en compte, l'actualisation de la rémunération, les acomptes versés, les heures supplémentaires, les charges sociales, etc.. Ces logiciels comprennent aussi un ensemble de sous-produits tels que l'établissement des déclarations sociales, fiscales, selon les nouvelles normes de télédéclaration ;
– logiciel de gestion du temps devenu indispensable en raison de la flexibilité du temps de travail et... le retour à l'horloge pointeuse ;
– logiciel de calculs des indemnités de départ à la retraite qui doivent être provisionnées pour le bilan comptable ;
– les logiciels d'établissement et d'exploitation du bilan social.

3. Les outils de pilotage des ressources humaines

• Le **bilan social** est un document de synthèse, obligatoire pour les entreprises de plus de 300 salariés, regroupant des informations sur les ressources humaines de l'entreprise et le domaine social : informations sur les effectifs, la composition du personnel, le turn-over, l'absentéisme, les rémunérations, les conditions d'hygiène et de sécurité, les conditions de travail, la formation, les relations professionnelles et syndicales.

C'est un outil de communication pour les parties prenantes mais aussi un outil de pilotage pour mieux orienter la gestion des ressources humaines.

• Un **tableau de bord**, permet à une organisation, de rassembler, de manière claire et synthétique, des informations sur un ou plusieurs domaines de son activité, pour suivre les résultats de ses actions, éclairer ses choix, aider au pilotage à court et moyen terme.

Les informations sont données sous forme d'indicateurs, de ratios, de taux pour permettre de suivre leur évolution.

La structure, la configuration, le contenu des tableaux de bord sont laissés à l'initiative des utilisateurs pour qu'ils répondent le mieux aux besoins de pilotage.

• Un **tableau de bord social** est un ensemble d'indicateurs rassemblant et présentant des informations du domaine social, pour aider les décisions concernant les ressources humaines et favoriser le dialogue social. Il n'y a pas d'obligation légale d'information mais le tableau de bord social est un outil du pilotage social qui consiste à fixer des objectifs sociaux et socioéconomiques (à court et moyen terme) et à réguler les écarts enregistrés entre prévisions et réalisations, par des actions ou des modifications des objectifs.

B. Martory élabore ainsi un système d'information pour piloter les ressources humaines, au plan économique et social, qu'il appelle **contrôle de gestion sociale**.

• Les **indicateurs de gestion sociale** se retrouvent dans le tableau de bord social.

Un indicateur est une information précise, sur un domaine, sous forme de résultats, de ratios, de seuil, de progression, quantitatif ou qualitatif, pertinente pour un gestionnaire.

Les indicateurs de gestion sociale peuvent être regroupés en plusieurs familles :

– *indicateurs de productivité des ressources humaines* : par exemple résultats/effectif, nombre de projets innovants ;
– *indicateurs de climat social* : par exemple, taux de conflits, turn over, absentéisme, taux de satisfaction, nombre d'accords signés avec les syndicats ;
– *indicateurs de développement social* : par exemple, attractivité de l'entreprise, développement des compétences, charge éthique.

CAS 38 & 39

Tests de connaissances

(*Plusieurs réponses possibles par question*)

1 Retenir les affirmations vraies dans celles qui suivent :

- ❑ *A* Les ressources humaines sont pilotées par leurs coûts
- ❑ *B* Les ressources humaines sont pilotées par leurs performances
- ❑ *C* Les ressources humaines sont pilotées par leurs compétences

2 Les outils pour piloter les ressources humaines sont :

- ❑ *A* les budgets
- ❑ *B* les ratios sur la masse salariale
- ❑ *C* l'ordonnancement
- ❑ *D* le contrôle de gestion sociale
- ❑ *E* la gestion prévisionnelle des emplois et des compétences

3 Retenir les affirmations vraies dans celles qui suivent :

- ❑ *A* Le contrôle de gestion ne traite que partiellement le pilotage des ressources humaines
- ❑ *B* Le pilotage des ressources humaines est réalisé uniquement par les responsables opérationnels
- ❑ *C* Le pilotage des ressources humaines est le fait de nombreux acteurs comme la direction des ressources humaines, le contrôle de gestion, les responsables opérationnels

4 Le contrôleur de gestion participe à l'élaboration :

- ❑ *A* du bilan social
- ❑ *B* du bilan sociétal
- ❑ *C* du tableau de bord social
- ❑ *D* de la gestion de la paie

5 Retenir les affirmations vraies dans celles qui suivent :

- ❑ *A* Le contrôle de gestion cherche à coordonner le travail des acteurs
- ❑ *B* Le contrôle de gestion organise le travail des opérateurs au jour le jour
- ❑ *C* Le champ des domaines et des variables de ressources humaines à piloter se réduit depuis une dizaine d'années
- ❑ *D* Le contrôle de gestion cherche à canaliser le comportement des acteurs

6 Les tableaux de bord sociaux permettent :

- ❑ *A* de mesurer des variables quantitatives des ressources humaines
- ❑ *B* d'évaluer le travail des ressources humaines
- ❑ *C* d'évaluer le comportement des ressources humaines
- ❑ *D* d'intégrer la dimension culturelle d'une organisation
- ❑ *E* de diffuser l'apprentissage organisationnel

7 Le profil des compétences d'un contrôleur de gestion comprend :

- ❑ *A* des connaissances techniques des outils
- ❑ *B* des capacités à dialoguer, à animer, à coordonner
- ❑ *C* des compétences de formateur, de pédagogue
- ❑ *D* des compétences psychologiques et sociologiques pour résoudre les conflits entre acteurs
- ❑ *E* des capacités d'innovation et de créativité pour trouver de nouvelles solutions

8 Les multiples outils pour piloter les ressources humaines :

- ❑ *A* améliorent la communication entre les acteurs
- ❑ *B* réduisent les coûts de personnel
- ❑ *C* sont pertinents en fonction de leur utilisation par les acteurs

9 Le pilotage des ressources humaines

- ❑ *A* intègre l'intégrité morale des acteurs
- ❑ *B* peut aide à construire une culture d'entreprise
- ❑ *C* gère la convergence des intérêts des acteurs

10 Le bilan social est un outil :

- ❑ *A* obligatoire dans toutes les entreprises
- ❑ *B* normalisé sur tous ces aspects
- ❑ *C* les données retenues sont uniquement quantitatives
- ❑ *D* présente une balance entre les aspects positifs et négatifs de la gestion des ressources humaines de l'entreprise

Pour bien comprendre les définitions et les analyses sur ces points, se référer au chapitre 15 du manuel *DCG 11, Contrôle de gestion*, Dunod Éditeur.

Exercices d'application

CAS 38 MOTIVHOM

Niveau ✶ **Thème : Rémunération et performance**

L'entreprise Motivhom fabriquant des composants électroniques actifs, sur un secteur très concurrentiel et, dans un contexte conjoncturel difficile, cherche à améliorer son efficacité en motivant le directeur. Pour l'instant, la rémunération du directeur est fixe pour 50 000 € incluse dans les charges des activités de support.

Les informations techniques et financières sont les suivantes pour l'année N :

Capacité annuelle de production : 3 000 000 composants

Prix de vente unitaire : 4 €

Pour une production et vente de 1 500 000 composants pour l'année N :

- coût variable unitaire de production : 0,7 €, soit 1 050 000 € ;
- coût fixe de production : 1 950 000 €, soit 1,30 € par composant ;
- charges fixes des activités support : 3 000 000 €.

Il n'y a pas de stock initial ni de stock final.

Les informations techniques et financières pour l'année N+1 sont les suivantes :

Face aux difficultés, le directeur a décidé de mettre en production 2 500 000 composants.

Le nombre de composants vendus est de 1 800 000 unités au même prix de 4 €.

- Le coût variable de production est toujours de 0,7 €.
- Les coûts fixes de production sont inchangés.
- Les charges fixes des activités support (frais de publicité) ont été augmentées de 290 000 € suite à une campagne publicitaire.
- Le directeur estime qu'il a fortement amélioré la situation et propose qu'on lui verse une prime correspondant à 10 % du bénéfice réalisé par l'entreprise.

➲ Questions

Pour évaluer la légitimité de la demande du directeur, il vous est demandé :

1) De calculer le résultat d'exploitation de l'année N et celui de N+1

2) Quelle est la rémunération supplémentaire du directeur en N+1 ?

3) La satisfaction du dirigeant quant aux résultats est-elle légitime ? La corrélation entre sa prime et le résultat de l'entreprise est-elle pertinente ?

4) Quelles autres informations permettraient de mieux analyser sa performance ? Proposer des indicateurs pour suivre sa performance future.

CAS 39 FIPE

Niveau ✶✶✶ **Thème : Alignement stratégique de la rémunération des représentants (À partir de l'étude de cas de l'agrégation d'économie gestion, session 2000.)**

Une société de production électromécanique et électronique cède à ses cadres une de ses filiales, FIPE, spécialisée dans la fabrication d'instruments de pesage électronique pour des équipements industriels. Les cadres réfléchissent à une réorganisation de la société avec un cabinet consultant en interrogeant l'ancien contrôleur de gestion et le leader des cadres, futur dirigeant de la filiale. Les entretiens sont présentés ci-dessous (annexe A, B et C).

➲ Questions

1) À partir des informations recueillies, quelles sont les mesures importantes, d'ordre organisationnel, suggérées par le cabinet d'audit ? comment les mettre en œuvre concrètement ?

2) Analyser le mode de rémunération actuel et indiquer les orientations souhaitables du changement du système de rémunération pour motiver davantage les technico-commerciaux.

ANNEXE A

Informations recueillies auprès de M. Lifaud, contrôleur de gestion

Point 1 : Le groupe a décidé de se séparer de l'unité de fabrication des instruments de pesage car la croissance du marché était trop faible pour assurer une progression suffisante de la rentabilité. Certes les perspectives restent ouvertes mais FIPE ne semble ni assez réactive, ni assez productive dans ce secteur.

Point 2 : Au cours des dernières années, le groupe a subi une modification de la composition de son portefeuille d'activités, des produits à faible marge venant se substituer à des produits à forte marge.

Point 3 : Le délai de développement des nouveaux produits est trop important et leur part dans le chiffre d'affaires reste très insuffisante. Les clients se plaignent d'un certain retard dans l'innovation, surtout lorsqu'ils nous comparent à notre principal concurrent.

Point 4 : Au niveau commercial, la force de vente a perdu de son efficacité : peu de nouveaux clients, les petits clients sont délaissés. Une enquête réalisée auprès des industriels a révélé que, si la société FIPE est très implantée dans les secteur de l'automobile et de la métallurgie, elle est presque totalement absente de secteurs comme l'électronique civile et militaire, la chimie ou encore l'optique. L'entreprise FIPE est quasiment absente des pays du Sud de l'Europe (Espagne, Italie...) alors qu'elle est relativement bien implantée dans les pays du Nord de l'Europe, où les perspectives de croissance sont faibles.

Point 5 : Certains clients (tous hors secteur automobile) se sont plaints de notre service après-vente. L'un d'entre eux prétend avoir attendu plus de 10 jours un technicien pour un problème mineur sur une machine.

Point 6 : L'opacité de la facturation est un autre élément de mécontentement de la clientèle. Jusqu'à présent, l'entreprise facturait ses machines en multipliant par un coefficient 10 le prix des matières premières et des fournitures. Par comparaison, la société Festi qui fabrique des machines du même type les factures à partir du prix des matières premières, des fournitures et de la main d'œuvre (avec un taux de marge de 20 à 30 %). Il faut souligner l'hétérogénéité des machines fabriquées en termes de technicité et de taille des lots de production (entre 1 unité pour des machines haut de gamme et 50 unités pour des machines bas de gamme).

Point 7 : Certains clients ont mis l'accent sur quelques dysfonctionnements dans le processus de la commande. Par exemple, M. Wahl avait commandé début mars un instrument de pesage qui devait lui être livré début avril. La livraison n'est finalement intervenue qu'au mois de mai. Mi-avril, il avait téléphoné au service commercial (après 5 interlocuteurs différents)... ; sa commande a été retrouvée au service achats, la fabrication de sa machine nécessitant l'achat de pièces spécifiques, non disponibles chez le fournisseur.

Point 8 : Le taux d'occupation de la main d'œuvre (temps effectif de travail) n'est actuellement que de 70 % du temps de présence, du fait des nombreux problèmes rencontrés sur les chaînes de fabrication (arrêt sur pannes, problèmes de qualité, changements fréquents de types de machines à produire, nomenclature pas toujours actualisée, manque de compétences pour utiliser correctement l'outillage, lenteurs de transmissions, etc.) L'encadrement actuel a toujours refusé la mise en place d'un véritable service de logistique interne.

Point 9 : De nombreuses discordances existent entre les différents systèmes d'information (production, gestion des commandes, comptabilité, gestion des salaires, commercial...) La gestion des interfaces entre ces différents systèmes d'information demande un travail considérable mais est d'une efficacité toute relative. La séparation entre les différents services, renforcée par des conflits de personnes, n'a fait qu'aggraver cette situation. Ainsi, le mois dernier, il est apparu un écart de 120 000 euros entre, d'une part, le chiffre d'affaires comptable qui devrait être le reflet de l'activité de la période et, d'autre part, le chiffre d'affaires « statistique » qui permet d'obtenir des ventilations par familles de produits et par zone géographique... Par ailleurs, le mois dernier, il a été vendu pour 25 000 euros d'instruments de pesage à la société Davignon alors que cette société nous devait déjà depuis plus d'un an une facture de 15 000 euros... Le problème vient du fait que le service commercial ne gère pas les recouvrements. Enfin, lors de la dernière réunion mensuelle avec les différents cadres opérationnels, je me suis aperçu que la plupart des coûts de production étaient faux, certaines mises à jour de nomenclature, de gamme des temps, de regroupements de produits, ne m'ayant pas été communiquées. C'est après cette réunion particulièrement houleuse que je me suis résolu à quitter le groupe...

ANNEXE B
Informations recueillies auprès de M. Timonier, pilote du projet

Point 1 : Je pense que le rachat de la filiale par son personnel est une chance pour nous. Tous ceux qui acceptent de s'embarquer sur ce projet sont motivés.

Point 2 : Nous disposons d'ingénieurs de recherche brillants, travaillant en partenariat avec des centres de recherche. D'ici quelques mois, j'ai l'assurance que des nouveaux produits particulièrement adaptés à des secteurs comme la chimie, l'électronique vont voir le jour, et rapidement doper nos ventes. Nos techniciens sont parmi les meilleurs sur le marché, très bien préparés au passage de l'électromécanique à l'électronique.

Point 3 : De nouveaux marchés vont devoir être attaqués : je pense notamment à l'Espagne, l'Italie, le Portugal. Ces pays connaissent actuellement un développement des politiques de qualité (certification ISO 9000, ISO 14 000 pour l'environnement...) demandant plus de métrologie et donc d'instruments de mesure. Notre force de vente est prête à relever ce défi. À ce propos, je réfléchis actuellement à une modification du système de rémunération de la force de vente pour les intéresser à rechercher de nouveaux clients et à développer de nouveaux marchés.

Point 4 : Nous nous sommes mis d'accord avec mes associés sur la nécessité de développer la transversalité dans notre entreprise. Il faut unir les compétences : recherche, commerciaux, fournisseurs, production, etc. Un exemple parmi d'autres : les ingénieurs technico-commerciaux doivent faire remonter les remarques et les désirs des clients auprès de notre service recherche.

Point 5 : Nous voulons profiter de cette reprise pour mettre en place dans notre société un progiciel intégré qui pourra prendre en charge la gestion comptable financière, commerciale ainsi que la production, et les achats, la gestion des ressources humaines...

Point 6 : Mme Leutéjeais, le futur directeur financier, avec qui j'entretiens des relations de confiance, réfléchit à un système de facturation plus pertinent.

Point 7 : Autre élément d'accord avec Mme Leutéjeais : nous avons la volonté de ne traiter qu'avec des clients solvables et de raccourcir la durée du crédit clients.

ANNEXE C
Données sur la force de vente actuelle

La force de vente est composée de 13 « technico-commerciaux ». Ils sont en général issus de la production et ont quelques années d'expérience derrière eux. Leur mode de rémunération est constitué d'un fixe (modulable selon l'ancienneté) et d'un pourcentage sur le chiffre d'affaires brut (prix catalogue) égal à 2 %. Ils ont toute latitude pour négocier des remises aux clients, dans la limite de 20 % du brut, sans que leur commission en soit affectée.

M. Timonier connaît bien ses représentants : ils sont très attachés à leur mode de rémunération et relativement individualistes, chacun ayant son secteur, ses clients... Leur connaissance du terrain et des produits sont autant d'atouts pour l'avenir de FIPE.

Informations recueillies sur le mois de novembre N avec le mode de rémunération actuel

Représentants	M. Parota	M. Pèris	M. Dagyrru
CA brut réalisé (en euros)			
– automobile	60 000	35 000	10 000
– métallurgie	22 000	25 000	15 000
– autre	18 000	15 000	35 000
	100 000	80 000	60 000
Nombre de nouveaux clients visités	15	12	20
Nouveaux clients ayant conclu	5	6	8
Nombre d'anciens clients visités	75	60	70
Taux de conclusion des anciens clients	80 %	75 %	70 %
CA brut moyen	1 538,46	1 568,62	1 052,63
Taux de remise moyen	18 %	10 %	12 %
Rémunération brute (en euros)			
– fixe	1 500	1 400	1 300
– variable	2 000	1 600	1 200
	3 500	3 000	2 500

Cas de synthèse

CAS 40 PRESSTUBE

Thème : Indicateurs financiers et non financiers pour une politique de rémunération

PARTIE 1

La société Presstube conçoit et fabrique des petites machines-outils sur mesure réalisant des pièces métalliques de transmission et de sécurité de différentes formes et dimensions pour des clients industriels qui produisent des équipements lourds.

La société est structurée en deux départements, l'un pour les clients du secteur automobile et l'autre pour les clients du secteur aéronautique, tous satisfaits de la fonctionnalité des produits, même s'ils signalent des retards dans les livraisons et quelques retouches nécessaires sur certains éléments des produits.

Le marché est en croissance et les nouvelles demandes sont de plus en plus diversifiées.

Les ingénieurs, dont les compétences pour les études et les prototypes sont largement reconnues, constituent la « ressource rare », le « facteur clé de succès » de l'entreprise.

Les techniciens travaillent en parfaite collaboration avec les ingénieurs en maîtrisant les techniques et en proposant des idées aux ingénieurs. Les employés gèrent les domaines administratifs et commerciaux.

Les affaires sont gérées par projet, avec constitution d'une équipe d'ingénieurs et de techniciens pilotée par un animateur ingénieur.

Dans la déclinaison des objectifs définis pour la période, il apparaît une amélioration de l'efficience par la prise en compte des compétences des acteurs ; le directeur souhaite stimuler et fidéliser les ingénieurs et cherche à améliorer les modalités d'intéressement.

Aujourd'hui, seuls les responsables des deux départements reçoivent une prime liée au chiffre d'affaires (0,15 % du chiffre d'affaires) réalisé sur l'ensemble des projets d'une année.

Pour mieux répondre aux insatisfactions des clients, la direction voudrait intégrer des indicateurs non financiers portant sur la qualité de la production, les délais de livraison ; elle bâtit la procédure suivante pour déterminer la prime accordée aux deux responsables de départements :

Indicateur financier	2 % du résultat d'exploitation		
Indicateurs de qualité	**Diminution des retouches**	**Diminution des retours sur vente**	**Respect des délais de livraison**
	• Si coût des retouches inférieur ou égal à 2 % du résultat d'exploitation, pas de réduction de prime. • Réduction de prime égale à la différence entre coût des retouches et 2 % du résultat d'exploitation	• Prime de 2000 € si moins de 2 % des produits vendus sont retournés • Réduction de prime égale à 50 % de la différence entre retours sur produits vendus et 2 % des ventes	• Rien si délai respecté à 96 % • Prime de 2000 € si délai respecté entre 96 et 98 % • Prime de 4 000 € si délai respecté à plus de 98 %

Résultats pour les années N et N+1 des deux départements

	Année N		Année N+1	
	Département 1	**Département 2**	**Département 1**	**Département 2**
Chiffre d'affaires	1 534 000 €	989 000 €	1 419 000 €	998 000 €
Résultat d'exploitation	864 000 €	720 000 €	846 000 €	740 000 €
% de respect des temps de livraison	95,4 %	98,2 %	97,3 %	94,6 %
Coût des retouches	11 500 €	6 000 €	11 000 €	8 000 €
Retours sur produits vendus	114 000 €	92 000 €	94 000 €	84 000 €

➲ **Questions**

1) Quelles remarques peut-on faire sur le système existant ?

2) En quoi la structure par projet peut-elle être incitative ou au contraire bloquante pour la performance et la rentabilité de l'activité ?

3) Calculer les primes dans le premier système (indicateur financier) et dans le nouveau système pour les responsables des deux départements (indicateurs non financiers).

4) Quelle analyse faire des indicateurs du nouveau système ? Le nouveau système répond-il aux objectifs fixés par la direction ? Quelles améliorations seraient possibles ?

PARTIE 2

Les ingénieurs, dont les compétences pour les études et les prototypes sont largement reconnues, constituent la « ressource rare », le « facteur clé de succès » de l'entreprise.

Les techniciens travaillent en parfaite collaboration avec les ingénieurs en maîtrisant les techniques et en proposant des idées aux ingénieurs. Les employés gèrent les domaines administratifs et commerciaux.

Sur un marché en forte croissance, le développement de l'entreprise a conduit à un accroissement important des effectifs. De nombreux recrutements ont été effectués durant les deux dernières années dans toutes les catégories pour répondre à l'augmentation de la charge de travail.

Or, le directeur constate que la composition des ressources humaines se modifie et que l'entreprise semble avoir du mal à fidéliser les ingénieurs de haut niveau. Cependant, la performance de l'entreprise est fortement dépendante de la qualité des collaborateurs qui conçoivent et produisent les machines-outils. Il s'agit donc de recruter des ingénieurs de haut niveau et de les attirer par une rémunération et une progression de carrière attractives.

À la fin de l'année N, pour mieux maîtriser la masse salariale et la politique de recrutement, le directeur souhaite connaître précisément la structure des effectifs par catégorie, par ancienneté, pour analyser les évolutions et en tirer des conclusions. Le contrôleur de gestion sociale a élaboré à son intention les tableaux de structure de la masse salariale des années N–1 et N et la structure prévisionnelle de la masse salariale de l'année N+1. D'autre part, il a calculé les impacts de l'effectif global, de la structure catégorielle, de l'ancienneté et des salaires nominaux, conformément aux décompositions présentées aux pages 86 et suivantes de cet ouvrage.

Ces informations sont regroupées dans les tableaux suivants :

1) Structure de la masse salariale en N–1 et N (données réelles en euros)

Catégories	Ancienneté	Masse salariale en N–1			Masse salariale en N		
		Effectif		Salaire annuel	Effectif		Salaire annuel
		Nombre	% arrondi		Nombre	% arrondi	
Ingénieurs	Juniors	50	48	1 573 000	80	50	3 000 000
	Seniors	45	43	1 683 000	56	35	2 340 800
	S-total	95	90	3 256 000	136	85	5 340 800
Techniciens		5	5	72 200	8	5	118 300
Employés		5	5	58 200	16	10	150 600
Total général		105	100	3 386 400	160	100	5 609 700
Total des charges d'exploitation sur la période				9 374 300			17 331 900

Durant l'année N, 5 ingénieurs « juniors » ont démissionné et 30 ont été promus « seniors ».

2) Structure prévisionnelle de la masse salariale en N+1 (données en euros)

Catégories	Ancienneté	Masse salariale en N+1			
		Effectif		Salaire moyen prévu	Salaire annuel
		Nombre	% arrondi		
Ingénieurs	Juniors	148	49	37 200	5 505 600
	Seniors	98	33	41 000	4 018 000
	S-total	246	82	38 710	9 523 600
Techniciens		30	10	15 100	453 000
Employés		24	8	9 800	235 200
Total général		300	100	34 039	10 211 800
Total des charges d'exploitation sur la période					26 800 000

Durant l'année N+1, aucune démission n'est prévue et 70 ingénieurs « juniors » seront promus « seniors ».

3) Analyse de la masse salariale mise en œuvre par la société

L'entreprise analyse sa masse salariale par catégories de personnel, à savoir ingénieurs, techniciens et employés. Seule la catégorie « ingénieur » est classée par ancienneté. Deux niveaux d'ancienneté sont retenus : les ingénieurs « seniors » (+ de 3 ans d'ancienneté) et les ingénieurs « juniors » (– de 3 ans d'ancienneté).

La masse salariale est étudiée hors charges sociales en comparant la masse de l'année étudiée (N) à celle de l'année précédente (N–1).

Cette analyse permet de mettre en évidence quatre écarts significatifs à savoir :

- l'écart des salaires nominaux ;
- l'écart de structure catégorielle ;
- l'écart d'ancienneté ou effet de noria ;
- l'écart d'effectif global.

Les principaux résultats de cette analyse sont fournis dans le tableau ci-après :

	Comparaison N/N–1		Comparaison N+1/N	
Effet mesuré	Valeur de l'écart (1)	Variation N/N–1	Valeur de l'écart(1)	Variation N+1/N
Salaire nominal	+ 696 700	+ 14,18 %	– 104 200	– 1,01 %
Ancienneté	– 50 100	– 1,01 %	– 14 100	– 0,14 %
Structure professionnelle	– 197 100	– 3,82 %	– 188 100	– 1,79 %
Effectif global	+ 1 773 800	+ 52,38 %	+ 4 908 600	+ 87,50 %
Masse totale	+ 2 223 300	+ 65,65 %	+ 4 602 100	+ 82,04 %

(1) Valeur arrondie à la centaine d'euros près.

➲ Questions

1) En s'aidant des travaux réalisés, expliquer la situation en termes :
- **de masse salariale globale (poids relatif, effectif et salaire moyen) ;**
- **de l'effectif global et de sa composition par catégories ;**
- **des taux de rémunération des différentes catégories ;**
- **de fidélisation de la population « ingénieurs ».**

2) Dans le cadre d'une GPEC, quelles seraient les orientations alternatives possibles de la politique RH face à cette situation ?

3) Quelles préconisations peut-on faire pour une politique de recrutement en rapport avec les objectifs fixés ? Donner des indicateurs possibles pour un tableau de bord pertinent.

5 THÈME

Gestion de la qualité

8
CHAPITRE

Thème 5 – Gestion de la qualité

Outils pour gérer la qualité

Rappel de cours

1. Notion de qualité

1.1 La qualité d'un produit

• AFNOR 1987 : Ensemble de propriétés et caractéristiques d'un produit ou service qui lui confèrent l'aptitude à satisfaire des besoins exprimés ou implicites.

• Mots clés à relier au concept de qualité : fiabilité, spécifications d'un produit, défaut, non-conformité, auto-contrôle, surveillance qualité.

La qualité d'un produit résulte donc :

- de sa capacité à satisfaire les besoins de l'utilisateur ;
- du contrôle technique durant la fabrication pour tester la fiabilité du produit et éviter les défauts.

Recherche la qualité a un coût qu'il faut connaître pour mettre en place les méthodes adaptées pour la contrôler et l'améliorer.

1.2 Les coûts liés à la qualité

Ce sont des coûts cachés liés à des problèmes d'organisation. La recherche de la qualité totale doit permettre de réduire ces coûts cachés.

D'où se déduit un certain nombre de coûts plus opératoires :

➤ ***Coût de malfaçon***

Il représente soit le coût des ressources engagées pour modifier un produit comportant des vices de fabrication soit le coût des ressources engagées pour un produit irrécupérable. Il est composé des coûts de défaillance interne comme la panne d'une machine et externe comme l'arrêt de livraison brutal d'un fournisseur.

➤ *Coût de gestion de la qualité*

Ce coût se compose du coût de prévention et de détection, il est donc le coût de l'ensemble des mesures et moyens mis en place pour gérer la qualité.

➤ *Coût de non-qualité*

Il peut être défini comme la différence entre le prix de revient actuel du produit et son coût réduit, s'il n'y avait aucune erreur et aucun défaut durant la conception, la réalisation, la commercialisation et l'utilisation. Il se compose des coûts de détection et de malfaçon.

➤ *Coût d'obtention de la qualité*

Somme des dépenses supplémentaires engagées dans les entreprises pour obtenir le même résultat, il représente donc le coût de protection des imperfections du système de production de l'entreprise.

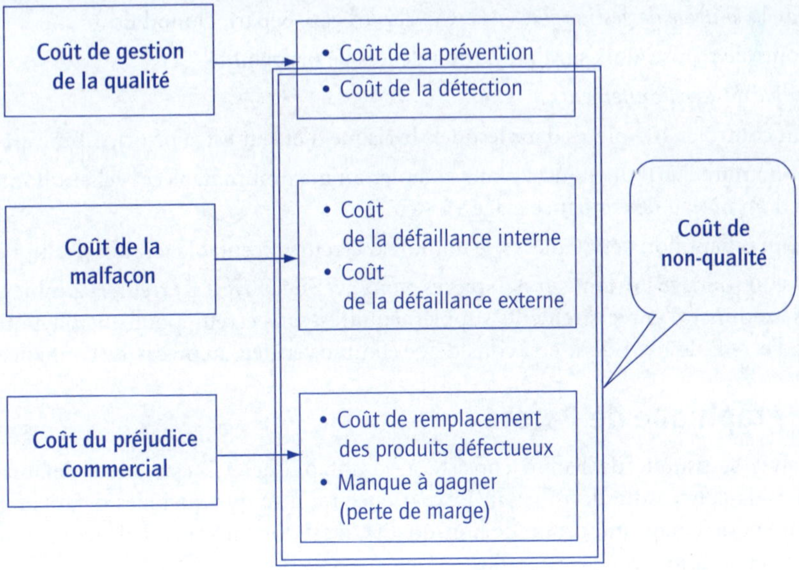

1.3 Les coûts cachés

L'activité de production, comme tout autre, génère des déperditions d'énergies, de ressources humaines et physiques qui n'apparaissent pas dans les systèmes classiques de comptabilité où seuls les coûts de matière, de main-d'œuvre et d'atelier sont pris en compte. Ce sont des coûts cachés liés à des problèmes d'organisation. La recherche de la qualité totale doit permettre de réduire ces coûts cachés.

Un coût caché est la conséquence économique (monétaire) d'un dysfonctionnement : il est la traduction monétaire de perturbations subies par l'entreprise et des mécanismes organisationnels qu'elle met en place pour pallier les effets des dysfonctionnements.

Le dysfonctionnement peut se définir comme écart entre le fonctionnement attendu et le fonctionnement réel qui implique des régulations qui sont diffuses à toute l'entreprise, impliquent de nombreux acteurs, et représentent des engagements financiers « clandestins ».

L'estimation de l'ensemble du coût de ces dysfonctionnements représente des gisements potentiels de productivité donc une performance potentielle cachée.

CAS 41

2. Les méthodes de contrôle de la qualité

2.1 Les normes et le contrôle statistique

En fonction de normes de qualité et de seuils d'acceptation fixés par les techniciens, des statistiques sont élaborées sur des échantillons de produits prélevés à la fin du processus de production.

(Pour une analyse complète des méthodes de sondage et d'échantillonnage se reporter au Manuel *Contrôle de gestion, DCG 11*, C. Alazard et S. Sépari, Dunod Éd.).

Le contrôle repose alors sur l'utilisation de lois de probabilité.

Exemple de questionnement :

Il faut contrôler 100 pièces dans lesquels le risque d'erreur est, a priori, estimé à 1 %.

Quel nombre d'erreurs pouvez-vous accepter au maximum dans cet échantillon compte tenu d'un niveau de confiance exigé 95 % ?

Avec un échantillon de 300 pièces, le nombre d'erreurs acceptable serait-il multiplié par 3 ?

Après un sondage portant sur 300 pièces, vous avez découvert 8 erreurs. Combien devez-vous examiner d'enregistrements supplémentaires, sans erreur, pour que l'hypothèse du taux d'erreur de 1 % puisse être considérée comme vérifiée, au niveau de confiance exigé ?

2.2 Le graphique de Pareto

L'analyse statistique de Pareto consiste à comptabiliser et à classer les défauts ou les pannes dans un ordre décroissant. L'expérience montre que quelques défauts représentent un pourcentage important de non-qualité. Il est donc nécessaire de les recenser pour les traiter en priorité.

La démarche consiste donc :

- à faire un relevé statistique des types de pannes observées ;
- à calculer le cumul pour chaque type de pannes ;
- ordonner ces totaux de sorte que le type de pannes le plus fréquent soit clairement mis en évidence. C'est sur lui que portera en premier les efforts d'amélioration.

2.3 La courbe d'apprentissage

Au fur et à mesure que l'entreprise fabrique un produit, elle acquiert savoir-faire et expérience qui lui permettent de diminuer le temps et le coût par produit.

Il est possible de calculer et de représenter cette acquisition d'expérience avec le temps et de mesurer la baisse de coût correspondante. C'est la courbe d'apprentissage.

L'entreprise cherche alors à atteindre le plus rapidement possible la quantité qui lui permet de réduire le coût.

2.4 Le système Poka-Yoke ou les systèmes détrompeurs

Les défauts dans la production peuvent se situer à plusieurs niveaux : la machine, l'opérateur, le processus.

Pour améliorer la qualité et tendre vers la qualité totale, il faut empêcher le processus de production de générer des défauts.

Pour ce faire, il est nécessaire d'identifier les défauts, de trouver les causes, de supprimer les causes.

Après les phases d'étude pour identifier les défauts et analyser des causes, il faut mettre en place des **systèmes manuels ou automatiques pour éviter ces causes** tant sur les machines, les processus que pour les opérateurs.

Pour supprimer les causes de défauts dus aux opérateurs, des entreprises installent des systèmes «anti-erreurs» ou «détrompeurs» (du mot japonais *pokayoke*).

2.5 Le diagramme d'Ishikawa

K. Ishikawa a proposé une démarche de réflexion pour mener une analyse d'amélioration d'une situation ou de résolution de problème : c'est le diagramme CAUSE-EFFET ou en arête de poisson.

➤ *Les étapes de la démarche*

- Identifier et définir le problème en termes d'effet comme un défaut donné. La préoccupation des participants est de trouver la ou les causes de ce défaut et de suggérer une solution pour prévenir ce défaut.
- Inscrire dans ce cadre le défaut (effet que l'on veut éliminer). Tracer une flèche horizontale dont la pointe rejoint le côté gauche du cadre.

Inscrire autour de cette flèche les principaux facteurs pouvant être la cause du défaut. À l'aide de branches obliques, rejoindre chacun de ces facteurs à la flèche horizontale, l'arête du diagramme est créée.

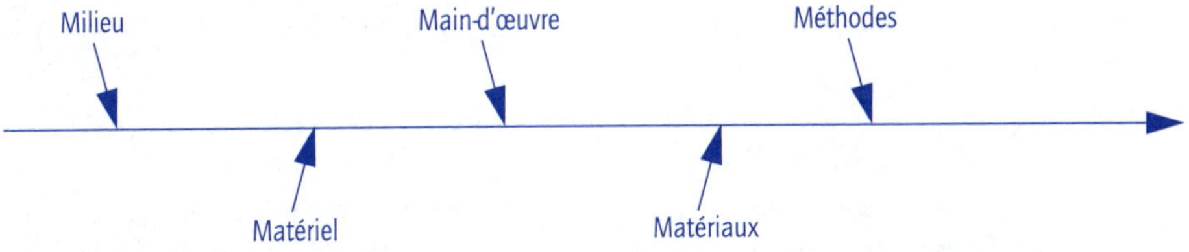

- Indiquer les grandes familles de causes. Chacun de ces 5 M (milieu, méthodes, main-d'œuvre, matériel et matériaux) permet de classifier et de regrouper en famille les différentes causes identifiées. Toutes les causes doivent être retenues sans exception.

• Pour être visible de tous les participants, le diagramme doit être dessiné sur un tableau mural et laissé accessible à tous les participants jusqu'à la prochaine réunion. Chaque participant doit pouvoir ajouter des causes au fur et à mesure que des idées surgissent.

➤ *Intérêt de la méthode*

Cette démarche générale, qui peut s'appliquer à de très nombreux problèmes, est :

- un outil de dialogue, pour analyser systématiquement une situation ;
- un instrument de collecte d'informations sur un sujet ;
- un outil de diagnostic permettant une vision globale et interdépendante des éléments en cause ;
- un outil pour convaincre et former les participants.

CAS 42

3. Amélioration continue et gestion de la qualité

3.1 Pourquoi la gestion de la qualité ?

La qualité devient une **variable stratégique** des entreprises pour se différencier les unes des autres, car la concurrence ne peut plus se faire seulement par les prix.

En effet, la qualité des produits, des services attachés, des matières premières utilisées, des procédés de fabrication, peut permettre de dominer les concurrents par les coûts ou par des caractéristiques originales.

La qualité ne se limite pas aux seuls critères techniques d'un produit ; la qualité d'un produit résulte de sa capacité à satisfaire les besoins de l'utilisateur, donc la dimension commerciale et de conception, en plus de la dimension technique.

La qualité est devenue un axe incontournable du système d'objectifs des entreprises (associée au délai, au prix, à l'adaptabilité).

3.2 Comment la gestion de la qualité ?

Aujourd'hui la qualité doit associer performance, prix, disponibilité et service. Elle ne concerne pas seulement le bien où le service mais toutes les étapes, de la conception à la distribution, donc toute l'organisation de l'entreprise.

La **qualité totale** est un ensemble de principes et de méthodes organisé en stratégie globale visant a mobiliser toute l'entreprise pour obtenir une meilleure satisfaction du client à moindre coût.

Cela suppose la recherche permanente, à tous les niveaux, dans tous les services et les fonctions, d'améliorations matérielles, organisationnelles et humaines pour accroître la qualité.

C'est donc une approche globale de l'entreprise aux plans technique, humain et organisationnel. De nombreux facteurs peuvent affecter la qualité ; il est possible de les résumer en sept points (les 7 M) : le management, le matériel, les matériaux, les méthodes de production, la main-d'œuvre, le milieu de travail, la monnaie.

C'est pourquoi les entreprises doivent gérer la qualité comme un autre paramètre en surveillant en permanence des indicateurs, en calculant les coûts liés à la qualité et à la non-qualité.

Une démarche de qualité totale conduit à une organisation de ce type qui mobilise tous les acteurs du processus :

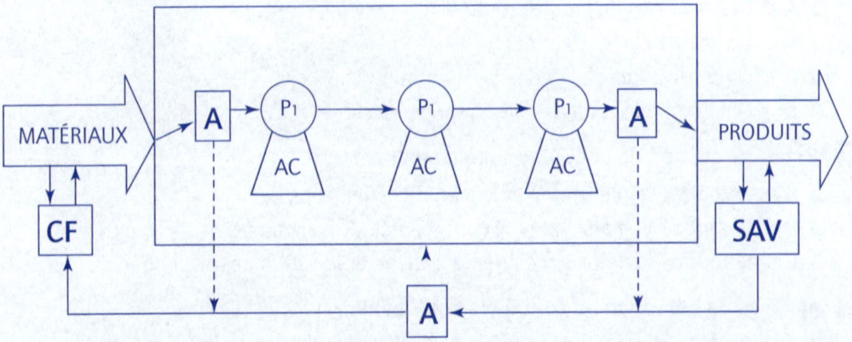

- les fournisseurs, certifiés par les normes ISO, fournissent des matériaux conforme et sans défauts (CF).
- l'ensemble du processus a été certifié, des procédures ont été établies qui déterminent une assurance qualité (A) ;
- les opérateurs, formés aux exigences de la qualité, assurent en cours de fabrication un auto-contrôle (AC) qui permet une production sans défauts et transfère au poste aval des composants exempts de défauts ;
- le service après-vente est associé à la démarche : en relation constante avec les clients, il fait remonter vers l'amont les défauts constatés par les clients et leurs attentes. Intégrés par les opérationnels amont, ces remarques permettent l'amélioration de l'ensemble du processus et concourent à la démarche d'améliorations continues.

CAS 43

Tests de connaissances

(*Plusieurs réponses possibles par question*)

1 La qualité est définie par :

- ❑ *A* l'atteinte du zéro défaut et du zéro panne pour toute production de bien ou de service
- ❑ *B* l'atteinte du zéro défaut et du moindre coût pendant toute la durée de vie d'un bien ou d'un service
- ❑ *C* l'ensemble des caractéristiques d'un bien ou service permettant de satisfaire les besoins de l'utilisateur

2 Les principes de management de la qualité sont :

- ❑ *A* Création de relation client/fournisseur interne
- ❑ *B* Nécessité d'un leader compétent
- ❑ *C* La transparence de l'information
- ❑ *D* Une hiérarchie omniprésente
- ❑ *E* Une participation des acteurs du terrain

3 Quelles sont les caractéristiques de la « qualité totale » ?

- ❑ *A* Un processus de progrès continu
- ❑ *B* Une recherche du zéro défaut
- ❑ *C* Un respect fort de la ligne hiérarchique
- ❑ *D* Une réorganisation de l'organisation

4 Le coût de gestion de la qualité comprend :

- ❑ *A* le coût de la prévention et le coût de la détection
- ❑ *B* le coût de la malfaçon et le coût du préjudice commercial
- ❑ *C* le coût de la défaillance interne, externe et le coût d'opportunité

5 Quelle est la définition du coût de la non-qualité ?

- ❑ *A* Coût de la gestion de la qualité + Coût de la malfaçon
- ❑ *B* Coût de la détection + Coût de la malfaçon + Coût du préjudice commercial
- ❑ *C* Coût de la prévention + Coût de la détection
- ❑ *D* Coût de la gestion qualité + Coût du préjudice commercial

6 Le diagramme de Pareto sert à :

- ❑ *A* établir des ordres de priorité sur les causes
- ❑ *B* représenter l'importance relative de différents phénomènes
- ❑ *C* trouver les solutions qui auront le plus d'influence sur la résolution d'un problème
- ❑ *D* trouver le défaut qu'il faut traiter en priorité
- ❑ *E* Élucider les causes qui apparaissent rarement

7 Le « poka-yoke » est un :

- ❑ *A* système trompeur
- ❑ *B* système détrompeur
- ❑ *C* histogramme
- ❑ *D* système trouvant les causes d'un problème

8 Le diagramme d'Ishikawa ou diagramme en arête de poisson sert à :

- ❑ *A* comprendre les causes de défaut de qualité
- ❑ *B* trouver la ou les solutions les plus adaptées
- ❑ *C* analyser le rapport entre le problème et ses causes
- ❑ *D* motiver le travail de groupe

9 Une norme est synonyme d'une :

- ❑ *A* Règle obligatoire émanant d'une filière professionnelle
- ❑ *B* Règle élaborée de façon consensuelle et d'application volontaire
- ❑ *C* Respect de la réglementation

10 Les coûts cachés correspondent à :

- ❑ *A* des coûts de production et de distribution non isolés à l'intérieur d'un coût complet
- ❑ *B* des coûts qui traduisent des dysfonctionnements techniques et humains,
- ❑ *C* des coûts connus que l'on ne souhaite pas isoler.

Pour bien comprendre les définitions et les analyses sur ces points, se référer au chapitre 11 du manuel *DCG 11, Contrôle de gestion*, Dunod.

Exercices d'application

CAS 41 ENTREPRISE AGRAIR

Niveau ✶ **Thème : Calcul d'un coût de non-qualité**

L'entreprise Agrair est spécialisée dans la production de conserves. Les informations suivantes ont été extraites des données analytiques :

– ventes annuelles : 1 500 000 boîtes de conserves ;
– prix de vente unitaire est de 12 € hors taxes ;
– le coût de production unitaire est de 5 € ;
– le taux de rebut est de 12 % des produits fabriqués (mis en fabrication en début de chaîne), à cause du mauvais fonctionnement de la mise en conserve ;
– compte tenu de la difficulté de la mise en conserve, un contrôle exhaustif est réalisé en fin de fabrication : Coût du contrôle : 0,60 € par boîte contrôlée ;
– le taux de retour clients est de 4 % des produits vendus (c'est-à-dire 5 % des produits finalement acceptés par les clients) ;
– outre le coût de fabrication des produits remplacés, chaque retour entraîne des frais de réexpédition qui s'élèvent à 1,50 € par unité ;
– remise accordée au client pour malfaçon de 10 % du prix de vente.

⊃ Question

Calculer le coût de non-qualité en distinguant :
– le coût de malfaçon ;
– le coût de prévention ;
– le coût du préjudice commercial ;
– les pertes de recettes.

CAS 42 SOCIÉTÉ AIRJET

Niveau ✶ **Thème : Coûts cachés**

L'entreprise AIRJET a décidé d'étudier les coûts cachés que représente les accidents du travail. Pour ce faire, elle engage une démarche de chiffrage de ces dysfonctionnements en considérant que chaque heure de travail productive génère une marge sur coût spécifique de 100 €.

Les accidents du travail regroupent des incidents de nature différente :

- des incidents bénins qui n'entraînent pas d'arrêt de travail du salarié accidenté ;
- des accidents plus graves qui ont pour conséquence l'arrêt de travail du salarié accidenté et son remplacement par des intérimaires.

Ces accidents peuvent, en plus, obliger à des arrêts de production qui ont des conséquences sur la productivité et entraîner ou non des destructions de matériels ou d'installations.

Après étude, il est apparu que chaque accident du travail qualifié de « grave » oblige à :

- l'évacuation du blessé par le Samu en présence du témoin de l'accident : durée 1/4 heure en moyenne ;
- une déclaration d'accident établie par le contremaître qui demande une heure compte tenu de sa complexité ;

- une enquête nécessitant une visite des lieux par 5 personnes impliquées directement ou indirectement par l'incident : un contremaître ; le témoin le plus proche de l'accident ; un responsable de production ; un membre du comité d'hygiène et de sécurité ; un responsable du bureau des méthodes. Cette visite dure environ 1 heure sur le terrain, à laquelle il faut ajouter 1 heure pour le responsable pour rédiger le rapport circonstancié obligatoire dans un tel cas ;
- d'un suivi administratif du dossier et de son règlement (durée totale : 1 heure environ).

En cas d'arrêts de production, 9 personnes sont concernées et doivent pendant 1/4 d'heure en moyenne cesser le travail.

Par ailleurs,

- les destructions fortuites d'actifs physiques dues aux accidentes du travail et non couvertes par les assurances s'élèvent à 62 349 € pour l'année ;
- le taux d'accident du travail par rapport à la masse salariale est pour l'entreprise de 4 % pour un taux moyen du secteur à 2,5 % ;
- le coût annuel des ressources humaines est de 1 000 000 €.

Statistiques d'accidents du travail pour l'année

Accidents « graves » • Nombre : 12 • Heures d'arrêts de travail : 500 • Prise en charge des salaires : 100 % • Remboursement sécurité sociale : 67 % • Rémunération des salariés (brut) : 20,00 € de l'heure • Taux de charges patronales : 50 % • Heures d'intérimaires de remplacement : 400 • Taux de productivité des intérimaires : 95 % du rendement normal • Facturation des intérimaires : 35,00 € de l'heure HT	Accidents « bénins » • Coût de réorganisation des équipes : 10 000 € • Heures travaillées en réorganisation : 400 heures • Baisse de productivité : 20 % sur les 400 heures Arrêts de production • Nombre : 25

⊃ Question

Chiffrer le coût des accidents du travail de l'entreprise Airjet en intégrant les coûts directs et les coûts d'opportunité comme les manques à gagner.

CAS 43 SOCIÉTÉ MICRO-VISION

Niveau ✶✶ **Thème : Contrôle statistique de la qualité – Ishikawa et Pareto**

La société Micro-Vision SAS, créée en 1983, est une entreprise spécialisée dans la fabrication de lunettes. De la fabrication artisanale, l'entreprise est passée dans les années 1990 à un stade industriel et exporte dans la plupart des pays européens ainsi qu'aux États-Unis. Elle a su bâtir une forte notoriété grâce à l'un de ses produits leaders : la paire de lunettes « Sensa Lucia », signée par de très grandes stars (chanteurs musiciens et acteurs connus).

La décision est prise de lancer la production d'une nouvelle paire de lunettes. Ayant eu quelque difficultés avec certains de ses fournisseurs de composants dans le passé (composants non conformes à la qualité exigée, taille des composants inadaptée, etc.), l'entreprise souhaite s'assurer de la qualité des composants pour ce nouveau produit. En effet, celle-ci est indispensable à un positionnement haut de gamme. Elle décide donc de réaliser un audit de ses principaux fournisseurs.

Mobilisant tout son personnel de fabrication et son bureau d'études, une étude exhaustive des lots d'approvisionnement du composant C1 (cerclage métallique) permet de détecter les défauts suivants : sur 1 170 composants étudiés et à problèmes, 70 ont été livrés avec retard, 120 présentaient une flexibilité des matériaux trop grande, 230 ne correspondaient pas au nuancier demandé (couleur), 95 présentait un diamètre excessif, 460 avaient une longueur non acceptable, 110 se sont cassés au montage et 85 ont du être remplacés dans la cadre du service après-vente.

Convaincu que le cerclage métallique est au cœur de la fabrication d'une paires de lunettes et conditionne la solidité du produit, la direction engage une analyse du processus industriel actuel. Elle recense les remarques suivantes sur son organisation de production :

- manque d 'éclairage du poste de travail ;
- modification des modèles trop rapide ;
- manque de stabilité des équipes ;
- changement d'outils sans formation ;
- écran d'autocontrôle du poste de travail peu lisible ;
- cadence trop élevée ;
- composants trop longs ;
- outils mal disposés autour du poste de travail ;
- travail répétitif ;
- composants trop flexibles ;
- composants cassants ou fissurés ;
- pression de la presse trop forte ;
- déréglage trop rapide des outils ;
- ordres de fabrication peu clairs.

Une réflexion d'ensemble est menée et le bureau d'études conclut que les composants Cl sont considérés comme acceptables s'ils présentent les caractéristiques technique suivantes : une longueur moyenne de 1 200 mm avec un écart type 50 mm.

➲ Questions

1) Définir et construire le diagramme de Pareto relatifs aux défauts constatés sur le composant C1.

2) Si la mesure des longueurs suit une loi normale, quelles sont les mesures extrêmes ou tolérance que l'on peut accepter si l'on souhaite respecter les contraintes imposées au fournisseur (pas plus de 5 % de pièces hors normes) ?

3) Lors d'une livraison de 10 000 composants C1, on prélève au hasard 200 composants. Les caractéristiques de l'échantillon sont les suivantes

– moyenne observée : 1 180,2 mm,

– écart type observé : 60 mm.

Estimer la proportion de composants non conformes dans la livraison totale, c'est-à-dire ne respectant pas les tolérances précédentes (mesures extrêmes trouvées en 2). Commenter votre résultat.

4) Définir le diagramme d'Ishikawa. Positionner les différentes remarques relatives au processus de production sur un diagramme de ce type.

5) Le directeur général ne semble pas convaincu par les méthodes statistiques du contrôle de la qualité. Il demande quelles sont les critiques que l'on peut formuler à l'égard de ces méthodes et d'exposer les avantages pour l'entreprise de la mise en place d'une démarche de management par la qualité.

CAS 44 SOCIÉTÉ LOGITEK

Niveau ✶✶ **Thème : Coût de qualité et de non-qualité**

La société Logitek propose un logiciel de gestion modulaire adaptable aux besoins des entreprises clientes avec une formation spécifique pour les utilisateurs. Chaque logiciel est vendu avec une formation de 10 000 €.

Pour une production annuelle de 100 unités, elle établit à l'heure actuelle le bilan suivant pour ses coûts et la gestion de la qualité de son produit et de son service associé :

- pour le logiciel LG :

– coût de production unitaire matière = 500 €
– coût de production unitaire main-d'œuvre = 1 000 €
– coût unitaire de contrôle statistique de qualité = 300 €
– coût unitaire de distribution = 500 €
– coût unitaire de publicité = 1 000 €
– coût SAV pour une intervention de réparation = 1 000 €
– coût SAV pour une intervention de remplacement = 2 500 € (coût de production intégré)

5 % des produits fabriqués complètement sont rebutés et 3 % des produits livrés aux clients sont défaillants et pris en charge par le SAV, 2 % sont remplacés et 1 % est réparé.

- pour la formation FS :

– une formation de 2 personnes pendant 2 jours coûte 4 000 €.
– le coût supplémentaire d'une intervention si la formation est défaillante est de 300 € et le préjudice résultant d'une mauvaise image (compétence, délai, disponibilité) est estimé à 600 €. Il est observé 5 % d'aide supplémentaire et 3 % de préjudice sur les formations faites.

Pour améliorer la satisfaction des clients, la pérennité et la rentabilité de l'activité, la société envisage de mettre en place une politique de qualité totale qui comprendrait un système d'information de qualité pour un contrôle permanent d'un coût en matériel de 50 000 € valable pour 5 années d'exploitation et une formation approfondie de tout le personnel d'un montant de 100 000 € sur 5 ans.

Cet investissement permettrait de faire tomber à 1% le taux de produits rebutés, de ne supporter que la moitié des coûts de production car le processus serait arrêté avant la fin, et de ne plus avoir de produits défaillants livrés au client. Le coût de contrôle statistique ne serait plus nécessaire. Quant à la formation, elle deviendrait efficace à 100 % et n'entraînerait donc ni intervention supplémentaire, ni préjudice.

➲ Questions

1) Calculer le coût total de non-qualité supporté par la société dans le premier temps.

2) Calculer le coût de la mise en place de la politique de qualité totale et le bilan avantages/coût retiré. Que pensez-vous du résultat ? Quelles préconisations feriez-vous à la société ?

Cas de synthèse

CAS 45 ENTREPRISE BAYARD

Thème : Qualité et investissement

La société Bayard fabrique un équipement obtenu par assemblage de plusieurs composants que l'on supposera toujours exempts de défauts.

PARTIE 1

Actuellement, aucun véritable contrôle de qualité n'est mis en place ; seuls, les produits défectueux repérés lors de l'emballage, sont mis au rebut. Le taux de rebut est proche de 5 %, mais le taux de retour par les clients est problématique puisqu'il avoisine 8 %. L'entreprise accorde alors une réduction de 20 % sur les produits de remplacement. La capacité de production est de 200 000 unités par an alors que la demande annuelle se situe autour de 150 000 unités vendues au prix unitaire de 120 €.

La structure du coût unitaire de l'équipement a été calculée sur la base d'une production annuelle de 150 000 unités :

- coûts d'achat des composants : 35 €
- frais variables de production : 4 €
- frais fixes de production : 50 €
- frais variables d'emballage et de livraison : 7 €
- autres coûts fixes spécifiques au produit : 6 €

➲ Questions

1) Définir le coût de la non-qualité et proposer une démarche d'évaluation.

2) Évaluer le coût de la non-qualité.

3) Différencier le coût de la non-qualité et le coût de la qualité.

PARTIE 2

Désireuse d'améliorer la qualité de l'assemblage, l'entreprise envisage deux projets alternatifs :

- le premier projet consiste à acquérir une machine permettant de contrôler chaque pièce avant l'emballage. Sans entraîner d'amélioration de la qualité, cette machine permettrait cependant de ramener le taux de retour à 1 %, améliorant ainsi la satisfaction des clients ;
- le second projet consiste à modifier le processus d'assemblage de façon à améliorer le niveau global de la qualité ; le taux de rebut serait ramené à 3 % et le taux de retour à 2 %.

Ces deux projets sont exclusifs. Les renseignements les concernant sont regroupés dans le tableau suivant (taux d'IS = 33 1/3 %) :

	Projet 1	Projet 2
Investissement initial	600 000	1 600 000
Durée d'utilisation	5 ans	4 ans
Coût de fonctionnement annuel	80 000	200 000

➲ Questions

1) Calculer le flux net de trésorerie à attendre sur chaque projet.

2) Quel projet doit être retenu ? Argumenter la décision.

2 PARTIE

ÉVOLUTION DU CONTRÔLE DE GESTION

6

THÈME

Gestion de la flexibilité

9

CHAPITRE

Thème 6 – Gestion de la flexibilité

Stock et logistique

Rappel de cours

1. La production dans l'organisation taylorienne

1.2 Objectifs de la production taylorlenne

L'environnement économique avec une offre inférieure à la demande conduit les entreprises à rechercher le maximum de productivité pour proposer des quantités importantes de produits finis. L'objectif est de produire le plus possible, le plus rapidement possible, sans se préoccuper de la demande et de la vente.

Pour atteindre cet objectif de rendement et de **productivité**, il faut rationaliser l'organisation et la gestion de la production, tant dans le processus de tranformation que pour les opérateurs.

1.2 Choix de la gestion de la production taylorienne

- **Division du travail** en opérations successives.
- Décomposition des opérations de transformation en gestes simples.
- **Spécialisation** des postes de travail et spécialisation des opérateurs.
- Opérateurs **exécutants** sans autonomie de décision.
- Contrôle technique des opérations en bout de chaîne.

1.3 Problèmes de gestion de production à résoudre

- Maximisation des quantités sous contraintes de minimisation des coûts et des charges potentielles des ateliers.
- Goulet d'étranglement des flux de production.
- Panne des machines.
- Stocks de matières, d'en-cours et de produits finis pour pallier les défaillances.

1.4 Outils de gestion pour la résolution des problèmes de production

- Organisation des tâches avec des réseaux PERT.
- Optimisation sous contraintes, programmation linéaire.
- Calcul des besoins en composants.
- Planification de la production.
- Programme de chargement des ateliers.
- Modèles de gestion des stocks.
- Gestion des files d'attentes, théorie des jeux.
- Budget des coûts de production.

Toutes ces méthodes sont considérées comme des solutions applicables à toutes les entreprises, et valables dans un environnement stable.

CAS 46 & 47

2. Gestion des stocks

2.1 Catégories de coûts engendrés par les stocks

Ils sont nombreux mais nous les regrouperons en trois grands types.

a) Les coûts liés à la commande

Passer une commande crée des charges : les frais de courrier, le suivi de commandes.

Il faut également réceptionner ces commandes, c'est-à-dire recevoir, vérifier les quantités et contrôler la qualité.

L'ensemble de ces charges forment le **coût d'obtention des commandes** et ce coût est **fonction du nombre** de commandes.

b) Les coûts liés à la possession du stock

Posséder un stock entraîne comme charges : le loyer des entrepôts, les assurances, le gardiennage et les suivis administratifs ;

Le coût financier s'analyse comme le coût des ressources nécessaires au financement des besoins en fond de roulement générés par l'existence du stock.

L'ensemble de ces coûts forme le **coût de possession du stock**, qui s'exprime comme un taux annuel de possession appliqué sur la valeur du stock.

c) Les coûts liés à l'insuffisance des stocks

Il s'agit de l'ensemble des frais résultant pour l'entreprise, du manque de disponibilité d'un article. En dehors des coûts administratifs pour informer de cette indisponibilité, ces coûts peuvent, parfois, être calculés comme des pénalités prévues dans les contrats d'approvisionnement.

L'ensemble de ces éléments forment le **coût de pénurie ou de rupture** qui est **fonction du nombre de ruptures** et, le plus souvent, du temps.

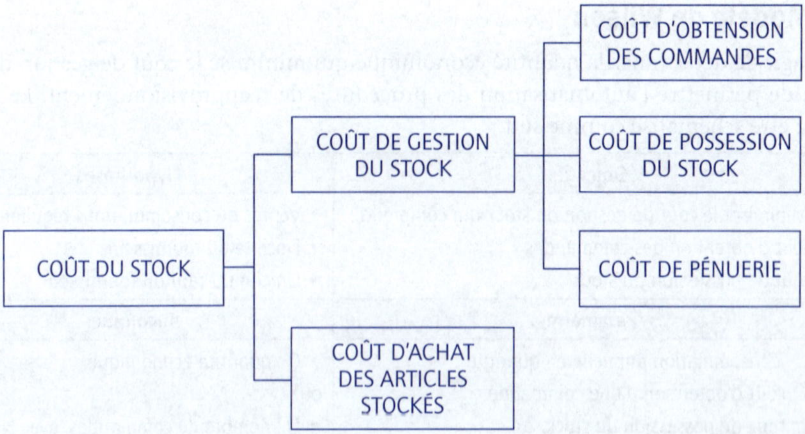

L'objectif des services d'approvisionnement est donc de minimiser le coût de gestion du stock.

2.2 Terminologie

a) Le stock actif (SA)

C'est la **quantité de produits qui entre en stock à chaque livraison et qui est consommée.** On l'appelle aussi « quantité économique ».

Soit C la consommation annuelle d'une matière, le stock actif dépend de la cadence d'approvisionnement et est égale à :

Nombre d'approvisionnement (N)	1	2	3
Niveau du stock actif (SA)	C	C/2	C/3
Niveau du stock moyen (SM)	C/2	C/4	C/6

Le niveau du stock actif décroît en fonction du nombre de commandes.

b) Le stock de sécurité (SS)

Le stock de sécurité est un volant de stock qui a deux buts :

- faire face à une **accélération de la consommation** pendant le délai de réapprovisionnement ;
- faire face à un **allongement du délai de livraison**, c'est-à-dire un retard de livraison.

c) Le stock de réapprovisionnement (SR)

Le stock de réapprovisionnement est le **niveau du stock qui entraîne le déclenchement de la commande.** Il inclut le stock de sécurité, s'il existe.

Il est égale à la consommation pendant le délai de livraison, plus le stock de sécurité, et est noté :

$$SR = \left(\begin{array}{c}\text{Vitesse}\\ \text{de consommation}\end{array} \times \begin{array}{c}\text{Délai}\\ \text{de livraison}\end{array}\right) + SS$$

Selon les ouvrages, il s'appelle aussi : **stock d'alerte, stock critique** ou **point de commande.**

d) Modèle de Wilson

Il s'agit de déterminer la quantité économique qui minimise le coût de gestion du stock afin de permettre l'automatisation des procédures de réapprovisionnement. Le modèle peut être schématisé comme suit :

Objectifs	Hypothèses
• Minimiser le coût de gestion du stock qui comprend : – coût d'obtention des commandes – coût de possession du stock	• Ventes ou consommations régulières • Docilité du fournisseur • Unicité du tarif du fournisseur
Paramètres	**Inconnues**
• C : consommation annuelle en quantité • *f* : coût d'obtention d'une commande • *t* : taux de possession du stock/an • *p* : coût d'un article stocké	• Q : quantité économique ou • N : nombre de commandes, avec N = C/Q

➤ *Formalisation du modèle*

Compte tenu des coûts définis plus haut, nous obtenons par rapport à l'inconnue Q :

- **le coût d'obtention des commandes,** noté K1 :
  K1 = *f* x N, et, comme *n* = C/Q, K1 = *f* x C/Q ;
- **le coût de possession du stock**, noté K2.

Si l'approvisionnement est égal à *Q* en début de période, le stock initial (SI) sera égal à Q et le stock final (*SF*) à 0, et, compte tenu que :

$$\text{Stock moyen} = \frac{SI + SF}{2} = \frac{Q}{2},$$

on peut écrire que : K2 = Q/2 x *p* x *t*.

Le coût de gestion du stock s'écrit : K1 + K2 = K = (*f* x C/Q) + (Q/2 x *p* x *t*)

➤ *Représentation du modèle*

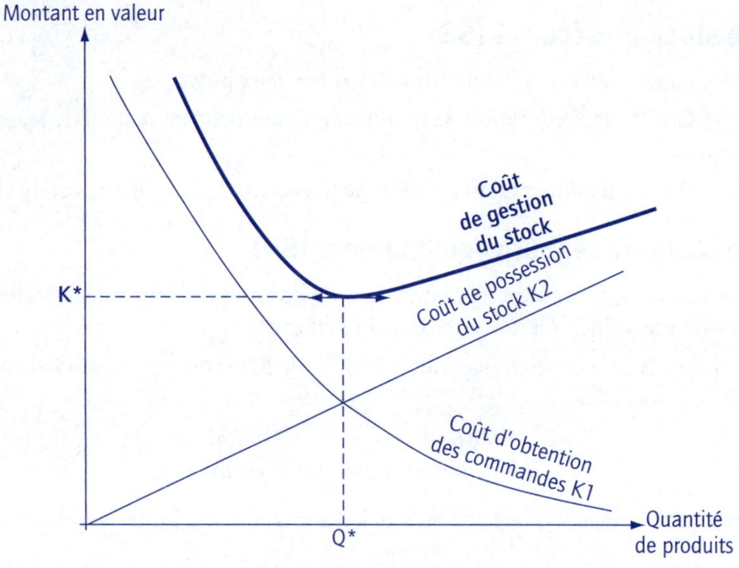

➤ ***Solution du modèle***

Le coût de gestion K est minimum pour une valeur de Q notée Q* et égale à :

$$Q^* = \sqrt{\frac{2 \times C \times f}{p \times t}}$$

Connaissant la consommation annuelle, la cadence d'approvisionnement optimale N* est égale à :

$$N^* = C/Q$$

et, pour cette valeur Q*, le coût de gestion du stock est minimum et égal à :

$$K^* = \sqrt{2 \times C \times p \times t \times f}$$

CAS 48

3. Les nouveaux modes d'organisation de la production

3.1 Objectifs de la production

Dans l'environnement mondial, l'entreprise cherche à satisfaire ses clients pour conserver et accroître sa part de marché (**flexibilité**) tout en minimisant ses coûts (**productivité**).

Cela se traduit par un système d'objectifs, parfois difficiles à concilier, pour la production :

- augmentation de la qualité ;
- diminution des délais et des coûts ;
- adaptabilité des produits.

Pour réaliser ces objectifs, les entreprises doivent modifier leurs procédures de travail, coopérer avec des partenaires au-delà de leur structure, introduire des innovations technologiques et organisationnelles à toutes les étapes du processus de transformation, faire évoluer les compétences.

Toutes ces modifications provoquent des adaptations des outils de gestion et du contrôle de gestion : de nouvelles méthodes et techniques apparaissent, le domaine du contrôle de gestion s'étend à toutes les étapes du processus de production.

3.2 Nouvelle problématique de la production

Il est possible de résumer l'évolution et de caractériser la problématique actuelle de la production par les deux tableaux suivants :

Problématique traditionnelle de la production

Environnement →	Objectifs →	Choix stratégiques →	Choix de gestion
• Offre peu nombreuse, peu concurrentielle, inférieure à la demande • Demande homogène, stable, quantitative • Technologies rigides	• Productivité • Quantité	• Produits standard peu diversifiés • Production de masse, de grande série • Division du travail, spécialisation, centralisation	• Pilotage par l'amont • Régulation par les stocks • Opérateur exécutant, contrôle a posteriori

PROBLÉMATIQUE ACTUELLE DE LA PRODUCTION

Environnement →	Objectifs →	Choix stratégiques →	Choix de gestion
• Offre diversifiée, concurrentielle, supérieure à la demande • Demande hétérogène, instable, quantitative et qualitative • Technologies flexibles	• Productivité • Flexibilité • Qualité • Délai	• Produits flexibles, diversifiés, durée de vie courte • Production de petites séries • Polyvalence, décentralisation, externalisation	• Pilotage par l'aval • Peu de stocks • Opérateur responsable, contrôle sur toute la ligne

3.3 Organisation de la production en flux tirés

La production en juste-à-temps a été développée au Japon à la fin des années 70 et adoptée par les entreprises américaines et européennes dans la décennie 80.

a) Les flux tirés

La gestion de la production à flux tirés ou juste-à-temps peut être définie de la manière suivante :

> La gestion de la production en flux tirés cherche à produire pour satisfaire :
> – la demande juste au moment où la vente doit avoir lieu ;
> – de la juste quantité et qualité demandées.
> Cette approche aboutit donc à l'opposé d'une production sur stock qu'elle cherche justement à réduire, voire supprimer, d'où le nom de gestion de flux

Cette démarche productive venue du Japon cherche donc à réduire les coûts et les délais en installant des procédures de production déclenchées par l'aval, par une demande effective, avec donc moins d'attente et de stock.

Le principe du juste-à-temps est davantage une modification organisationnelle qu'un changement technologique. L'aval (la demande) qui tire et initialise la production correspond à l'inverse de la méthode de prévision de la production où le déclenchement vient de l'amont.

b) Les flux tendus

L'étape suivante d'amélioration consiste à tendre les flux (d'où le terme « production à flux tendus »), c'est-à-dire à réduire progressivement les stocks pour que le processus soit de plus en plus fluide (encore moins de temps d'attente, de délai, de coût).

L'aboutissement de cette nouvelle organisation est donc une gestion à flux tirés et tendus. Mais cela nécessite la mise en place de nouvelles procédures de travail, de contrôle et une nouvelle circulation des informations dans et à l'extérieur de l'organisation.

3.4 La méthode *kanban*

La méthode *kanban* s'inscrit dans la démarche du **juste-à-temps**. *Kanban* n'est pas synonyme de JAT, il y a d'autres techniques qui organisent la production à flux tendus.

Le terme *kanban* signifie étiquette ou ticket en japonais.

Organiser la gestion de la production avec *kanban* consiste à mettre en place un système d'information dont le point de départ est l'aval du processus productif.

a) Principe de fonctionnement

Les différentes étapes du processus productif sont pilotées par l'aval, c'est-à-dire que : le **poste aval, juste quand il en a besoin, requiert du poste situé juste en amont de lui qu'il lui fabrique juste ce dont il a besoin.**

L'ordre se propage ainsi jusqu'au premier maillon de la chaîne de fabrication ou d'approvisionnement.

La caractéristique de la méthode réside dans le procédé pour transmettre l'information entre les deux postes aval/amont : ce sont des étiquettes qui circulent et qui donnent les ordres de fabrication ou d'approvisionnement.

Le flux physique de production est donc dans le sens inverse du flux d'information et de circulation des étiquettes.

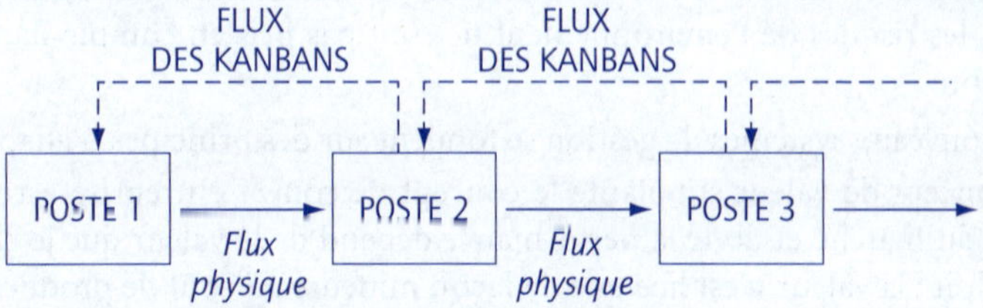

b) Calcul du nombre de kanbans nécessaire entre deux postes de travail

Entre un poste *j* amont et un poste *k* aval, le nombre optimal N de *kanbans* qui doivent circuler, est donné par la formule suivante :

$$N = \frac{D \times L(1 + s)}{C}$$

avec :

- D : nombre de pièces demandées par le poste aval par unité de temps (heure) ;
- L : délai (en heure) de mise à disposition par le poste amont d'un conteneur de pièces (usinage + attente + transport + récupération du kanban) ;
- *s* : facteur de sécurité ;
- C : capacité d'un conteneur

CAS 49

4. Les nouveaux calculs de coût de production : de la gestion des stocks à la gestion des flux

4.1 Les nouveaux enjeux

• Les techniques classiques de mesure et de contrôle de coût ne sont plus pertinentes dans le contexte de complexité croissante des entreprises.

Le contrôle de gestion traditionnel, fondé sur une logique mécaniste, découpe l'activité de l'entreprise en parties indépendantes, sans tenir compte des interactions, des transversalités entre les services.

Le travail par projets et par processus échappe aux outils traditionnels d'analyse comptable.

- Les nouveaux enjeux pour les systèmes de gestion :
- – l'organisation de la production doit être pensée en fonction du marché ;
- – le coût direct de production n'est plus la variable prédominante ;
- – l'approche socio-technique conduit à intégrer des aspects autres que quantitatifs du travail : maintenance, qualité, régulation. Le contrôle de gestion doit pouvoir mesurer la VALEUR produit par l'ensemble des fonctions, au sens de la chaîne de valeur de Porter ;
- – la frontière de l'entreprise devient une notion relative : comment mesurer la qualité ou les défauts des partenaires extérieurs ; la perte d'un marché, le manque d'innovation, les risques de l'environnement ne sont pas pris en compte dans le contrôle de gestion.
- Les nouveaux systèmes de gestion se fondent sur des principes d'adaptation :
- – le concept de valeur supplante le concept de coût. L'entreprise est pilotée en fonction du marché et donc la performance dépend de la valeur que le client attribue au produit ; la valeur n'est liée que de façon mineure au coût de production alors que la conception et les services attachés au produit draînent les trois-quarts du coût total ;
- – la gestion opérationnelle et la gestion stratégique sont imbriquées : les opérationnels doivent adapter leur pilotage aux variations de la vision stratégique qui évolue en fonction des turbulences de l'environnement ;
- – les nouvelles structures organisationnelles (gestion par projets, équipes autonomes, gestion des processus et des flux) mieux adaptées aux objectifs de réactivités, de qualité, s'intègrent mal dans le modèle figé du contrôle de gestion classique ;
- – les indicateurs de performances ne sont pas seulement monétaires ; il faut de plus en plus y associer des informations quantitatives (informations physiques) et des critères de qualité.

4.2 Les informations nécessaires sur les coûts

Il est possible de résumer brièvement le cadre comptable qui a été élaboré pour répondre aux besoins d'information de la logique traditionnelle ou organisation taylorienne de la production. Puis faire de même avec la nouvelle logique de la production pour mettre en évidence les nouveaux besoins d'information qui apparaissent et donc les évolutions nécessaires du contrôle de gestion.

Tableau synthétique de l'organisation taylorienne classique

ENVIRONNEMENT	⇒ OBJECTIF ⇒	LOGIQUE PRODUCTIVE	⇒ COMPTABILITÉ
demande homogène		– produit standard – grande série rigide	→ comparaison coût de production réel/standard
demande stable demande quantitative peu de concurrence	⇒ QUANTITÉ ⇒ PRODUCTIVITÉ	– régulation par les stocks	→ modèles de gestion des stocks
		– pilotage par l'amont – division des tâches – opérateur exécutant	→ primauté à la MO directe → contrôle quantitatif, écart
peu de flexibilité peu de technologie intégration		– contrôle a posteriori – centralisation – structure stable	→ vérification-sanction → contrôle budgétaire

Les objectifs et les principes des systèmes d'information comptable ont été élaborés dans ce contexte pour répondre aux besoins de gestion de l'organisation taylorienne.

Tableau synthétique de la nouvelle organisation de production

ENVIRONNEMENT	⇒ OBJECTIF ⇒	LOGIQUE PRODUCTIVE	⇒ COMPTABILITÉ
demande diversifiée demande qualitative forte concurrence moindre durée de vie des produits partenariat	QUALITÉ DÉLAI ⇒ FLEXIBILITÉ ⇒ COÛT PRODUCTIVITÉ	– produits différenciés – petits lots flexibles	→ coût de conception
		– qualité du processus – peu de stock – flux tirés de l'aval – MO polyvalente	→ coût de la qualité → coût de logistique
		– externalisation – automatisation	→ coût de sous-traitance → coût de maintenance

Organisation JAT ⇒ flux tendus tirés ⇒ besoins du contrôle de gestion

- coût global sur le cycle de vie
- coût réel
- coût indirect important
- coût fixe majoritaire
- suivi permanent requis
- coût de la qualité
- coût externalisé
- activité et fonction plus importantes que le produit
- coût logistique important

Dans ce nouveau contexte, les règles et la structure du contrôle de gestion paraissent en décalage.

Les outils et les méthodes de gestion et de contrôle doivent intégrer ces dimensions et mesurer des variables nouvelles.

4.3 Les pistes de recherche pour mieux calculer les coûts

- La comptabilité par activité : ABC élargie au Management par activité ABM.
- La comptabilité intégrée et le système croisé.
- La méthode des coûts cibles.

4.4 Le pilotage des processus

Le contrôle de gestion peut également aider à gérer la performance à travers le pilotage des processus. Il peut s'agir de calculer une productivité, un plan de production et des besoins en composants, des écarts de coûts pour piloter une chaîne d'activités, par exemple un processus d'approvisionnement entre deux entités (*supply chain*).

Le contrôle de gestion devient alors un système d'information global proposant un tableau de bord pour piloter plusieurs étapes. Pour développer cet axe, il convient d'utiliser les systèmes de communication, de télématique, d'échanges de données informatisées, de logiciels intégrés (ERP) qui permettent de transmettre en temps réel et de manière sécurisée des données sur tous les flux.

	Fournisseurs	**Fabricants**	**Distributeurs**	**Détaillants**
	↓	↓	↓	↓
Gestion de données de la chaîne logistique				
	Fournisseurs	**⇒ Fabricants**	**⇒ Distributeurs**	**⇒ Détaillants**
Planification de la production	x	x		
Calcul des besoins en composants	x	x		
Gestion des stocks	x	x	x	x
Gestion des approvisionnements	x	x	x	x
Calculs des coûts	x	x	x	x
Fixation des prix	x	x	x	x
Calculs d'écarts	x	x	x	x
Indicateurs de productivité, de qualité	x	x	x	x
Tableaux de bord des résultats	x	x	x	x

LE RÉSEAU LOGISTIQUE DU FUTUR

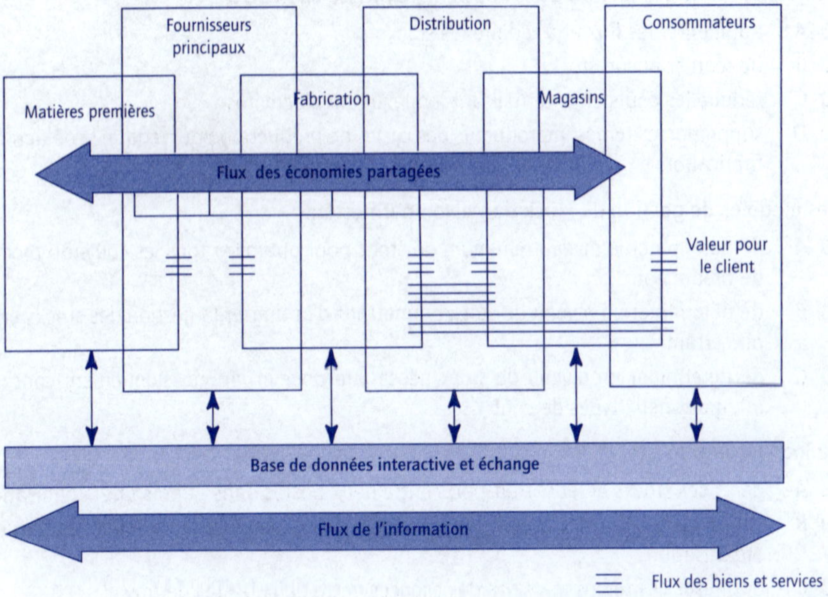

C.C. Poirier et S.E. Reiter, Supply Chain, Dunod, 2001.

CAS 50

Tests de connaissances

(*Plusieurs réponses possibles par question*)

1 Définition d'un stock :

- ❑ *A* Un flux de produits qui génèrent des coûts
- ❑ *B* Une accumulation de produits finis ou d'en-cours ou de matières premières pour éviter des ruptures lors d'un processus de transformation mesuré à un instant donné
- ❑ *C* Un accroissement de matières premières et d'en-cours nécessaires pour un processus de fabrication

2 Définition d'un flux :

- ❑ *A* Ensemble d'éléments (matières, informations, énergies..) évoluant d'un poste (site, personne, machine..) à un autre, dans un sens bien déterminé sur une période donnée
- ❑ *B* Informations ou monnaies circulant entre deux personnes d'une même organisation
- ❑ *C* Informations ou monnaies circulant entre deux personnes de deux organisations différentes

3 La gestion de la production dans l'optique taylorienne cherche à :

- ❑ *A* réduire les coûts en accroissant la polyvalence des ouvriers
- ❑ *B* réguler par les stocks pour amortir les dysfonctionnements
- ❑ *C* augmenter les temps de production pour accroître la productivité

4 La gestion de la production dans l'optique toyotiste cherche à :

- ❑ *A* augmenter les flux et à réduire les stocks
- ❑ *B* ne réguler aucun stock
- ❑ *C* réduire les coûts en externalisant le maximum d'activités
- ❑ *D* supprimer les temps improductifs des cycles de production pour réduire le délai total de fabrication

5 Les modèles de gestion de stock de Wilson permettent :

- ❑ *A* de déterminer le niveau minimum de stock pour optimiser tous les coûts du processus de production
- ❑ *B* de déterminer un niveau de stock permettant d'optimiser la gestion des stocks en avenir certain
- ❑ *C* de déterminer un niveau de stock nécessaire pour un approvisionnement continu en intégrant deux types de coût

6 La logistique consiste à :

- ❑ *A* gérer des stocks et leurs transports entre deux postes dans et hors une organisation
- ❑ *B* choisir les flux physiques et les flux informationnels les plus performants au sein d'une organisation
- ❑ *C* optimiser des temps mais pas des espaces entre deux postes de travail

7 Un stock de sécurité permet :

- ❑ *A* de faire face à une accélération de la consommation pendant le délai de réapprovisionnement
- ❑ *B* de faire face à un allongement du délai de livraison, à un retard
- ❑ *C* de faire face aux deux à la fois

8 Un stock d'alerte ou stock critique ou stock de réapprovisionnement permet :

- ❑ *A* de déclencher une nouvelle commande auprès des fournisseurs pour éviter une rupture sans intégrer le stock de sécurité
- ❑ *B* de déclencher une nouvelle commande auprès des fournisseurs pour éviter une rupture en intégrant le stock de sécurité
- ❑ *C* de commander une quantité déterminée en fonction du niveau d'alerte

9 Les paramètres du modèle de Wilson « pur » sont :

- ❑ *A* consommation d'un poste + coût de stockage
- ❑ *B* consommation d'un poste + coût de stockage + coût de passation de commande
- ❑ *C* consommation d'un poste + coût de stockage + coût de passation de commande + coût de pénurie

10 Un coût de stock regroupe :

- ❑ *A* le coût d'achat des produits stockés + le coût de gestion du stock + le coût d'assurance et de qualité
- ❑ *B* le coût d'achat hors remise + le coût de passation des commandes
- ❑ *C* le coût d'obtention des commandes + le coût de possession du stock + le coût de pénurie + le coût d'achat des produits stockés

Pour bien comprendre les définitions et les analyses sur ces points, se référer aux chapitres 9 et 21 du manuel *DCG 11, Contrôle de gestion*, Dunod Éditeur.

Exercices d'application

CAS 46 ENTREPRISE ROCHE

Niveau ✶ **Thème : Plan de production et calcul des besoins en composants**

L'entreprise Roche conçoit, fabrique et distribue des patinettes pliables très légères, à embarquer sur les bateaux de plaisance pour se déplacer facilement à terre.

La production est assurée par le formage et l'assemblage de trois parties métalliques et de deux roulettes caoutchoutées achetées finies. La fonction de production peut être formalisée ainsi : P = 2 A + 3 B.

Les contraintes de fabrication sont les suivantes :

Période (semaine)	1	2	3	4	5	6	7	8
Commandes	40	50	60	70	70	60	60	50

- pour A, lot de 100 pièces, délai de disponibilité d'une semaine, stock initial de 50 ;
- pour B, lot de 150 pièces, disponibilité de 2 semaines, stock initial de 150 ;
- le produit fini P est géré par lot de 200 avec une semaine de délai et un stock en début de période de 200 pièces.

Le planning commercial de P est établi pour les périodes suivantes :

➲ Questions

1) Élaborer le planning de production en tenant compte des stocks et des commandes pour limiter le nombre de lancements de lots de fabrication.

2) Calculer les besoins en composants de A et B ainsi que la date de commande au fournisseur pour respecter toutes les contraintes de temps.

CAS 47 MECANIC

Niveau ✶ **Thème : Programme de fabrication et productivité**

Une entreprise de mécanique fabrique deux produits A et B à partir d'une même matière première.

Contraintes techniques	Une unité de production de A nécessite :	Une unité de production B nécessite :
Kg de matière M	1,5	4,5
H de main-d'œuvre	3	7,5
H de machine I	4,5	4,5
H de machine II	6	1,5

Chaque jour l'usine dispose au maximum de :

- 360 kg de matière M ;
- 600 h de main-d'œuvre ;
- 450 h de machine I ;
- 420 h de machine II.

Les marges sur coûts variables sont de 1 000 € pour une unité de A et de 1 600 € pour une unité de B.

➲ **Questions**

1) Mettre les contraintes sous forme d'inéquations avec x et y pour les quantités de A et de B.
2) Représenter graphiquement la zone d'acceptabilité.
3) Faire apparaître sur le graphique les points d'un programme de production qui assure le plein emploi de deux des trois éléments nécessaires.
4) Les programmes sont-ils tous dans la zone d'acceptabilité ? Quelle conclusion en tirer ?
5) Établir l'équation donnant la fonction économique à maximiser et représenter sa direction graphiquement.
6) Définir graphiquement le programme de production optimal.
7) Calculer la productivité de la machine II.
8) Calculer la marge maximale et les consommations correspondantes.

CAS 48 HÔPITAL PUBLIC

Niveau ✶✶ **Thème : Gestion des stocks selon le modèle de Wilson, juste à temps, choix de fournisseurs**

L'hôpital public est un centre hospitalier situé dans une ville de 50 000 habitants. Il partage l'offre de soins pour les habitants de la ville et de ses environs avec deux cliniques ainsi qu'avec des libéraux, médecins et infirmières, ayant leur cabinet en ville.

L'hôpital dispose de sa propre cuisine, dont les équipements sont modernes car elle a été rénovée en N–3. Les repas sont préparés « en liaison froide » ce qui signifie que les plats sont mis sous vide et refroidis rapidement avant d'être distribués :

- dans les offices (différentes unités où une « officière » met les plats à chauffer avant préparation des plateaux qui sont servis aux malades par les agents de service) ;
- au self.

Ce système présente un double avantage : respect de la chaîne du froid, et donc des normes d'hygiène, ainsi que la possibilité pour le personnel de cuisine de travailler cinq jours sur sept, les repas des week-ends et jours fériés étant préparés et réfrigérés à l'avance.

Le coût des repas est une variable importante à maîtriser, non seulement dans le but d'optimiser les coûts, mais aussi pour affecter correctement ces coûts aux différentes unités (notamment la maison de retraite) et fixer les prix de vente aux clients externes à l'organisation.

Constatant qu'il n'y a pas de véritable politique d'optimisation des approvisionnements et de la gestion des stocks, vous décidez d'analyser dans un premier temps les approvisionnements en denrées alimentaires et plus particulièrement la viande.

Approvisionnements en viande

Quantités consommées : 31,2 tonnes par an (bœuf, porc, veau, mouton et agneau).

Prix moyen d'achat : 12,00 € par kg.

Frais de commande et livraison : 112,00 € (dont 100 € de frais de transport par livraison).

Le coût de stockage en chambre froide est estimé à 2,16 € par kilogramme et par an.

Pour permettre de faire face aux variations du nombre de repas journaliers à fabriquer (commandes des familles, repas servis en self) ainsi qu'aux retards éventuels de livraison, l'hôpital a défini le niveau du stock de sécurité minimal à une semaine de consommation.

Actuellement le responsable des achats passe une commande de base de 600 kg de viande par semaine dont la quantité peut-être adaptée de façon à reconstituer le niveau du stock de sécurité auprès d'un grossiste qui livre chaque lundi à 7 heures du matin.

Dans le cas d'une gestion à flux tendus, il serait possible de passer commande et d'être livré tous les jours à raison de 6 livraisons par semaine (une journée par semaine ne nécessitant pas l'utilisation de viande en cuisine). Dans ces conditions, le fournisseur actuel ne facturerait plus que 55 € de frais de transport par livraison.

Les frais internes de commande pourraient être réduits de moitié grâce à l'utilisation d'un logiciel de gestion des approvisionnements plus performant.

Les quantités commandées seraient fonction des besoins journaliers prévus, avec une moyenne de 100 kg par commande et livraison.

➲ Questions

1) Calculer le coût annuel actuel de gestion du stock de viande.

2) Proposer un mode de gestion optimal des approvisionnements en viande selon la méthode de Wilson (en conservant le même stock de sécurité) : calculer les quantités économiques à commander, le rythme de commande et le coût de gestion du stock correspondant. Commenter.

3) Calculer le coût de gestion du stock de viande dans le cas d'une gestion à flux tendus (et donc sans stock de sécurité). Commenter.

4) Quel serait le coût maximum de livraison facturé par le fournisseur qui permettrait de retenir ce mode de gestion à flux tendus ? Quels seraient les autres avantages d'une gestion des approvisionnements en viande en flux tendus ? Conclure.

CAS 49 ENTREPRISE VENTIL

Niveau ✶ **Thème : Optimisation sous kanbans**

Dans une entreprise fabricant des ventilateurs, le processus de production comprend deux étapes dans deux ateliers :

M. plastiques ⇨ atelier 1
formage ⇨ **Bloc plastique**
⇨ atelier 2
assemblage ⇨ **Ventilateur** ⇨ comptoir vente
Bloc électrique

Les contraintes techniques sont les suivantes :

- *atelier 1 :*
  - délai de fabrication et de mise à disposition à l'atelier 2 : 1 heure ;
  - quantité par lot : 10 blocs ;
  - aléas et mauvaise qualité : 5 % de la demande ;
  - consommation de l'atelier 2 : 20 blocs par heure ;

- *atelier 2 :*
  - délai de fabrication et de mise à disposition au comptoir des ventes : 3 heures ;
  - quantité par lot : 20 ventilateurs ;
  - aléas et mauvaise qualité : 5 % de l'assemblage ;
  - demande du comptoir des ventes : 5 ventilateurs par heure.

L'entreprise veut piloter la production à partir de la demande.

Pour mettre en place un système d'information tiré par l'aval, il faut déterminer le nombre d'étiquettes (ou Kanbans) qui doit circuler entre les ateliers.

➲ Question

Expliquer la démarche et faire le calcul.

CAS 50 OPTIMA

Niveau ✶✶✶ **Thème : Coût de stockage en flux poussés et en flux tirés**

Compte tenu des mêmes données de base, une entreprise calcule le coût d'immobilisation des en-cours et des stocks, d'une part dans une organisation taylorienne avec un processus de production en six phases entrecoupées de temps d'attente et de stockage, puis, d'autre part, dans une organisation en juste-à-temps ou le système KANBAN permet de tendre les flux et de réduire les stocks.

Données :

- consommation journalière moyenne : 80 unités
- temps de production journalière : 8 h 20 minutes
- 200 jours ouvrés dans l'année
- coût moyen d'un produit au cours du cycle : 100 e
- frais de possession des en-cours et des stocks = 20 % par an de la valeur moyenne stocks et en-cours
- fabrication en série de 2 000 unités
- temps entre chaque phase : 1 jour
- temps d'usinage pour chaque phase :

  1 ⇒ 5 minutes ; 2 ⇒ 1 minute ; 3 ⇒ 1,5 minute ; 4 ⇒ 3 minutes ; 5 ⇒ 1,5 minute ; 6 ⇒ 1 minute.
- capacité d'un conteneur C circulant entre 2 étapes dans l'organisation JAT : C = 10 % de la demande, soit 8 unités
- marge de sécurité s donnée dans l'organisation JAT : s = 1 unité

➲ Questions

1) **Calculer le coût stockage pour une série de 2000 unités et le coût de stockage unitaire dans l'organisation classique.**
2) **Après des simplifications et des améliorations de l'organisation, de nouveaux temps de fabrication et de mise à disposition apparaissent pour chaque étape : Phase 1 : temps de mise à disposition L = 1 heure trois minutes, soit 1/8 jour ou 0,126. Dans une organisation en JAT, calculer le nombre d'étiquettes nécessaires pour la phase 1.**

3) En poursuivant les efforts d'amélioration dans l'organisation des flux pour réduire les délais, le même calcul du nombre d'étiquettes est fait pour les autres phases du processus ; il vient :
   - phase 2 : nombre d'étiquettes N = 3
   - phase 3 : nombre d'étiquettes N = 2
   - phase 4 : nombre d'étiquettes N = 2
   - phase 5 : nombre d'étiquettes N = 3
   - phase 6 : nombre d'étiquettes N = 2

   Dans ce contexte, calculer le stock d'en cours, le coût d'immobilisation journalier des en-cours, le coût unitaire d'immobilisation des en-cours.

Cas de synthèse

CAS 51 SOCIÉTÉ X

Thème : Amélioration des flux de production

La société X est une entreprise de mécanique spécialisée dans la fabrication d'ensembles mécaniques de liaison au sol ou de transmission destinés à l'industrie automobile. Pour répondre aux exigences de qualité et de réactivité demandées par les firmes automobiles, principales clientes de la société X, celle-ci désirerait instaurer dans ses ateliers le juste-à-temps. Après étude, la direction décide de s'intéresser dans un premier temps aux produits de transmission et plus particulièrement à l'un d'entre eux, le produit Z.

PARTIE 1 – SITUATION ACTUELLE DE PRODUCTION

Ce produit nécessite le passage dans trois ateliers : soudure, usinage et montage. Les temps de fabrication utile nécessaires par produit sont respectivement de 6 min, 8 min et 20 min. Compte tenu des changements d'outils, des manutentions entre postes de travail, des stockages intermédiaires et des attentes pour la taille du lot, il faut tenir compte du temps de cycle total. Ce temps de cycle inclut le temps de fabrication utile, générateur de valeur ajoutée et les temps improductifs évoqués plus haut. Ici, le rapport temps de fabrication sur le temps de cycle total est égal à 1/3.

Ce produit est fabriqué par série de 1 200 unités dont le lancement est hebdomadaire. Les problèmes de capacité des ateliers ne seront pas pris en compte dans notre analyse : les ateliers concernés usinent d'autres produits qui permettent l'équilibrage des charges de travail. Dans l'organisation comptable actuelle, les séries sont livrées dès qu'elles sont achevées à une entité de distribution qui prend en charge le stockage des produits finis. Conventionnellement, l'entreprise retient un taux de possession des stocks égal à 18 % l'an pour une année de 360 jours. Le temps de production journalière est de 8 heures.

Le contrôle de gestion suit précisément les coûts de stockage des en-cours et a formalisé ce calcul dans une note de procédure fournie en annexe 1.

La structure des coûts des produits est la suivante :

- coût de production standard : 200 ;

- les frais de fabrication représentent 40 % du coût de production. Les autres charges étant essentiellement composées de matières et de composants, elles sont considérées comme incorporées à 100 % dès le début de la fabrication.

➲ Questions

Pour une série de 1 200 unités et en vous aidant de la procédure fournie annexe 1, calculer :

1) Le temps de cycle total.

2) La durée moyenne de stockage d'une série.

3) Le coût moyen de stockage d'un produit.

PARTIE 2

Étape 1 : Amélioration des flux internes

Une étude du processus de production a imposé certaines améliorations : implantations en cellules des postes de travail, disparition des ruptures de charges entre approvisionnements de deux postes, temps de changement d'outils plus raccourcis et diminution des temps d'attente entre les ateliers de fabrication.

Ces modifications ont ramené à 1/2 le rapport entre le délai de fabrication et le temps de cycle total. Par ailleurs, cette suppression d'une partie des temps improductifs a fait apparaître des gains de productivité égaux à 10 % du coût de production.

L'amélioration des flux internes a permis de diminuer la taille du lot : les séries actuelles lancées tous les 3 jours ne sont plus que de 600 produits.

➲ Questions

Pour une série de 600 unités, calculer :

1) Le temps de cycle total.

2) La durée moyenne de stockage d'une série.

3) Le coût moyen de stockage d'un produit.

Étape 2 : Amélioration des flux externes amont

Après les améliorations de logistique interne, la direction a cherché à améliorer les flux externes et plus spécifiquement les approvisionnements. À l'heure actuelle, les approvisionnements sont livrés en totalité avant que ne soit mise en fabrication une série. Or il serait possible de ne les réceptionner qu'au fur et à mesure que les besoins s'en font sentir, et d'étaler ces besoins au fur et à mesure que s'accomplissent les opérations du processus de fabrication dans lesquelles ils interviennent.

Les efforts pour réduire les temps improductifs ont été maintenus et ont permis une réduction de moitié de ce qu'ils étaient dans l'étape précédente ainsi que la possibilité de réduire les lots : les séries sont maintenant de 400 unités lancées tous les 2 jours. Le bureau des méthodes vous a fourni en annexe 2 une étude extrêmement détaillée des postes de travail dans la nouvelle configuration.

➲ Questions

1) Selon la même démarche que pour les étapes précédentes, calculer la valeur du stock d'en-cours et matières premières avant toute amélioration quant à l'approvisionnement (retenir des séries de 400).

2) À l'aide de l'annexe 2, présenter un graphe d'ordonnancement et calculer les dates de début au plus tôt.

3) Sur la base d'un ordonnancement au plus tôt, calculer, en minutes de délai de fabrication, l'économie réalisable par la nouvelle organisation des approvisionnements.

4) Chiffrer les gains réalisés sur le niveau des stocks de matières premières et d'en-cours.

Étape 3 : Amélioration des flux externes aval

Les réductions successives des tailles des séries fabriquées n'ont pas entraîné une diminution proportionnelle du nombre de produits finis stockés, la demande étant relativement stable.

L'entreprise pratique habituellement un taux de marge égal à 20 % du coût de revient. Les charges de distribution (dont 30 % de charges variables) sont égales à 10 % du coût de production (composé à 60 % de charges variables).

L'entreprise a recherché un marché occasionnel pour pouvoir écouler une partie de ses stocks. Elle peut ainsi diminuer son stock d'un tiers, en pratiquant sur cet approvisionnement en direction du sud-est asiatique, une diminution de prix de 5 %.

➲ Questions

Considérant un stock de produits finis de 690 unités,

1) Chiffrer l'économie de stockage sur cette diminution de stock de produits finis.

2) Envisager toutes les conséquences financières d'une telle décision.

ANNEXE 1
Procédure de calcul des coûts de stockage

1. Calculer le temps de cycle total d'une série.

Ce temps doit s'entendre comme la durée maximale existant entre la prise en charge de la matière première et la livraison de la série complète à l'entité responsable du stockage des produits finis. Il conclut donc tous les temps improductifs.

2. Déduire du calcul précédent, la durée moyenne de stockage d'une série.

Cette durée tient compte de la montée en production nécessaire à la constitution d'un lot égal à la taille de la série. Cette montée en production ne doit être prise en compte que pour la première phase de production. (Voir schéma explicatif.)

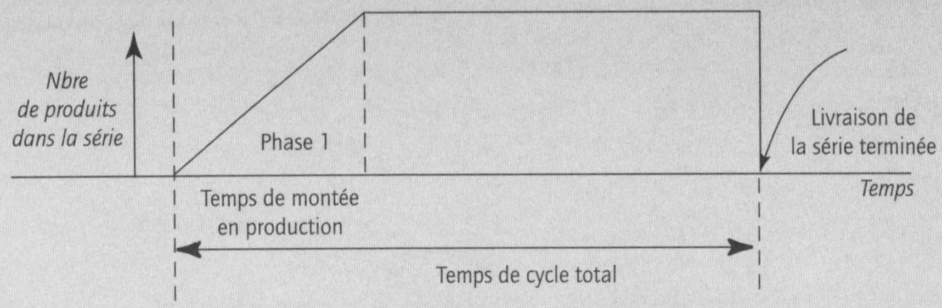

3. Calculer la valeur moyenne d'un produit en cours de fabrication.

En cas d'incertitude quant au degré d'avancement des en-cours selon les éléments de coûts, il sera retenu une hypothèse de répartition régulière des en-cours sur le processus de production.

4. Évaluer le coût de stockage d'un en-cours pendant le temps de cycle total.

Il s'agit d'obtenir un coût unitaire qui servira de référence pour évaluer les progrès obtenus dans les actions d'amélioration engagées des processus et des flux par les unités opérationnelles.

ANNEXE 2
Analyse détaillée du cycle de fabrication

Opérations	Durée en minutes		Pourcentage des approvisionnements consommés	Opérations immédiatement antérieures
	Temps utile	Temps de cycle (1)		
Soudure				
A	2	2	05	–
B	4	5	10	A
Usinage				
C	3	5	05	B
D	5	5	05	B
E	15	15	30	D
F	5	9	00	C
G	3	8	10	D - C
Montage				
H	6	8	10	F
I	7	9	00	H
J	11	11	15	G
K	4	7	10	I - J
L	2	5	00	K - E
M	1	1	00	L
Montant			100 %	

(1) La différence entre temps utile et temps de cycle s'explique par les temps improductifs qui n'ont pas encore pu être éliminés.

7 THÈME
Gestion de la valeur

Thème 7 – Gestion de la valeur

10
CHAPITRE

Utilisation de la méthode des coûts par activités

1. Notion de subventionnements
2. La méthode des coûts par activité
3. Contrôle de gestion et pilotage de la performance

Rappel de cours

1. Notion de subventionnements

Un subventionnement est une distorsion du calcul des coûts. Chaque fois que des charges sont, suite à une insuffisance d'analyse dans une méthode de calcul de coûts, imputées sur un produit au détriment d'un autre, il est possible de parler de subventionnement du produit qui reçoit les dites charges au profit de celui qui aurait dû les recevoir.

Les phénomènes de subventionnement sont la cause principale de non-pertinence des coûts obtenus.

Trois raisons peuvent expliquer les mécanismes de subventionnement :

- la non-prise en compte d'activités dans les centres d'analyse ;
- la diversité des coûts de ces activités ;
- la non-prise en compte des tailles de lots de fabrication.

1.1 Hétérogénéité des activités dans un centre d'analyse

Un centre d'analyse se devrait de regrouper des charges dont le comportement est homogène par rapport à une unité d'œuvre. L'évolution des conditions de fabrication, la volonté de créer des centres d'analyse sur des bases de suivi budgétaire, ont conduit à des regroupements de charges sur des critères autres que l'homogénéité.

Dès qu'un centre d'analyse réalise plusieurs activités, la répartition des charges se fait uniquement par rapport à l'activité support de l'unité d'œuvre et les consommations des autres activités sont imputées dans les mêmes proportions que l'activité support.

Dans ce contexte, tous les produits reçoivent une consommation moyenne de l'activité non support de l'unité d'œuvre. Ceux qui consomment plus que la moyenne sont subventionnés par ceux qui consomment moins que cette moyenne.

La non-prise en compte de la diversité des activités ne respecte pas une bonne traçabilité du réseau des coûts et biaise la qualité de l'information de gestion.

1.2 La diversité du coût des activités

Le phénomène précédent est analysé en termes de consommation d'activités (quantité consommée), mais il se peut que le coût unitaire des activités non support d'unités d'œuvre soit très différent de celui de l'activité retenue comme support de répartition.

Cette diversité introduit une distorsion supplémentaire qui peut amplifier le phénomène précédent ou le réduire.

Ainsi un produit gros consommateur d'une activité non support d'unité d'œuvre se voit subventionner par les autres produits consommateurs de cette même activité. Si, par ailleurs, cette activité est fort coûteuse, le mécanisme de subventionnement se trouve accentué ; à l'inverse, une activité peu onéreuse limitera le mécanisme précédent de subventionnement.

1.3 La prise en compte de la taille des lots de fabrication

Une part importante des charges concerne des activités support de production comme la logistique interne, l'ordonnancement ou la planification des ordres de production. Ne retenir comme unité d'œuvre que des indicateurs volumiques (MOD, heure machine) ne prend pas en compte le lien entre la consommation de certaines charges et le nombre de lots de fabrication.

Le critère pertinent pour répartir ces charges n'est plus le volume de production mais la taille des lots pour réaliser ce volume de production : produire 2 000 unités en lots de 200 unités représente le même niveau de consommation de ressources que produire 3 000 unités en lots de 300 unités, soit dans les deux cas 10 lots ; mais si le coût de gestion d'un lot est réparti sur 200 unités dans le premier cas, il est imputé sur 300 produits dans le second.

Ne pas tenir compte de ce facteur d'attribution de charges revient à faire supporter aux produits fabriqués en grandes séries des coûts générés par les produits fabriqués en petites séries.

Les mécanismes de subventionnement créent des distorsions cachées et entraînent des données de gestion non pertinentes. Comme ces phénomènes sont non visibles, le gestionnaire prend des décisions mal fondées car s'appuyant sur la base des données de gestion obtenues : acceptation de commandes spécifiques en petites séries sur lesquelles une ou des modifications mineures peuvent être demandées, d'où des activités supplémentaires à mettre en œuvre.

Les conditions actuelles de concurrence, les exigences des clients, poussent l'entreprise à proposer des produits variés, diversifiés et en petites séries. La prise de conscience des effets pervers des subventionnements a contraint les gestionnaires à repenser le système de calcul des coûts afin de pouvoir fonder des décisions sur des données de gestion pertinentes.

CAS 52 & 53

2. La méthode des coûts par activité

2.1 Principe de la méthode

C'est sur la notion de valeur que se fonde cette nouvelle approche de la comptabilité par activités en partant de l'articulation activités/produits : quelles activités sont nécessaires pour donner de la valeur au produit et que coûte chaque activité ?

La recherche part de la constatation que ce ne sont pas les produits qui consomment les ressources de l'entreprise, mais plutôt les activités. Et les diverses activités de l'entreprise sont utilisées par les produits.

Il semble alors préférable **de découper l'entreprise par activité et non par fonction et par produit.**

Les unités d'œuvre sont remplacées par des **inducteurs d'activités** qui ne sont pas seulement des critères quantitafifs : ce sont les éléments qui déclenchent l'activité et donc provoquent des coûts.

Cette démarche répond au besoin d'une vision systémique de l'entreprise et d'une approche globale de la productivité, plus proche de la réalité. Elle prend appui sur le concept de **chaîne de valeur** mis en évidence par Porter :

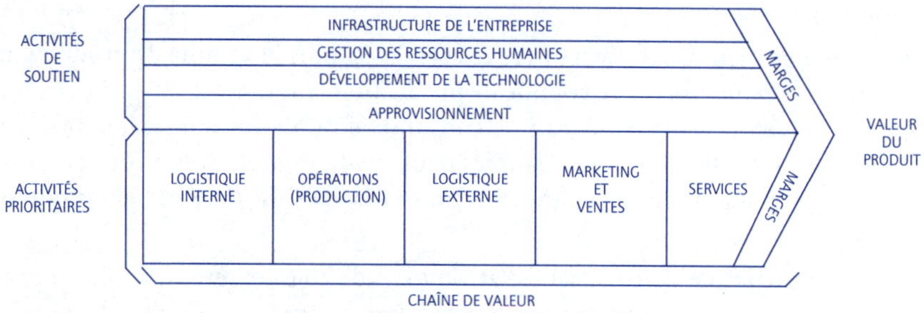

L'entreprise cherche à augmenter **la valeur** de son produit. Pour ce faire, chacune de ses fonctions doit améliorer la valeur apportée par son activité de transformation.

> Chaque activité chaînée avec les autres contribue à la création de la valeur générée par l'entreprise.

La comptabilité ignore les activités dites de soutien, essentielles pour l'efficacité des activités principales et pourtant créatrices de valeur donc vecteurs de la performance de l'entreprise.

Les calculs traditionnels de coûts regroupent sous la rubrique « frais généraux » ces activités indirectes.

> Concrètement, il faut donc découper l'activité générale autrement qu'en centres de responsabilité. La ventilation se fait en activités élémentaires et, pour chacune, est déterminée une unité de consommation de ressources.

Cette unité ou inducteur d'activités mesure les prestations fournies par cette activité aux produits.

La notion d'activité est le cœur du nouveau modèle. Elle est ainsi un refus de l'état actuel des systèmes classiques de calcul de coûts où la prédominance des centres de responsabilités sur la notion de centres d'analyse comme concept de regroupement des charges a ôté toute homogénéïté de comportement à ces dernières.

2.2 Mise en œuvre de la méthode

La construction du nouveau système de mesure ou méthode des coûts par activité (ABC) s'appuie généralement sur les étapes suivantes :

- identification des activités ;
- évaluation des ressources consommées par chacune d'elles ;
- définition des inducteurs de coûts ;
- affectation du coût des activités aux objets de coûts.

2.3 Identifier les activités

« Une activité est définie comme un ensemble de tâches homogènes caractéristiques d'un processus de réalisation de la chaîne de valeur et consommateur de ressources. » (1)

L'activité décrit ce que les différents services font ; l'entreprise apparaît alors comme un ensemble d'activités ayant des liens entre elles au sein de processus identifiés.

Exemple :Adresser des factures aux clients. Planifier le travail d'un atelier. Entretenir le matériel existant.

L'activité traduisant un processus dépasse le cadre strict des découpages fonctionnels et hiérarchiques : c'est en cela qu'elle exprime une vision transversale de l'entreprise. Seule cette perspective permet d'appréhender la création de valeur surtout pour les activités de soutien et d'introduire des processus permanents d'amélioration compatibles avec une démarche de qualité totale.

2.4 Évaluer les ressources consommées par les activités

Il s'agit de faire disparaître l'arbitraire existant dans l'imputation des ressources mise en place dans la méthode des coûts complets. En effet, si de nombreuses consommations sont indirectes par rapport aux produits, elles sont directes par rapport aux activités ; ainsi les ressources mobilisées pour les activités de support ne sont plus allouées aux coûts des produits par des clés de répartition arbitraires.

Le postulat de la méthode ABC s'écrit :

Les produits consomment les activités et les activités consomment les ressources.

Ce postulat oblige à ventiler différemment les charges indirectes.

Ce travail de ventilation doit être le fruit d'un dialogue entre les opérationnels et les contrôleurs de gestion chargés de la mise en œuvre de la nouvelle analyse. Il s'appuie sur les données de la comptabilité analytique ou celles des budgets.

(1) Bescos et Mendora, *Le management de la performance*, Éditions comptables Malesherbes, 1994.

2.5 Définir les inducteurs d'activités

Pour une activité regroupant des coûts homogènes, il est nécessaire de définir une mesure unique d'activité : c'est **l'inducteur d'activité** (similaire à l'unité d'œuvre). Le choix de la nature de l'inducteur est primordial : il doit mettre en évidence un comportement de coût cohérent qui évolue proportionnellement au nombre d'inducteurs.

L'expérience montre qu'il est possible de regrouper les activités en quatre grands types possibles :

- les **activités liées aux volumes fabriqués** : les inducteurs privilégiés sont l'heure de main-d'œuvre ou l'heure machine... ;
- les **activités liées aux changements de lots ou de séries** : on retient comme inducteur le nombre d'ordre de fabrication ou nombre de séries fabriquées... ;
- les **activités de soutien concernant un objet de coût** : les inducteurs principaux sont le nombre de composants, le nombre de modifications techniques... ;
- les **activités de soutien général** dont les charges sont indépendantes du volume et de la gamme de produit : ici l'inducteur s'apparente à une assiette de répartition comme la valeur ajoutée mais on peut préférer ne pas chercher à attribuer le coût de ces activités aux produits.

Ce travail de définition permet souvent un regroupement d'activités quand les inducteurs sont identiques afin de ne pas multiplier le nombre d'activités et le calcul du coût unitaire d'inducteur, qui s'effectue comme suit :

$$\text{Coût unitaire d'un inducteur} = \frac{\text{Coût de ressources attribuées à l'activité}}{\text{Nombre d'inducteurs}}$$

2.6 Affecter le coût des activités aux « objets de coûts »

Il s'agit très souvent d'obtenir un coût de revient des produits, mais la richesse de la méthode permet de calculer les coûts des productions d'autres éléments, par exemple :

- les lignes de produits ;
- les processus ;
- les clientèles ;
- les projets et les unités organisationnelles.

Il faut déterminer, par chaque objet de coût, les activités auxquelles le produit a recours et la quantité d'inducteurs consommée par ces activités. Le coût obtenu est composé de consommation de charges directes en fonction d'indications extraites de la nomenclature et de la gamme opératoire, et du coût des activités consommées : il s'agit d'un coût qui peut être qualifié de « coût attribuable » au produit car, à tout moment, le principe de causalité de consommation de resssources est respecté.

La logique de ces calculs consiste à répartir le coût unitaire de l'inducteur (coût souvent fixe) dans le coût unitaire du produit en tenant compte du nombre de produits fabriqués.

CAS 54 & 55

3. Contrôle de gestion et pilotage de la performance

3.1 Les demandes actuelles au système d'information « contrôle de gestion »

Besoins/demandes initiales	Extension des besoins
• Analyse, suivi de la production • Vision interne • Organisation verticale cloisonnée • Données quantitatives et financières • Analyse statique, ponctuelle • Analyse du passé • Analyse opérationnelle • Homme exécutant • Concept lié : **productivité**	• Analyse, suivi de toutes fonctions, toutes activités • Interne et externe, réseau, partenariat • Structure transversale aplatie • Quantitatif et qualitatif, financier et physique • Analyse dynamique avec amélioration permanente • Analyse rétrospective et anticipatrice • Analyse stratégique, tactique, opérationnelle • Acteur décideur responsable • Concept lié : **valeur**
Auparavant :	**Maintenant :**
• Pour la production • Pour une structure verticale cloisonnée stable • Pour le court terme • Pour des exécutants dans une entité	• Pour toutes les activités • Pour une structure dynamique transversale • Pour le court terme, le moyen terme et le long terme • Pour des acteurs responsables dans des réseaux

3.2 Le contrôle de gestion, outil de pilotage de la performance

Aujourd'hui le contrôle de gestion doit remplir deux rôles : aider à piloter l'efficacité, c'est-à-dire gérer les facteurs clés de compétitivité, et aider à piloter l'efficience, c'est-à-dire gérer les moyens opérationnels pour atteindre les objectifs fixés. Ainsi, par l'efficience et l'efficacité, le contrôle peut aider à piloter la performance.

Ainsi, le contrôle de gestion apparaît comme un processus articulant le long terme avec le court terme, de la stratégie à l'exécution. C'est pourquoi deux fonctions synthétiques et complémentaires sont essentielles au contrôle de gestion :

- informer les décideurs par les coûts, des indicateurs dans des tableaux de bord ; mettre en relation les objectifs et les ressources ; gérer la performance par le couple valeur/coût ;
- aider à réguler les comportements des acteurs, à gérer le changement organisationnel.

3.3 Un outil de pilotage de la performance : le management par les activités

L'ABM s'apparente à une méthode de management de l'entreprise et doit permettre un pilotage stratégique de l'organisation dans le but d'améliorer la performance par des démarches de progrès continu.

L'ABM conçoit l'entreprise comme un réseau d'activités organisées en processus transversaux qui concourent tous à la création de la valeur.

a) Moyen de pilotage stratégique

L'ABM peut permettre un pilotage cohérent avec la nouvelle définition du concept de produit par l'analyse des processus et des activités.

➤ *Une « nouvelle vision » du produit*

L'analyse stratégique retient des couples « produit/marché » qui deviennent des supports de marge. Il s'agit donc d'analyser, pour le segment concerné, les facteurs clés de succès de façon à pouvoir prendre des décisions qui améliorent ces FCS dans la mise en œuvre de la gestion au jour le jour.

➤ *L'entreprise vue comme un ensemble de processus*

Le processus est un ensemble d'activités reliées entre elles par des flux d'information ou de matière significatifs et qui se combinent pour fournir un produit matériel ou immatériel important et bien défini.

Cette description des processus dépasse les découpages par métiers, par fonctions ou par domaines de responsabilité pour privilégier une vision transversale de l'organisation.

➤ *Les méthodes de réduction des coûts*

Pour un pilotage par processus, il faut connaître, pour chaque processus, les activités qui le composent et leurs paramètres principaux (comme les ressources utilisées, le coût de l'activité, les fournisseurs de ressources, le client, interne ou externe, l'inducteur d'activité, une capacité), des indicateurs d'efficience (comme des ratios de productivité, un délai moyen de réponse, d'attente ou de fabrication, un taux de service...). Ces paramètres seront ceux sur lesquels s'appuieront les opérationnels pour orienter leur action.

Cette action sur la réduction des coûts s'organise en trois grands axes :

- une **restructuration des activités** conduisant à éliminer les processus et les activités sans valeur ajoutée, afin de rationaliser l'organisation interne ;
- une recherche de l'efficience des activités restantes et porteuses de valeur ajoutée **par des études d'étalonnage concurrentiel** ou *benchmarking* ;
- une action **de réduction des coûts par identification de leviers d'actions.**

L'essentiel de l'action en faveur de la performance, et par conséquence de la réduction des consommations de ressources, est une action sur la baisse des coûts en remontant à la source et en cherchant les leviers d'action qui permettent la réelle diminution des ressources consommées pour une même quantité d'outputs sans détérioration des délais et de la qualité.

b) Cohérence avec les nouvelles pratiques managériales

Par le réseau des activités qu'il instaure et par les paramètres qu'il analyse pour les activités, l'ABM est compatible avec de nombreuses techniques ponctuelles de management et peut les organiser dans une cohérence d'ensemble.

• Les **démarches de ré-ingenering** deviennent plus lisibles puisque l'ABM fournit une clé pour déterminer les activités porteuses de valeur ajoutée et celles qui ne le sont pas.

- Les **démarches de qualité totale** ont besoin d'analyses des dysfonctionnements et du repérage des points critiques d'une chaîne d'activités pour en dégager les causes : la méthode par activité permet d'utiliser des outils développés en production à des activités répétitives du tertiaire comme le contrôle statistique de processus ; d'autre part, les démarches de qualité totale cherchent à responsabiliser les opérationnels sur la qualité de leur prestation en obligeant à s'insérer dans une démarche client/fournisseur interne : la démarche ABM développe ces logiques de coopération interne.
- Les **démarches de juste à temps** cherchent à éliminer au sein de la fonction productive les activités non créatrices de valeur ajoutée (manutention, attente, stockage, contrôle en bout de ligne) et à fiabiliser les processus productifs. L'ABM permet aussi une meilleure lisibilité des processus et de la carte des activités performantes.

c) L'ABM et la mesure des performances

La vision transversale par processus demande une autre mesure de la performance.

➤ *Une nouvelle vision de la performance*

La performance devient **multicritère** : elle doit intégrer des aspects de coûts, de délais, de qualité de prestations et de participation à la valeur. De locale, elle doit maintenant exprimer les efforts de l'ensemble des activités qui concourent aux processus : elle est devenue **inter-fonctions**.

Par ailleurs, les facteurs de la performance sont trop souvent non localisés à l'endroit où la mesure est opérée : la performance des activités d'aval est déterminée par des choix effectués par des activités amont. Ce problème entre mesure et possibilité d'action sur la performance est au centre de la démarche de réduction des coûts en conception (voir méthode du coût cible) : il s'agit alors de mesurer une performance virtuelle.

➤ *De nouveaux indicateurs de performance*

Les **indicateurs de mesure** de la performance évaluent le résultat de l'activité ou du processus. Ils sont recherchés dans les systèmes d'information existants mais intègrent une vision multicritère (exemple : le coût unitaire d'un inducteur, le délai moyen d'attente, le taux de satisfaction des clients…).

Ces indicateurs doivent donner une bonne vision de l'atteinte des objectifs et leur calcul doit être effectué dans un délai court.

Les **indicateurs de maîtrise** de la performance regroupent l'ensemble des leviers d'actions qui permettent de maîtriser la performance. Ils correspondent aux facteurs de cause de performance dans une analyse cause/effets.

Les **indicateurs de suivi ou de progrès** regroupent l'ensemble des indicateurs qui permettent de juger de l'avancement du plan d'action.

L'ensemble de ces indicateurs sera regroupé dans l'architecture de tableaux de bord et du système de *reporting* de l'entreprise.

CAS 56

Tests de connaissances

(*Plusieurs réponses possibles par question*)

1 Choisir parmi les affirmations suivantes celles qui sont vraies :

- ❑ *A* Les méthodes de calculs de coût sont construites en fonction du découpage de l'organisation
- ❑ *B* La méthode ABC permet d'améliorer le résultat global de l'entreprise
- ❑ *C* La méthode ABC tient compte de la complexité des produits par l'utilisation d'inducteurs comme le lot, le nombre d'ordres de fabrication

2 La méthode des coûts par activités a été fondée :

- ❑ *A* par des entreprises américaines dans les années 60
- ❑ *B* par des petites entreprises non industrielles dans les années 80 pour lesquelles les coûts classiques n'étaient pas pertinents
- ❑ *C* par un groupe de recherche comprenant des parties prenantes différentes pour améliorer la répartition des charges indirectes et la traçabilité des coûts

3 Les critiques pouvant être faites aux systèmes de coûts classiques :

- ❑ *A* Le choix de l'unité d'œuvre MOD standard est de moins en moins pertinent
- ❑ *B* Regroupement d'activités différentes dans un seul centre de responsabilité
- ❑ *C* Subventionnement d'un produit sur un autre
- ❑ *D* Charges variables trop importantes

4 Le subventionnement dans les systèmes de coûts classiques consiste en :

- ❑ *A* une affectation volontairement fausse de coûts à un produit pour cacher des défauts
- ❑ *B* un dysfonctionnement dans le calcul des coûts qui conduit à imputer à un produit une partie des ressources consommées par un autre produit
- ❑ *C* un calcul marginal de coût pour transférer une marge d'un produit sur un autre

5 La méthode des coûts par activités découpe l'entreprise :

- ❑ *A* de manière verticale par fonctions et services avec de centres d'analyse qui regroupent des activités différentes
- ❑ *B* de manière horizontale par les activités et les tâches nécessaires au processus de transformation d'un bien ou service
- ❑ *C* en retenant dans les centres d'analyse des activités de façon à réintroduire des liens de causalité entre volume des ressources consommées et volume de l'activité

6 Une activité est définie comme :

- ❑ *A* un ensemble de tâches réalisées systématiquement pour tous les biens ou services produits par une organisation
- ❑ *B* un ensemble de tâches constituant les charges fixes de tout processus de production
- ❑ *C* un ensemble de tâches caractéristique d'un processus de transformation qui consomme des ressources

7 Un inducteur d'activité est défini comme :

- ❑ *A* le critère le plus pertinent pour traduire le déclenchement du travail d'une activité
- ❑ *B* l'unité de mesure physique du volume d'une activité
- ❑ *C* l'unité d'œuvre caractéristique d'une activité

8 Le principe de la méthode des coûts par activité peut s'écrire comme :

- ❑ *A* un produit consomme des activités et les activités consomment des ressources
- ❑ *B* les coûts variables des activités sont affectés aux produits en fonction de leur consommation de ces activités
- ❑ *C* les activités consomment les produits et les produits génèrent les ressources
- ❑ *D* on calcule un coût par activité et non un coût par produit

9 Le contrôle de gestion comme outil de pilotage de la performance :

- ❑ *A* doit donner des informations sur l'efficacité et l'efficience d'une organisation
- ❑ *B* doit produire des informations financières stratégiques pour l'ensemble de l'entreprise
- ❑ *C* doit se focaliser sur la fonction de production, avec la gestion de la qualité, du temps, de la valeur, sources de performance

10 L'ABM management fondé sur les activités :

- ❑ *A* cherche à mesurer le coût et la qualité de toutes les activités d'une organisation
- ❑ *B* cherche à piloter toute une organisation conçue comme un réseau d'activités regroupées en processus
- ❑ *C* cherche à motiver les acteurs en leur donnant plus de responsabilités dans leurs activités

Pour bien comprendre les définitions et les analyses sur ces points, se référer aux chapitres 16 et 18 du manuel *DCG 11, Contrôle de gestion*, Dunod Éditeur.

Exercices d'application

CAS 52 MERFOUR

Niveau ✶✶ **Thème : Subventionnements et pertinence des coûts calculés**

PARTIE 1

L'entreprise Merfour fabrique des coffrets électriques à partir de composants standard usinés par des unités de fabrication géographiquement dispersées.

Dans une usine proche de ses principaux clients, elle assure le montage des coffrets.

Sa production est composée de quatre produits type nommés A, B, C et D.

Leur montage, essentiellement manuel, consomme respectivement 12, 8, 10 et 18 minutes. Le budget prévoit un coût global indirect de montage de 46 000 €.

La production normale pour la période étudiée est de 5 000 A, 2 000 B, 10 000 C et 3 000 D.

➲ Questions

1) **Calculer le coût de la minute de montage.**

2) **Calculer le coût de montage de chaque type de produit.**

PARTIE 2

De fait, une partie du processus a été automatisée deux ans auparavant. À l'époque, le responsable de l'atelier n'a pas demandé à ce que la méthode de calcul de coûts soit mise à jour.

Nouvellement nommé au poste de contrôleur de gestion, vous n'êtes pas satisfait des modalités de calcul, et vous cherchez à chiffrer d'éventuels subventionnements entre les produits.

Une enquête rapide vous permet de relever que l'activité « montage automatisé » consomme 13 800 € des 46 000 € du budget du montage. Les temps de montage automatisé (en minutes) des produits sont : pour A : 1,5 ; pour B : 0,5 ; pour C : 1,8 et pour D : 2.

➲ Questions

1) **Calculer le nombre de minutes de montage automatisé consommé par la production des quatre produits. En déduire les coûts de la minute de chaque type de montage.**
2) **En tenant compte des deux types de montage, calculer le coût du montage (manuel et automatisé) pour chacun des produits.**
3) **Mettre en évidence les écarts de coûts entre les deux modes de calculs. Vérifier que les écarts proviennent d'attribution différente des charges entre les produits.**
4) **Analyser et expliquer ces écarts de subventionnement.**

CAS 53 SOCIÉTÉ DRACIR

Niveau ✶✶ **Thème : Coûts d'usinage et analyse par activités**

La société Dracir est une entreprise de mécanique qui a récemment fortement réorganisé son processus de production.

Le contrôle de gestion s'attache à suivre les programmes de fabrication en termes de délais, quantités et qualité des produits.

La comptabilité analytique date de la création de l'entreprise : les engagements financiers sont suivis par l'intermédiaire de budgets. La structure des centres de responsabilité s'appuie sur le découpage comptable de centres d'analyse mis en place au lancement de l'activité. L'unité d'œuvre retenue est la main-d'œuvre directe de fraisage qui correspondait au facteur dominant dans l'ancien processus de fabrication.

Les gammes opératoires actualisées du centre Usinage fournissent les renseignements suivants :

Produits	Taille de série	Nombre d'heures de fraisage	Nombre d'heures de perçage	Temps de soudure	Volume de production
A	3 000	0,008	0,05	0,006	390 000
B	2 200	0,03	0,025	0,009	220 000
C	1 500	0,05	0,01	0,014	165 000
D	1 000	0,04	0,03	0,011	100 000
E	2 500	0,01	0,02	0,008	25 000

La nouvelle organisation a conduit à regrouper les opérations de fraisage et de perçage en cellules autonomes en flux tendus, les tâches de soudure étant traitées en rafales sur une chaîne robotisée.

Chaque type de produit passe donc successivement dans des postes de fraisage, puis sur des postes de perçage et ensuite sur la chaîne de soudure.

Les charges indirectes du centre s'élèvent à 202 800 €.

Le directeur est conscient que la nouvelle organisation productive retentit sur le calcul des coûts des produits mais il perçoit mal comment la prendre en compte.

Il a demandé au responsable de l'atelier d'essayer d'exprimer son budget par rapport au coût de chaque type d'opérations. Le budget a pu être réparti de la façon suivante :

- 100 570 € pour l'activité de fraisage ;
- 67 900 € pour l'activité de perçage ;
- 34 330 € pour l'activité de soudure.

Le responsable des méthodes a retenu les temps de gamme comme inducteurs d'activité pour les deux premières opérations. En revanche, il a estimé que, pour les opérations de soudure, l'inducteur d'activité pertinent devait être la série, car chaque changement de série nécessitait des programmations spécifiques des robots et le temps de lancement d'une série était plus significatif que celui des temps opératoires compte tenu des tailles des séries.

➲ Questions

1) **Quel est le coût de l'usinage de chaque produit dans le système de la comptabilité analytique de l'entreprise ?**

2) **En tenant compte des informations fournies par le responsable de l'atelier, calculer le nouveau coût de l'usinage. Analyser les écarts obtenus avec la méthode traditionnelle.**

3) **En quoi les chiffres obtenus à la question 2 sont-ils plus pertinents que les précédents ?**

4) **Après étude, il semble possible de fabriquer les produits C et D en lots plus importants. La taille des lots passerait respectivement à 2 500 et 2 000. Calculer les coûts attendus des différents produits. Commenter vos résultats.**

CAS 54 SOCIÉTÉ BACRE

Niveau ✶✶ **Thème : Méthode des coûts par activité**

La société Bacre produit cinq produits sur deux lignes de production spécifiques. Chaque ligne comprend plusieurs produits élaborés à partir de composants standard et de composants plus spécifiques.

PARTIE 1

	Ligne n° 1			Ligne n° 2	
	A1	A2	A3	B1	B2
Capacité de production	2 000	10 000	4 000	5 000	2 000
Taille des lots	50	1 000	200	500	100

La structure des produits vous est donnée dans le tableau ci-après.

Nomenclature et gamme de produits

	A1	A2	A3	B1	B2	Prix unitaire
Composant 1	X	X	X	X	X	20 €
Composant 2	X	X		X		30 €
Composant 3	X	X		X	X	38 €
Composant 4	X		X	X		42 €
Composant 5	X					48 €
Temps de montage	12 min	10 min	6 min	8 min	5 min	36 € de l'heure

L'unité de montage est approvisionnée selon un système synchrone qui s'appuie sur un regroupement de commandes des clients géré par la filiale de distribution. Cette unité lance alors des lots et expédie sa production sans délai à la filiale chargée du suivi des commandes. La cession des produits se fait à un prix de transfert établi sur la base des calculs de coûts et fixé par la direction à 350 € pour A1, 210 € pour A2, 150 € pour A3, 240 € pour B1 et 130 € pour B2. L'imputation des charges indirectes, essentiellement des charges liées aux moyens techniques mis en œuvre, est donnée en *annexe 1*.

➲ Questions

1) Finaliser le tableau de répartition des charges indirectes.

2) Déterminer le coût complet des cinq produits sur la base de la capacité de production prévue.

3) Calculer le résultat prévisionnel d'une commande dite « de référence » et composée de 160 A1, 2 000 A2, 200 B1 et 500 B2.

PARTIE 2

Le système des prix de transfert est source de conflit entre la filiale de distribution et l'unité de montage. Le contrôleur de gestion estime que le système de calcul des coûts ne répond plus aux besoins de l'entreprise en termes de tarification des transferts lors des commandes internes ; il décide que la procédure de coûts à base d'activités est susceptible de lui apporter des informations plus pertinentes.

Les données du nouveau système de calcul des coûts vous sont fournies en *annexe* 2.

➲ Questions

4) Expliciter le choix de créer des centres de regroupements entre les différentes activités. Justifier le choix de ces regroupements.

5) Calculer le coût unitaire des inducteurs retenus.

6) Déterminer le coût attribuable à chaque produit. En déduire le coût complet obtenu par la méthode ABC.

7) En quoi les coûts obtenus sont-ils plus pertinents que ceux de la méthode précédente ?

8) Porter un jugement sur la rentabilité de la commande de référence. Ces résultats modifient-ils les conditions de tarification retenues par la société ?

ANNEXE 1

Tableau de répartition des charges indirectes entre les centres d'analyse

Centres	Total	Entretien	Planning	Préparation	Montage
Totaux primaires	2 046 000	275 000	440 000	475 000	856 000
Entretien		– 275 000	57 500	71 480	146 020
Planning			– 497 500		497 500
Totaux secondaires	2 046 000	0	0	546 480	1 499 520
Unités d'œuvre				Nombre de composants gérés	Heure MOD
Nombre UO					
Coût d'UO					

ANNEXE 2

Activités répertoriées dans chaque centre d'analyse

Centres	Entretien	Planning	Préparation	Montage
Activités	Entretien ligne 1 Entretien ligne 2 Mise à jour spécifications	Suivi des composants Suivi des commandes Mise à jour spécifications Gestion des lots	Suivi des commandes Suivi des composants Gestion des lots	Montage ligne 1 Montage ligne 2 Gestion des lots

Consommation de ressources de chaque activité

Centre d'analyses	Entretien	Planning	Préparation	Montage
Entretien sur ligne 1	135 000			
Entretien ligne 2	82 300			
Mise à jour spécifications	57 700	45 000		
Suivi des composants		117 100	120 100	
Suivi des commandes		65 200	97 600	
Gestion des lots		212 700	257 300	147 200
Montage ligne 1				412 200
Montage ligne 2				296 600
Coût total	275 000	440 000	475 000	856 000

Générateurs de coûts d'activités

	Nombre de commandes	Nombre de lots	Nombre de références composants	Nombre de produits	Nombre de modifications	Nombre d'interventions
Entretien sur ligne 1				Produits sur la ligne		X
Entretien sur ligne 2						X
Mise à jour spécifications			X	X	X	
Suivi des composants			X			
Suivi des commandes	X		X	X		
Gestion des lots		X				
Montage ligne 1				Produits sur la ligne		
Montage ligne 2				Produits sur la ligne		

Le contrôleur de gestion souhaite, dans le calcul des coûts, prendre en compte la complexité des produits, leur condition de fabrication et le coût des moyens mis en œuvre.

CAS 55 GÉNÉRATOR

Niveau ✶✶ **Thème : Inducteurs et plans de progrès**

La société Générator propose quatre types de « générateurs » destinés à produire de l'énergie. Ses clients sont essentiellement des industriels qui intègrent les produits de la société dans des installations de fabrication automatisées.

La production, les nomenclatures et les gammes opératoires des quatre produits sont présentées ci-après :

Modèle	G 1	G 2	G 3	G 4
Production annuelle	10 000	100 000	50 000	25 000
Nomenclature Coût des composants/produit Nombre de composants	 9 € 10	 12 € 10	 17 € 14	 24 € 22 dont 8 spécifiques
Gamme opératoire Main d'œuvre directe/unité Heure machine/unité	 0,4 0,5	 0,3 0,6	 0,4 1,2	 0,6 1,2
Nombre de lancements	100	400	200	250
Nombre de tests de qualité	150	300	400	800
Nombre de mises à jour de gamme	4	5	7	15

Les coûts mis en œuvre pour l'année sont les suivants :

- main-d'œuvre directe (charges sociales comprises) : 18 € l'heure
- encadrement de production : 987 200 €
- personnel de logistique : 378 700 €
- personnel de qualité et de contrôle : 304 800 €
- coût des installations (consommables, amortissement, assurance, etc.) : 2 430 540 €

L'homogénéité des produits habituels permettait de retenir comme unités d'œuvre l'heure de main d'œuvre directe pour les charges indirectes de personnel et l'heure d'heure machine pour le coût des installations.

À l'occasion du comité de direction relatif au budget de l'année suivante, certains responsables évoquent les problèmes en cours.

Le contrôleur de gestion souhaiterait utiliser les inducteurs suivants pour le calcul du coût des produits :

- activité de suivi de production : heure de main d'œuvre directe ;
- activité de logistique : nombre de lancements ;
- activité de qualité et de contrôle : nombre de contrôles qualité.

Dans ce contexte, il vous fournit les informations suivantes relatives au coût des installations :

- la capacité de production installée est prévue pour répondre à un accroissement de la demande du produit G4 sur lequel la direction fonde de nombreux espoirs. Le taux de charge actuel est de 75 % ;
- les installations de production proprement dite représentent 60 % du coût de l'ensemble, les 40 % restant étant constitués de matériel de contrôle et de tests de laboratoire dont certains (environ un tiers) installés lors du lancement du produit G4.

Le directeur technique constate que le taux de marche de son département est un des plus faibles de l'entreprise et que cela pénalise la performance calculée de son département. Comme par ailleurs, la mise au point du produit G4 est plus longue que prévue et que sa montée en production est retardée, il trouve le mode de calcul actuel injuste.

Le responsable des méthodes explique que le produit « G4 » est un nouveau produit en phase de démarrage, qui nécessite un traitement chimique à chaud pour accroître la solidité de certains composants mais ce traitement pose ensuite des problèmes de gabarit au moment du montage[1] ce qui explique la difficulté de mise au point.

Le responsable qualité explique que les défauts de qualité en production sont le résultat de choix de conception :

- plus un produit présente une nomenclature complexe, plus il nécessite de contrôles de qualité ; de ce point de vue, le choix de composants spécifiques pour G4 est lourd de conséquences en termes de coûts et de suivi des composants ;
- le traitement à chaud appliqué à trois des composants de G4 explique, à lui seul, la moitié des contrôles qualité nécessaires à ce produit.

Le responsable logistique approuve ce raisonnement. Il estime, par ailleurs, que les nomenclatures complexes démultiplient les manipulations de pièces : ainsi, lancer un lot de production de G1 (10 composants) ne représente pas la même charge de travail que lancer un lot de G4 (22 composants). Ramener la charge de travail au nombre de lancements lui paraît erroné, il pense qu'il faudrait mieux prendre en compte le nombre de manipulations.

(1) La chaleur déforme tous les matériaux. Ceux-ci présentent par la suite des spécifications (taille et épaisseur) moins stables que dans le cas de traitement à froid. Ces différences introduisent des difficultés lors de l'assemblage des pièces qui doivent être reprises avant montage.

Le directeur commercial spécifie que les clients, satisfaits du produit G4, trouvent cependant :

- qu'il est coûteux en entretien du fait de l'existence de dispositif dont leur personnel n'a pas l'habitude et qu'il faut en conséquence prévoir des actions de formation ;
- que la solidité accrue des composants traités à chaud n'est pas pour eux un facteur décisif d'achat. Le produit précédent n'utilisait pas ce procédé et jamais la solidité des pièces qui le composaient n'a été source de litiges commerciaux.

➲ Questions

1) Calculer le coût des produits :
– en utilisant les unités d'œuvre proposées,
– en retenant les inducteurs proposés par le contrôleur de gestion.

2) Quelles conséquences auraient le choix du nombre de manipulations comme inducteur de l'activité « logistique » ? Chiffrer son impact.

3) Envisager des plans possibles de progrès compte tenu des remarques des différents responsables et chiffrer vos propositions.

4) Rédiger une courte note concernant la différence entre unités d'œuvre et inducteurs de coût.

Cas de synthèse

CAS 56 SARL DÉCOR EN FÊTE

Thème : Budgétisation et coûts par activités

La SARL « Décor en Fête » exerce son activité depuis 3 ans dans le domaine des objets décoratifs à destination des particuliers.

Pendant les deux premières années, le secteur « Bougies » ne produisait que des bougies colorées de tailles et de formes différentes. Les différents formats de bougies avaient été conçus de telle sorte que tous les produits puissent être conditionnés en boîtes translucides de taille identique.

La fabrication des bougies est fortement automatisée :

- la pâte à bougie est malaxée avec les colorants et chauffée,
- le mélange est alors moulé en fonction des formes demandées,
- L'ensemble est refroidi avant démoulage,
- les bougies démoulées sont polies et nettoyées,
- les bougies conformes sont alors conditionnées.

Les deux postes de charges directes sont les matières premières et la main-d'œuvre directe. Celle-ci intervient principalement en début de traitement pour remplir les malaxeurs et en fin de chaîne pendant la phase de conditionnement. En cours de traitement, son rôle est limité à des taches de manutention d'un poste à l'autre.

Durant l'année N, ce département a lancé une variété de bougies avec inclusion d'éléments végétaux dans le corps de la bougie qui présente les différences suivantes par rapport aux bougies classiques :

- utilisation de matières plus onéreuses,
- production plus complexe en termes de malaxage, de démoulage et de polissage,
- conditionnement spécifique.

PARTIE 1

Sur la base de ventes prévisionnelles (exprimées en boîtes), une prévision d'exploitation pour l'année N a été établie. Cependant, les données réelles se sont révélées très différentes.

Quantités exprimées en boîtes	Bougies colorées	Bougies avec inclusion
Ventes prévisionnelles	220 000	84 000
Ventes réelles	180 000	124 000

Le système de coût de la société s'appuie sur la méthode des coûts par activités et retient cinq activités :

Activité	Inducteur de coût	Coût unitaire de l'inducteur	Nombre d'inducteurs par boîtes de bougies colorées	Nombre d'inducteurs par boîtes de bougies avec inclusion
Malaxage	Temps de travail	0,04 €	5	9
Moulage	Lot de moulage	0,10 €	2 (en moyenne)	2
Refroidissement	Temps machine	0,02 €	3 (en moyenne)	5
Polissage	Temps machine	0,12 €	4 (en moyenne)	8
Conditionnement	Nbre bougies/boîte	0,08 €	8 (en moyenne)	6

Les charges directes prévisionnelles sont de :

Coûts exprimés par boîtes	Bougies colorées	Bougies avec inclusion
Matières premières	0,50 €	0,90 €
Coût de l'emballage	0,10 €	0,20 €
Main d'œuvre directe	0,15 €	0,20 €

Le prix de vente des bougies avec inclusion a été établi sur la base du prévisionnel d'activité : le responsable a retenu le coût de revient unitaire auquel il a ajouté une marge confortable.

➲ Questions

1) Calculer les coûts unitaires des différents produits.

2) Déterminer la prévision d'exploitation établie pour l'année N en mettant en évidence les dépenses prévisionnelles par activité.

PARTIE 2

De fait, le niveau d'activité (en termes de volume d'inducteurs) et les consommations de ressources réelles de l'année N n'ont pas été ce qui avait été prévu.

Si la fabrication des bougies colorées est restée conforme aux prévisions, celle des bougies avec inclusion s'est révélée plus problématique : les opérations de polissage ont été plus longues et plus délicates que prévu du fait d'inclusions de qualité médiocre. Ces problèmes ont eu des répercussions sur le conditionnement où certaines boîtes de bougies ont été déclarées non conformes.

Les consommations directes des bougies avec inclusion (pour une boîte) ont été de :

- matières premières : 0,90 €
- emballages : 0,21 €
- main d'œuvre directe : 0,22 €

Les informations réelles concernant les activités sont fournies dans le tableau suivant :

Activité	Charges réelles N	Volume inducteur	Dont bougies colorées	Dont bougies avec inclusion
Malaxage	76 912	2 024 000	900 000	1 124 000
Moulage	60 800	608 000	360 000	248 000
Refroidissement	23 200	1 160 000	540 000	620 000
Polissage	228 020	1 754 000	720 000	1 034 000
Conditionnement	179 416	2 188 000	1 440 000	748 000
Total	568 348			

➲ Questions

1) Déterminer le suivi d'exploitation réel et mettre en évidence les écarts entre le prévisionnel et les conditions réelles d'exploitation. Quelles remarques soulèvent ces résultats ?

2) Calculer le coût unitaire des différents produits. Quelles remarques soulèvent les calculs précédents en termes de base pour une éventuelle tarification ?

PARTIE 3

Les résultats précédents sont transmis au service contrôle de gestion central qui conteste le mode de calcul retenu par le département pour l'évaluation du prix de vente du produit « Bougies avec inclusion ». Il estime que le responsable aurait dû intégrer les coûts des fonctions de soutien utilisées par le département pour mettre au point le nouveau produit d'autant que ces produits sont sujets à des phénomènes de mode et présentent une durée de vie courte qui excède rarement quatre ans.

Ainsi, le service « Recherche et développement » en collaboration avec le bureau des études et méthodes a du réaliser des études pour fiabiliser le procédé d'inclusion tant en termes de chaleur au moment du malaxage qu'en termes de polissage au moment du démoulage ; coût : 10 000 €.

La prospection commerciale a établi que le produit serait vendu à 300 000 exemplaires maximum sur les quatre ans de sa durée de vie de vie probable ; coût de l'agence prestataire de l'étude : 8 000 €.

Le département « Design » a réalisé le conditionnement qui a nécessité deux prototypes, le premier ayant été refusé par le département « Bougies » car trop luxueux ; coût du prototype : 2 000 €.

La mise en place du produit dans les circuits de distribution a consommé 12 000 € de logistique commerciale.

D'autre part, comme tous les produits de la société, ce dernier doit supporter une quote-part d'études sur les emballages et leur recyclage compte tenu des exigences en matière de gestion des déchets ; quote-part : 1 000 €.

➲ Questions

1) Analyser la pertinence de la demande du contrôle de gestion central en matière de coût.

2) Intégrer ces données au calcul du coût unitaire du produit « Bougie avec inclusion ».

Thème 7 – Gestion de la valeur

11
CHAPITRE

Analyse de la valeur et coûts cibles

Rappel de cours

1. Analyse de la valeur

Dans le cadre du management de la qualité totale, les organisations cherchent en permanence à améliorer leurs produits et leurs procédures ; pour ce faire, elles utilisent des démarches de différentes natures dont l'analyse de la valeur, méthode élaborée dans les années 50 aux États-Unis dans des entreprises industrielles.

L'analyse de la valeur est une méthode de calcul et d'analyse pour améliorer un produit, une partie de produit ou un service. L'objectif de cette démarche est de trouver, pour un bien, le meilleur équilibre entre la maximisation de la satisfaction du client et la minimisation des coûts supportés par l'entreprise.

Le produit doit :

Maximiser l'utilité du client + Minimiser les coûts pour être rentable pour l'entreprise

⇓

pour dégager le maximun de valeur

La démarche consiste donc à rechercher les fonctions du produit (ou service) qui participent le plus à l'utilité et la satisfaction du client, tout en minimisant leur coût :

- 1re étape : repérage et classement des fonctions d'un produit (ou service) jugées utiles par les clients ;
- 2e étape : étude des coûts actuels supportés par l'entreprise pour proposer ces fonctions ;
- 3e étape : comparaison et analyse des décalages entre utilité et coût pour chaque fonction : réflexion sur les fonctions non demandées à supprimer ; réflexion pour améliorer les fonctions jugées importantes et pour diminuer les coûts des fonctions jugées secondaires.

L'analyse de la valeur est donc un outil d'analyse, pour améliorer, pour innover et pour réduire les coûts. Il peut être très fructueux mais nécessite du temps et des compétences du groupe de travail. Si les informations ne sont pas fiables ou si les acteurs ne trouvent pas de solution, la démarche n'est pas pertinente. L'organisation de ce type d'équipe peut aussi permettre de dynamiser un groupe, de faire participer et coopérer des acteurs qui ne travaillent jamais ensemble, de développer une culture d'entreprise.

L'AFAV, l'Association française d'analyse de la valeur créée en 1978, propose des formations et des conseils pour mettre en place une démarche d'analyse de la valeur en utilisant pour la décomposition et la réflexion la méthode FAST ou la méthode morphologique de Zwicky. Très utilisée par les grandes entreprises elle permet une réduction certaine des coûts, une fois que l'investissement dans cette démarche est rentabilisé.

CAS 57

2. Le pilotage avec la méthode des coûts cibles

2.1 Gérer la structure

Dans sa conception actuelle, la structure devient un paramètre essentiel de la performance car elle soustend des choix stratégiques ; il convient donc de la considérer comme une variable à gérer. La structure doit évoluer et s'adapter pour accompagner les réorientations du pilotage de l'entreprise et être source d'améliorations quantitatives et qualitatives.

Il est ainsi possible d'y rattacher la notion d'apprentissage organisationnel, c'estàdire un processus dynamique permanent d'accumulation d'expériences, de savoirfaire et de connaissances, individuel et collectif, qui permet à l'organisation d'améliorer son fonctionnement.

2.2 Le contrôle de gestion et la structure

Le développement de la méthode des coûts cibles s'inscrit dans une démarche de gestion stratégique des produits. Dans cette approche, le produit est considéré sur la totalité de son cycle de vie et plus particulièrement dans sa phase de conception.

La mise en œuvre de cette méthode renvoie à la capacité d'apprentissage de l'organisation dans le domaine stratégique de la conception des produits.

a) Les fondements de la méthode

Partant du constat simple que ce sont les produits qui génèrent le profit de l'entreprise et que cette profitabilité est définie dès les phases de conception, la méthode du *target costing* s'appuie sur les constatations suivantes : prédominance de l'amont dans le cycle de vie d'un produit, nécessité de gérer le changement.

➤ *L'amont du cycle de vie*

Actuellement, il est acquis que 80 % des coûts du cycle de vie d'un produit sont déterminés lors des phases de conception du produit alors que cette même proportion de coûts ne sera effectivement dépensée qu'après le lancement de la première unité.

En conséquence :

- les coûts réels (production et distribution), que l'on constatera au moment de la mise en fabrication, dépendent de décisions prises au moment de la conception : ce sont les choix de conception qui déterminent la performance future du produit ;
- l'activité de conception induit des coûts qui sont décalés dans le temps : les coûts opérationnels futurs et donc les résultats attendus sont déterminés par les choix en matière de conception de produit.

C'est pourquoi la vision du coût d'un produit doit intégrer celle du coût de ce même produit sur la totalité de son cycle de vie.

➤ *Nécessité de gérer le changement*

La perception du marché a profondément changé : la demande, la valeur « estimée » des produits par le marché, la satisfaction des clients, l'écoute du marché aval, constituent le point de départ des décisions, des choix et des actions des entreprises.

Ce renversement dans l'analyse du marché a joué également dans la détermination des prix de vente. Comme ce prix est (ou sera) imposé par le marché et que le profit à réaliser sur le produit est imposé par des choix en termes de gestion de portefeuille, décisions de nature stratégique, la variable d'action devient le coût c'estàdire la cible à atteindre si l'entreprise veut réaliser ses objectifs stratégiques.

Coût cible = Prix de vente imposé – Profit désiré

Compte tenu des compétences et des savoirfaire de l'entreprise au moment du calcul, très souvent l'évaluation du coût du produit fait apparaître un coût dit « **coût estimé** » supérieur au coût ciblé précédent.

L'un des objectifs de la méthode du *target costing* va consister à réduire l'écart entre coût estimé et coût cible : il s'agit d'analyser les raisons de l'écart, trouver des solutions et donc mettre en œuvre des pratiques de changement systématique.

DÉMARCHE DE *TARGET COSTING* DÉCRITE PAR NISSAN SELON HORVATH

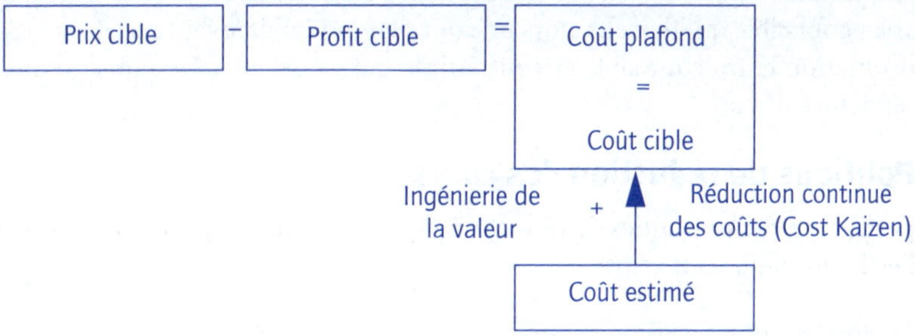

Dans cette perspective, la méthode des coûts cibles n'est pas une nouvelle comptabilisation des coûts mais une **démarche globale d'optimisation du processus de développement d'un produit,** tout au long de son cycle de vie. Cette démarche utilise de nombreux outils techniques et des outils de gestion, mais la réussite dépend d'abord du comportement et de l'implication des acteurs qui y participent.

b) Les étapes de la méthode

➤ *La fixation du prix cible*

Ce prix doit être établi sur la durée de vie du produit ; c'est donc plus une famille de prix que d'un prix unique dont il s'agit. Le prix cible est obtenu par des techniques d'études de marché.

➤ *La fixation du profit cible*

Cette fixation découle de la planification stratégique de l'entreprise à moyen terme et de son portefeuille de produits à cet horizon. Ce n'est pas un montant fixe mais une courbe de profit en fonction du cycle de vie du produit qui simule, à l'aide d'analyses financières, la rentabilité attendue du produit compte tenu d'hypothèses en volume.

Ce processus d'élaboration ne doit pas être perçu comme unique et linéaire. En fait, la procédure qui consiste, à partir d'un prix imposé et compte tenu d'un profit désiré, à définir un coût cible est répétée plusieurs fois en affinant à chaque itération la qualité des informations traitées.

➤ *Le coût cible*

Le coût cible se déduit des calculs précédents par simple soustraction.

À ce stade, il n'est pas opératoire car trop global : il doit donc être décomposé en fonction des composants et des sousensembles du produit en coûts cibles partiels.

Compte tenu de son mode d'élaboration, le coût cible n'est pas un coût additif de consommations de ressources mais plutôt une « **mesure de la valeur** » telle qu'elle peut être évaluée par l'étude de marché : **le coût cible traduit ce que les clients sont prêts à payer pour l'ensemble des services attachés au produit.** Ce que doit gérer l'entreprise, ce n'est pas la réduction des coûts de conception mais l'optimisation du couple « valeur/coût » du produit.

L'entreprise est alors en possession d'une cible en termes de coût, qui doit être confrontée aux capacités de l'entreprise à réaliser le produit demandé avec des fonctionnalités précises : cette capacité se traduit dans l'expression du coût estimé, souvent supérieur au coût cible qui devient alors un coût plafond qu'il ne faut pas dépasser. C'est cette confrontation entre coût cible et coût estimé qui va devoir faire l'objet d'une démarche de réduction de coût.

c) Politique de réduction des coûts

La pertinence des politiques de réduction des coûts en conception s'appuie sur la qualité de l'estimation du coût estimé.

➤ *Le coût estimé*

Calculer le coût d'un produit *a priori* en amont de son existence est une pratique connue des entreprises et réalisée sur la base de données techniques répertoriées dans les nomenclatures et les gammes.

Le **coût estimé doit inclure tous les coûts qui peuvent être déterminés par la conception ou la planification des produits :** il comprend donc les coûts directs de production mais aussi tous les frais de soutien générés par son mode de production et de distribution : nombre de composants, taille des lots, nature des services aprèsvente, nature des réseaux de distribution… En revanche, sont exclus du coût estimé les frais sans rapport avec l'existence du produit : publicité institutionnelle, recherche et développement par exemple.

Le coût estimé n'est pas unique ni instantané : il s'agit **d'une vision du coût sur la durée de vie du produit** intégrant phénomènes d'apprentissage et phénomènes d'échelles.

➤ *Coût estimé et méthode ABC*

La pertinence du modèle d'allocation des coûts aux produits est fondamentale pour obtenir un coût estimé fiable.

Une perception juste des subventionnements évite de faire des choix qui se révèlent désastreux pour le futur : la production en petites séries doit être le résultat d'une contrainte de fonctionnalité du produit et allouée sur une base juste au produit au risque de sousestimer le coût futur réel.

La prise en compte dans le coût des produits :

- de leur complexité (nombre de composants, niveau de standardisation des pièces, soustraitance ou pas) ;
- de leur mode de fabrication (nombre d'opérations, taille des séries ou des lots) ;
- de leur mode de distribution (type de réseaux ou nature de clientèle) ;

doit être correctement évaluée, ce qui suppose un système d'allocation des coûts aux produits qui soit sensible à ces paramètres ; c'est pourquoi les méthodes ABC sont très utilisées dans une démarche de *target costing*.

➤ *Ajustement entre le coût estimé et le coût cible*

La plupart du temps, le coût estimé calculé est supérieur aux coûts cibles obtenus du marché. Il s'agit donc de réduire l'écart entre coût estimé et coût cible par une meilleure conception (plus économe) et par une amélioration des gammes opératoires et de l'organisation de la production future. Ces améliorations doivent toujours être élaborées dans une perspective valeur/coût : il ne s'agit pas de réduire le coût si cela doit affecter la valeur reconnue au produit, mais d'optimiser les rapports entre les deux notions.

Ce processus d'optimisation s'effectue par les analyses de la valeur successives afin de ramener le coût estimé à un niveau acceptable. Là encore, il s'agit d'un processus itératif d'améliorations continues.

La réduction des coûts est généralement envisagée en plusieurs étapes.

- une première réduction de l'écart de coût est obtenue par l'optimisation en phase de conception (environ 80 %). À ce stade, le coût prévisionnel du produit futur peut être assimilé à un coût standard plus bas que les coûts actuels pratiqués par l'entreprise. Ce coût estimé est un coût planifié ;
- une deuxième étape est prise en compte dans la phase de production proprement dite qui consistera à contrôler les coûts réels pour les maintenir proches des coûts cibles : on parle alors de « maintenance du coût » de sorte que les conditions réelles de fabrication et de distribution ne gaspillent pas les gains obtenus par la réduction des coûts.

Cet ajustement est illustré par le schéma suivant, connu sous le nom de modèle de T. Makido :

La maîtrise des coûts : le modèle de Makido

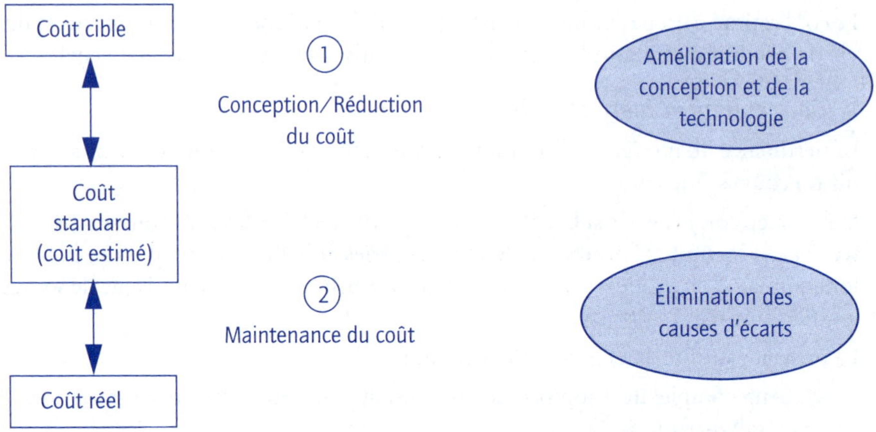

d) Les apports de la méthode

➤ *Une vision transversale et une gestion des décloisonnements*

La méthode implique de nombreuses fonctions dans une démarche unique :

– le marketing pour les études de marché ;
– les études et les méthodes pour la conception du produit et les choix en termes de process industriels ;
– le contrôle de gestion pour les éléments de valorisation ;
– les achats pour le choix des composants achetés et celui des fournisseurs.

Ces liens entre fonctions obligent à des décloisonnements, à la prise en compte des contraintes des autres, à l'abandon des hiérarchies entre métiers, à percevoir une solution dans une vision globale d'optimisation du couple « valeur/coût ».

Enfin, le décloisonnement ne doit pas se limiter aux frontières de l'entreprise mais intégrer les fournisseurs en amont et, éventuellement, les distributeurs en aval.

Tous ces besoins doivent se traduire par la mise en œuvre d'outils de gestion adaptés :

– la constitution de tableaux de bord et de comités de pilotage sur des paramètres clés et transversaux ;
– la gestion de projet qui permet transversalité et maîtrise du temps ;
– l'ingénierie simultanée qui réduit les temps de conception.

➤ *Une entreprise tournée vers le marché*

La vision du *target costing* est une vision orientée marché. C'est lui qui détermine la valeur d'un produit et qui met sous tension l'organisation pour optimiser le couple valeur/coût. Il donne un objectif pour piloter les activités de l'entreprise par rapport à un questionnement du style : estce que cette activité concourt à l'augmentation du couple valeur/coût ? Il donne donc une orientation à un management de type ABM.

Il reste totalement compatible avec des démarches de *benchmarking ou* de qualité totale.

➤ *Un moyen de gérer la performance future*

Le *target costing* permet une simulation du futur de l'entreprise et l'oblige à réfléchir dès l'amont des processus à leurs implications futures. Or, cette démarche d'anticipation est positive dans des domaines autres que la conception des produits comme les choix d'investissements, ou la mise en place de systèmes d'informations.

C'est au tout début de la réflexion que le degré de liberté par rapport au choix est le plus élevé.

Ce regard sur la gestion de l'entreprise déplace l'horizon de la mesure de la performance : on mesure, à un instant T, la performance définit à des instants antérieurs à T. Il s'agit donc au moment de la mise en œuvre du *target costing* de construire la performance d'une entreprise virtuelle.

➤ *Un processus d'apprentissage collectif*

La multiplicité d'outils mis en œuvre dans une démarche de *target costing* ne trouvera son aboutissement que s'il y a mobilisation des compétences et information de toutes les parties prenantes.

Pour être performant, le *target costing* demande une participation de tous, une transparence en termes d'informations et d'évaluations et une prise en charge collective des choix et des erreurs qui peuvent en résulter.

Il nécessite de la part des dirigeants une implication forte afin de surmonter les habitudes en place et promouvoir une coordination non hiérarchique, ouverte à la critique, négociée en termes d'objectifs.

CAS 58, 59, 60, 61 & 62

Tests de connaissances

(*Plusieurs réponses possibles par question*)

1 L'analyse de la valeur est :

- ❑ *A* une technique récente pour créer de la valeur dans les nouveaux produits technologiques
- ❑ *B* une méthode du début du XXe siècle pour trouver un compromis entre les utilités et les coûts d'un bien ou service
- ❑ *C* un nouvel outil pour stimuler la créativité des collaborateurs dans le domaine de la qualité et de l'organisation

2 La méthode de l'analyse de la valeur porte :

- ❑ *A* sur la quantification de la satisfaction du client par l'utilisation d'un bien ou service
- ❑ *B* sur la quantification des coûts liés à la production du bien ou service
- ❑ *C* sur la quantification de la satisfaction et des coûts liés à un bien ou un service
- ❑ *D* sur la quantification et la comparaison des fonctions et des coûts d'un bien ou service pour lancer des pistes d'amélioration

3 L'analyse de la valeur peut porter sur :

- ❑ *A* un produit en entier
- ❑ *C* une partie d'un produit
- ❑ *D* un service
- ❑ *E* une personne interne à l'entreprise
- ❑ *F* un prestataire externe à l'entreprise

4 La méthode des coûts cible est liée :

- ❑ *A* à l'évolution des technologies de production
- ❑ *B* à la démarche mercatique qui part du marché et du client
- ❑ *C* à l'évolution des logiciels de simulation qui permettent de recalculer des coûts

5 La méthode des coûts cible vise à :

- ❑ *A* gérer l'organisation et la structure pour réduire les coûts
- ❑ *B* piloter la qualité
- ❑ *C* accompagner le changement des produits

6 Un coût cible est défini par :

- ❑ *A* la différence entre un prix de vente imposé par le marché et une marge désirée
- ❑ *B* la différence entre un coût réel effectif et un coût inférieur souhaité
- ❑ *C* la somme de tous les éléments qu'il faudrait prendre en compte pour avoir une vision exhaustive des coûts d'un bien ou service

7 La méthode des coûts cibles peut être reliée à :

- ❑ *A* la méthode des coûts par activité
- ❑ *B* l'analyse de la valeur
- ❑ *C* le diagramme d'Ishikawa
- ❑ *D* à une démarche transdiciplinaire

8 La méthode des coûts cibles définit :

- ❑ *A* le coût total d'un produit qu'il faut atteindre pour respecter le prix et la marge imposés au-dessus du coût actuel du produit
- ❑ *B* le niveau de coût total d'un produit qu'il faut atteindre en réduisant le coût actuel du produit, à toutes les étapes du processus de transformation, afin d'atteindre le prix et la marge imposés

9 Choisir parmi les affirmations ci-après celles qui sont vraies :

- ❑ *A* L'analyse de la valeur et la méthode de coûts cible nécessitent la participation de nombreux acteurs aux fonctions et aux compétences très différentes au sein de l'organisation
- ❑ *B* L'analyse de la valeur étude le produit en fonction de ses fonctionnalités
- ❑ *C* La méthode du coût cible conduit à réduire le coût estimé du produit en deçà du coût cible
- ❑ *D* La méthode du coût cible est mise en œuvre dans les phases d'industrialisation et de fabrication du produit

10 L'analyse de la valeur et la méthode des coûts cibles orientent vers une vision :

- ❑ *A* cloisonnée et verticale de l'organisation
- ❑ *B* de collaboration entre métiers
- ❑ *C* de concurrence entre services pour réduire au maximum les gaspillages
- ❑ *D* décloisonnée et horizontale de l'organisation

Pour bien comprendre les définitions et les analyses, se référer aux chapitres 14 et 20 du manuel *DCG 11, Contrôle de gestion*, Dunod Éditeur.

Exercices d'application

CAS 57 SERVICE INFORMATIQUE NETI

Niveau ✶ **Thème : Analyse de la valeur**

La société de service informatique NETI propose un service d'aide et de maintenance permanent à ses clients. Pour ce faire, elle emploie d'une part, des opératrices téléphoniques techniquement compétentes pour aider les clients à résoudre leurs problèmes, si c'est possible sans déplacement et rapidement, et, d'autre part, des informaticiens capables de se déplacer et d'assurer des réparations plus importantes.

Pour améliorer la productivité et la qualité de ce processus de service, l'entreprise décide de mettre en place une démarche d'analyse de la valeur sur un segment du processus, la partie service par téléphone.

La première étape de délimitation des fonctions proposées par le service téléphonique donne le résultat suivant, dans l'ordre d'importance jugée par l'entreprise :

- F1 : compétence technique ;
- F2 : solution apportée (réelle et définitive) ;
- F3 : délai d'attente, disponibilité de la ligne téléphonique ;
- F4 : amabilité et patience de la personne qui répond ;
- F5 : clarté et simplicité des explications.

La seconde étape, plus comptable, a été de valoriser le coût de chacune de ces fonctions, à partir du temps passé par les opératrices par appel, de leur niveau de qualification, du taux de réussite des services :

- C1 de F1 : 100 € ;
- C2 de F2 : 200 € ;
- C3 de F3 : 30 € ;
- C4 de F4 : 10 € ;
- C5 de F5 : 20 € ;

La valeur accordée par les clients aux différentes fonctions donne le classement suivant :

- F3 : utilité 5 ;
- F4 : utilité 4 ;
- F5 : utilité 3 ;
- F2 et F1 : utilité 2.

➲ Questions

1) Quel résultat tirer de cette analyse ?

2) Quelles améliorations l'entreprise pourraient-elles apporter dans ce service ?

CAS 58 ENTREPRISE GE

Niveau ✶ **Thème : Structure organisationnelle et méthode des coûts cibles**

Une grande entreprise GE conçoit, fabrique et vend des pièces électroniques s'intégrant dans de nombreuses machines et équipements.

La structure comprend cinq départements : direction stratégique et financière, direction des produits, direction des études et développement, direction industrielle, direction commerciale. Le fonctionnement de l'organisation suit les procédures suivantes :

- la direction des produits pilote la naissance et le cycle de vie des produits : elle fait une étude de marché et une étude stratégique pour déterminer les spécifications d'un nouveau produit ; elle élabore un plan marketing, un plan de développement, un plan de production en établissant un coût de revient cible (CC). Ce coût est compatible avec les objectifs de rentabilité et de profit global de l'entreprise ; les prévisions financières du business plan sont élaborées à partir de CC ; pour la direction des études et la direction industrielle, CC s'impose comme un objectif pour que le projet réussisse ;
- la direction des études élabore la conception et mise en fabrication du produit spécifié précédemment et détermine un coût de revient dans des conditions de production optimales, CP ; ce coût est transmis à la direction industrielle comme objectif à atteindre ;
- la direction industrielle procède aux études de production avec les conditions réelles et les contraintes de l'entreprise ; elle estime le coût de revient CR qui semble réalisable.

sur la base de ces trois coûts CC, CP et CR, des négociations s'instaurent entre les trois directions pour réviser le plan produit et aboutir à des solutions acceptables par tous les partenaires ; chacun essaie d'améliorer les éléments qu'il contrôle pour satisfaire les contraintes techniques, de coût, de délai. Si l'écart est trop important entre CC et CR, il est difficile de revenir complètement en arrière et les commerciaux ont alors la charge d'augmenter le volume des ventes pour assurer la couverture des coûts.

➲ Question

Cette entreprise adopte-t-elle une démarché de coût cible ? Donner des arguments pour justifier votre réponse.

CAS 59 CONSTRUCTEUR AUTOMOBILE CA

Niveau ✶ **Thème : Changement de structure et culture d'entreprise**

Malgré une forte expérience dans son domaine, le constructeur automobile CA constate des coûts de développement en constante augmentation. Le développement est organisé en trois départements :

- un département projet pour concevoir et développer un nouveau modèle de voiture, l'entreprise structure son organisation par projet),
- un département produit (pour la cohérence marketing générale des produits),
- un département coût contrôle (pour estimer les coûts).

Lors d'un programme en collaboration avec une autre entreprise, un des chefs projet a expérimenté une méthode de calcul de coût dont la procédure est la suivante :

- détermination d'un prix de vente public en fonction d'une étude de sensibilité du marché ;
- détermination d'une marge de rentabilité souhaitée ;
- déduction du coût de revient maximum nécessaire pour que la marge soit atteinte ;
- décomposition du produit en fonctions principales et secondaires, hiérarchisées selon l'utilité perçue du client (démarche d'analyse de la valeur) ;
- calcul du coût de revient maximum pour chacune des fonctions selon leur degré d'importance et décomposition selon les sousfonctions de chaque fonction.

L'équipe projet doit travailler tout au long des étapes du cycle de vie du produit en intégrant ces éléments de coût.

Le chef projet estime que cette démarche pourrait améliorer l'efficacité du département de développement et conduire à réduire les coûts. Il la propose aux trois départements : le département « produit » estime que la démarche très orientée client est en contradiction avec la culture technique du groupe ; le département « coût » défend ses calculs actuels d'estimation de coûts et critique le caractère trop aléatoire et subjectif des préférences et des utilités des clients ; les autres chefs projet du département projet n'y accordent pas beaucoup d'intérêt.

La proposition de mise en place de cette démarche n'est pas retenue et toute autre initiative est abandonnée.

➲ Questions

1) Comment qualifier la démarche d'élaboration des coûts proposée ? quels peuvent en être les avantages et les inconvénients ?

2) Pourquoi cette démarche n'a-t-elle pas été acceptée ?

CAS 60 ENTREPRISE COUPELA

Niveau ✶✶ **Thème : Produit nouveau et méthode des coûts cibles**

L'entreprise Coupela, spécialisée dans des produits de supports publicitaires, envisage de lancer un produit nouveau sur le marché. La durée de vie prévue de ce produit est courte et estimée à deux ans.

La direction envisage de mettre en place une démarche par coûts cibles.

PARTIE 1

L'entreprise pratiquera une forte campagne publicitaire pendant la phase de lancement pour faire connaître le produit. Pendant cette période, la production serait limitée à la moitié des capacités de production mises en œuvre.

Pendant la phase de démarrage, la production se fera à 80 % de la capacité maximale de production, puis lors de la maturité du marché, les capacités de production seront saturées. Les phénomènes d'apprentissage permettront une diminution de 20 % du coût unitaire variable de montage en période de démarrage, puis de 15 % en phase de maturité.

Compte tenu de relations de partenariat établies avec les fournisseurs, le coût des composants diminuera de 15 % en phase de démarrage, puis de 10 % lorsque la production sera portée à son maximum.

En phase de maturité, l'apparition de produits de substitution obligera à diminuer le prix de vente de 10 %, par contre la publicité pourrait être fortement réduite.

Le prix de vente du produit est fixé à 25 €. L'entreprise souhaite dégager des marges sur prix de vente de 5 % en phase de lancement, 15 % en phase de démarrage et 20 % à pleine maturité du cycle de vie du produit.

Les coûts prévisionnels unitaires, en phase de lancement, sont les suivants :

Coût matière :

- Composant A : 1 unité à 3,60 €
- Composant B : 2 unités à 1,50 €
- Composant C : 1 unité à 1,90 €

Coût de production :

- Réglage : 0,50 € par type de composant.
- Montage :
  - capacité de production maximale : 20 000 unités ;
  - coût variable unitaire : 5 € ;
  - coût fixe de capacité : 80 000 €.
- Gestion des lots de fabrication : 200 € par lot.
- Taille des lots : 100 unités.

Coût publicitaire :

- Lancement : 5 € par unité.
- Démarrage : 3,50 € par unité.
- Maturité : 1,25 € par unité.

➲ Questions

1) Déterminer les profits cibles attendus par l'entreprise pour ce produit, en déduire les coûts cibles en fonction de la durée de vie du produit.

2) Calculer les coûts estimés du produit en fonction de son cycle de vie.

3) Mettre en évidence les progrès en matière de coûts nécessaires au respect des objectifs de profitabilité de l'entreprise.

PARTIE 2

Le responsable du projet nouveau réunit les différents services concernés pour envisager des améliorations possibles :

- le service de conception, suite à une analyse de la valeur, propose de remplacer le composant C par un composant de type B sans nuire aux fonctionnalités du produit ;
- le service des achats indique que le fournisseur du composant B, compte tenu de l'accroissement des quantités achetées, accepte un prix de vente unitaire de 1,30 € pour ses composants ;
- la gestion de production estime qu'il est possible de produire, dès le lancement, en lots de 200 produits puis, en phase de maturité, en lots de 400 ;
- le service du marketing annonce qu'il serait possible d'envisager d'écouler, dès le lancement du produit, 12 500 produits sous réserve de recibler la campagne publicitaire initiale (surcoût probable : 0,20 € par produit en phase de lancement) ;

– la direction financière, plutôt satisfaite des projections obtenues en phase de maturité, accepte de revoir ses objectifs en phase de lancement et tolère de vendre à prix coûtant sur cette période.

⊃ Questions

4) Chiffrer les différentes améliorations proposées.

5) Que penser des résultats obtenus ?

CAS 61 NOUVELLES DU NORD (NDN)

Niveau ✶✶✶ **Thème : Méthode des coûts cibles et structure d'un produit**

L'entreprise NDN propose à ses lecteurs un quotidien d'une quarantaine de pages diffusé en kiosque et par abonnement. Ce journal contient principalement des informations locales concernant les départements de diffusion. Il sert également de support pour des encarts publicitaires et propose des services payants comme la diffusion de petites annonces en provenance de particuliers ou d'entreprises (offres d'emploi) ainsi que des annonces légales.

Le quotidien *Les Nouvelles du Nord* (NDN), entreprise familiale, a réalisé ces dernières années d'importants investissements pour intégrer les évolutions technologiques auxquelles le secteur de la presse est confronté. La modernisation du système informatique est enfin achevée. Le matériel et les logiciels informatiques permettent maintenant une fabrication totalement informatisée des différentes éditions. Les journalistes des *Nouvelles du Nord* doivent désormais réaliser eux-mêmes la composition des pages du journal.

Cette modernisation s'est accompagnée de système de calcul de coûts par activités (voir annexe 1) qui permet d'orienter les choix en matière de diffusion et d'organisation du processus de production et d'aider à trouver des voies de diversification de l'activité. Ces travaux ont permis de définir, compte tenu d'une activité normale, des indicateurs clés par tirage. Ces informations supplémentaires sont regroupées dans l'annexe 2. La direction du journal décide d'appliquer la démarche à un produit nouveau qui permettrait une meilleure utilisation des moyens tout en dynamisant le titre.

En effet, pour « remobiliser » le lectorat du journal, il est nécessaire d'ouvrir ce dernier vers les jeunes et les femmes. La régie de presse d'un grand groupe national propose à NDN une solution originale : un magazine « clé en mains » destiné aux femmes dans lequel NDN insérerait des pages régionales afin d'attirer des annonceurs locaux. Ce supplément hebdomadaire serait diffusé gratuitement avec le quotidien.

⊃ Questions

Attention : le travail concerne un tirage d'un jour donné.

1) Exprimer, le coût théorique d'un supplément plié avant diffusion en fonction :
- **du nombre de pages d'informations régionales noté PR ;**
- **du nombre de pages de publicité noté PP ;**
- **du tarif du magazine clés en mains noté *t*.**

2) Calculer, par période de l'année de lancement (soit 3), le nombre de pages publicitaires nécessaires pour tenir les objectifs de résultats imposés par la direction sur ce produit.

3) Analyser les résultats obtenus, leur pertinence par rapport aux objectifs initiaux du système d'information de gestion. Quelles sont les limites de la méthode ?

ANNEXE 1

Conception du système d'information dans une vision d'analyse par activités

Compte tenu de l'évolution actuelle du processus de fabrication, la modélisation du système mis en place considère que NDN participait en fait à la constitution de trois journaux en parallèle, dont les contenus sont collectés par les mêmes personnes, mis en page et imprimés sur les mêmes moyens mais qui représentent trois logiques de gestion différentes : un journal de pages d'informations, un journal de pages publicitaires et un journal de pages payantes. Ces trois logiques définissent trois « macro-processus » qu'il est important de distinguer.

C'est pourquoi une nouvelle analyse des coûts est proposée. Elle porte sur 5 points principaux :

1. Une nouvelle modélisation du fonctionnement de l'entreprise :

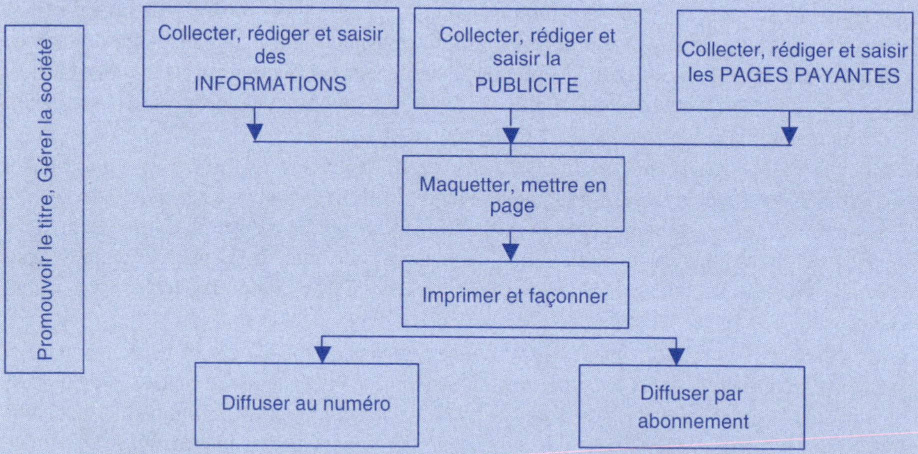

2. La définition de « produits internes » qui consiste à scinder un numéro du journal (journal d'un jour donné) en trois sous-numéros :
- le numéro d'informations qui comprend l'ensemble du contenu rédactionnel évalué en nombre de pages ;
- le numéro de publicité constitué de l'ensemble des annonces publicitaires évalué en nombre de pages ;
- le numéro de « pages payantes » regroupant l'ensemble des annonces payantes et annonces légales, évalué en nombre de pages.

3. La perception d'un journal comme étant un produit à structure variable en fonction du nombre de pages de chaque nature retenu dont il importe de calculer le coût et/ou la contribution.

4. Le mode de diffusion comme critère exclusif de confrontation avec le marché et donc la nécessité de distinguer deux services différents : la diffusion au numéro, et la diffusion servie par abonnement.

5. Un mode de calcul original des coûts de revient qui analyse le coût complet du journal selon la procédure suivante :
- Calcul du coût du journal imprimé plié pour chacun des trois sous-numéros hors consommation de papier ;
- Coût d'un journal imprimé plié avant diffusion = Coût du numéro d'informations – Marge sur numéro de publicité – Marge sur numéro de « pages payantes » ;

- Coût du service rendu = Coût du journal imprimé plié non diffusé + Coût direct du papier consommé + Coût de la diffusion + Coût des activités de soutien.

Ce calcul est réalisé pour les deux types de diffusion : au numéro et par abonnement.

ANNEXE 2
Données clés relatives au supplément gratuit

A. Données standard retenues par l'entreprise pour un tirage de 86 000 exemplaires

Coût papier pour une page : 140 euros

Coût de collecte d'une page d'informations : 175 euros

Coût de collecte d'une page de publicité : 94 euros

Coût de collecte d'une page payante : 29 euros

Coût de maquettage d'une page : 40 euros

Coût de l'impression et du pliage : 34 500 euros (pour un tirage de 86 000 exemplaires)

B. Projet de supplément gratuit

Publication hebdomadaire, présentée comme un supplément gratuit destiné aux femmes de 20 à 55 ans. La base du magazine est achetée à la régie de presse du grand quotidien national « clé en mains », c'est-à-dire rédigée et mise en page ; ce produit de 10 pages rédactionnelles est prêt à être imprimé. NDN se charge d'ajouter des pages rédactionnelles d'intérêt local ou régional et de collecter, auprès des annonceurs, de la publicité évaluée en nombre de pages. Dans une première version, il n'est pas envisagé d'y joindre des « pages payantes ».

Format d'une page imprimée : 2000 mm-colonne.

Ce supplément serait imprimé sur du papier de qualité identique à celle du journal, dans des conditions similaires (4 pages par feuille) mais le forfait de mise en route des rotatives est inutile puisque ce supplément s'intègre à l'édition du quotidien.

Des études de marchés ont montré :

- qu'un tel supplément devrait posséder au moins 5 pages rédactionnelles sur des informations locales intéressant le public concerné ;
- que le nombre maximum de pages de publicité ne peut, sur un produit de ce type, être supérieur au nombre total de pages rédactionnelles ;
- que la régie de publicité du NDN peut collecter par page publicitaire, sur un projet comme celui-ci, en moyenne et par tirage :
  - 2 834 euros sur les 2 premiers mois du lancement,
  - 3 333 euros sur les 4 mois suivants,
  - 4 167 euros par mois, une fois la notoriété du titre acquise, durée estimée à 6 mois de publication.

La régie de presse du grand quotidien national propose, compte tenu des tirages de NDN, qui ne peuvent à court terme être augmentés, les tarifs suivants : 8 centimes par exemplaire édité pendant 6 mois à titre promotionnel puis 15 centimes par exemplaire édité.

La direction estime que la diffusion d'un tel supplément n'entraînerait pas de coûts supplémentaires de diffusion puisqu'il serait inséré dans le quotidien régional. En revanche, elle souhaite dégager sur ce projet un gain de 8 centimes par exemplaire imprimé, soit 6 880 euros par tirage.

Cas de synthèse

CAS 62 SOCIÉTÉ SAMA

Thème : Demande de coûts cibles et analyse de la valeur

La société de produits ménagers SAMA fabrique et vend de l'électroménager blanc (lave-vaisselle, lave-linge, sèche-linge, etc.). Jusqu'à présent, elle était plutôt spécialisée dans l'électroménager combinant l'eau et l'électricité. Elle souhaite se diversifier vers la fabrication et la vente d'unités de taille réduite nouvelle génération pour studio ou kitchenette, plus performantes et moins consommatrices d'énergie. Dans cette perspective, elle créerait une entité au capital de 1 million d'euros, solliciterait un emprunt d'un montant équivalent remboursable in fine afin d'investir dans une unité neuve de fabrication dont l'activité serait exclusivement la fabrication et la distribution de ces produits.

Les informations obtenues du service commercial, du bureau d'études, de la direction financière sont regroupées par le contrôleur de gestion.

Données commerciales retenues

Compte tenu des spécificités de ce produit, les ventes prévisionnelles seraient de 6 000 unités en N, 8 000 en N+1 et 9 000 unités en N+2. Le prix moyen est de 450 € l'unité en N. Il diminuera de 2 % en N+1 et N+2.

À la suite d'une étude de marché, le service commercial apporte les informations suivantes :

Fonctions retenues pour le produit	F1	F2	F3	F4	Total
Degré d'importance de chaque fonction	0,15	0,5	0,30	0,05	1

Données techniques fournies par le bureau d'études

Compte tenu des savoir-faire et des compétences de l'entreprise, le coût estimé d'un produit a été calculé et est fourni ci-après.

Éléments de coût	Détail	Total
Coûts des composants :		279 €
C1 acheté à l'extérieur	55 € l'unité	
C2 acheté à l'extérieur	28 € l'unité	
C3 fabriqué en interne	166 € l'unité	
C4 fabriqué en interne	30 € l'unité	
Main-d'œuvre directe		60 €
Charges indirectes de production		43 €
Charges indirectes de distribution		15 €
Coût estimé pour un produit		397 €

Par ailleurs, une étude fonctionnelle du produit a donné les résultats suivants :

Contribution de chaque composant à la réalisation de la fonction (en %)	F1	F2	F3	F4
Composant 1	0	10	30	50
Composant 2	10	20	0	0
Composant 3	30	50	20	20
Composant 4	60	20	50	30
Total	100	100	100	100

Objectif des services financiers

Chaque produit doit dégager un profit qui permet de couvrir :

- une quote-part des frais fixes de la SAMA, soit 18 e par unité ;
- une contribution aux frais de recherche et développement évaluée à 8 % du chiffre d'affaires prévu ;
- la rémunération des ressources empruntées estimée à 6 % du montant des dettes financières ;
- la rémunération des capitaux investis par la société mère estimée à 10 % du capital.

➲ Questions

1) Déterminer le coût cible sur les trois années.

2) Évaluer les efforts à réaliser en matière de coût. Rappeler comment les réductions de coût désirées peuvent être obtenues.

3) Calculer le poids cible de chaque composant dans le coût cible du produit.

4) Comparer le poids de composants dans le coût estimé et dans le coût cible. Proposer des solutions d'améliorations.

8 THÈME

Gestion de la performance et communication

CHAPITRE 12 Tableaux de bord et indicateurs

12
CHAPITRE

Thème 8 – Gestion de la performance et communication

Tableaux de bord et indicateurs

Rappel de cours

1. Tableau de bord

1.1 Définition et rôles

Un tableau de bord est un **outil de pilotage** d'un ou de plusieurs domaines de gestion, qui rassemble des informations chiffrées, sur des variables de gestion, présentées de manière synthétique.

Un tableau de bord est une présentation claire, sans modèle normatif, de paramètres caractéristiques d'un domaine de gestion pour aider à décider, à coordonner, à suivre, à contrôler, à recentrer les actions de ce domaine. Ses **rôles** sont donc nombreux :

- en amont d'une action : pour **synthétiser des informations** pour un diagnostic, une aide à la décision ;
- pendant l'action : pour **suivre l'évolution** des résultats de l'action, au travers des paramètres, afin de piloter, le cas échéant, des modifications de l'action ; pour aider la coordination et la coopération des acteurs, au travers d'un langage commun ;
- en aval de l'action : pour **communiquer et dialoguer** avec les supérieurs hiérarchiques comme avec les subordonnés afin de commenter les résultats, de réfléchir et de décider sur de nouvelles actions.

Il est ainsi possible de synthétiser en trois points l'utilité des tableaux de bord :

1) le tableau de bord, instrument de contrôle et de comparaison ;

2) le tableau de bord, aide à la décision : de manière idéale, un tableau de bord devrait aider :

- pour une prise de décision en temps réel dans l'entreprise,
- pour une prise de décision répartie,
- pour des informations adaptées à chaque décideur,
- pour le pilotage d'objectifs diversifiés ;

3) le tableau de bord, outil de dialogue et de communication.

1.2 Évolution des tableaux de bord

Les tableaux de bord existent dans les entreprises françaises depuis les années 1950 mais avec des caractéristiques et des objectifs différents de ceux d'aujourd'hui.

Dans les années 50, ils étaient construits pour être par définition omniscients, omnipotents, rationnels, dans un contexte taylorien de coût et de productivité. Réservée à certains décideurs, la pratique a montré qu'ils étaient incomplets, standardisés et en temps différé.

Les demandes actuelles de tableaux de bord correspondent à de nouveaux besoins :

- offrir une vision cohérente du système à piloter en fonction des objectifs ;
- mesurer la performance, l'effort accompli et l'effort à accomplir ;
- signaler les dysfonctionnements ;
- permettre des simulations ;
- communiquer et faire coopérer les acteurs ;
- intégrer plusieurs dimensions : opérationnel passé, stratégique prospectif, social, sociétal.

1.3 Construction d'un tableau de bord

La construction d'un tableau de bord répond à certains principes :

- délimiter, pour un périmètre de gestion précis, par exemple, un centre de responsabilités, les points clés représentatifs des missions de ce centre ;
- définir les paramètres qui explicitent les points clés ;
- construire les indicateurs liés à ces paramètres (ratios, écarts, seuils...).

Exemple de décomposition :

Centre de responsabilité de la qualité, mission : minimiser les taux de pannes des machines				
Points clés	**Paramètres**	**Indicateurs/seuil**	**Résultats**	**Écarts**
Machines	Fiabilité	Nb pièces valides		
		Nb de rebuts		
	Maintenance	Nb de pannes		
		Nb d'interventions		
Main-d'œuvre	Compétence	Nb de réparations faites		
		Nb d'idées transmises		

2. Indicateurs

Un indicateur est une information ou un regroupement d'information contribuant à l'appréciation d'une situation par un décideur. Il doit avoir trois rôles :

INFORMER + DIAGNOSTIQUER + PRÉVOIR

Il y a plusieurs catégories d'indicateurs selon leur rôle :
- indicateur de résultat ou de constat d'un état ;
- indicateur de seuil ou d'alerte ;
- indicateur d'équilibration ou d'avancement par rapport à un objectif.

Les indicateurs doivent avoir plusieurs qualités :
- quantifiables et mesurables ;
- fiables ;
- clairs et faciles à comprendre (construit par les utilisateurs) ;
- consolidables ;
- liés à une référence, une norme, un historique ;
- pas trop nombreux.

Pour construire un indicateur, il faut poser les questions suivantes :
- que cherche-t-on à mesurer ?
- quelle précision est nécessaire ?
- à quelle fréquence faut-il mesurer ?
- qui génère l'information de base ?
- quels sont les utilisateurs intéressés ?

Il faut se méfier des indicateurs :
- un indicateur représente une partie de la réalité d'un problème ;
- aucun indicateur n'est parfait ni exhaustif ;
- un indicateur est interprété différemment par différents acteurs.

CAS 63, 64, 65 & 66

Tests de connaissances

(*Plusieurs réponses possibles par question*)

1 Choisir parmi les affirmations suivantes celles qui sont vraies :

- ❑ *A* Les tableaux de bord sont présents dans les entreprises depuis plus de cinquante ans
- ❑ *B* Les tableaux de bord se développent aujourd'hui à tous les niveaux de la hiérarchie d'une organisation
- ❑ *C* Les tableaux de bord regroupent que des indicateurs financiers
- ❑ *D* Le bilan social est un tableau de bord

2 Quel est le principe fondamental de construction du tableau de bord ?

- ❑ *A* Le tableau de bord doit s'adapter à l'organisation existante
- ❑ *B* L'organisation doit s'adapter au tableau de bord mis en place à partir de l'organigramme de gestion
- ❑ *C* Vouloir une organisation parfaitement adaptée avant d'implanter le tableau de bord

3 Un tableau de bord est un ensemble d'informations ou indicateurs :

- ❑ *A* qui représente toute l'organisation de manière chiffrée
- ❑ *B* qui synthétise clairement des paramètres caractéristiques d'un domaine de gestion
- ❑ *C* qui quantifie les variables stratégiques pour la direction générale

4 Le tableau de bord est un outil :

- ❑ *A* de diagnostic
- ❑ *B* de motivation des responsables
- ❑ *C* d'aide à la décision
- ❑ *D* de communication externe et interne
- ❑ *E* de suivi et de contrôle

5 Un indicateur est toujours défini comme :

- ❑ *A* un chiffre représentant un paramètre de gestion
- ❑ *B* n'importe quelle donnée présentée de n'importe quelle manière du moment qu'elle est utile et pertinente pour un décideur
- ❑ *C* un repère sur une échelle de notation

6 Les qualités d'un indicateur sont :

- ❑ *A* l'exhaustivité
- ❑ *B* la spécificité pour les distinguer et non les regrouper
- ❑ *C* la clarté et la lisibilité
- ❑ *D* la fiabilité
- ❑ *E* la pertinence par rapport aux besoins de pilotage

7 Dans les tableaux de bord on oppose des indicateurs de :

- ❑ *A* de stock et de flux
- ❑ *B* de suivi et de résultat
- ❑ *C* de progrès ou seuil
- ❑ *D* d'avancement ou de durée
- ❑ *E* financiers et non financiers

8 En tant que concepteur de tableau de bord, il est nécessaire de :

- ❑ *A* définir les modalités de calcul des indicateurs
- ❑ *B* repérer les missions du service et les paramètres de gestion à gérer
- ❑ *C* proposer des indicateurs que dans la sphère de la qualité
- ❑ *D* proposer une vision multicritère de la performance

9 En tant qu'utilisateur de tableau de bord, il est nécessaire de :

- ❑ *A* connaître la valeur et la signification des chiffres qui figurent dans le tableau de bord
- ❑ *B* être capable de communiquer avec ses collègues sur les indicateurs du tableau de bord
- ❑ *C* demander le changement d'indicateurs
- ❑ *D* attendre les données exactes même si elles sont tardives pour renseigner le tableau de bord

10 Les réseaux de tableaux de bord suivent une mécanique gigogne suivant plusieurs principes :

- ❑ *A* Chaque responsable a son propre tableau de bord avec des indicateurs spécifiques

❑ *B* Chaque tableau de bord d'un même niveau hiérarchique doit avoir la même structure pour permettre l'agrégation des données

❑ *C* Chaque tableau de bord doit remonter jusqu'à la direction générale

❑ *D* L'emboîtement des tableaux de bord doit respecter la ligne hiérarchique

❑ *E* Toutes les données des différents TB doivent se retrouver dans un TB final

Pour bien comprendre les définitions et les analyses sur ces points, se référer au chapitre 17 du manuel *DCG 11, Contrôle de gestion*, Dunod Éditeur.

Exercices d'application

CAS 63 ENTREPRISE F

Niveau ✶ **Thème : Contrôle de gestion et pilotage de la performance**

L'entreprise F fournit divers pièces et modules à l'entreprise C qui les usinent pour les livrer à une entreprise A qui les assemblent.

Actuellement :

- F reçoit une commande de C ;
- F fabrique et livre la commande en 8 jours ; F conserve un stock de 8 jours de ses pièces et modules. Le taux de rebut, retour et défaut qualité est de 6 % de la production totale ;
- C reçoit une commande de A ;
- C usine les modules et pièces livrés par F et livre la commande de A en 10 jours ; C conserve un stock de 4 jours des modèles et pièces de F ; il constitue un stock de 9 jours pour ses modules usines. Le taux de rebut, défaut qualité est de 7 % de la production totale ;
- A assemble et livre, à la commande, les modules usinés par C en 10 jours ;
- A n'a pas de stock fini et possède un stock de modules usinés par C de 5 jours. Le taux de rebut, défaut qualité est de 2 % ;

Il y a souvent des ruptures d'approvisionnement entre les trois acteurs de la chaîne.

Les entreprises cherchent à améliorer leurs performances par un meilleur pilotage de l'ensemble du processus d'approvisionnement en mettant en place une chaîne logistique intégrée.

Au-delà des aspects techniques et informatiques, il s'agit ici de trouver, pour chaque étape du processus, des indicateurs pertinents pour que le tableau de bord de chaque acteur permette d'orienter leurs actions.

Chaque entreprise partenaire de la chaîne logistique a essayé de repérer ses objectifs :

Entreprises	F	C & A
Objectif général	Fluidité du processus pour réduire les délais et réduire les coûts	
Objectifs spécifiques	• Baisse du coût de production par une meilleure planification sur l'année : 5 % • Baisse du coût d'immobilisation sur l'année : 15 %	• Baisse du niveau du stock : 10 % • Réduction du délai de réaction du fournisseur F et du délai de réponse à A • Baisse rupture approvisionnement de 10 % • Moins d'erreur de livraison : baisse de 50 % en 1 an

➲ Questions

1) Déterminer les étapes du processus.
2) Trouver les deux ou trois variables utiles pour piloter chaque étape.
3) Proposer des indicateurs pour ces variables.
4) Essayer d'élaborer un tableau de bord.

CAS 64 DÉCOR EN FÊTE

Niveau ✶ **Thème : Management par les indicateurs**

Un département de la société Décor en Fête produit des extraits de parfums à diffuser dans l'atmosphère. Ces extraits sont vendus sur deux marchés distincts :

- le marché français, où une concurrence forte sur ce type de produits existe ce qui oblige à fortement maîtriser les coûts,
- les pays de l'Union européenne, pour qui ce produit est perçu comme un produit exotique donc luxueux. Ce positionnement commercial et les réglementations locales contraignent à des emballages spécifiques. En effet, la distribution Export est dépendante des réglementations nationales des pays importateurs, ce qui entraîne des modifications propres à chaque lot exporté.

Pour tenir compte de cette segmentation commerciale, le département possède deux centres de distribution, l'un pour la distribution sur le territoire français, l'autre la distribution « Export ». Chacun de ces deux centres détermine sa contribution au résultat final. Il faut noter que les responsables d'Export et de France sont rémunérés en fonction du résultat de leur centre.

Les informations concernant la période N vous sont communiquées ci-dessous :

	Total	Ventes France	Ventes Export
Chiffre d'affaires	30 000 000	15 000 000	15 000 000
Marge sur coûts variables	18 000 000	9 000 000	9 000 000
Charges fixes spécifiques	3 800 000	1 800 000	2 000 000
Marges sur coûts spécifiques	14 200 000	7 200 000	7 000 000
Charges indirectes communes	11 000 000		
Résultat de la période	3 200 000		

Pour suivre les surconsommations liées aux spécificités commerciales, le contrôleur de gestion décide de mettre en œuvre une analyse par activité et dans cette perspective il a conduit une étude détaillée des charges indirectes communes de production.

Elles comprennent les 5 activités suivantes (activité 1 à activité 5) pour lesquelles ont été recensés les différents facteurs explicatifs dont on a mesuré le degré d'importance (x : importance mineure ; xx : importance majeure).

Activités	Montant en €	Facteurs explicatifs		
		Nombre de flacons	Lots	Références
A1 – Ordonnancement	1 500 000		xx	
A2 – Préparation installations	2 000 000		x	xx
A3 – Embouteillage	2 200 000	xx	x	
A4 – Conditionnement	3 300 000	xx	x	
A5 – Contrôle qualité	2 000 000		xx	x
Total	11 000 000			

Pour la période concernée, les volumes suivants ont été relevés. Ils serviront de référence dans les calculs.

	Ventes totales	Ventes France	Ventes export
Production en flacons	5 500 000	3 000 000	2 500 000
Nombre de références	40	5	35
Nombre des lots	300	50	250

PARTIE 1

➲ Questions

1) En tenant compte de l'analyse des activités mentionnées ci-dessus, calculer la marge unitaire sur coût de production par flacon produit.

2) Quelles conclusions tirer des résultats obtenus ?

PARTIE 2

Pour atteindre les objectifs fixés, la direction générale a décidé de déterminer un seuil discriminant de taille de série, par famille de produits.

Au-delà de ce seuil, chaque série supportera un surcoût de non-réalisation d'objectifs.

Le responsable « Export » ainsi que ses représentants, sont informés de cet objectif qui doit se concrétiser, pour leur seule production, par une réduction des coûts dus à la taille des lots de 30 %.

Les ventes à l'exportation étant appelées à se développer, un suivi régulier de leur évolution est réclamé au responsable « Export ».

➲ Questions

1) En admettant que le coût des activités concernées est proportionnel au nombre de lots :
– déterminer l'objectif en euros de réduction des coûts ;
– déterminer le niveau minimum que doit atteindre un lot « Export » afin de ne pas supporter le surcoût de non réalisation d'objectifs.

2) Quel commentaire l'hypothèse de la question précédente inspire-t-elle ?

3) Définir la notion d'inducteur de coûts en la comparant à celle d'inducteur d'activités. Quel est l'inducteur de coûts qui génère la surconsommation « Export ».

4) Proposer quelques indicateurs de performance représentatifs des ventes à l'exportation.

5) Exprimer succinctement en quoi ce département adopte une démarche de type « ABM ».

CAS 65 SOCIÉTÉ COM2000

Niveau ✶✶ **Thème : Tableau de bord d'un service commercial**

La société Com2000 équipe les entreprises en matériel de communication.

Pour améliorer la qualité du fonctionnement et des services du service commercial, elle a mis en place un système de pilotage par tableau de bord qui gère le processus « vendre et raccorder un nouveau client ».

L'objectif de performance de ce processus étant la réactivité, un indicateur a été construit dans le tableau de bord : c'est R, temps écoulé entre la signature du contrat et la mise en service chez le client de l'appareil.

Un autre indicateur est calculé par les commerciaux : NC = nombre de contacts nécessaires pour réaliser un contrat et, par différence, nombre d'affaires perdues après un contact, perdues après deux contacts.

Les commerciaux du service calculent donc R et analysent cet indicateur après six mois d'utilisation : le temps écoulé entre la signature du contrat et la mise en service chez le client diminue d'un tiers (de six semaines à quatre semaines) ; en revanche, le nombre d'affaires perdues après un contact augmente.

⊃ Questions

1) Élaborer un exemple de ce tableau de bord pour un représentant.

2) Que pensez-vous de cette procédure ?

3) Quelles sont les causes de ces résultats ?

4) Comment améliorer l'indicateur ? Quelle solution préconisez-vous ?

Cas de synthèse

CAS 66 TIPLAST

Thème : Réflexions sur un tableau de bord opérationnel

L'entreprise Tiplast, équipementier en plasturgie pour des constructeurs automobiles, est présentée dans le cas 5 (*cf.* chapitre 1). En réponse à un appel d'offres, un calcul de coût complet prévisionnel de bas de caisse automobile a été réalisé ; sur cette information, il a été décidé d'accepter le prix proposé par le donneur de 30 €/pièce et de contractualiser pour une durée de 3 ans et pour 360 000 pièces.

En février N+1, les services de gestion ont élaboré le coût prévisionnel complet sur les données estimées en année N, pour un début de réalisation du contrat en janvier N+2 (sachant que des investissements doivent être réalisés durant l'année N+1).

Nous sommes maintenant en juillet N+2 et des informations nouvelles doivent être intégrées :

- les prix de l'électricité et du gaz ont fortement augmenté en fin d'année N+1 et début d'année N+2 ;
- au sein de l'atelier de peinture, le responsable constate que le temps de travail effectif des ouvriers est inférieur aux données prévues, que pour livrer 100 jeux de bas de caisse conformes, il faut en lancer dans le processus 110 ;

- sur l'ensemble du processus de fabrication (moulage, peinture, finition) le temps de cycle, évalué à 15 h en N+1 tend aujourd'hui vers 16 h.

Face à ces évolutions et à la nécessité de conserver une marge correcte sur le contrat accepté, le responsable de l'atelier « peinture » souhaite améliorer le pilotage de ses actions grâce à des informations plus précises et plus pertinentes que celles dont il dispose aujourd'hui, c'est-à-dire le coût de l'heure de fonctionnement hors matières et charges directes (calculé dans le cas 5).

PARTIE 1 : UN TABLEAU DE BORD POUR L'ATELIER « PEINTURE »

Le responsable estime que, pour utiliser la marge de manœuvre décisionnelle dont il dispose, il lui faudrait des indicateurs sur des variables quantitatives et qualitatives qui lui permettraient de piloter la performance économique et financière en termes de coûts mais aussi de qualité, de délai et de ressources humaines. Il souhaite maintenir un coût total inférieur au prix du contrat (30 €), en évitant les dérives de fonctionnement, les dysfonctionnements matériels et humains, tout en conservant le niveau de qualité et de délai requis par le client.

Il s'agit donc de l'aider à construire un tableau de bord opérationnel pour l'atelier de peinture.

➲ Questions

1) Analyser les raisons pour lesquelles l'indicateur de coût peut être qualifié de non pertinent et trop partiel.

2) En analysant les données de l'année N (voir cas 5) et les nouvelles informations, lister les points de fonctionnement qu'il faudrait suivre pour piloter les dérives et les dysfonctionnements.

3) Pour concevoir le tableau de bord opérationnel de l'atelier de peinture, délimiter d'abord les objectifs de ce tableau, les variables à prendre en compte, la périodicité la plus adaptée pour ce contexte.

4) À partir des choix de la question précédente, élaborer les indicateurs du tableau de bord opérationnel de l'atelier peinture.

PARTIE 2 : UN TABLEAU DE BORD POUR L'ENSEMBLE DES ATELIERS

La mise en place de ce tableau de bord semble avoir amélioré le fonctionnement et les résultats de l'atelier de peinture. De ce fait, le directeur de l'usine souhaite diffuser cette pratique dans les autres ateliers de l'usine, celui du moulage des bas de caisse, intervenant en amont de l'atelier de peinture, et celui de finition, intervenant en aval de la peinture. Il espère aussi pouvoir obtenir une vision globale du fonctionnement de l'ensemble des ateliers, à partir de ces informations.

➲ Questions

1) Le tableau de bord que vous avez construit pour l'atelier de peinture est-il utilisable en l'état pour l'atelier de montage ? Si oui, pourquoi ? Si non, quelles variables et quels indicateurs faudrait-il ajouter ? Retirer ?

2) Élaborer le tableau de bord qui vous semble pertinent pour l'atelier de moulage.

3) Pour avoir une vision globale de l'usine et mettre en place un pilotage de l'ensemble des ateliers, est-il possible, à votre avis, d'agréger les deux tableaux de bord ? Oui, pourquoi ? Non, pourquoi ?

4) Proposer un tableau de bord global qui respecte les caractéristiques de chaque atelier tout en présentant une vision commune.

3 PARTIE

SUJET D'ANNALES

13

CHAPITRE

Sujet d'annales 2011 : Le Livre français

SESSION 2011

UE11 - CONTRÔLE DE GESTION

Durée de l'épreuve : 4 heures - coefficient : 1,5

Matériel autorisé :
Une calculatrice de poche **à fonctionnement autonome sans imprimante et sans aucun moyen de transmission, à l'exclusion de tout autre élément matériel ou documentaire (circulaire n° 99-186 du 16/11/99 ; BOEN n° 42).**

Document remis au candidat :
Le sujet comporte 7 pages numérotées de 1/7 à 7/7.

Il vous est demandé de vérifier que le sujet est complet dès sa mise à votre disposition.

Le sujet se présente sous la forme de 4 dossiers indépendants

Le sujet comporte les annexes suivantes

AVERTISSEMENT
Si le texte du sujet, de ses questions ou de ses annexes, vous conduit à formuler une ou plusieurs hypothèses, il vous est demandé de la (ou les) mentionner explicitement dans votre copie.

SUJET

Il vous est demandé d'apporter un soin particulier à la présentation de votre copie.
Toute information calculée devra être justifiée.

L'EDITEUR LE LIVRE FRANÇAIS ET SES PARTENAIRES

Second éditeur français, l'éditeur **LE LIVRE FRANÇAIS (LLF)** exerce son métier dans des domaines très divers : la littérature, l'éducation, les beaux livres, les livres pratiques, les guides touristiques, les encyclopédies, les dictionnaires, les livres au format de poche ou les livres pour la jeunesse.

Lorsqu'il s'installe en 1854, cet éditeur souhaite simplement donner au citoyen un accès à la culture. Plus tard, il envisage un rôle complémentaire : offrir aux lecteurs des livres de « divertissement » et de « vulgarisation ». C'est pour cela qu'il crée un réseau de points de vente dans les gares de chemin de fer, puis dans les aéroports. Actuellement, le distributeur **Relais Distribution (RD)** est un réseau exclusif de distribution des livres de LLF pour certaines collections.

Aujourd'hui, on assiste à l'inauguration de l'ère du livre numérique et l'entreprise LLF doit s'adapter à ces mutations. En effet, même si le papier reste encore un support inégalé pour son coût, sa polyvalence ou sa solidité, on lira à l'avenir de plus en plus sur écran.

Le marché du livre est maintenant un marché mature, dont la croissance est portée par le dynamisme des segments à usage loisirs (jeunesse et bandes dessinées notamment), alors que d'autres catégories éditoriales (encyclopédies ou guides touristiques) sont pénalisées par le développement de produits substituables (Internet, GPS, livre numérique, …).

Dans ce contexte, l'éditeur LLF a choisi depuis 2009 d'offrir ses contenus sous tous les formats et de développer le marché du livre numérique. Il souhaite aussi aujourd'hui élargir son portefeuille éditorial et pénétrer un nouveau marché dynamique : les livres « jeunesse ». Pour réaliser cette nouvelle collection, il a choisi l'imprimerie **SIL (Société d'Imprimerie du Livre)**, entreprise avec laquelle il a noué des liens étroits depuis plusieurs années.

DOSSIER 1 - BUDGETISATION ET CONTRÔLE BUDGETAIRE

Monsieur Bernard, contrôleur de gestion de l'éditeur LLF, a l'habitude de réaliser un contrôle budgétaire afin de comparer le résultat réalisé avec le résultat prévu. L'établissement des prévisions pour l'exercice 2010 a cependant été délicat compte tenu de l'évolution du marché du livre et d'un contexte économique particulier (voir *annexe 1*).

Vous êtes chargé de l'aider à établir ce contrôle budgétaire pour 2010.

Travail à faire

1. **Présenter, en une vingtaine de lignes, le rôle de la budgétisation dans une organisation et les fonctions du contrôleur de gestion dans la pratique budgétaire (décrire la démarche budgétaire, préciser les enjeux et limites des budgets, expliquer le rôle du contrôleur de gestion).**

A l'aide des *annexes 1 et 2* :

2. **Calculer, globalement et pour chaque collection, l'écart sur résultat.**
3. **Procéder à la décomposition de l'écart sur résultat conformément aux indications fournies par Monsieur Bernard.**
4. **Indiquer l'intérêt et les critiques éventuelles que l'on peut apporter à cette décomposition. Commenter les résultats obtenus.**
5. **Décomposer l'écart de marge sur coût de revient en trois sous-écarts (prix, composition et volume global).**
6. **Rappeler la signification de chacun de ces sous-écarts et commenter les résultats obtenus.**

DOSSIER 2 - INVESTISSEMENT ET ORDONNANCEMENT

Créée en 1969, la SIL s'est développé de manière progressive dans le secteur de l'impression et du façonnage de livres. Au fil du temps, elle a développé de nombreux partenariats avec les entreprises d'édition.
Implantée en région parisienne, cette entreprise apporte des solutions adaptées à toutes les demandes de l'édition (du livre de littérature au livre technique, en passant par le livre de poche et le magazine).
Totalement intégrée, la SIL maîtrise de multiples savoir-faire qui constituent un processus industriel complet comprenant toutes les opérations de pré-presse, impression et façonnage.

Pour développer la nouvelle collection de l'éditeur LLF (livre documentaire pour les 9-12 ans avec support numérique) et répondre à la demande d'autres maisons d'édition, la mise en place d'une nouvelle unité de production dans un bâtiment de 1 000 m² est envisagée. Elle nécessite une multitude d'opérations et il est indispensable d'utiliser une méthode d'ordonnancement.

Travail à faire

1. **Expliquer en une dizaine de lignes dans quels cas il est intéressant de recourir à une méthode d'ordonnancement et quels sont les avantages d'un tel outil.**

A l'aide de l'*annexe 3* :

2. **Représenter, par un graphe PERT ou MPM, le planning d'avancement des travaux. Déterminer le chemin critique et en déduire la date prévisionnelle de fin des travaux.**
3. **Calculer et interpréter les marges totales et libres de chaque tâche.**

A l'aide de l'*annexe 4* :

4. **Quelle opération doit-on réduire en priorité pour diminuer la durée du projet au moindre coût ? Justifier la réponse.**

DOSSIER 3 - GESTION DE LA MASSE SALARIALE

Pour l'exercice 2011, il est prévu une réorganisation des ressources humaines au sein de l'entreprise SIL et les dirigeants de la société souhaitent évaluer :
- d'une part, l'impact des augmentations collectives de salaires de l'exercice 2010 sur la masse salariale de 2011 ;
- d'autre part, la masse salariale prévisionnelle de 2011.

Travail à faire

A l'aide de l'*annexe 5* :

1. **Définir l'effet niveau et l'effet masse puis les calculer pour l'exercice 2010. Commenter les résultats obtenus.**
2. **Calculer l'impact des augmentations collectives de salaires de 2010 sur la masse salariale de 2011. Comment qualifie-t-on cet effet ?**

A l'aide de l'*annexe 6* :

3. **Estimer la masse salariale prévisionnelle pour l'exercice 2011.**

DOSSIER 4 - GESTION DE STOCKS

L'entreprise Relais Distribution (RD) est un réseau exclusif de distribution des livres de l'éditeur LLF pour certaines collections.

Le responsable des achats de ce réseau de distribution souhaite améliorer la gestion des stocks des produits les plus coûteux afin de réduire les coûts de stockage.

Il étudie ainsi la collection *15*, qui correspond à des livres nouveautés d'auteurs appréciés du grand public et qui promettent de devenir des best-sellers. Ces livres sont publiés dans un format broché. Leur prix d'achat est donc relativement élevé.

Travail à faire

A l'aide de l'*annexe 7* :

1. **Quel programme d'approvisionnement conseiller au responsable des achats afin de minimiser l'ensemble des coûts liés à la gestion du stock de livres de la collection *15* dans un contexte où la pénurie est refusée ? Déterminer ce coût total de gestion du stock.**

Les livres de cette collection sont en distribution exclusive dans ce réseau. Il est donc possible d'envisager un délai de livraison puisque le client sera contraint de l'accepter.

2. **Le responsable des achats réfléchit à une gestion de la collection *15* avec pénurie. Quels sont les intérêts et limites d'une gestion de stock avec pénurie volontaire ?**
3. **Déterminer le programme d'approvisionnement dans le cas d'une gestion avec pénurie. Quelle est l'économie réalisée par rapport à une gestion sans pénurie ?**

Annexe 1

Entretien avec Monsieur Bernard, contrôleur de gestion

Comment avez-vous élaboré votre budget 2010 ?

« Pour élaborer le budget 2010, nous avons tenu compte d'un contexte économique instable et peu sécurisant. Pour 2010, nous avons considéré que le budget consacré par les ménages aux loisirs, et notamment à la lecture, allait être réduit.

De ce fait, nous avons anticipé, sur le plan commercial :
- une petite baisse des ventes ;
- par prudence, aucune hausse du prix de vente. Nous nous autoriserons éventuellement une hausse de prix lors de l'ajustement du prix de vente réel au mois de mars 2010, à condition que le contexte commercial le permette.

En interne nous devrons aussi réduire nos coûts. Nous prévoyons :
- d'externaliser une partie de nos services fonctionnels : gestion de la paie et service informatique ;
- une réduction de nos coûts de production grâce à un non renouvellement systématique de tous les départs en retraite par des CDI : recourir à l'intérim nous donnera davantage de flexibilité. »

Dans votre système de contrôle budgétaire, nous avons bien compris le calcul de l'écart sur résultat mais comment effectuez-vous l'analyse de celui-ci ?

« Nous avons l'habitude de décomposer l'écart de résultat selon la procédure suivante :
- Tout d'abord nous calculons un écart de marge sur coût de revient pour chaque collection, la marge unitaire calculée étant basée sur le coût de revient unitaire préétabli ;
- Nous calculons ensuite deux écarts basés sur les quantités constatées : un écart sur coût direct de production et un écart sur autres charges. »

Annexe 2

Données réelles et préétablies des collections 1, 2 et 3 pour l'exercice 2010

L'entreprise LLF édite plusieurs collections de livres. Nous étudions ici trois de ses collections.

Les prévisions retenues pour l'année 2010 sont les suivantes :

	Prix de vente	Quantités produites et vendues	Coût de production unitaire	Autres charges unitaires
Collection 1	5,20	736 000	0,38	3,50
Collection 2	3,70	75 000	0,25	3,27
Collection 3	3,90	1 300 000	0,82	2,94

Pour la même période, la comptabilité analytique fournit les informations suivantes :

	Prix de vente	Quantités produites et vendues	Coût total de production	Total autres charges
Collection 1	5,30	690 700	246 026	2 395 000
Collection 2	3,77	69 000	16 000	231 000
Collection 3	3,97	1 323 600	1 074 752	3 906 000

Le coût de production de LLF est un coût qui comprend uniquement des charges directes.

Les autres charges correspondent aux frais de distribution, aux services administratifs et aux charges indirectes de production.

Annexe 3

Planning d'aménagement de la chaîne de réalisation

Opérations	Description de l'opération	Durée	Opérations pré-requises
A	Rénovation du bâtiment (électricité, isolation thermique et acoustique)	12 jours	
B	Mise en conformité environnementale (assainissement, collecte et élimination des déchets, sécurisation des stockages)	15 jours	
C	Réorganisation et extension de l'atelier prépresse (studio PAO, scanners, flashage, …)	10 jours	A
D	Mise en place du parc machines d'impression	6 jours	A, B
E	Installation de l'équipement façonnage (plieuses, colleuse, encarteuse, piqueuse, massicots, …)	8 jours	A, B, D
F	Essais et tests techniques	3 jours	C, D, E
G	Formation du personnel sur site	10 jours	C, D, E, F
H	Contrôle qualité	2 jours	F, G

Annexe 4

Accélération du projet d'investissement au moindre coût

Une étude commerciale menée par l'éditeur LLF met en évidence « un manque à gagner » qui dépend de la date de mise sur le marché de la nouvelle collection.

Pour lancer la production de la nouvelle collection rapidement, il est envisagé de diminuer le temps de réalisation du projet d'investissement. Une étude technique fait apparaître la possibilité d'accélérer certaines opérations avec, en contrepartie, l'accroissement du coût de celles-ci (recours aux heures supplémentaires, …).

Les opérations du projet sont classées, dans le tableau ci-dessous, en fonction de leur coût marginal. Ce coût marginal correspond à l'accroissement du coût de chaque opération, par jour économisé.

Classement des opérations en fonction de leur coût marginal	C	H	F	D	E	A	G	B
Coût marginal croissant →								

Annexe 5

Analyse de la masse salariale de l'exercice 2010

Un accord paritaire portant sur les salaires effectifs a été conclu, à l'issue de plusieurs réunions de négociation entre la Direction de l'imprimerie SIL et la Délégation syndicale.

<u>Extraits de l'accord sur les salaires 2010</u> :
« PREAMBULE : La Délégation syndicale souhaitait un rattrapage du pouvoir d'achat perdu depuis plusieurs années par certains salariés. La Direction a rappelé la situation économique difficile.
Calendrier : les augmentations prévues seront réalisées en deux temps, le 1er mars 2010 et le 1er septembre 2010. Mesure de « rattrapage partiel de pouvoir d'achat » : une revalorisation de l'ensemble des salaires de 1% en mars 2010 suivie d'une augmentation de 1% en septembre 2010. »
Sur la période 2010, il n'y a pas eu d'augmentation individuelle de salaires ; l'effectif et la structure catégorielle sont restés stables.
Base indicielle 100 au 31/12/2009.

Annexe 6

Prévision de la masse salariale de 2011

Augmentation des salaires :

- augmentation générale des salaires sans distinction de catégories socio-professionnelles ou ancienneté : 0,5 % le 1er mars 2011 ;
- augmentation individuelle des salaires : 0,94 % de la masse salariale de décembre 2010, accordée le 1er juillet 2011. Ni les salariés devant partir en cours d'année, ni ceux embauchés en cours d'année ne bénéficieront des augmentations individuelles de salaire.

Mouvements du personnel :

- aucune promotion n'est prévue pour 2011 ;
- deux départs à la retraite sont prévus :
  - ✓ départ le 31 mai 2011 d'un ouvrier au salaire mensuel brut de 1 725 €, en valeur au 31/12/2010.
  - ✓ départ le 31 août 2011 d'un cadre au salaire mensuel brut de 3 570 €, en valeur au 31/12/2010.
- recrutement : un ouvrier sera recruté le 1er juin 2011 au salaire mensuel brut de 1 380 €.

La masse salariale de l'effectif stable pour l'exercice 2011 a été évaluée à 1 866 020 €.

Annexe 7

Informations relatives à la gestion du stock de la collection *15*

Le stock de livres pour la collection *15* était de 20 000 unités au 1er janvier 2010 et il devra être porté à 35 000 unités au 31 décembre 2010.

On prévoit des ventes de 900 000 exemplaires pour 2010.

Le coût de gestion d'une commande est de 658,80 €.

Le prix d'achat unitaire d'un livre de cette collection est de 12,80 €.

Le coût de possession est de 18 € pour 100 € stockés pendant un an.

On retient une année de 360 jours.

En se basant sur l'expérience acquise par d'autres professionnels du secteur, on estime le coût de pénurie à 0,02 € par article manquant et par jour de retard.

4 PARTIE

CORRIGÉS

CORRIGÉS

Chapitre 1
Méthode des centres d'analyse

Tests de connaissances

1 *C* Les charges étalées se substituent aux dotations pour provisions pour risques et charges dont le montant est trop irrégulier d'un exercice à l'autre

2 *BD* L'abonnement des charges est un procédé qui permet de tenir compte de consommations de ressources forfaitaires mais régulières en fonction de la périodicité du calcul des coûts

3 *D* L'objectif des prestations réciproques est de déterminer le montant de la répartition secondaire

4 *BC* Charge fixe affectée sans ambiguïté à l'atelier (charge semi-directe) et imputée au coût des produits (charge indirecte par rapport aux produits)

5 *BD* Éléments supplétifs spécifiques à la comptabilité de gestion majorent les coûts, minorent le résultat analytique, donc doivent être ajoutés dans une démarche de concordance

6 *B* Compartiment comptable de regroupement de charges dont le comportement doit être homogène par rapport à la nature de l'unité d'œuvre. La réponse A serait correcte si le terme « OBLIGATOIREMENT » ne figurait pas dans la question

7 *CD* La réponse D renvoie à la définition même des coûts hors production, la réponse C est un listage des coûts constitutifs des coûts hors production.

8 *AD* Compta financière ⇒ Sorties = Achats + (SI – SF)

Compta de gestion ⇒ Sorties = Achats + (SI – SF) – Mali

Sorties en CA minorées, résultat en CA majoré, donc mali à soustraire

9 *A* Coût de production du déchet vient en déduction du produit principal. Si coût de production, référence à la quantité produite de déchets donc :

8 T x 1 000 € – (800 + 2 200 + 4 000) = 1 000 à soustraire du coût du produit principal

10 *A* Résultat de Compta de gestion = Chiffre d'affaires – Coût de revient = 30 000

Résultat de la Compta de gestion = 30 000

– Charges non incorporables 2 000

+ Éléments supplétifs 1 000

– Mali d'inventaire 500

= Résultat de la compta de gestion = 28 500

Exercices d'application

CAS 1 Entreprise Tourto

1) Schéma des flux de produits entrant et sortant de chaque atelier

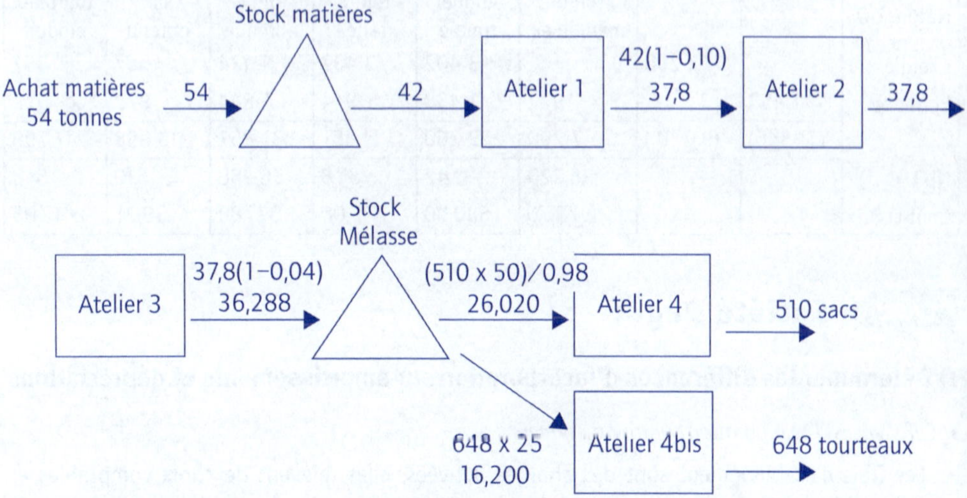

2) Montant total des charges indirectes et montant des charges indirectes de l'atelier 4

Comptes 61 à 68 :		40 754
Rémunération des capitaux propres : 1 million x 4 %/12 mois =		4 000
Consommation des compléments : Achats + (SI − SF) =		55 600
Total à répartir :		**100 354**
• Énergie :	9 882	
• Entretien :	7 452	
• Stockage :	6 318	
• Atelier 1 :	17 400	
• Atelier 2 :	5 805	
• Atelier 3 :	28 779	
• Atelier 5 :	6 259	
Total déjà réparti :	81 895	81 895
Charges atelier 4 :		18 459

3) Tableau de répartition des charges indirectes

Les prestations réciproques s'écrivent ainsi :

$$\begin{cases} \text{Énergie} = 9\,882 + 0{,}15 \text{ Entretien} \\ \text{Entretien} = 7\,452 + 0{,}20 \text{ Énergie} \end{cases}$$

Après résolution algébrique, on obtient : Énergie = 11 340 et Entretien = 9 720

Le nombre de tonnes manipulées (unité d'œuvre de l'atelier Stockage) est égal à 54 tonnes achetées auquel on ajoute 26 020 tonnes de produits pour les ventes en sacs et 16 200 tonnes pour les ventes en tourteaux.

	Énergie	Entretien	Stockage	Atelier 1	Atelier 2	Atelier 3	Atelier 4	Atelier 5
RP	9 882	7 452	6 318	17 400	5 805	28 779	18 459	6 259
Nature UO			tonne manipulée	tonne traitée	tonne traitée	tonne obtenue	sac obtenu	tourteau produit
Énergie		2 268		3 402	3 402	1 134	567	567
Entretien	1 458		972	1 458	1 944	1 944	972	972
	(11 340)	(9 720)	7 290	22 260	11 151	31 857	19 998	7 798
Nb U.O.			96,220	42	37,8	36,288	510	648
Coût U.O.			75,76	530,00	295,00	877,89	39,21	12,03

CAS 2 Société Dagor

1) Déterminer les différences d'incorporation sur amortissements et dépréciations

Différences d'incorporation sur amortissements

- Les frais d'établissement sont des charges activées, elles relèvent de choix comptables en comptabilité financière et n'ont pas à être incorporées aux coûts des produits.
- Installations techniques : les charges comptables correspondent aux charges d'usage, rien à faire.
- Matériel informatique : les charges comptables sont sous-évaluées par rapport aux charges d'usage, à réintégrer 15 000 €.
- Matériel de transport : l'amortissement comptable est excessif par rapport à l'utilisation réelle des immobilisations, à soustraire : 50 000 x 0,20 = 10 000 €.

En conclusion :

Charges d'usage de la comptabilité de gestion :

112 000 – 3 000 + 15 000 – 10 000 = 114 000

Différences d'incorporation sur amortissements :

Charges d'usage (114 000) – Dotations financières (112 000) = + 2 000 €

Différences d'incorporation sur dépréciations

- La dépréciation des stocks est une dépréciation exceptionnelle sans rapport avec l'exploitation, elle n'est pas incorporable ; Seule la partie « normale » sera intégrée aux coûts.
- La dépréciation des comptes clients traduit une perte de valeur habituelle au poste client et au secteur d'activité. En ce sens, elle traduit des conditions d'exploitation normales et peut être intégrée aux coûts :

En conclusion :

Charges étalées de la comptabilité de gestion : 3 000 € + 2 000 €

Différences d'incorporation sur dépréciations :

Charges étalées (5 000 €) – Dotations financières (9 000 €) = – 4 000 €

2) Montant des différences d'incorporation pour éléments supplétifs

Rémunération des capitaux propres

Capitaux propres du 1er juillet au 31 décembre N = 300 000

- Capital : 150 000
- Réserves : 100 000
- Prime d'émission : 50 000

Capitaux propres du 1er janvier au 30 juin N = 200 000

- Capital : 50 000
- Réserves : 150 000
- Prime d'émission : –

Rémunération des capitaux propres :
(200 000 x 6/12 + 300 000 x 6/12) x 5 % = 12 500 €

Rémunération « normale » du collaborateur

Coût du stagiaire : 4 500 €
Coût réel d'un cadre dans cette fonction : (2 100 + 1 000) x 3 = 9 300 €
Charges supplétives sur rémunérations : 4 800 €

3) Montant des charges incorporables en comptabilité de gestion au titre de l'année

Charges de la comptabilité financière		Charges incorporables en comptabilité de gestion	
Achats stockés	300 000	Charges incorporables	275 000
Variation de stocks	– 25 000		
Services extérieurs	21 000		21 000
Autres services extérieurs	77 000		77 000
Impôts, taxes et verts	39 000		39 000
Charges de personnel	147 000		147 000
Autres charges de gestion courante	9 000		9 000
Charges financières	31 000		31 000
Charges exceptionnelles	46 000	Sans lien avec l'activité ⇒ Non incorp.	–
Dotations aux amortissements	112 000	À remplacer par charges d'usage	114 000
Dotations aux dépréciations	9 000	À remplacer par charges étalées	5 000
Impôts sur les bénéfices	42 000	Charge « artificielle » ⇒ Non incorp.	–
		Charges supplétives	17 300
Total charges	808 000		735 300

CAS 3 Société Nairin

1) Quel est le montant des charges indirectes incorporables ?

Comme l'énoncé stipule que les charges directes ne sont que les achats de MP, la somme des charges indirectes de la comptabilité financière est égale à :

- Services extérieurs : 115 000
- Impôts, taxes et versements assimilés : 100 500
- Charges de personnel : 240 000
- Charges financières : 118 000
- Charges exceptionnelles : 52 000
- Dotations aux amortissements : 93 800

Total intermédiaire : 719 300

À ce total, il convient :

– d'éliminer les charges de la comptabilité financière qui ne concernent pas l'exploitation ici la totalité des charges exceptionnelles, soit 52 000 € ;

– d'ajouter des charges propres à la comptabilité analytique non retenue en comptabilité financière comme la rémunération conventionnelle des capitaux propres : ici les charges supplétives s'élèvent à 14 909 €.

Soit un total de charges indirectes incorporables en comptabilité de gestion égal à :

719 300 – 52 000 + 14 909 = 682 209 €

2) Finaliser le tableau de répartition des charges indirectes

La totalité des charges indirectes incorporables représente le total des charges à répartir dans le tableau de répartition. Le montant des charges indirectes de distribution s'obtient par simple différence :

682 209 – (42 125 + 418 275 + 103 125) = 118 684

	Total	Approvisionnement	Fabrication	Conditionnement	Distribution
Répartition secondaire	682 209	42 125	418 275	103 125	118 684
Nature unité d'œuvre		La tonne de matières achetées	La tonne de produits obtenus	1 000 boîtes conditionnées	1 000 € de CAHT
Nombre d'unités d'œuvre		625 (300 + 200 +125)	495(1)	687,5(2)	2 967,1(3)
Coût de l'unité d'œuvre		67,4	845	150	40

(1) Il a été consommé 300 tonnes de viande qui, découpée, ne représente plus que 300 x 0,98 = 294 tonnes. À cette viande, il a été ajouté 160 tonnes de semoules et 96 tonnes de carottes soit un poids global de 550 tonnes mises en cuisson. Compte tenu de la perte de poids due à la cuisson, le tonnage de produits obtenus est égal à 550 x 0,9 = 495 tonnes.

(2) Les boîtes produites sont au nombre de 137 500 + 550 000 = 687 500.

(3) Le chiffre d'affaires HT est égal à 150 000 boîtes x 2,50 € = 375 000 € et 529 000 boîtes x 4,90 € = 2 592 100 €, soit un total de 2 967 100 €.

3) Calculer les coûts d'achat des trois matières premières

	Viande			Semoule			Carottes		
	Qté	CU	Total	Qté	CU	Total	Qté	CU	Total
Achat	300	3 800	1 140 000	200	890	178 000	125	2 200	275 000
Approv.	300	67,4	20 220	200	67,4	13 480	125	67,4	8 425
	300	3 867,4	1 160 220	200	957,4	191 480	125	2 267,4	283 425

4) Calculer le coût unitaire moyen pondéré de matières et la valeur des consommations

	Viande			Semoule			Carottes		
	Qté	CU	Total	Qté	CU	Total	Qté	CU	Total
Stock unit.	10	4 010	40 100	7	916	6 412	15	2 263,6	33 955
Achats	300	3 867,4	1 160 220	200	957,4	191 480	125	2 267,4	283 425
Total	310	3 872	1 200 320	207	956	197 892	140	2 267	317 380
Consom.	300	3 872	1 161 600	160	956	152 960	96	2 267	217 632

5) Calculer le coût de production des barquettes

◗ *Coût de fabrication d'un kilo fabriqué*

	Quantité	Coût unitaire	Montant
Charges directes			
Viandes	300 000	3,872	1 161 600
Semoules	160 000	0,956	152 960
Carottes	96 000	2,267	217 632
Charges indirectes			
Fabrication	495	845	418 275
Charges de la période			**1 950 467**
Coût d'évacuation des déchets	(300 000 – 294 000)	2	1 950 467
Coût de production	**495 000**	**3,965**	**1 962 467**

◗ *Coût d'une barquette conditionnée*

137 500 boîtes de 400 g = 55 000 kg de préparation

550 000 boîtes x 0,800 g = 440 000 kg de préparation

	Boîtes de 400 g			Boîtes de 800 g		
	Qté	CU	Total	Qté	CU	Total
Charges directes						
Plat cuisiné	55 000	3,965	218 075	440 000	3,965	1 744 600
Boîtes	137 500	0,10	13 750	550 000	0,16	88 000
Charges indirectes						
Conditionnement	137,5	150	20 625	550	150	82 500
Coût d'un plat conditionné	137 500	1,8356	252 450	550 000	3,482	1 915 100

6) Déterminer le coût de revient et le résultat analytique des barquettes

Stock de boîtes	Boîtes de 400 g			Boîtes de 800 g		
	Qté	CU	Total	Qté	CU	Total
Stock initial Production	24 500 137 500	0,8496 1,8356	20 815 252 450	22 000 550 000	1,49 3,482	32 780 1 915 100
Total	**162 000**	**1,687**	**273 265**	**572 000**	**3,405**	**1 947 880**
Ventes Stock final	150 000 12 000	**1,687** 1,685	253 050 20 215	529 000 43 000	**3,405** 3,41	1 801 245 146 635
Total	**162 000**	**1,687**	**273 265**	**572 000**	**3,405**	**1 947 880**

	Boîtes de 400 g			Boîtes de 800 g		
	Qté	CU	Total	Qté	CU	Total
Coût de production des produits vendus Distribution	150 000 375	1,687 40	253 050 15 000	529 000 2 592,1	3,405 40	1 801 245 103 684
Coût de revient	**150 000**	**1,787**	**268 050**	**529 000**	**3 601**	**1 904 929**
Ventes	150 000	2,50	375 000	529 000	4,90	2 592 100
Résultat analytique	**150 000**	**0,713**	**106 950**	**529 000**	**1,299**	**687 171**

CAS 4 Société Bagues

1) Calculer le coût de revient et le résultat de chaque type de ventes

Ce calcul doit suivre la réalité du schéma de production : achat des deux matières M1 et M2, stockage des matières, fabrication des composants C1 et C2, stockage des composants, fabrication des produits, stockage des produits A et B, coût de revient des produits par type de clientèle, résultats analytiques.

- *Coût d'achat des matières M1 et M2*

	Matière 1			Matière 2		
	Qtés	Coût unit.	Qtés	Coût unit.	Qtés	Coût unit.
Achats de la période Charges de Magasin	24 000 50 120	 0,20	99 400 10 024	4 200 50 120	 0,20	126 000 10 024
Total	**24 000**	**4,56**	**109 424**	**4 200**	**32,39**	**136 024**

Compte de stock de matières M1 et M2

	Matière 1			Matière 2		
	Qtés	**Coût unit.**	**Montant**	**Qtés**	**Coût unit.**	**Montant**
Stock initial	3 000		15 020	320		10 240
Entrées de la période	24 000	4,56	109 424	4 200	32,39	136 024
Total	27 000	4,61	124 444	4 520	32,36	146 264
Consommations de matières						
pour la fabrication de C1(1)	16 840	4,61	77 632			
pour la fabrication de C2	3 700	4,61	17 057			
pour la fabrication de A				1 240	32,36	40 126
pour la fabrication de B				1 440	32,36	46 598
Stock final (par différence)	6 460	4,61	29 755	1 840	32,36	59 540
Total	27 000	**4,61**	124 444	**4 520**	32,36	146 264

(1) 16 840 unités de M1 = 2 unités de M1 x 8 420 C1.

Coût de production des composants C1 et C2

	Composants C1			Composant C2		
	Qtés	**Coût unit.**	**Montant**	**Qtés**	**Coût unit.**	**Montant**
Charges directes						
Matières consommées	16 840	4,61	77 632	3 700	4,61	17 057
Main d'œuvre directe(1)	4 210	36,16	152 220	3 700	36,16	133 780
Charges indirectes						
Charges de Atelier ZZ(2)	2 105	42,54	89 549	2 775	42,54	118 051
Coût de production	**8 420**	**37,93**	**319 401**	**3 700**	**72,67**	**268 888**

(1) Coût horaire MOD = 286 000/(4 210 + 3 700) avec 4 210 HMOD = 8 420 C1 x 0,5 HMOD.
(2) Coût horaire machine = 207 600/(2 105 + 2 775) avec 2 105 HM = 8 420 C1 x 0,25 HM.

Compte de stock des composants C1 et C2

	Composants C1			Composant C2		
	Qtés	**Coût unit.**	**Montant**	**Qtés**	**Coût unit.**	**Montant**
Stock initial	1 200		44 400	800		56 000
Entrées de la période	8 420	37,93	319 401	3 700	72,67	268 888
Total	**9 620**	**37,82**	**363 801**	**4 500**	**72,20**	**324 888**
Cons. de composants						
pour la fabrication de A(1)	7 440	37,82	281 381	2 480	72,20	179 056
pour la fabrication de B	2 160	37,82	81 691	720	72,20	51 984
Stock final (par différence)	20	37,82	729	1 300	72,20	93 848
Total	**9 620**	**37,82**	**363 801**	**4 500**	**72,20**	**324 888**

(1) 2 480 A x 3 C1 = 7 440 C1.

Coût de production des produits A et B

	Produit A			Produit B		
	Qtés	Coût unit.	Montant	Qtés	Coût unit.	Montant
Charges directes						
Matières M2 consommées	1 240	32,36	40 126	1 440	32,36	46 598
Composants C1 consommés	7 440	37,82	281 381	2 160	37,82	81 691
Composants C2 consommés	2 480	72,20	179 056	720	72,20	51 984
Main d'œuvre directe[1]	3 720	53,14	197 698	1 368	53,14	72 702
Charges indirectes						
Charges de Atelier W[2]	1 984	95,48	189 428	360	95,48	34 372
Coût de production	**2 480**	**357,94**	**887 689**	**720**	**399,09**	**287 347**

(1) Coût horaire MOD = 270 400 / (3 720 + 1 368)) avec 2 480 A x 1,5 HMOD = 3 720 HMOD.
(2) Coût horaire machine = 223 800 / (1 984 + 360) avec 2 480 A x 0,8 HM = 1 984 HM.

Compte de stock des produits A et B

	Produit A			Produit B		
	Qtés	Coût unit.	Montant	Qtés	Coût unit.	Montant
Stock initial	130		28 600	75		16 500
Entrées de la période	2 480	357,94	887 689	720	399,09	287 347
Total	**2 610**	**351,07**	**916 289**	**795**	**382,20**	**303 847**
Ventes de la période						
ventes de A - État	720	351,07	252 770			
ventes de A - Particuliers	1 820	351,07	638 947			
ventes de B - Particuliers				760	382,20	290 472
Stock final (par différence)	70	351,07	24 572	35	382,20	13 375
Total	**2 610**	**351,07**	**916 289**	**795**	**382,20**	**303 847**

Coût de revient et résultats analytiques des produits A en fonction des clientèles

	Produit A – État			Produit A – Particuliers		
	Qtés	Coût unit.	Montant	Qtés	Coût unit.	Montant
Charges directes						
Coût de prod. des pds vendus	720	351,07	252 770	1 820	351,07	638 947
Charges indirectes						
Charges de distribution	720	49,58	35 698	1 820	35,19	64 046
Charges de magasinage[1]	720	9,11	6 559	1 820	9,11	16 580
Coût de revient de produit A	**720**	**409,76**	**295 027**	**1 820**	**395,37**	**719 573**

(1) Coût du magasinage par produit = 50 120 x 60 % / (720 + 1 820 + 760).

	Produit A – État			Produit A – Particuliers		
	Qtés	Coût unit.	Montant	Qtés	Coût unit.	Montant
Ventes des produits A	720	450,00	324 000	1 820	470,00	855 400
Coût de prod. des pds vendus	720	409,76	295 029	1 820	395,37	719 573
Résultat analytique A	**720**	**40,24**	**28 973**	**1 820**	**74,63**	**135 827**

- *Coût de revient et résultats analytiques des produits B en fonction des clientèles*

	Produit B - Particuliers		
	Qtés	Coût unit.	Montant
Charges directes			
Coût de prod. des pds vendus	760	382,20	290 472
Charges indirectes			
Charges de distribution	760	35,19	26 744
Charges de magasinage[1]	760	9,11	6 926
Coût de revient de produit A	760	460,50	324 142
Ventes de B	760	510,00	387 600
Résultats analytiques	**760**	**83,50**	**63 458**

1. 50 120 x 60 %/(720 + 1 820 + 760)

- *Résultat analytique global*

Produit A - État	28 973
Produit A - Particuliers	135 827
Produit B - Particuliers	63 458
Total	228 258

2) Propositions du responsable des achats et du service commercial

- *Proposition du responsable des achats*

Ce dernier propose de s'approvisionner auprès d'un fournisseur asiatique pour le composant C2 au prix d'achat de 65 € alors que le coût de production prévisionnel fait apparaître un coût de fabrication de 72 € environ.

Cette décision doit s'appuyer sur une bonne connaissance de la nature de nos charges et des modalités de leur affectation-imputation dans le processus de calcul des coûts de production.

Dans le coût de production de C2, certaines charges sont directes et leur affectation n'est pas sujette à discussion. Il est même possible d'admettre qu'elles disparaîtront avec la suppression de la fabrication de C2 : c'est le cas pour les consommations de M1 et de M2.

En revanche, il n'est pas aussi évident de considérer que les coûts de main-d'œuvre directe (charges directes mais fixes) pourront être réduits sans difficulté.

Les autres charges sont indirectes et la suppression de la fabrication de C2 ne les fera pas disparaître à court terme (cela suppose des opérations de désinvestissement longues et mal aisées à mettre en œuvre). Il est probable qu'une part importante de ces charges soit fixe (assurances, amortissement, loyer...), elles seront donc automatiquement reparties sur le coût de fabrication de C1.

Ce qui sera économisé sur C2 sera perdu sur C1 : les choix de ce type ont toujours une interaction sur le calcul des autres produits compte tenu des règles de répartition et la méthode des centres d'analyse n'est pas satisfaisante pour répondre à ces préoccupations. L'objectif premier de cette méthode est de répartir toutes les charges sur les productions : elle est donc très dépendante des volumes de produits retenus pour le calcul des coûts unitaires.

Pour répondre à la proposition du responsable des achats, il faudrait travailler en méthode de contribution.

Toutes les remarques précédentes sont cantonnées à la méthode de calcul des coûts mais il serait bon de s'interroger, en cas d'acceptation du fournisseur extérieur, sur l'apparition possible de coûts indirects de coordination, de contrôle (coûts de transaction) qui viendraient contrebalancer l'économie sur le prix d'achat.

Enfin, il s'agit, en cas d'externalisation de la fabrication de C2, de mener une réflexion sur la chaîne de valeur de l'entreprise et de s'assurer que l'abandon du savoir-faire sur le C2 ne sera pas préjudiciable à l'entreprise.

- *Proposition du responsable commercial*

Ce dernier, considérant que la distribution de produits à l'état entraîne 35 700 € de charges contre 90 800 € pour la distribution de produits aux particuliers, soit trois fois moins, estime qu'il faut développer les ventes à l'État.

Le rapport en masse des charges de distribution selon les circuits de distribution est réel : il est bien de 1 contre 3 mais le raisonnement est, en partie, erroné car, compte tenu de la structure actuelle des ventes, les ventes à l'État étant beaucoup moins nombreuses, chaque produit vendu à l'État « reçoit » une part beaucoup plus élevée à l'unité : 49,58 € contre 35,19 € pour un produit vendu aux particuliers. Et la profitabilité des produits s'en ressent d'autant que le prix de vente à l'État est plus faible.

Cette contradiction doit être mise en relation avec la nature des charges de distribution : si elles sont majoritairement variables, alors développer les ventes à l'État fera augmenter les charges de distribution de façon plus ou moins proportionnelle et cela ne changera rien aux résultats unitaires par type de clientèle. En revanche, si elles sont majoritairement fixes, la masse sera répartie sur une plus grande quantité et les coûts unitaires diminueront, la profitabilité des produits vendus à l'État s'améliorera.

Tout ce raisonnement suppose implicitement que l'on peut augmenter les ventes à l'État sans diminuer les ventes aux particuliers, ce qui signifie que nos capacités de production ne sont pas saturées. Si, à court terme, il n'est pas possible de produire plus alors les ventes à l'État se font au détriment des ventes aux particuliers et l'analyse doit intégrer la perte de marge. Ainsi, sur le seul critère de chiffre d'affaires, un produit vendu aux particuliers génère 470 € de CA contre 450 € pour un produit cédé à l'État, soit 20 € par produit substitué.

CAS 5 Entreprise Rigaud

1) Concordance entre comptabilité de gestion et comptabilité financière

a) Calcul des résultats analytiques par produits

	Total	Produit A	Produit B	Produit C
Chiffre d'affaires	1 395 000	800 000	400 000	195 000
Coût des produits vendus	1 282 400	710 000	376 200	196 200
Résultat analytique	112 600	90 000	23 800	– 1 200

b) *Concordance entre les deux comptabilités*

Nature	Analyse	Calculs
Résultats analytiques		112 600
Charges exceptionnelles	Charges non incorporables, minorent les coûts, majorent le résultat analytique ⇒ à soustraire	– 1 500
Charges supplétives	Charges spécifiques à la comptabilité de gestion, majorent les coûts, minorent le résultat analytique ⇒ à ajouter	+ 10 300
Différence/ charges indirectes	Charges indirectes affectées dans le tableau des charges indirectes = 700 000 – 1 500 + 10 300 = 708 800 € Charges indirectes imputées dans les coûts des produits : 708 000 € D'où une différence d'arrondi qui minore les coûts, majore le résultat analytique ⇒ à soustraire	– 800
Différence d'inventaire	Mali d'inventaire sur matières : 380, boni d'inventaire de 2 300 d'où un boni net de 1 920 € qui majore les coûts ⇒ à ajouter	+ 1 920
Produits exceptionnels	Non pris en compte en comptabilité analytique, minore le résultat analytique ⇒ à ajouter	+ 5 000
Résultat de la comptabilité analytique après concordance		127 520

CAS 6 SA Sergio

1) Définir les notions de charge directe et de charge indirecte

Une **charge directe** est une charge qui peut être **affectée** sans ambiguïté et sans calcul préalable au coût d'un objet de coût.

Dans cet exercice l'objet de coût est le produit A ou B pour les coûts de production ou de revient ou les matières M et N pour les coûts d'achat.

Une **charge indirecte** se définit a contrario : elle concerne plusieurs objets de coût et doit faire l'objet d'une répartition à l'aide de clés de répartition ou d'unités d'œuvre avant d'être **imputée** aux coûts des objets concernés.

2) Présenter les comptes de stocks

Éléments	Qté	Coût unit.	Montant	Éléments	Qté	Coût unit.	Montant
Stock initial	25	1 116,40	27 910	Sorties pour A	35	1 120	39 200
Achats	40	1 122,25	44 890	Sorties pour B	20	1 120	22 400
				Stock final Réel	*9,8*	*1 120*	*10 976*
				Différence inventaire	0,2	1 120	224
Total	65	1 120,00	72 800	Total	65	1 120	72 800

Remarque : La différence d'inventaire exprime la différence entre le stock final réel (dénombré physiquement en magasin) et le stock théorique ou comptable tel qu'il ressort des différents bons d'entrée et de sortie de stock comptabilisés sur la période. Il traduit ici une sortie additionnelle non prise en compte par les systèmes d'information des bons : coulage, destruction en magasin ou vol.

- *Matière première N*

Éléments	Qté	Coût unitaire	Montant	Éléments	Qté	Coût unitaire	Montant
Stock initial	35	1 350	47 250	Sorties pour A	23	1 356	31 188
Achats	30	1 363	40 890	Sorties pour B	18	1 356	24 408
				Stock final Réel	*24*	*1 356*	*32 544*
Total	65	1 356	88 140	Total	65	1 120	88 140

- *Produit fini A*

Éléments	Qté	Coût unitaire	Montant	Éléments	Qté	Coût unitaire	Montant
Stock initial	350	654,93	229 225,50	Sorties	650	653,818	424 981,70
Entrées	400	652,845	261 138,00	*Stock final Réel*	*100*	*653,818*	*65 381,80*
Total	750	653,818	490 363,50	Total	750	653,818	490 363,50

- *Produit fini B*

Éléments	Qté	Coût unitaire	Montant	Éléments	Qté	Coût unitaire	Montant
Stock initial	120	164,10	19 691,40	Sorties	850	132,87	112 939,50
Entrées	1 500	130,372	195 558,00	*Stock final Réel*	*770*	*132,87*	*102 309,90*
Total	1 620	132,87	215 249,40	Total	1 620	132,87	215 249,40

3) Présenter la concordance des résultats

- *Résultats analytiques élémentaires :*

Produit A :		
Montant des ventes :	455 000,00	
Coût de revient :	439 570,95	
Résultat sur A :	15 429,05	15 429,05
Produit B :		
Montant des ventes	136 000,00	
Coût de revient	132 017,75	
Résultat sur A :	3 982,25	3 982,25
Résultats analytiques sur produits :		**19 411,30**
Charges supplétives(1) :		+ 2 700,00
Différence d'inventaire sur M(2) :		– 224,00
Charges non incorporables(3) :		– 4 560,00
Résultat de la comptabilité de gestion(4) :		**17 327,30**

(1) **Les charges supplétives** sont des charges créées en comptabilité de gestion pour tenir compte d'aspects économiques non ou mal pris en compte par la comptabilité financière. Elles majorent les coûts analytiques et conduisent à une minoration du résultat analytique par rapport à celui de la comptabilité financière. Dans une démarche de concordance du résultat analytique sur celui de la comptabilité financière, ces charges doivent être ajoutées aux résultats analytiques élémentaires.

(2) **La différence d'inventaire (mali)** est incluse dans les consommations de matières en comptabilité financière puisque celles-ci sont obtenues en additionnant les achats et la variation de stock (SI – SF réel). En comptabilité de gestion, les consommations suivies par des bons de sortie n'intègrent pas ce montant. En conséquence, les consommations optique comptabilité de gestion sont d'un montant plus faible que les consommations optique comptabilité financière, les coûts analytiques sont minorés et les résultats analytiques sur produits majorés. Dans une démarche de concordance ce mali d'inventaire doit être soustrait.

(3) **Les charges incorporables** sont des charges de comptabilité financière non retenues dans le calcul des coûts car de nature trop juridique ou fiscale ou sans lien apparent avec l'activité récurrente (ici, il s'agit de charges exceptionnelles). Leur influence sur les résultats analytiques est inverse à celle des charges supplétives : elles minorent les coûts et majorent le résultat analytique par rapport à celui de la comptabilité financière. Elles doivent être soustraites dans une démarche de concordance.

(4) **Le résultat de la comptabilité de gestion** doit être distingué de la notion de « résultat analytique ». Ce dernier est obtenu en fin de processus de calculs analytiques par confrontation des ventes du produit et de son coût de revient. Le « résultat de la comptabilité analytique » est le résultat obtenu après la démarche complète de concordance : il est toujours égal au résultat de la comptabilité financière.

4) Présenter le compte de résultat pour septembre A

Éléments	Détail calculs	Montant
Produits de la comptabilité financière		
Chiffres d'affaires		
Produit A	Données fournies au point 5	455 000,00
Produit B		136 000,00
Production stockée	Différence entre stock final et stock initial	
Produit A	65 381,80 – 229 225,50	– 163 843,70
Produit B	102 309,90 – 19 691,40	82 618,50
	Total produits	**509 774,80**
Charges de la comptabilité financière		
Achats de matières M et N	39 800,00 + 37 072,50	76 872,50
Variation de stocks	Différence entre stock initial et stock final	
Matière M	27 910 – 10 976	16 934,00
Matière N	47 250 – 32 544	14 706,00
Charges de personnel	73 750 + 51 625	125 375,00
Autres charges	256 700 – 2 700 (Charges supplétives)	254 000,00
Charges exceptionnelles	4 560 (point 5)	4 560,00
	Total charges	**492 447,50**
Résultat de la comptabilité financière		**17 327,30**

CORRIGÉS

Cas de synthèse

CAS 7 Entreprise Tiplast

1) Coût prévisionnel de l'heure de fonctionnement de l'atelier « Peinture » hors matières et MOD

Il s'agit, en s'aidant des informations fournies dans le point B (coûts de fonctionnement de l'atelier « peinture » en N), de recenser l'ensemble des consommations nécessaires à l'activité annuelle de cet atelier.

Ce sont tout à la fois :

- des charges semi-directes c'est-à-dire affectables sans ambiguïté à l'atelier ;
- des charges indirectes comme des quotes-parts de coût de structure.

L'objet de ce calcul est d'obtenir un coût complet de l'heure « peinture » pour pouvoir la « refacturer » à des coûts prévisionnels de produits.

Activité prévisionnelle normale de l'atelier « Peinture »

235 jours x 24 heures/jour x 90 % de fonctionnement = 5 076 heures de fonctionnement

Coût effectif du fonctionnement

Éléments de coût	Détail des calculs	Montant
Électricité consommée	700 kWh x 5 076 h x 0,07 € =	248 724
Gaz consommé	1 800 équivalents kWh x 5 076 h x 0,04 € =	365 472
Maintenance	Coût annuel donné	490 000
Loyers	80 € x 1 cabine x 3 000 m2 =	240 000
Assurances, impôts	Coût annuel donné	350 000
Dotation amortissements	7 000 000 €/ 10 ans =	700 000
Coût de la structure technique	1 618 000 € x 35 % =	566 300
Coût de la structure administrative	1 015 000 € x 30 % =	304 500
Coût total annuel	Montant global arrondi à 3 265 k€	3 264 996

Coût effectif horaire de fonctionnement

Coût global/Activité prévisionnelle : 3 265 000/5 076 = 643,22 € de l'heure

2) Coût prévisionnel de la mise en peinture d'un « Bas de caisse ZR » contrôlé

Les informations nécessaires à ces calculs sont fournies au point C : Éléments de coûts prévisionnels pour la mise en peinture des jeux « bas de caisse ZR ».

Le coût de cette étape de production est constitué :

- du coût des matières consommées,
- du coût de la main-d'œuvre directe,
- et du coût de fonctionnement de l'atelier de peinture (question 1).

Ce coût peut être calculé par unité ou par lot de 100 jeux de caisse. C'est le choix qui est retenu ici.

Coût des matières consommées

Matières	Détails calculs	Montant
Primaire	1,125 m² x 1,05 x 0,36 €/m² x 100 jeux =	42,525
Métallique	1,125 m² x 1,23 x 2,15 €/m² x 100 jeux =	298,000
Vernis	1,125 m² x 1,12 x 0,54 €/m² x 100 jeux =	68,04
Coût des matières consommées pour 1 lot de 100 jeux		408,57

Coût de la main-d'œuvre directe

Éléments	Détails calculs	Montant
Rémun. annuelle/salarié	18 € x 35 h x 52 sem. x (1 – 1/2 de 3 % d'absent.)	32 269
Coût annuel/salarié	32 269 € x 1,40 (tx de charges patronales)	45 177
Temps de présence/salarié	35 h x (52 – 6,5) sem x (1 – 3 % d'absent.)	1 544,725 h
Tx horaire heure présence	45 177 €/ 1 544,725 h =	**29,25 €/h**
Heures effectives/salarié	15 44,725 x 0,88 =	1 359,36 h
Tx horaire heure effective	45 177 €/1 359,36 h ou 29,25 €/0,88 =	33,24 €/h
Nombre d'heures pour 1 lot	(3 + 1 + 2 + 2 + 1) =	9 h/lot
Coût de la main d'heure directe pour 1 lot de 100 jeux		299,16

Coût de fonctionnement de l'atelier

Il faut une heure de fonctionnement effectif pour un lot de 100 jeux, soit 643,22 € (réponse question 1).

Coût total d'un lot avant contrôle

	Pour 1 lot	*Pour 1 jeu*
• Matières consommées	408,57	4,0857
• Main-d'œuvre directe	299,16	2,9916
• Coût du fonctionnement	643,22	6,4322
Coût total d'un lot	1 350,95	13,51

Sur ce lot, 4 « bas de caisse » seront rebutés. Le coût d'un bas de caisse contrôlé et accepté apparaît donc à : 1 350,95/96 = 14,07 € par unité de « bas de caisse ».

3) Coût de revient prévisionnel d'un jeu « Bas de caisse ZR »

Avant tout calcul de coûts, il est indispensable de calculer la **charge de travail des différents ateliers** compte tenu du marché « Bas de Caisse ZR ».

Charge de travail des différents ateliers

Ventes prévisionnelles : 120 000 unités sur 3 ans, soit 360 000 unités livrables, c'est-à-dire peints et contrôlés comme sans défaut.

Compte tenu du taux de rebut (4 % des produits mis en peinture) dans l'atelier Peinture, il faut peindre un nombre supérieur de « Bas de Caisse » à savoir :

360 000 unités sans défaut/(1 – Tx de rebut peinture) = 360 000/0,96 = 375 000 bas de caisse à peindre.

Le raisonnement est identique pour l'atelier de moulage. Pour fournir 375 000 bas de caisse à l'atelier peinture et compte tenu du taux de rebut de moulage (3 %), il faut mouler :
375 000 bas de caisse/0,97 = 386 598 bas de caisse mis en moulage.

Coût de revient prévisionnel des « bas de caisse ZR »

Éléments de coût	Détail des calculs	Montant
Charges directes		
Matières consommées		
Matière plastique	4 kg x 1,50 € **x** 386 598 bas de caisse moulés	2 319 588
Matière de peinture	4,0857 € **x** 375 000 bas de caisse à peindre	1 532 138
Emballages	0,66 € **x** 360 000 unités conditionnées	237 600
Main-d'œuvre directe		
MOD Peinture	33,41 €/h **x** 0,09 h **x** 375 000 unités	1 127 588
MOD de finition	46,00 €/h **x** 0,01 h **x** 360 000 unités	165 600
Autres charges directes		
Transport	2,14 € **x** 360 000 unités	770 400
Charges indirectes		
Moulage	150 € **x** 0,01 h **x** 386 598 unités moulées	579 897
Peinture	643,22 € **x** 0,01 h **x** 375 000 unités à peindre	2 412 075
Finition	40 € **x** 0,01 h **x** 360 000 unités conditionnées	144 000
Quote-part des investissements spécifiques	Partie non financée par le client des investissements spécifiques au produit (600 k€ – 500 k€) = 100 k€	100 000
Coût total	Pour un bas de caisse : 9 388 886/360 000 = 26,080 €	9 388 886

Chapitre 2
Le seuil de rentabilité

Tests de connaissances

1 *C* Seuil = CF/MCV par produit = 300/(40 – 25) = 20

2 *D* Équation du résultat = Taux de marge x Chiffre d'affaires (*x*) – CF = 0,375*x* – 300

3 *D* Pour connaître la date, il faudrait connaître les ventes annuelles

4 *A* S_A = 667 produits pour des ventes annuelles de 1 200, soit 6 mois 67
S_B = 667 produits pour des ventes annuelles de 1 000, soit 8 mois

5 *B* R_A = (50 –35) x 1 200 – 10 000 = 8 000
R_B = (52- 25) x 1 000 – 18 000 = 9 000

6 *A* MS_A = (1 200 – 667) x 50 = 26 650
MS_B = (1 000 – 667) x 52 = 17 316

7 *A* IP_A = 10 000/(50 x 1 200) = 16,7 %
IP_B = 18 000/(52 x 1 000) = 34,6 %

8 *A* Celle dont la marge de sécurité est la plus élevée.

9 *A* Celle dont l'élasticité des prix par rapport au volume est la plus forte

10 *B* R_A = [(50 € x 0,90) – 35 €] x (1 200 x 1,12) – CF = 3 440
R_B = [(52 € x 0,90) – 25 €] x (1 000 x 1,07) – CF = 5 326

Exercices d'application

CAS 8 Basic

1) Tableau différentiel d'exploitation

• Chiffre d'affaires : 45 000 x 75 =	– 3 375 000	100 %
• CV de production : 45 000 x 52,5 =	– 2 362 500	70 %
• CV de distribution : 45 000 x 7,5 =	– 337 500	10 %
• Marge sur coûts variables : 45 000 x 15 =	675 000	20 %
• Charges fixes :	– 500 000	
Résultat d'exploitation :	175 000	5,2 %

2) Calcul du seuil de rentabilité

a) Méthode arithmétique

La proportionnalité de la marge sur coûts variables par rapport au chiffre d'affaires permet d'écrire :

pour un chiffre d'affaires total de : 3 375 000, l'entreprise génère : 675 000 € de MCV
quel est le chiffre d'affaires nommé S* pour lequel l'entreprise génère : 500 000 € de MCV ?
(500 000 € représentent le montant des charges fixes et dans ce cas le résultat est nul.)

$$S^* = \frac{500\,000 \times 3\,375\,000}{675\,000} = 2\,500\,000 \text{ €}$$

Le rapport 3 375 000/675 000 est égal à l'inverse du taux de marge sur coûts variables, soit 1/0,20.
Dans ces conditions, il est possible d'écrire :

$$S^* = 500\,000/0{,}20 = 2\,500\,000 \text{ €}$$

b) Méthode algébrique

Elle est plus adaptée si une représentation graphique est demandée.
Seule la représentation du seuil s'appuyant sur la relation MCV = CF sera présentée ici.

	Équation des droites en fonction		
	des quantités	du CA HT	du temps (en mois de 30 j.)
MCV	$y = 15\,x$	$y = 0{,}2\,x$	$y = 56\,250\,x$
CF	$y = 500\,000$	$y = 500\,000$	$y = 500\,000$

Au seuil, la marge sur coûts variables est égale aux charges fixes.

S* ⇒	$15\,x = 500\,000$	$0{,}2\,x = 500\,000$	$56\,250\,x = 500\,000$
S* ⇒	33 334 produits	2 500 000 € de CA	8,89 mois, soit 27 septembre

Graphique

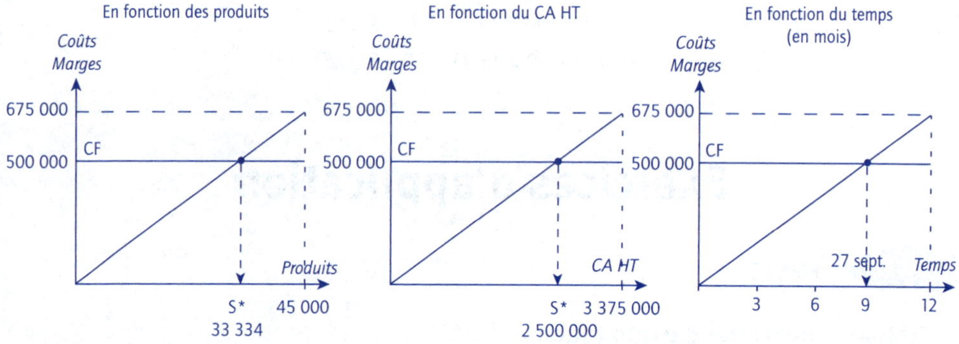

CAS 9 Bibasic

Le raisonnement peut être mené par rapport à la MCV ou par rapport au CA HT. Dans le raisonnement par rapport à la MCV, on obtient la date du seuil sans forcement connaître son montant en CA ; ce n'est pas possible si l'on raisonne en fonction du CA.

Il s'agit de retrouver par cumul la MCV ou le CA.

	% de ventes	% de ventes cumulées	MCV par période	MCV cumulée	CA de la période	CA cumulé
J/F	15	15	101 250	101 250	506 250	506 250
M/A	15	30	101 250	202 500	506 250	1 012 500
M/J	10	40	67 500	270 000	337 500	1 350 000
J/A	10	50	67 500	337 500	337 500	1 687 500
S/O	30	80	202 500	540 000	1 012 500	2 700 000
N/D	20	100	135 000	675 000	675 000	3 375 000

Le seuil est atteint pendant la période sept/oct puisque la MCV à la fin de la période (MCV cumulée) dépasse les 500 000 € nécessaires pour couvrir les charges fixes. En parallèle, le chiffre d'affaires en fin de la même période atteint 2 700 000 €, soit un montant supérieur au seuil (S* = 2 500 000 €).

Pour calculer la date exacte du seuil de rentabilité, il s'agit de revenir à une hypothèse de régularité des ventes sur la période (sept/oct) concernée.

Le raisonnement s'appuie sur la proportionnalité des ventes sur les 60 jours de la période. Il peut se réaliser par rapport à la MCV ou par rapport au CA.

- Si en 60 jours, l'entreprise génère une MCV de 202 500 €, combien de jours sont nécessaires pour générer une MCV de : 500 000 € (marge à atteindre) – 337 500 € (marge obtenue en début de période), soit 162 500 € ?

$$S^* = 8 \text{ mois} + \frac{162\,500 \times 60 \text{ j}}{202\,500} = 8 \text{ mois} + 48 \text{ jours} \Rightarrow 19 \text{ octobre}$$

- Si en 60 jours, l'entreprise génère un CA de 1 012 500 €, combien de jours sont nécessaires pour générer un CA de : 2 500 000 € (CA à atteindre) – 1 687 500 € (CA obtenu en début de période), soit 812 500 € ?

$$S^* = 8 \text{ mois} + \frac{812\,500 \times 60 \text{ j}}{1\,012\,500} = 8 \text{ mois} + 48 \text{ jours} \Rightarrow 19 \text{ octobre}$$

GRAPHIQUE

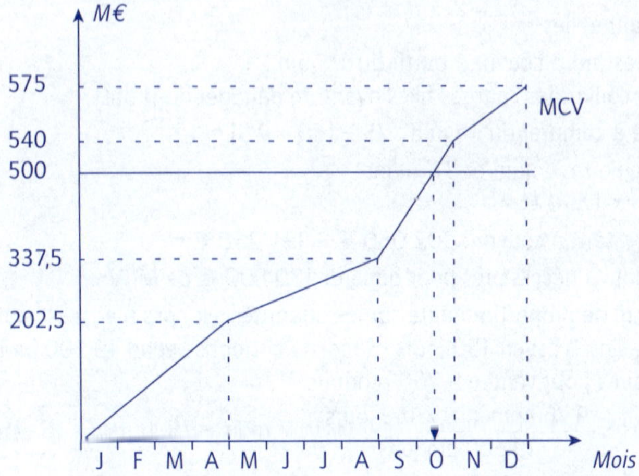

CAS 10 Basinvest

1) Tableau différentiel sur année de mise en service (N+1)

a) Analyse de la production (en nombre de produits)

- Du 1er janvier au 31 mai : 45 000 produits x (5/12) = 18 750 produits.
- Du 1er juin au 31 juillet : 45 000 produits x (2/12) = 7 500 produits.
- Du 1er août au 31 décembre : (45 000 produits/12) x 1,04 x 5 mois = 19 500 produits.

Soit un total de 45 750 produits.

À compter du 1er juin, les charges variables de production sont égales à : 52 € (1 – 0,0476) = 50 €.

b) Tableau différentiel de résultat

Chiffre d'affaires :	45 750 x 75 =	3 431 250	100 %
CV de production :	18 750 x 52,5 = 984 375		
	27 000 x 50 = 1 350 000	– 2 334 375	68,1 %
CV de distribution :	45 750 x 7,5 =	– 343 125	10 %
Marge sur coûts variables :	**45 750 x 16,46 =**	**753 750**	21,9 %
Charges fixes anciennes :		– 500 000	
Charges fixes supplémentaires :	7/12 de 142 800 =	– 83 300	
Résultat d'exploitation :		170 450	4,96 %

2) Recherche du seuil de rentabilité et la date du point mort

S* = 583 300/0,219 = 2 663 470 €, soit : 35 513 produits.

La date du seuil ne peut pas être trouvée par un simple calcul de proportionnalité car le taux de marge n'est pas constant tout au long de l'année : 20 % du 1er janvier au 31 mai ; 21,9 % au-delà de cette date.

Démarche :

- MCV générée entre le 1er janvier et le 31 mai :
  18 750 produits x 15 € = 281 250 €
- Charges fixes annuelles : 583 300 €
- Charges fixes restant à couvrir à partir du 1er juin : 302 050 €
  (la MCV sert à couvrir les charges fixes avant de dégager du profit)
- Marge unitaire à compter du 1er juin : 75 – (50 + 7,5) = 17,50 €/produit
- Marge générée entre 1er juin et 31 juillet :
  7 500 produits x 17,50 € = 131 250 €
- Charges fixes restant à couvrir : 302 050 € – 131 250 € = 170 800 €
- Volume de produits nécessaires pour générer 170 800 € de MCV : 9 760 produits

À ce stade un calcul de proportionnalité sur les quantités est possible ; il est similaire à celui déjà proposé dans le cas n° 9 : si en 150 jours (5 mois) l'entreprise vend 19 500 produits, combien de jours sont nécessaires pour vendre 9 760 produits ?

$$S^* = 7 \text{ mois} + \frac{9\,760 \text{ produits} \times 150 \text{ jours}}{19\,500 \text{ produits}} = 7 \text{ mois} + 75 \text{ jours} \Rightarrow 15 \text{ octobre N+1}$$

3) L'investissement est-il intéressant ?

- **Comparaison des situations entre N et N+1**

	Taux de marge	Résultat	Seuil	Date du S*
Cas 1	20 %	175 000 €	2 500 000	27 septembre
Cas 2	21,9 %	170 450 €	2 663 470	15 octobre
Différence	+ 1,9 %	– 4 550 €	+ 163 470	18 j. plus tard

Sur la base des calculs effectués, l'investissement conduit l'année de mise en service à une réduction du résultat et une durée plus longue pour atteindre le seuil de rentabilité : il semble que tant du point de vue de la rentabilité (résultat) que de la sécurité (date du seuil), cet investissement ne présente pas d'aspect positif. Ce sentiment serait erroné : en fait, il faut évaluer l'investissement sur une année pleine pour juger correctement de son impact.

- Production en année pleine : 45 000 produits x 1,04 = 46 800 produits

Chiffre d'affaires :	46 800 x 75 =	3 510 000	100 %
CV de production :	46 800 x 50 =	– 2 340 000	66,7 %
CV de distribution :	46 800 x 7,5 =	– 351 000	10 %
Marge sur coûts variables :	46 800 x 17,5 =	819 000	23,3 %
Charges fixes anciennes :		– 500 000	
Charges fixes supplémentaires :	12/12 de 142 800 =	– 142 800	
Résultat d'exploitation :		176 200	5,02 %

Seuil de rentabilité : 642 800/0,233 = 2 758 800 € environ, soit 36 784 produits.

Date du point mort : 13 octobre

- Ainsi cet investissement permet une amélioration de la rentabilité (hausse du résultat de 1 200 € soit 0,7 %) que l'on peut juger faible et accroît sensiblement le risque de l'entreprise puisque le seuil est atteint plus tardivement que dans la situation de référence (cas n° 8). En fait, la faible rentabilité de l'investissement est obtenue uniquement parce que, parallèlement aux modifications des conditions d'exploitation (hausse du taux de marge mais aussi hausse des charges fixes), l'entreprise peut produire plus de produits (+ 4 %) mais il faut également qu'elle puisse les vendre sans difficulté sous peine de voir son résultat fortement compromis. (Si l'accroissement des quantités vendues ne se réalise pas, et que l'investissement se fait, le résultat serait de 143 575 €.)

  Pour une entreprise de taille marginale, cette situation peut paraître très risquée.

CAS 11 Baselast

1) Résultat attendu d'une baisse de prix de 4 %

- L'élasticité de la demande par rapport au prix $E_{D/P}$ est égale à – 2. Une baisse des prix de 4 % provoque un accroissement des quantités de (– 2) x (– 4 %) = + 8 %.

  Nouveau prix : 75 € x (1 – 0,04) = 72 €

  Nouvelle quantité : 45 000 x (1 + 0,08) = 48 600 produits

-

Chiffre d'affaires : 48 600 x 72 =	3 499 200	100 %
CV de production : 48 600 x 52,5 =	– 2 551 500	72,9 %
CV de distribution : 48 600 x 7,2 =	– 349 920	10 %
Marge sur coûts variables : 48 600 x 12,3 =	597 780	17,1 %
Charges fixes :	– 500 000	
Résultat d'exploitation :	97 780	2,80 %

La baisse du prix provoque une baisse du résultat de 77 220 € soit une chute de 44 % par rapport à la situation initiale (cas n° 8).

2) Conditions d'élasticité pour que la décision soit opportune

Pour être retenue, il faut que la modification envisagée (prix ou quantité) permette de dégager un résultat au moins aussi élevé que celui obtenu au cas n° 8, soit 175 000 €. Il s'agit donc de générer une marge sur coûts variables au moins égale à : 675 000 € (résultat attendu + charges fixes).

a) Démarche en privilégiant un prix de 72 €

La marge sur coûts variables unitaire est égale à 12,30 euros. Les quantités nécessaires pour obtenir une marge globale de 675 000 € sont égales à : 675 000/12,3 = 54 878 produits, soit un accroissement des quantités de 21,95 %.

L'élasticité doit s'établir à : 21,95 %/– 4 % = – 5,49

b) Démarche privilégiant une demande de 48 600 produits

La marge unitaire de chaque produit doit au moins être égale à :

675 000/48 600 = 13,89 € par produit.

Les charges de production unitaires s'élèvent à 52,50. Il est possible d'écrire :

MCV unit + CV unit. de prod. = Prix de vente – CV unit. de dist.

et comme les CV de distribution sont égales à 10 % du chiffre d'affaires, on obtient :

13,89 € + 52,50 € = 0,90 prix de vente,

soit un prix de vente minimum de 73,77 et une baisse envisageable de 1,64 % par rapport au prix de référence de 75 €.

Dans ces conditions, l'élasticité minimum de la demande par rapport au prix doit s'établir à :

(+ 8 %)/(– 1,64 %), soit une valeur de – 4,88.

Ces résultats doivent être nuancés : l'influence de l'élasticité n'est pas aussi systématique que les calculs peuvent le laisser croire, elle traduit plus une tendance qu'une relation mathématique stricte entre les variables concernées. Les derniers calculs effectués sont peu pertinents pour une prise de décision : l'élasticité s'impose à l'entreprise comme étant la conséquence des multiples facteurs caractéristiques du marché, elle ne se décrète pas... L'entreprise dispose de peu de moyens pour faire passer l'élasticité de la demande par rapport au prix de – 2 à – 4 ou à – 5 comme semble nous y inviter les calculs réalisés.

CAS 12 Basopt

a) Recherche de la relation entre ΔD et ΔP

$$E_{D/P} = \frac{\Delta D/D}{\Delta P/P} = \frac{\Delta D}{D} \times \frac{P}{\Delta P} = \frac{\Delta D}{\Delta P} \times \frac{P}{D}$$

Dans cette relation $E_{D/P} = -2$, $P = 75$ € et $\Delta = 45\,000$ produits, d'où il vient :

$$\Delta D = (E_{D/P} \times D/P)\,\Delta P = (-2 \times 45\,000/75)\,\Delta P = -1200\,\Delta P$$

b) Équation de la fonction « Résultat »

Il est, ici, équivalent de chercher à maximiser la fonction « Marge sur coûts variables » ou la fonction « Résultat » car elles ne diffèrent que d'un facteur constant (les charges fixes) qui est éliminé au moment de la dérivation puisque la dérivée d'une constante est nulle.

Marge sur coûts variables = Chiffre d'affaires – Charges variables

- *Expression du chiffre d'affaires*

$$(D + \Delta D)(P + \Delta P) = \{45\,000 - 1\,200\,\Delta P)\}\ \{75 + \Delta P)\}$$
$$= 3\,375\,000 - 90\,000\,\Delta P + 45\,000\,\Delta P - 1\,200\,\Delta P^2$$
$$= 3\,375\,000 + 45\,000\,\Delta P - 1\,200\,\Delta P^2$$

- *Expression des coûts variables*

$$60\text{ €}\,(D + \Delta D) = 60\,\{45\,000 + (-1\,200\,\Delta P)\}$$
$$= 2\,700\,000 - 72\,000\,\Delta P$$

- *Expression de la marge sur coûts variables*

Chiffre d'affaires : $3\,375\,000 - 45\,000\,\Delta P - 1\,200\,\Delta P^2$

Charges variables : $-(2\,700\,000 - 72\,000\,\Delta P)$

Marge sur coûts variables : $675\,000 + 27\,000\,\Delta P - 1\,200\,\Delta P^2$

C'est cette fonction dont il faut rechercher le maximum.

- *Maximum de la fonction « Marge sur coûts variables »*

Dérivée première : $27\,000 - 2\,400\,\Delta P$

Cette dérivée s'annule pour $\Delta P = +11{,}25$ €. Pour cette valeur, la fonction présente un extremum.

Dérivée seconde : – 2 400. Pour cette valeur, l'extremum est un maximum.

Pour un prix majoré de 11,25 €, soit : 75 + 11,25 = 86,25 €, le résultat sera maximum. En conséquence la demande s'établira à : 45 000 + (– 1 200 x 11,25) = 31 500. Le tableau différentiel se présente ainsi :

Chiffre d'affaires : 31 500 x 86,25 € =	2 716 875	100 %
CV de production : 31 500 x 60 € =	– 1 890 000	69,57 %
Marge sur coûts variables : 31 500 x 26,25 € =	826 875	30,43 %
Charges fixes :	– 500 000	
Résultat d'exploitation :	326 875	12,03 %

Rechercher le profit maximum conduit l'entreprise à une stratégie totalement différente de celle choisie : elle doit accepter de diminuer les quantités vendues de 30 % tout en augmentant significativement ses prix. Elle décide donc de vendre peu mais des produits qui dégagent une forte marge unitaire. Un tel bouleversement du positionnement de son produit ne peut avoir lieu rapidement d'autant qu'il faudra justifier auprès de sa clientèle que celui-ci (sans différence notable dans les deux situations) « vaut » le prix demandé.

Sous ces réserves, cette recherche d'optimum conduit à une solution où le résultat double presque par rapport à la situation de référence alors même que les conditions d'exploitation (charges variables et charges fixes) restent inchangées.

CAS 13 Baszon

a) Recherche de la fonction « Résultat »

La fonction de « Résultat » se déduit de la fonction de la « Marge sur coûts variables » : il suffit de déduire de la seconde le montant des charges fixes.

Fonction « Résultat » :

Marge sur coûts variables : 675 000 + 27 000 ΔP – 1 200 ΔP^2

Charges fixes : – 500 000

Résultat : 175 000 + 27 000 ΔP – 1 200 ΔP^2

b) Recherche des racines du trinôme

Le calcul du déterminant donne : $\Delta = 1\ 569 . 10^6$

Les racines de ce trinôme sont égales respectivement à :

$t' = -5{,}25$ € $\qquad$ $t'' = +27{,}75$ €

Ces valeurs de t nous permettent de calculer une fourchette de prix et d'en déduire les ventes correspondantes en se servant des relations entre ΔD et ΔP mises en évidence dans le cas n° 12.

Prix de référence : 75 €	Prix P' : 75 – 5,25 = 69,75 €	Prix P'' : 75 + 27,75 = 102,75 €
Quantité de référence : 45 000	Quantité D' : 45 000 – {1 200 x (– 5,25)} = 51 300	Quantité D'' : 45 000 – {1 200 x (+ 27,75)} = 11 700

Il est possible de remarquer que les couples (P' ; D') et (P''; D'') délimitent un intervalle centré sur les valeurs optimales trouvées au cas précédent (86,25 € ; 31 500 produits). Cela est totalement conforme à la représentation graphique proposée dans le rappel de cours précédent. Ces couples représentent toutes les possibilités qui se proposent à l'entreprise entre deux stratégies différenciées et opposées :

– vendre de faibles quantités d'un produit à forte marge (solution : 102,75 € ; 11 700 produits) ;
– vendre de grandes quantités d'un produit à faible marge (solution : 69,75 € ; 51 300 produits).

CAS 14 Basindic

1) Différents indicateurs relatifs à l'entreprise Basindic

Les données suivantes ont déjà été calculées au cas n° 8. Pour mémoire : chiffre d'affaires, 3 375 000 € ; marge/coûts variables, 675 000 ; charges fixes, 500 000 ; résultat, 175 000 ; seuil de rentabilité, 2 500 000.

- Marge de sécurité =
  Chiffre d'affaires annuel – Seuil de rentabilité = 3 375 000 – 2 500 000 = 875 000 €
- Indice de sécurité =
  Marge de sécurité/Chiffre d'affaires annuel = 875 000/3 375 000 = 25,93 %
- Indice de prélèvement =
  Charges fixes/Chiffre d'affaires annuel = 500 000/3 375 000 = 15 %
- Coefficient de volatilité =
  Marge sur coûts variables/Résultat = 675 000/175 000 = 3,86

2) Baisse possible des ventes sans entraîner de perte

Pour pouvoir couvrir toutes ses charges l'entreprise Basindic doit réaliser au minimum un chiffre d'affaires égal au seuil. La différence entre le chiffre d'affaires prévu et le chiffre d'affaires critique représente la baisse des ventes recherchée : il s'agit en fait de la marge de sécurité, soit 875 000 €. Exprimé en valeur relative du chiffre d'affaires annuel, on obtient 25,93 % soit l'indice de sécurité.

3) Baisse du prix de vente possible après le seuil

Une fois le seuil atteint, les seules charges nouvelles de l'entreprise sont les charges variables unitaires des produits vendus après cette date. Pour ne pas être en perte, il suffit que le prix de vente permette de couvrir les charges variables unitaires, soit un prix de vente égal à 52,50 + 0,10 $p = p$, soit p = 58,33 € donc une diminution de 16,67/75 (prix de vente initial) égal à 22 %. Ce pourcentage exprime le taux de marge sur coûts variables : en effet, dans cette perspective l'entreprise accepte, une fois le seuil atteint, de vendre ses produits en dégageant une marge nulle.

4) Estimation du résultat si le chiffre d'affaires augmente de 5 %

À conditions d'exploitation constantes (même taux de marge, mêmes charges fixes), l'augmentation du chiffre d'affaires ne provient que d'une variation des quantités : l'utilisation du coefficient de volatilité est possible.

Coefficient de volatilité = 3,86.

Si le chiffre d'affaires augmente de 5 %, alors le résultat augmentera de : 5 % x 3,86 = 19 %, soit un résultat attendu de : 175 000 x 1,19 = 208 250 €. Cet indicateur exprime la sensibilité du résultat aux variations du chiffre d'affaires.

5) Chiffre d'affaires nécessaire pour une hausse du résultat de 10 %

Le coefficient de volatilité lie chiffre d'affaires et résultat ; donc, pour une élasticité du résultat par rapport au chiffre d'affaires de 3,86, une augmentation de résultat de 10 % oblige à une variation de chiffre d'affaires de :

Variation du CA en % = Variation du résultat en %/Coefficient de volatilité
= 10 %/3,86
= + 2,60 %

soit une augmentation de chiffre d'affaires de : 3 375 000 x 2,60 % = 87 750 €, due uniquement à une augmentation des quantités vendues.

6) Tableau différentiel de l'entreprise B

• Chiffre d'affaires :	47 000 x 72,5 € =	3 407 500	100 %
• CV de production :	47 000 x 45 € =	2 115 500	62,1 %
• CV de distribution :	47 000 x 7,25 € =	340 750	10 %
Marge sur coûts variables :	47 000 x 20,25 € =	951 750	27,9 %
Charges fixes :		755 000	
	Résultat d'exploitation :	196 750	5,8 %

7) Différents indicateurs relatifs à l'entreprise B

Seuil de rentabilité =
Charges fixes/taux de marge = 755 000/27,9 % = 2 706 093 €
Date du seuil : 22 octobre
Marge de sécurité =
Chiffre d'affaires annuel – Seuil de rentabilité = 3 407 500 – 2 706 093 = 701 407 €
Indice de sécurité =
Marge de sécurité/Chiffre d'affaires annuel = 701 407/3 407 500 = 20,58 %
Indice de prélèvement =
Charges fixes/Chiffre d'affaires annuel = 755 000/3 407 500 = 22,16 %
Coefficient de volatilité =
Marge sur coûts variables/Résultat = 951 750/196 750 = 4,84

8) Résultat attendu pour un chiffre d'affaires de 3 407 500

Coefficient de volatilité de l'entreprise Basindic : 3,86
Variation du chiffre d'affaires en % : (3 407 500 – 3 375 000)/3 375 000 = 0,96 %
Résultat attendu :
3,86 x 0,96 % = 3,72 %, soit un résultat de : 175 000 x (1,0372) = 181 510 €
Pour un même chiffre d'affaires, l'entreprise B présente un résultat de 196 750 € mais ses conditions d'exploitation ne sont pas les mêmes que celles de l'entreprise Basindic : l'utilisation, dans ce contexte, du coefficient de volatilité pour comparer les deux résultats est impropre.

9) Comparaison des situations d'exploitation des deux entreprises

Rappel des différents indicateurs :

	Seuil de rentabilité	Marge de sécurité	Indice de sécurité	Indice de prélèvement	Coefficient de volatilité
Entreprise Basindic	2 500 000	875 000	25,93 %	15 %	3,86
Entreprise B	2 706 093	701 407	20,58 %	22,16 %	4,84

Bien que plus performante (son résultat est 12 % plus élevé que celui de Basindic pour un chiffre d'affaires sensiblement identique), l'entreprise B présente une exploitation plus risquée : le seuil est atteint plus tardivement que chez Basindic, sa marge de sécurité est inférieure de près de 175 000 € par rapport à Basindic ce qui conduit à 5 points d'écart en sa défaveur pour l'indice de sécurité. Bien que son taux de marge soit largement supérieur à celui de Basindic (27,9 % au lieu de 20 % pour Basindic), son indice de prélèvement supérieur de 7 points à celui de Basindic exprime la lourdeur de ses charges fixes. Plus sensible aux variations du chiffre d'affaires que Basindic (coefficient de volatilité égal à 4,84 au lieu de 3,86 pour Basindic), elle améliorera nettement ses performances en cas d'augmentation des ventes mais elle est aussi plus fragile en situation de retournement économique : ses résultats sont plus volatils que ceux de Basindic.

CAS 15 Basprob

1) Paramètres de la loi de la demande

a) Année N

$E(Q)$ = 45 000 et Prob (38 000 < Q < 52 000) = 0,90

En centrant et réduisant la loi normale, il devient :

$$\text{Prob}\,[-7\,000/\sigma(Q) < Q < +7\,000/\sigma(Q)] = \text{Prob}\,\{-t_1 < T < +t_1\} = 0{,}90$$

$\Rightarrow 2\,p(t_1) - 1 = 0{,}90 \Rightarrow p(t_1) = 0{,}95 \Rightarrow$ la table donne $t_1 = 1{,}65$ et $7\,000/\sigma(Q) = 1{,}65$

donc : $\sigma(Q) = 4\,242$

En année N, les paramètres de Q sont : (45 000 ; 4 224).

b) Année N+1

$$E(Q) = 45\,000 \times 1{,}2 = 54\,000 \text{ et Prob } (50\,000 < Q < 58\,000) = 0{,}60$$

en centrant et réduisant la loi normale, il vient :

$$\text{Prob}\,[-4\,000/\sigma(Q) < Q < +4\,000/\sigma(Q)] = \text{Prob}\,\{-t_1 < T < +t_1\} = 0{,}60$$

$\Rightarrow 2\,p(t_1) - 1 = 0{,}60 \Rightarrow p(t_1) = 0{,}80 \Rightarrow$ la table donne $t_1 = 0{,}85$ et $4\,000/\sigma(Q) = 0{,}85$

donc : $\sigma(Q) = 4\,706$

En année N, les paramètres de Q sont : (54 000 ; 4 706).

2) Résultat espéré et analyse du risque

a) Année N

$$E(R) = (75 - 60)\,E(Q) - 500\,000 = 175\,000$$

Dispersion absolue $\Rightarrow \sigma(R) = (75 - 60)\,\sigma(Q) = 15 \times 4\,242 = 63\,636$

Dispersion relative $\Rightarrow \sigma(R)/E(R) = 63\,636/175\,000 = 0{,}36$

b) Année N+1

$$E(R) = (75 - 55)\,E(Q) - 750\,000 = 330\,000$$

Dispersion absolue $\Rightarrow \sigma(R) = (75 - 55)\,\sigma(Q) = 20 \times 4\,706 = 94\,120$

Dispersion relative $\Rightarrow \sigma(R)/E(R) = 94\,120/330\,000 = 0{,}285$

L'évolution des ventes sur les deux années est très favorable à l'entreprise : elle constate un presque doublement espéré de ses ventes et une diminution parallèle de son risque : certes son écart type augmente entre N+1 et N mais le rapport au résultat espéré infirme cette première vision ; en effet la dispersion relative de N+1 (0,285) est plus faible qu'en année N (0,36).

Cas de synthèse

CAS 16 Société Atobois (d'après DCG 2010)

1) Tableau des résultats prévisionnels par produit et globaux et commentaires, insuffisance de la démarche et autre proposition

Tableau des résultats prévisionnels

	Total Atobois	Plaquettes vendues en l'état (50 000 tonnes)		Particules (20 000 tonnes)	
	Total	Unitaire	Total	Unitaire	Total
Chiffre d'affaires	4 250 000	55	2 750 000	75	1 500 000
Coût variable par tonne	1 600 000	20	1 000 000	30	600 000
Coût structurel par tonne(1)	2 260 000	30	1 500 000	38	760 000
Résultat	390 000	5	250 000	7	140 000
Taux de profitabilité (R/CA) et poids des produits dans le résultat global	9,17 %	9,1 %	64,1 % du résultat global	9,33 %	35,9 % du résultat global

(1) Les coûts structurels unitaires obtenus ont été calculés sur la base des prévisions pour N.

Commentaires

L'entreprise présente un résultat prévisionnel de 390 000 €, soit 9 % de son chiffre d'affaires ce qui est très satisfaisant. Ce résultat est réalisé pour les deux tiers par le produit « plaquettes pour le chauffage » contre un tiers pour le produit « particule ». Compte tenu de la grande variabilité de la demande de plaquettes, ce résultat présente un risque important de ne pas se réaliser si les conditions climatiques sont trop clémentes et influencent à la baisse le besoin de chauffage des ménages. Pour autant, comme les deux produits présentent des taux de profitabilité proches, le développement des ventes du produit « particule » peut être un choix pour fiabiliser la profitabilité. Cependant, à la différence du produit « plaquettes » dont les clients sont fidèles, le produit « particule » doit entraîner la recherche de nouveaux clients peut être moins fidèles et plus exigeants.

Insuffisance de la démarche

En tout état de cause et compte tenu de la grande variabilité possible des volumes vendus entre les deux produits, une analyse en coûts complets ne se prête pas à des simulations sur ce plan. En effet, le calcul des coûts de revient intègre une part de charges de structure réparties en référence à un volume donné de production et à un partage entre les produits « plaquettes » et « particules ». On ne connaît aucunement les règles d'imputation qui conduisent à imputer respectivement 30 et 38 € aux deux produits précédents.

Autre démarche de calcul de coûts plus adaptée

Seule une analyse en coûts variables peut permettre ces travaux de simulation.

	Total Atobois	Plaquettes vendues en l'état (50 000 tonnes)		Particules (20 000 tonnes)	
	Total	Unitaire	Total	Unitaire	Total
Chiffre d'affaires	4 250 000	55	2 750 000	75	1 500 000
Coût variable par tonne	– 1 600 000	– 20	– 1 000 000	– 30	– 600 000
Marge sur coût variable	2 650 000	35	1 750 000	45	900 000
Coût structurel	– 2 260 000				
Résultat	390 000				
Taux de marge (MCV/CA) Part des produits dans la marge globale	62,35 %	63,6 %	66 % de la marge globale	60 %	34 % de la marge globale

Les données en coûts variables restent similaires à celles obtenues en analyse des coûts complets quant à la position relative des deux produits en termes de part dans la marge sur coût variable et de taux de marge. Cependant, cette méthode peut maintenant permettre de simuler des résultats prévisionnels en envisageant une autre répartition des ventes entre « plaquettes » et « particules ».

2) Seuil de rentabilité et levier opérationnel

Le seuil de rentabilité (SR) en global s'établit à :

SR = Charges fixes/Taux de marge sur coût variable = 2 260 000/62,35 %

SR = 3 624 700

Le levier opérationnel traduit la volatilité du résultat en fonction de l'évolution du chiffre d'affaires. Pour le calculer, il est équivalent de faire LO = Marge sur coût variable/Résultat = 2 650 000/390 000 = 6,79

L'élasticité du résultat à court terme est importante et donc significative. Le résultat varie 6,8 fois plus vite que le CA en valeur relative. Cette volatilité est préoccupante quand on connaît la sensibilité des volumes de plaquettes vendues aux conditions climatiques, contraintes externes non maîtrisables par l'entreprise.

La présence de deux produits pourrait limiter la portée de la remarque précédente en autorisant la compensation des aléas de la vente d'un produit au profit d'un autre mais ce n'est guère envisageable dans l'entreprise car la structure des coûts des deux produits est assez semblable en raison du processus de production.

3) Équation du résultat et du seuil de rentabilité, graphique des résultats, commentaire et position de la combinaison productive prévue pour N

Soit :

- PL = volume de plaquettes vendues en tonnes
- PA = volume de particules vendues en tonnes
- Charges fixes = 2 260 000
- Résultat = 390 000

Équation du résultat :

(Marge unit. variable x PL + Marge unit. variable x PA) – Charges fixes + Résultat

R = 35 PL + 45 PA – 2 650 000 (solution : 75 714 PL ; 58 888 PA)

Équation du seuil de rentabilité :
(Marge unit. variable x PL + Marge unit. variable x PA) – Charges fixes = 0

SR ⇒ 35 PL + 45 PA – 2 260 000 = 0

SR ⇒ 35 PL + 45 PA = 2 260 000 (solution : 64 714 PL ; 50 222 PA)

On obtient ainsi une multitude de combinaisons de PL et de PA permettant d'obtenir le SR qui peut être représenté dans un graphique.

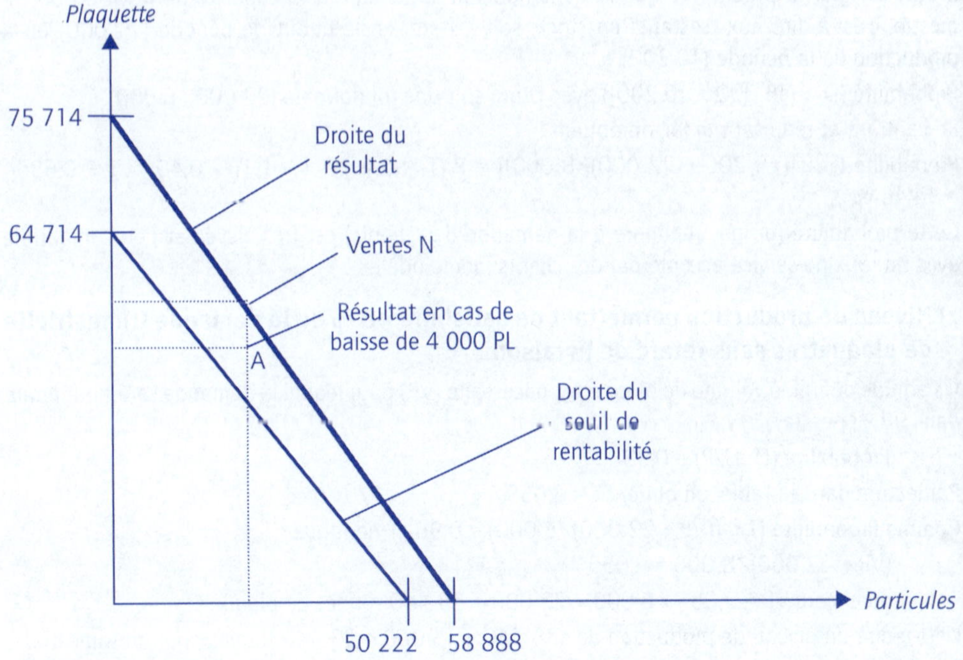

La zone comprise entre les deux droites représente toutes les combinaisons de plaquettes et de particules pour lesquelles le seuil est atteint (l'entreprise couvre la totalité de ses charges) mais où le résultat est inférieur au résultat attendu.

4) Incidence d'une baisse de production et des ventes de plaquettes vendues en l'état et position de cette combinaison productive sur le graphique

Baisse du résultat = Marge unit. variable x Nombre de produits non fabriqués et non vendus

Baisse du résultat = 35 € x 4 000 = 140 000 €, soit un résultat global de 250 000 € en baisse de 36 %.

Combinaison productive = 46 000 PL et 20 000 PA, soit le point A du graphique.

5) Importance de l'écart type de la demande de plaquettes

L'écart type exprime le risque de variabilité de la demande par rapport à la demande moyenne. Ici, 8 000 représente près de 36 % de la demande moyenne (22 000). Dans le cadre d'une loi normale, on observe que 67 % des niveaux de demande se situent dans un intervalle centré de plus ou moins 1(un) écart type, soit ici compris entre [22 000 – 8 000], soit 14 000 et [22 000 + 8 000], soit 30 000 tonnes de particules. Cette variabilité rend difficile toutes prévisions de ventes.

Le texte précise que les clients de plaquettes sont des clients fidèles ; il ne s'agit donc pas de volatilité de clientèle mais, les plaquettes étant des produits de chauffage, ils sont donc très sensibles à la variabilité des conditions climatiques des différentes années. Cet aspect est très contraignant pour l'entreprise car il s'agit de contraintes externes difficiles à maîtriser.

6) Probabilité d'une rupture de stock de plaquettes au cours du trimestre et commentaire

Il faut calculer la probabilité que la demande soit supérieure à la capacité de livraison du trimestre, c'est-à-dire aux existants en stock, soit les stocks de début de période (15 000) et la production de la période (10 200).

Probabilité (D > (15 000 + 10 200)) avec D qui suit une loi normale (22 000 ; 8 000)

En centrant et réduisant la loi, on obtient :

Probabilité (T > [(25 200 – 22 000)/8 000)] = P (T > 0.40) = 1 – P (T ≤ 0,40) = 1 – 0,6554 = 34,46 %

Cette probabilité (ne pas répondre à la demande des clients) est très élevée et peu compatible avec un taux de service accepté par des clients même fidèles.

7) Niveau de production permettant de satisfaire 98 % de la demande trimestrielle de plaquettes sans retard de livraison

Il s'agit de définir le volume de plaquettes nécessaire (VP) pour lequel la demande serait inférieure dans 98 % des cas.

Probabilité (D ≤ VP) = 0,98.

Par lecture dans la table, on obtient t = 2,055

Comme Probabilité (T ≤ ((VP – 22 000)/8 000) = 0,98, il vient que :

(VP – 22 000)/8 000 = 2,055

ou encore VP = 2,055 x 8 000 + 22 000 = 38 440 tonnes de plaquettes

c'est-à-dire un niveau de production de : 38 440 – 15 000 = 23 440 tonnes pour un trimestre.

Rappelons que la production annuelle de plaquettes est prévue à 50 000 tonnes et que la capacité de production totale disponible n'est que de 70 000 tonnes. Il semble donc extrêmement difficile d'atteindre ce niveau de production.

8) Incidence du remplacement des ventes de 5 000 tonnes de plaquettes vendues en l'état par 5 000 tonnes de particules vendues 10 % moins cher

Marge perdue sur coût variable sur 5 000 t de plaquettes : 35 € x 5 000 = 175 000

Marge gagnée sur coût variable sur 5 000 t de particules : [(75 € x 0.90) – 30 €)] x 5 000 = 187 500

Charges structurelles annuelles supplémentaires : 30 000/5 = 6 000 €

Variation du résultat : Gain sur particules – Perte sur plaquettes (187 500 € – 6 000) – 175 000 = + 6 500 €, soit 1,67 % du résultat prévisionnel initial ce qui est très peu.

Autres éléments à prendre en considération :

– la nouvelle commande a été rendue possible par la baisse du prix de vente pour ces clients spécifiques. Compte tenu du caractère basique du produit il semble difficile de justifier de la différenciation des prix entre les plaquettes vendues aux anciens clients et les nouveaux clients belges : on peut penser qu'à terme les clients anciens demanderont la même réduction de tarif, soit une baisse de marge de 150 000 € (20 000 tonnes de plaquettes x Prix de vente x 10 % de réduction). Il reste, cependant, des catégories différentes de client ;

- compte tenu de la lourdeur de l'investissement en aire de stockage, il faut impérativement que cette commande se renouvelle au moins pendant la durée d'amortissement de la dite installation ;
- les ventes supplémentaires de particules diminuent automatiquement les ventes de plaquettes en raison de la capacité de production limitée à 70 000 tonnes. Si ce choix conduit à ne pas satisfaire en période hivernale les clients fidèles en plaquettes, cette décision peut se révéler contre-productive.

9) Analyse de la situation de l'entreprise quant aux arbitrages entre produits

Cette entreprise est prise dans un dilemme :

- les deux produits fabriqués sont très proches, aussi profitables l'un que l'autre ; il est donc difficile d'arbitrer entre volume de plaquettes et volume de particules d'autant que le volume de l'un impacte immédiatement le volume de l'autre produit compte tenu de la capacité de production limitée ;
- développer les ventes de plaquettes doit sans doute entraîner des coûts fixes moindres car on supprime la dernière opération de production mais l'entreprise devient dépendante de clients, certes fidèles, mais qui ne peuvent s'engager sur un volume de ventes stable ;
- développer les ventes de particules ne semble possible que par une baisse des prix qui pèse sur la profitabilité globale de l'entreprise.

Chapitre 3
Centres de responsabilité et prix de cession interne

Tests de connaissances

1	2	3	4	5	6	7	8	9	10
ABCDE	*ABCD*	*C*	*AB*	*AB*	*B*	*BCD*	*ABC*	*ABCD*	*C*

Exercices d'application

CAS 17 Defin

- Un centre de profit est un centre de responsabilité (ensemble d'acteurs de l'organisation regroupé autour d'un responsable auquel des moyens ont été attribués et doté d'un indicateur de performance) et non pas un centre d'analyse (subdivision comptable où sont analysées et regroupées les charges indirectes préalablement à leur imputation aux coûts). La notion de centre d'analyse renvoie au calcul des coûts (comptabilité analytique), celle de centre de responsabilité à une structure organisationnelle pour dynamiser le fonctionnement de l'entreprise.

- Pour le responsable (plutôt que chef) d'un centre de profit, l'objectif est de maximiser une marge ou un résultat d'exploitation ou EBE : il doit donc minimiser ses consommations intermédiaires mais ce ne peut être son seul objectif, il faut également qu'il développe les recettes de son centre de responsabilité. De cette façon, il pourra maximiser sa marge et être jugé performant.
- La prise en compte d'une quote-part des frais généraux par un centre de responsabilité demande analyse. Comme le responsable d'un centre doit pouvoir avoir une action sur les éléments de sa performance, l'attribution de charges discrétionnaires peut être un facteur de démotivation ; en revanche, le centre n'existe que dans le cadre d'une structure plus large qui lui assure certaines prestations, il semble donc normal qu'une partie des charges du siège lui soit refacturée. Le choix n'est qu'affaire de circonstances.
- De façon approximative, l'affirmation de l'employé dans la définition de l'objectif du centre (minimiser les charges directes et indirectes) et dans la nature de sa performance (minimisation du coût horaire) s'applique plus à un centre de coût qu'à un centre de profit.

CAS 18 Dilieux

PARTIE 1

1) Résultat actuel du centre « A »

Résultat actuel du centre « A »

Chiffres d'affaires : 100 € x 900 produits =	90 000 €
Charges variables : 40 € x 900 produits =	36 000 €
Charges fixes : 20 € x 1 200 produits =	24 000 €
Résultat actuel du centre « A »	30 000 €

Intérêt de l'entreprise pour le produit XX

Chiffre d'affaires supplémentaire de XX : 165 € x 300 =	49 500 €
Charges variables du centre « A » : 40 € x 300 =	12 000 €
Charges variables du centre « B » : 50 € x 300 =	15 000 €
Charges fixes du centre « B » :	10 000 €
Résultat additionnel sur le produit XX :	12 500 €

La production et la vente de XX sont évidemment favorables à l'entreprise puisqu'elles permettent une meilleure absorption des charges fixes du centre « A » et un profit additionnel sur XX.

2) Optimisation du fonctionnement de l'entreprise

Résultat du centre « A » en cas de vente du produit XX

Chiffre d'affaires interne : 300 produits x 100 € =	30 000 €
Charges variables additionnelles : 300 produits x 40 € =	12 000 €
Résultat additionnel :	18 000 €

▶ *Résultat du centre « B » en cas de vente du produit XX*

Chiffre d'affaires externe : 300 x 165 € =	49 500 €
Achats internes : 300 x 100 € =	30 000 €
Charges variables additionnelles : 300 x 50 € =	15 000 €
Charges fixes additionnelles :	10 000 €
Résultat du centre « B » :	– 5 500 €

La somme des résultats des centres « A » et « B » donne bien le résultat additionnel de l'entreprise :

(+ 18 000 €) + (– 5 500 €) = + 12 500 €

mais il est clair que, dans ces conditions, le centre « B », qui est à l'origine de l'amélioration globale du résultat de l'entreprise, renoncera à développer les ventes de XX si cette décision conduit à une détérioration apparente de sa performance. Le prix de cession retenu ne peut lui convenir : il demandera de pouvoir dégager une marge sur la production et la vente du produit XX.

3) Expliquer l'origine de la différence de résultats entre les deux stratégies

La différence de 12 500 € est imputable à deux facteurs :

– la meilleure absorption des charges fixes pour le centre « A » : 300 x 20 € = 6 000 €
– la marge supplémentaire dégagée par le produit XX :
  [165 € – (60 € + 50 €)] x 300 produits – 10 000 € = 16 500 – 10 000 = 6 500 €

4) Déterminer les limites du prix de cession interne

▶ *Pour le centre « A »*

En bon gestionnaire, il devrait accepter de céder sa production au coût standard complet, soit : 60 € (40 + 20), surtout si les ventes sont occasionnelles, pour s'assurer la meilleure répartition possible de ses charges fixes.

Accepter de céder les 300 pièces supplémentaires au coût variable standard suppose que l'on considère comme acquis que les ventes extérieures sont stables et doivent à elles seules couvrir les charges fixes, ce qui n'est pas réaliste d'autant que cela contrarie une politique de baisse des prix peut-être indispensable sur le marché extérieur du fait de la concurrence.

▶ *Pour le centre « B »*

Sa limite supérieure sera telle qu'il ne dégage ni gain ni perte sur le produit XX, soit :

prix de vente : 165 €, charges du centre « B » relatives au produit XX = 50 + 10 000/300, soit 84 €.

Il est donc possible d'acheter la pièce « A2 » au prix de 81 € (165 – 84).

Il est à noter que si comptablement la borne du centre « B » est 81 €, humainement et parce qu'il est à l'initiative de l'idée, le centre « B » exigera une marge sur la production et la vente du produit XX.

PARTIE 2

5) Quel résultat le centre « A » peut-il espérer de cette décision ?

Nouveau prix de vente pour « A2 » en ventes externes :

- Variation désirée des quantités :
  (1 062 – 900) / 900 = 162 / 900 = + 18 %

CORRIGÉS

- Variation du prix de vente :
  18 % / (Élasticité qté/prix) = 18 % / – 22,5 = – 0,8 %
- Nouveau prix de vente :
  100 € (1 – 0,008) = 99,20 €

Dans ce contexte, le centre « A » peut s'attendre à un résultat égal à :

Chiffre d'affaires externe : 1 062 x 99,20 =	105 350,40
Charges variables : 1 062 x 40 =	– 42 480,00
Marge sur ventes externes :	62 870,40
Charges fixes : 1 200 x 20 =	– 24 000,00
Résultat :	38 870,40

Dans cette optique, le centre « A » ne peut plus approvisionner le centre « B » que pour : 1 200 – 1062, soit 138 pièces « A2 » pour la fabrication du produit XX.

6) L'entreprise aura-t-elle intérêt à promouvoir cette stratégie ?

La vente de XX est réduite à 138 unités qui dégagent un résultat égal à :

[165 € – (60 € + 50 €)] x 138 produits – 10 000 € = 7 590 – 10 000 = – 2 410 €

Le résultat additionnel pour l'ensemble de l'entreprise est toujours positif mais plus faible que celui prévu par le centre « A ». Il est égal à :

(38 870,40 – 30 000) + (– 2 410) = 6 460,4 €

L'entreprise peut vouloir orienter la décision du centre « A » en jouant sur les PCI pour la pousser à préférer approvisionner le centre « B ». Dans cette hypothèse, il faut que le résultat obtenu par « A » soit identique dans les deux cas :

900 pièces (100 € – 60 €) + 300 pièces (PCI – 60 €) = 38 870,40 €

Le prix de cession ressort à 69,57 € l'unité.

Le centre « B » dégagerait alors un résultat de :

[165 € – (69,57 € + 50 €)] x 300 produits – 10 000 € = 13 629 – 10 000 = + 3 629 €

CAS 19 Entreprise Magneto

1) Organisation actuelle en matière de prix de cession

- L'entreprise est organisée en deux centres de responsabilité de même niveau à savoir des centres de profit, c'est-à-dire que chaque responsable est jugé sur sa capacité à dégager la marge ou le résultat le plus élevé.
- Comme Lille est centre de production et Paris centre de distribution, ce qui est recette pour Lille est achat pour Paris. Compte tenu de leur objectif commun, Lille cherchera à vendre le plus cher possible et Paris à acheter le moins cher possible : la situation est donc source d'émulation mais aussi potentiellement de conflit si un centre s'estime lésé.
- D'autre part, le centre de Lille est libre de vendre à l'extérieur à un prix supérieur (marge de 10 %) à celui auquel il cède sa production à Paris (marge de 3 ou 5 %), ce qui peut conduire ce centre à privilégier les ventes externes au détriment des cessions internes. En revanche, il ne semble pas que le centre de Paris puisse profiter d'un approvisionnement externe. Cela crée une dissymétrie dans les relations entre les centres.

- Les cessions entre les centres sont organisées sur la base d'un prix de cession égal un coût complet réel plus une marge.
- La référence à un coût réel empêche une juste localisation des performances puisque, quelles que soient les conditions de fabrication de Lille, ce dernier est assuré de couvrir ses charges en totalité.
- La référence à un coût complet pose le problème de l'imputation des charges fixes du centre vendeur dans le cas d'une baisse des achats de Paris.
- Par ailleurs, en termes de connaissance des coûts, Paris va considérer le PCI comme un coût variable alors qu'il est composé de charges variables et de charges fixes. Cela peut conduire le centre à des choix contraires à l'intérêt général de l'entreprise.
- Le conflit tel qu'il est exprimé porte pour le moment essentiellement sur le mode de fixation du prix de cession et pas vraiment sur l'organisation actuelle de l'entreprise. Il s'agit dans la proposition future d'envisager la résolution de ce conflit et d'éviter l'apparition d'un autre conflit sur la liberté de cession des deux centres.

2) Arguments de M. Charles et de M. Martin ?

a) Arguments de M. Charles

▸ *Prix de cession trop élevé*

Le prix de cession est égal au coût réel plus une marge. Il existe un marché sur lequel il est possible de vendre avec une marge de 10 %. Celle du PCI est de 3 ou 5 %. Le prix de cession est donc plus bas que le prix du marché. Argument non fondé.

▸ *Prix de cession non pertinent*

Un prix pertinent doit permettre de localiser les performances de chaque centre. Ici, ce n'est pas le cas : plus le centre de Lille est inefficient, plus le coût complet réel est élevé et par voie de conséquence le prix de cession interne. Ce mécanisme est amplifié par la formulation de la marge exprimée en pourcentage : pour un coût de 100, la marge est de 3 mais, si le coût passe à 150, la marge est de 4,5.

En conclusion, plus le centre de Lille a des performances réelles mauvaises, plus sa performance comptable affichée est bonne. M. Charles a raison dans sa critique.

▸ *Prix de cession tardif et instable*

Le PCI est calculé sur la base d'un coût réel qui effectivement varie à chaque calcul en fonction des conditions réelles de fabrication ; cet argument est juste et comme ce coût doit être élaboré sur les résultats de la comptabilité analytique, il est réel que M. Charles ne le connaisse qu'avec retard.

Proposer un PCI égal au coût complet standard permettrait une réponse satisfaisante en termes de pertinence et d'instabilité. En effet, le coût complet standard est fixe, connu à l'avance des deux parties et permet une localisation des performances : le résultat de Lille traduirait la confrontation entre un coût prévu et le coût réel réalisé, celui de Paris s'appuierait sur un coût d'achat stable.

- Cependant, ce système présente quelques inconvénients :

– il n'est plus fait référence à une marge quelconque prise par Lille ;

– le résultat de Lille sera dépendant des quantités achetées par Paris : le coût complet standard est établi en référence à une production normale. Si Paris réduit ses achats en quantité, la performance de Lille sera obérée toutes choses égales par ailleurs.

• Enfin, dire que son entité doit seule réaliser des bénéfices car elle génère le chiffre d'affaires est réducteur ; la richesse créée par l'entreprise peut être évaluée par d'autres indicateurs comme la valeur ajoutée.

b) Arguments de M. Martin

Le système, nous l'avons vu, est globalement favorable au centre de Lille ; il est donc logique que M. Martin exprime peu de reproches au système mis en place.

L'aspect motivation liée à l'apparition de la marge est sans doute réel et il est vrai que comme ce centre participe fortement à la création de la richesse produite par l'entreprise, il semble logique qu'une partie du résultat y soit affectée.

En revanche, il a été clairement démontré que les PCI actuels n'incitaient pas à la maîtrise des coûts du centre.

3) Système de prix de cession pour les deux parties

Il s'agit de proposer un système qui évite les différents dysfonctionnements envisagés (actuels ou possibles). Normalement, les PCI doivent permettre :

- le respect de l'efficacité de l'entreprise ;
- une juste évaluation des performances des centres ;
- une autonomie réelle de gestion des centres de responsabilité.

Dans le contexte actuel, il est possible de proposer un PCI calculé sur la base d'un coût complet plus un pourcentage de marge à négocier entre M. Charles et M. Martin. Ce système permet un PCI pertinent car permettant une juste évaluation des performances, un partage du résultat entre les deux centres, facteurs de motivation du personnel. Pour éviter dans l'avenir des problèmes d'approvisionnement pour Paris ou de non-écoulement de sa production pour Lille, il est possible de fixer des quotas minimaux de livraison et d'achat. Cependant cette solution limite l'autonomie de gestion des centres.

C'est pourquoi il peut être préféré un PCI défini comme égal au coût variable standard avec une marge plus un forfait pour couverture de charges fixes. Ce mécanisme permet au centre de Paris d'avoir une juste connaissance de la structure de ses coûts et l'incite à acheter une quantité stable de produits. Pourtant cela ne protège pas Paris contre des difficultés d'approvisionnement si Lille privilégie les clients externes plus profitables.

4) Conseils au directeur général

Chaque système de prix de cession présente des avantages et des inconvénients : il semble impossible de répondre aux trois objectifs d'un bon système cités à la question 3. Les solutions mises en œuvre dépendent des priorités fixées par la DG à son système de PCI.

Dans ce contexte, il s'agit de mettre en place un système transparent, expliqué et perçu comme juste. Ainsi, il est important de définir clairement :

- comment et pourquoi le prix de cession est fixé ;
- quand et selon quelles modalités il sera mis à jour ;
- les limites à l'autonomie des centres (en matière d'approvisionnement principalement) ;
- qui arbitre les conflits.

Cas de synthèse

CAS 20 Hôpital Saint-Paul

PARTIE 1

1) Principales caractéristiques du pôle « logistique »

Nature du pôle

Ce pôle fournit des prestations de support à l'ensemble de l'hôpital (teinturerie, entretien ou restauration). Intégré à un organisme public, il n'a pas vocation à faire des profits mais bien à fournir des prestations aux autres centres de façon la plus efficiente possible : c'est donc un centre de coût.

Cependant, il est possible d'envisager pour des activités aujourd'hui marginales que, si une refacturation est possible et envisageable, il évalue au mieux le coût de ses prestations et puisse étudier le niveau des prix de cession.

Principaux objectifs à atteindre

- Maîtrise des coûts : coût des repas, coût du linge traité...
- Amélioration de la qualité : satisfaction des « clients » (patients, résidents, clients externes...), qualité des prestations, respect des normes (hygiène, sécurité...).
- Réduction des délais (exemple : blanchisserie).

Outils de gestion à mettre en place

- Comptabilité de gestion par grands domaines d'intervention (coût des repas, coût du linge...).
- Budget par domaines d'intervention (restauration, blanchisserie, entretien, stockage).
- Suivi des différents domaines par indicateurs et tableaux de bord.

Ce pilotage doit être adapté à la périodicité des taches. Exemple :

- suivi des entretiens : journalier ou hebdomadaire ;
- suivi des repas ou du linge : mensuellement au moins en quantité ;
- suivi des achats : en fonction des rythmes de révision des contrats d'approvisionnement...

Modalités du reporting

- Gestion par exception pour les relations avec la direction générale (dans le cadre des outils de gestion).
- Rapport semestriel (direction et conseil d'administration) présentant une synthèse d'activité et des performances de l'établissement.

2) Avantages et risques d'une organisation en pôles de responsabilités

Avantages de l'organisation en centres de responsabilité

- Définition d'un cadre cohérent pour l'ensemble des activités médicales, logistiques et de gestion (clarification des objectifs stratégiques et opérationnels).
- Mise en place d'un système d'évaluation des performances des centres et de leurs activités en adéquation avec les objectifs.
- Responsabilisation et motivation des acteurs, notamment des responsables de centres qui doivent être de véritables « pilotes » dans le cadre de la contractualisation interne.

- Amélioration des résultats grâce à une meilleure prise de conscience des objectifs de gestion, notamment en termes de qualité (réponse aux attentes des « clients »), de maîtrise des coûts (lutte contre les gaspillages)...

Risques de réticences

- Crainte (ou refus) de l'abandon d'une culture « médicale » au profit d'une emprise de la culture « managériale ».
- Refus d'une politique de maîtrise des coûts dans un contexte de demande de soins grandissante.
- Crainte d'une surcharge de travail (mise à jour et suivi des outils de gestion) ou d'un manque de compétences...

PARTIE 2 : A) COÛT DES REPAS

1) Calcul du coût d'un repas fabriqué en N

Coût d'un repas fabriqué = total des coûts de fabrication/activité normale évaluée en nombre de repas = 1 669 400/340 000 = 4,91 €

2) Calcul du coût d'un repas distribué en office et au self

Coût d'un repas en office

Nombre de repas distribués en office :
(Services de soins) 180 000 + (Maison de retraite) 87 000 = 267 000 repas
Coût complet d'un repas : coût de production + coût de distribution spécifique
4,91 + (867 750/267 000) = 4,91 + 3,25 = **8,16 €**

Coût d'un repas en self

Nombre de repas distribués en self : 73 000 repas
Coût d'un repas servi en self : 4,91 + (125 560/73 000) = 4,91 + 1,72 = **6,63 €**

3) Tarifs pratiqués en N pour les repas servis au self et aux familles

Les repas servis au self sont facturés à 4,20 € au personnel et 6 € aux extérieurs pour un coût de revient de 6,63 €.
Si l'on peut admettre que le personnel paie ses repas en dessous du coût réel à titre d'avantages sociaux (co-financé par l'hôpital sous forme de subvention), il est moins compréhensible que des « extérieurs » ne paient pas le juste prix. Il serait souhaitable que le prix facturé soit au moins égal au coût de revient du repas, soit 6,63 €.
Le raisonnement est similaire pour les repas servis aux familles en chambre où le différentiel est encore plus élevé : 6 € facturés pour un coût de revient de 8,16 €.

4) Manque à gagner en recettes subsidiaires pour l'année N sur les repas

Nombre de repas prévus pour les familles : 2 170 + 6 550 = 8 720 repas
Manque à gagner sur les repas familles : (8,16 – 6,00) x 8 720 = 18 835 €
Manque à gagner sur les repas externes servis au self : (6,63 – 6,00) x 10 950 = 6 898 €
Manque à gagner total : 25 733 €

5) Conclusions pour les tarifs des repas N+1 et pour le budget de N+1

Conclusion générale : le prix des repas pour les familles et les « extérieurs » doit être augmenté de sorte qu'il couvre le coût global de fabrication et de distribution et dégage un supplément de recettes de l'ordre de 26 000 €.

Deux modalités peuvent être envisagées.

- *Un tarif unique quel que soit le mode de distribution*

Coût de revient des repas familles et extérieurs :

(8 720 repas x 8,16 €) + (10 750 repas x 6,63 €) = 71 155,2 + 71 272,5 = 142 427,7 €

Coût moyen d'un repas : 142 422,7/(8 720 + 10 750) = 7,31 €

D'où un prix proposé de 7,40 € le repas.

- *Un tarif différencié selon le mode de distribution*

Ce système plus lourd administrativement, qui demande des justifications, se révèle plus juste économiquement et permet aux acteurs d'être sensibilisés au vrai coût de prestations différenciées en termes de confort et de modalités de distribution. Dans cette optique, les tarifs seraient de : **8,20 € pour les repas familles servis en chambres et 6,70 € pour ceux pris au self.**

PARTIE 2 : B) PRIX DE CESSION DES REPAS À LA MAISON DE RETRAITE

1) Différentes méthodes de fixation des prix de cession interne

Rappel : La fixation d'un PCI répond à trois objectifs difficilement conciliables : maintenir l'efficacité de l'ensemble de l'entreprise, développer l'autonomie des centres et mesurer leur performance dans une perspective de relations de marché. Le choix d'un PCI est donc un compromis fortement lié aux situations de concurrence, au degré d'intégration du produit, à la culture de l'entreprise, etc., et aux rapports de force en présence entre les responsables des centres de profit.

a) Méthodes fondées sur les coûts

En toute logique, jamais un coût réel ne peut être retenu en pratique même s'il peut paraître le plus trivial. Il n'incite pas à l'amélioration des performances et transfère l'efficience ou l'inefficience du vendeur sur l'acheteur. Il est tardif, instable et ne permet de développer des relations pérennes entre centres.

- *Coût standard complet*

Avantages : bonne localisation des performances (pas de transfert d'efficience ou d'inefficience sur l'acheteur), stabilité du PCI, incitation pour le vendeur à améliorer sa productivité.

Inconvénients :

- pour le vendeur : la performance du centre vendeur est tributaire des quantités achetées : si les quantités achetées ne sont plus celles prévues, les charges fixes du centre vendeur sont réparties sur des volumes moindres et sa performance diminue puisque son coût réel moyen augmente ;
- pour l'acheteur : le PCI est considéré comme un coût variable alors qu'il intègre des charges fixes ce qui conduit à une méconnaissance de la structure des coûts et à des choix d'externalisation mal fondés.

- *Coût variable standard (plus forfait pour couvrir les charges fixes budgétées)*

Dans ce contexte, les cessions supérieures aux quantités budgétées sont facturées au coût variable uniquement, les charges fixes du centre vendeur étant couvertes par le forfait quel que soit le niveau des achats.

Avantage : incitation pour l'acheteur à dépasser les quantités budgétées.

Inconvénient : le centre vendeur est assuré de couvrir ses frais fixes, ce qui ne l'incite guère à mieux utiliser sa structure.

- *Autres solutions*

Coût marginal (en général coût variable standard), coût d'opportunité.

b) Méthodes fondées sur les prix du marché

Prix du marché : prix des concurrents sur le marché externe (ce prix peut être aménagé en tenant compte des économies sur les coûts de transaction).

Avantages : incite les centres à avoir une attitude d'entrepreneur, incite le vendeur à être aussi efficient voire plus que le marché.

Ne peut être mis en œuvre que pour des produits banalisés, pour lesquels existe un marché concurrentiel. Ne convient pas pour des entreprises très intégrées ou les produits intermédiaires cédés font partie d'une chaîne de valeur complète.

2) Critères à prendre en compte pour la fixation d'un prix de cession interne

- Possibilité d'approvisionnement sur le marché externe et prix du marché.
- Qualité de la prestation en interne et en externe.
- Degré d'autonomie des responsables de centres.
- Stratégie de l'entreprise (externalisation, recentrage...).
- Mesure équitable de la performance des centres.
- Cohérence entre l'intérêt général et les intérêts particuliers des centres.

3) Prix de cession

En toute logique, comme il s'agit de centre de coûts et que l'hôpital n'a pas pour vocation de faire des bénéfices sur la maison de retraite, c'est le coût standard complet de production qui devrait servir de PCI, soit un coût de 4,91 €. Il est indiqué que la distribution est prise en charge par le personnel de la maison de retraite.

Il est cependant possible de retenir un PCI égal au prix du marché aménagé surtout si le pole de responsabilité doit à terme livrer des repas à des prestataires extérieurs (autres cliniques), soit :

Prix du marché (6,5 €) – Économie sur les coûts de transaction (10 % x 6,5) = 5,85 €

PARTIE 3 : A) LIVRAISON DE REPAS À UNE CLINIQUE

1) Calcul du seuil de rentabilité du projet

- *Coût variable par repas*

Matières : denrées alimentaires : 612 000 + conditionnement : 115 600

Frais de personnel : 10 % de 782 000 = 78 200

Charges d'exploitation : eau énergie : 20 400 + fournitures : 37 400

(612 000 + 115 600 + 10 x 782 000 + 20 400 + 37 400)/340 000 = 2,54 €

Seuil de rentabilité

Marge sur coût variable par repas : 5,00 – 2,54 = 2,46 €
Coûts fixes spécifiques : Véhicule (28 000/4) + Poste spécifique (23 000) = 30 000 € par an
Seuil de rentabilité : 30 000/2,46 = 12 195 repas par an, soit 33,4 repas par jour en moyenne

2) Calcul du résultat marginal que pourrait générer ce projet et conclusion

- Nombre total de repas à livrer à la clinique sur l'année : 80 x 365 = 29 200 repas
- Résultat marginal : (2,46 € x 29 200) – 30 000 € = 41 832 €
- Conclusion : Projet profitable que l'on doit retenir, d'autant que ce résultat permettrait de réduire la sous-activité des installations de cuisine : Capacité maximale de 1 500 repas/jour x 365 jours = 547 500 repas pour une activité normale de 340 000 repas.

PARTIE 3 : B) CRÉATION D'UN GIP

1) Avantages et inconvénients d'une adhésion au GIP Restauration

- **Avantages :**
- moins de charges de gestion : réduction des effectifs, suppression des commandes et des stocks de denrées et fournitures alimentaires, réduction des immobilisations, baisse du BFR (stocks)... ;
- avantages financiers si le prix des repas achetés au GIP est inférieur au coût de revient en interne, ce qui est en général le cas puisque ces structures ont des capacités plus importantes et bénéficient d'économies d'échelle (et de plus n'ont pas pour logique de faire du profit) ;
- avantages liés à la spécialisation du GIP (qualité, normes...) ;
- réduction des risques (non-conformités bactériologiques, contrôles...).
- **Inconvénients :**
- dépendance vis-à-vis du GIP (définition des menus, variété des plats) ;
- retour en arrière difficile en cas de problème ;
- problème de l'affectation des coûts indirects entre adhérents, et donc de facturation (source de litiges) ;
- problème de la réaffectation des agents dans les autres services ;
- problème de la spécificité des repas pour certains malades.

2) Logique, au plan stratégique, d'adhérer à ce type de structure

La logique est celle de toute stratégie fondée sur l'externalisation des activités secondaires et le recentrage sur le métier de base, à savoir la production de soins. Les hôpitaux n'ont pas pour vocation de devenir des entreprises de restauration ou de traitement du linge. Or si ces activités sont réalisées en interne, ils sont obligés de les gérer avec des méthodes performantes (ce qui nécessite des compétences managériales) voire de les développer pour les rentabiliser (ou trouver de nouvelles recettes) auprès de nouveaux clients, ce qui implique une démarche de type entrepreneurial. L'activité de base d'un établissement de santé étant bien entendu le traitement des malades (ou des personnes âgées dans le cas des maisons de retraite), ils sont de plus en plus tentés par l'externalisation de leurs activités à caractère « hôtelier » et général.

Le GIP est, par ailleurs, un partenaire de l'hôpital intégré dans son périmètre d'activité. La logistique relève toujours de la gestion publique.

CORRIGÉS

Chapitre 4 Construire les budgets

Tests de connaissances

1	2	3	4	5	6	7	8	9	10
BCD	*AC*	*BCD*	*CD*	*BCD*	*C*	*ABCD*	*D*	*B*	*ABE*

Exercices d'application

CAS 21 Vélocyc

1) Calculer le budget des ventes en valeur

	Détaillants	Supermarchés	Total
Quantités	350 000	450 000	800 000
Prix unitaire	270 €	220 €	NS
Chiffre d'affaires	94 500 000 €	99 000 000 €	193 500 000 €

2) Calculer le nombre de bicyclettes à produire

Stock final demandé :	100 000
Ventes prévues :	+ 800 000
Stock initial constaté :	– 120 000
Production à lancer	780 000

3) Calculer les achats budgétés de roues en quantité et en valeur

Production de bicyclettes :	780 000
Nombre de roues (2 par vélo) :	1 560 000
Roues pour l'après-vente :	156 000
– stock initial :	– 20 000
+ stock final :	– 30 000
Nombre de roues à acheter :	1 726 000
Prix d'une roue :	15 €
Budget des achats :	25 890 000 €

CAS 22 Plastiform

a) Calcul des amortissements et des coûts financiers sur les immobilisations engagées

	Approv.	Moulage			Vernissage
		A	B	C	
VO totale	18 750 x 2 + 15 100	**24 900 x 8**	**42 400 x 8**	**65 800 x 2**	44 900 x 5
Amort. pratiqués (N-2 et N-1) VO x 0,2	52 600 - 10 520	199 200 - 39 840	339 200 - 67 840	131 600 - 26 320	224 500 - 44 900
VNC au 1/01/N	42 080	159 360	271 360	105 280	179 600
Dotation N	**- 5 260**	**- 19 920**	**- 33 920**	**- 13 160**	**- 22 450**
VNC au 31/12/N	36 820	139 440	237 440	92 120	157 150
VCN moyenne (VCN 01/01 + VCN31/12)/2	39 450	149 400	254 400	98700	168 375
Frais financiers	3 156	11 952	20 352	7 896	13 470

b) Centre approvisionnement

Charges indirectes et fixes

• Salaires : 1 675 € x 2 opérateurs x 13 mois =	43 550
• Charges sociales : 43 550 x 42,7 % =	18 596
• Fournitures : 650 € x 11 mois =	7 150
• Dotation aux amortissements :	5 260
• Coût financier :	3 156
Total :	77 712

Volume d'achat (quantité et coût)

Quantité de matières pour la production :

3 kg x 300 000 A + 5 kg x 125 000 B + 10 kg x 25 000 C = 1 775 000 kg

Quantité de matières à approvisionner :

Quantité pour la production	+	stock final de MP	−	stock initial de MP		
1 775 000 kg	+	37 800 kg[1]	−	27 600 kg	=	1 785 200 kg

Coût d'achat des matières premières :

1 785 200 kg x 1, 25 € = 2 231 500 €

(1) 1 775 000 kg/47 semaines.

CORRIGÉS

c) Centre moulage

- *Charges variables*

	A	B	C
Quantité de produit Temps de gamme	300 000 2 min	125 000 4 min	25 000 6 min
Temps opératoire total (arrondi à l'heure par excès)	10 000 h	8 334 h	2 500 h
Énergie Matières consommables	25,50 00,90	50,60 01,90	67,10 01,90
Coût de heure de marche	26,40	52,50	69,00
Coût par machine	264 000	437 535	172 500

- *Charges fixes indirectes*

Salaires : 15 personnes x 1 880 € x 13 mois x 1,427 = 523 138

- *Charges fixes directes*

	A	B	C
Dotation aux amortissements	19 920	33 920	13 160
Coût financier	11 952	20 352	7 896
Entretien (coût machine x 11 mois)	17 600	28 600	7 150
Total	49 472	82 872	28 206

- *Récapitulatif Centre moulage*

	Total	A	B	C
Charges Variables	874 035	264 000	437 535	172 500
Charges fixes directes	162 550	49 472	82 872	28 206
Charges fixes indirectes	523 138			
Total	1 557 723	313 472	520 407	200 706

d) Centre vernissage

- *Charges variables*

Énergie + matières consommables = 330 €/heure

	A	B	C
Coût horaire Nombre de cycles/heure Nombre de produits/cycle Nombre de produits/heure Nombre d'heures pour la production	330 3 cycles 50 produits 150 produits/h 2 000 h	330 3 cycles 20 produits 60 produits/h 2 084 h	330 3 cycles 5 produits 15 produits/h 1 667 h
Coût variable total	660 000 €	687 720 €	550 110 €

Cumul charges variables : 1 897 830 €

◗ *Charges fixes indirectes*

- Personnel : 2 personnes x 1 975 € x 13 mois x 1,427 = 73 276
- Entretien : 276 € x 11 mois x 5 cabines = 15 180
- Dotation aux amortissements : 22 450
- Coût financier : 13 470

124 376

◗ *Récapitulatif – Centre vernissage*

- Charges variables : 1 897 830
- Charges fixes : 124 376

Total : 2 022 206

e) Conclusion : Budget « premier » du département – fonction Achat – Production

	Total	Charges variables	Charges fixes	Volume de référence
Approvisionnement	2 309 212	2 231 500	77 712	1 785 200 kg
Moulage	1 557 723	874 035	683 688	15 834 HM
Vernissage	2 022 206	1 897 830	124 376	17 253 cycles
Total	5 889 141	5 003 365	885 776	

CAS 23 Plastiform (suite)

1) Coût budgété de référence

◗ *Charges variables*

	A	B	C
Énergie	25,50	50,60	67,10
Matières Consommables	0,90	1,90	1,90
Coût/heure marche	26,40	52,50	69,00
Coût/minute	0,44	0,875	1,15
Temps par produit	2,00	4,00	6,00
Coût/produit	0,88	3,50	6,90

◗ *Charges fixes indirectes*

- Salaires : 15 personnes x 1 880 € x 13 mois x 1,427 = 523 138
- Temps production en minutes :
  15 personnes x 47 semaines x 35 h x 60 minutes x 0,92 x 0,94 = 1 280 336 minutes
- Coût d'une minute : 0,40859 €, soit 0,409 €/minute.

	A	B	C
Nombre opérateurs	1	1	2
Temps opérateur en minutes	2	4	6
Temps total	2	4	12
Coût	0,818	1,636	4,908

- *Charges fixes directes*

	A	B	C
Dotation aux amortissements Coût financier Entretien (coût machine x 11 mois)	19 920 11 952 17 600	33 920 20 352 28 600	13 160 7 896 7 150
Total	49 472	82 872	28 206
Quantité annuelle	300 000	125 000	25 000
Coût unitaire	0,165	0,663	1,128

- *Récapitulatif Centre moulage*

	A	B	C
Charges variables Charges fixes directes Charges fixes indirectes	0,880 0,165 0,818	3,500 0,663 1,636	6,900 1,128 4,908
Coût complet de référence	1,863	5,799	12,936

2) Économies à réaliser sur les mois de février et mars

- *Février*

	A	B	C
Coût de référence janvier	1,863	5,799	12,936
Taux de réduction	99,80 %	99,80 %	99,80 %
Coût budgété de février	1,859	5,787	12,910
Économie à générer en €	0,004	0,012	0,026
Quantité mensuelle de produits	25 500	10 600	2 100
Économie globale par produit	102,00 €	127,20 €	54,60 €
Économie mensuelle	283,80 €		

- *Mars*

	A	B	C
Coût de référence Février	1,859	5,787	12,910
Taux de réduction	99,80 %	99,80 %	99,80 %
Coût budgété de février	1,855	5,775	12,884
Économie à générer en €	0,004	0,012	0,026
Quantité mensuelle de produits	32 400	13 400	2 700
Économie globale par produit	129,60 €	160,80 €	70,20 €
Économie mensuelle	360,60 €		

3) Intérêts et limites de la méthode Kaizen

• Cette démarche permet une mise sous tension de l'organisation en obligeant l'atelier de moulage de façon continue à rechercher et faire disparaître tous les gaspillages ou les activités inutiles de l'organisation. Elle donne un objectif chiffré raisonnable et sur lequel il est facile de communiquer. Pour pouvoir agir, le responsable doit avoir une connaissance régulière et détaillée des consommations qui lui sont comptablement affectées pour appréhender les améliorations possibles : en effet ce sont les opérateurs qui connaissent au mieux les gisements d'amélioration de leur secteur d'activité.

- Les limites :

– elle crée une pression forte sur les acteurs et les contraint à modifier leurs comportements par une remise en cause systématique de leur pratique ; génératrice de stress, elle peut au bout d'un moment devenir source de démobilisation. Le faible taux de progrès demandé (0,20 % par mois) ne doit pas faire oublier qu'il est continu : ainsi sur 6 mois cela représente 1,19 % de réduction des coûts ;

– elle ne peut se limiter au seul atelier moulage mais doit être étendue à l'ensemble du processus de production.

CAS 24 LivExpress

1) Coût budgété de chacune des activités pour N et budget de l'entreprise

Activités	Coût	Volume global	Montant des ressources consommées
Stockage	23,00 €	32 740	753 020 €
Commande	12,00 €	562	6 744 €
Manutention	4,30 €	1 732	7 448 €
Transport	1,20 €	17 900	21 480 €
Facturation	12,50 €	320	4 000 €
Budget de l'année			792 842 €

2) Budget des charges sur la base des activités

Les charges de cette entreprise ne sont constituées que de charges indirectes majoritairement fixes : locaux de stockage, matériel de transport et personnel de manutention ou administratif. Travailler en référence aux activités, réintroduit des liens de causalité entre les consommations de ressources et les volumes de travail prévus. Enfin la variété des inducteurs permet une meilleure allocation des charges car elle exprime mieux la charge de travail des différents opérateurs que pourrait le faire un taux appliqué à une valeur moyenne des stocks manipulés.

3) Actions de réductions des coûts en fonction des profils des différentes entreprises adhérentes

Quelques pistes de réflexions non exhaustives :

- Le nombre de commandes adressées aux **produits de la PME B** (équivalent à celui de la PME A) conduit à beaucoup plus de colis, à distribuer à des clients plus éloignés et au fait que chaque commande conduit à une facturation :

– le colisage des pièces déposées est-il adapté à la nature de commandes ?

– pourquoi ne pas facturer par relevé mensuel de factures ?

- Les **pièces de la PME D** semblent volumineuses et ou lourdes mais peu demandées (10 commandes à l'année). En revanche les clients sont éloignés.

Ces informations peuvent permettre à LivExpress une meilleure refacturation de ces coûts aux entreprises adhérentes.

Cas de synthèse

CAS 25 Société Mixar

1) Mission et rôle du contrôleur de gestion de la société Mixar

La mission et le rôle du contrôleur de gestion de la société Mixar peuvent être appréhendés sous deux aspects.

- *Contrôle de gestion = contrôle et vérification*

Il s'agit ici de vérifier la conformité des réalisations aux normes. Si des écarts apparaissent, il faut les expliquer.
Ce type de contrôle producteur de normes peut être considéré comme un contrôle hiérachique.

- *Contrôle de gestion = maîtrise (sens anglo-saxon)*

Dans cette acception, le contrôle de gestion a pour but de permettre à l'entreprise de suivre la direction assignée. Sa mission est alors rapprochée de la notion de pilotage.
Le contrôle de gestion a alors pour mission de mettre en place un système facilitant le pilotage.
Ce système comprend plusieurs éléments :
- des objectifs (assimilés à une trajectoire),
- des prévisions (les budgets),
- la confrontation entre les réalisations et les prévisions,
- la possibilité de prendre des actions correctives.

Dans cette perspective, le contrôleur de gestion doit :
- assister les responsables :
  - dans la définition des objectifs,
  - dans la détermination des moyens pour atteindre les objectifs,
  - dans l'élaboration des budgets,
  - dans la mesure des performances ;
- assister la direction générale pour s'assurer que les différentes composantes de la planification (objectifs, stratégie, actions, moyens) sont en cohérence. Sur plusieurs plans :
  - cohérence des actions entre elles et par rapport à la stratégie,
  - cohérence des moyens entre eux,
  - cohérence des moyens par rapport aux actions ;
- informer la direction générale des résultats obtenus. Cette information doit être communiquée dans le but de rendre compte de la gestion de l'entreprise et non comme un moyen permettant de prendre des sanctions ;
- être le gestionnaire du système d'informations. Cette tâche nécessite une bonne connaissance de la culture de l'entreprise.

2) Obstacles affectant la mise en place d'un système de contrôle de gestion

La mise en place d'un système de contrôle de gestion peut être freinée par l'existence d'obstacles fréquemment rencontrés dans les entreprises.

- Le système n'a pas été accepté, pour de multiples raisons, par le personnel de l'entreprise. Un phénomène de rejet apparaît. Celui-ci s'accompagne souvent d'une rétention d'informations rendant le contrôle de gestion déconnecté de la réalité.
- Le contrôle de gestion n'est pas « vendu » par la direction générale. Cette attitude peut en partie expliquer également un phénomène de rejet.
- La direction générale ne précise pas de manière assez claire le rôle qu'elle attribue au contrôle de gestion. L'entreprise connaît une centralisation excessive de l'information : le système de contrôle de gestion devient inopérant.
- Le contrôle de gestion ne met pas clairement en évidence les responsabilités des opérationnels, en particulier parce qu'il ne dispose pas d'outils adaptés (comptabilité analytique trop lente...).

En ce qui concerne la mission de M. Naneau, le cas ne présente que son rôle dans l'élaboration des budgets et le contrôle budgétaire. Il faut à ce propos rappeler que le contrôle budgétaire ne constitue qu'une partie de la mission d'un contrôleur de gestion. M. Naneau accomplit d'autres tâches, comme mettre en place des tableaux de bord pour les différents responsables opérationnels.

3) Présenter tous les budgets nécessaires à l'établissement des documents de synthèse

a) Étape 1 : Les ventes

Le service commercial construit deux budgets : un budget des ventes (quantités, PU, CAHT, CATTC) et un budget des services commerciaux.

	Quantité	Prix HT	Chiffre d'affaires HT	TVA	CA TTC
Produit A	9 200	200	1 840 000	360 640	2 200 640
Produit B	3 900	110	429 000	84 084	513 084
Total général	13 100		2 269 000	444 724	2 713 724

Montant	Total
Commissions	52 300
Salaires	120 600
Publicité	31 500
Voyages (frais généraux)	10 000
Total général	214 400

b) Étape 2 : la production

Compte tenu des ventes et du stock de produits finis, le service de production doit déterminer la production à lancer pour ensuite chiffrer les coûts de production. En final, il présentera le suivi des stocks de produits finis.

Production à lancer

	Ventes	Stock final	Total	Stock initial	Production à lancer
Produit A	9 200	850	10 050	– 450	9 600
Produit B	3 900	420	4 320	– 320	4 000
Total	13 100	1 270	14 370	– 770	13 600

Coût de standard de production

Charges indirectes de production		373 520 €
Nombre unités d'œuvre		11 600
Produit A = 9 600 x 1 h	*9 600*	
Produit B = 4 000 x 0,5 h	*2 000*	
Coût de l'unité d'œuvre		32,2 €

Main d'œuvre directe	
Coût horaire	42 €
Nombre d'heures	11 600
Total général	487 200

	Produit A			Produit B		
	Quantité	Coût unitaire	Total	Quantité	Coût unitaire	Total
MP1	3,00	18,00	54,00	1,00	18,00	18,00
MP2	1,00	24,00	24,00	0,50	24,00	12,00
MOD	1,00	42,00	42,00	0,50	42,00	21,00
Ch. indirectes	1,00	32,20	32,20	0,50	32,20	16,10
Total coût unitaire standard			152,20			67,10

Valorisation de la production et des stocks de produits finis

	Produit A			Produit B		
	Quantité	Coût unitaire	Total	Quantité	Coût unitaire	Total
Stock initial	450	142,40	64 080	320	63,80	20 416
Production	9 600	152,20	1 461 120	4 000	67,10	268 400
Total	10 050	151,76	1 525 200	4 320	66,86	288 816
Ventes	9 200	152,20	1 400 240	3 900	67,10	261 690
Stock final	850		124 960	420		27 126
Total	10 050	151,76	1 525 200	4 320	66,86	288 816

c) Étape 3 : les approvisionnements

Compte tenu de la production à lancer et du stock existant de matières premières, les approvisionnements doivent déterminer les achats à faire pour ensuite chiffrer les coûts d'achat.

Consommation de matières pour la production

	Matière MP1			Matière MP2		
	Production	Standard	Total	Production	Standard	Total
Produit A	9 600	3,00	28 800	9 600	1,00	9 600
Produit B	4 000	1,00	4 000	4 000	0,50	2 000
Total			32 800			11 600

Quantité de matières à approvisionner

	Consommation de matières	Stock final	Total	Stock initial	Achats à réaliser
MP1	32 800	5 500	38 300	– 4 000	34 300
MP 2	11 600	1 325	12 925	– 1 500	11 425
Total	44 400	6 825	51 225	– 5 500	45 725

Budget des achats

	Quantité	Prix HT	Chiffre d'affaires HT	TVA	Montant des achats TTC
MP1	34 300	18	617 400	121 010	738 410
MP 2	11 425	24	274 200	53 743	327 943
Total général			891 600	174 753	1 066 353

Valorisation des stocks et des matières premières

	MP1			MP2		
	Quantité	Coût unitaire	Total	Quantité	Coût unitaire	Total
Stock initial	4 000	17,60	70 400	1 500	23,00	34 500
Achats	34 300	18,00	617 400	11 425	24,00	274 200
Total	38 300	17,96	687 800	12 925	23,88	308 700
Consommations	32 800	18,00	590 400	11 600	24,00	278 400
Stock final	5 500		97 480	1 325		30 300
Total	38 300	17,96	687 800	12 925	23,88	308 700

d) Étape 4 : construction des budgets secondaires

Dans le cas, cela ne concerne que celui de la direction générale.

Charges de gestion	30 000 €
Salaires direction	180 000 €
Total général	210 000 €

e) Étape 5 : Encaissements et décaissements – Trésorerie

À ce niveau, est envisagé l'impact de toutes les décisions précédentes en termes de décaissements et d'encaissements.

▸ *Budget des encaissements*

Les deux dernières colonnes du tableau indiquent :

- le montant des produits TTC qui aurait dû être encaissé au titre de l'exercice ;
- la différence entre le total encaissé sur l'exercice et le total à encaisser figure au bilan en termes de créances.

	TRIM 1	TRIM 2	TRIM 3	TRIM 4	Total	Ventes TTC de l'exercice	Créances au bilan N+1
Clients au bilan	280 000				280 000		
Encaissements TTC	609 960	586 040	639 860	621 920	2 457 780	2 713 724	255 944
Total	889 960	586 040	639 860	621 920	2 737 780		

▸ *Budget de TVA*

	TRIM 1	TRIM 2	TRIM 3	TRIM 4	Total
TVA collectée	102 900	101 920	109 760	130 144	444 724
TVA déductible/biens	– 41 160	– 40 180	– 43 238	– 50 176	– 174 754
TVA à payer à TRIM T+1	61 740	61 740	66 522	79 968	269 970

▸ *Budget des décaissements*

Les deux dernières colonnes du tableau indiquent :

- le montant des charges TTC qui aurait dû être décaissé au titre de l'exercice ;
- la différence entre le total décaissé sur l'exercice et le total à décaisser figure au bilan en termes de dettes.

	TRIM 1	TRIM 2	TRIM 3	TRIM 4	TOTAL	Montant de l'exercice	Dettes au bilan N+1
Fours. au bilan	253 000				253 000		
TVA au bilan	10 000				10 000		
IS au bilan		15 000			15 000		
Achats TTC	215 280	203 320	251 160	197 340	867 100	1 066 353	199 253
Frais de personnel	180 000	180 000	210 000	300 000	870 000	922 700	52 700
Services extérieurs	39 000	40 000	50 000	45 900	174 900	207 420	32 520
Impôts et taxes		15 000		15 000	30 000	30 000	0
Acquisition immo.		250 000			250 000	250 000	0
TVA à TRIM T+1		61 740	61 740	66 522	190 002	269 970	79 968
IS à payer	12 000	14 000	14 000	14 000	54 000	54 801	801
Total	709 280	779 060	586 900	638 762	2 714 002	2 801 244	365 242

En final, le budget de trésorerie peut être chiffré.

Budget de trésorerie

	TRIM 1	TRIM 2	TRIM 3	TRIM 4
Trésorerie initiale	150 000	330 680	137 660	190 620
Encaissements du trimestre	889 960	586 040	639 860	621 920
Décaissements du trimestre	– 709 280	– 779 060	– 586 900	– 638 762
Solde fin de trim.	330 680	137 660	190 620	173 778

Étape 6 : Documents de synthèse

COMPTE DE RÉSULTAT PRÉVISIONNEL

Produits prévisionnels				
Chiffre d'affaires produit A	1 840 000			
Chiffre d'affaires produit B	429 000			
Production vendue	*2 269 000*			
Variation stock produit A	60 880	(SF-SI)	(1) Détail des services extérieurs	
Variation stock produit B	6 710	(SF-SI)	Publicité	31 500
Production stockée	*65 590*		Voyages	10 000
Total des produits de l'exercice	2 336 590		Fournitures	50 000
Charges prévisionnelles			Qualité	39 000
Achats Matières premières MP1	617 400		Entretien	44 000
Achats Matières premières MP2	274 200		Assurances	2 920
Total	*891 600*		Charges de gestion	30 000
Variation de stock de MP1	– 27 000	(SI-SF)		207 420
Variation de stock de MP2	4 200	(SI-SF)		
Total	*– 22 800*			
Services extérieurs (1)	207 420		(2) Détail des frais de personnel	
Frais de personnel (2)	922 700		Commissions	52 300
Impôts et taxes	30 000		S. commerciaux	120 600
Dotations aux amortissements	125 000		Main-d'œuvre	487 200
Total des charges de l'exercice	2 153 920		MO indirecte	59 000
Résultat prévisionnel	182 670		S. direction	180 000
Impôt sur les sociétés (30 %)	– 54 801		Primes diverses	23 600
Résultat net prévisionnel	**127 869**			922 700

BILAN PRÉVISIONNEL AU 31 DÉCEMBRE N+1

ACTIF		PASSIF	
Immobilisations brutes	2 655 000	Capitaux propres	
– Amortissements	– 744 000	Capital	1 500 000
Immobilisations nettes	1 911 000	Réserves	627 396
Stocks et encours		Résultat net	127 869
Matières premières	127 700	Dettes personnel	52 700
Produits finis	152 086	Dettes fournisseurs[1]	231 773
Créances clients	255 944	Dettes fiscales (TVA)	79 968
Disponibilités	173 778	Dettes fiscales (IS)	801
	2 620 508		2 620 507[2]

(1) Dettes d'achats de MP et de services extérieurs.
(2) Aux arrondis près.

Chapitre 5
Contrôle budgétaire – Analyse des écarts

Tests de connaissances

1 *A* Résultat réel – Résultat budgété

2 *D* Coût de production réel – Coût de production préétabli

3 *B* Marge dite réelle – Marge budgétée

4 *C* Il traduit un écart de marge moyenne hors effet prix

5 *B* Écart de volume valorisé à la marge moyenne budgétée

6 *D* Frais réel – Budget flexible = Écart de budget ⇒ 61 000 – (+ 1 100) = 59 900

7 *B* Somme de tous les écarts (+1 100) + (+ 200) + (– 7 600) = – 6 300 fav

8 *D* Budget flexible = 59 900 ⇒ Coût variable pour 4 975 h = 19 900 €, soit 4 €/h
CF normales = 40 000 € pour 5 000 h, soit 8 €/h
Coût standard UO = 12 €

9 *A* Écart positif sur activité = Mali sur activité ou un chômage de 25 h
Écart de rendement négatif ⇒ activité préétablie > activité réelle

10 *A* Écart sur rendement négatif = Pour une même production, il a fallu plus d'heures que prévu.
Budget standard pour l'activité préétablie = 61 000 – (– 6 300) = 67 300 €, soit 5 608 heures

Exercices d'application

CAS 26 Entreprise Variprod (1)

1) Budget par produit et résultat global budgété

	Produit A	Produit B	Produit C	Produit D	Total
Production vendue					
Prix de vente prévu	115 €	140 €	70 €	130 €	–
Quantités **vendues** prévues	12 300	11 700	11 400	51 600	87 000
Chiffre d'affaires budgété	1 414 500	1 638 000	798 000	6 708 000	10 558 500
Production stockée					
Variation de stock (SF – SI)	– 100	– 200	0	– 1 600	– 1 900
Coût de production budgété	85 €	115 €	65 €	90 €	
Valeur de la variation de stock	– 8 500	– 23 000		– 144 000	– 175 500
Total des produits	1 406 000	1 615 000	798 000	6 564 000	10 383 000
Charges de production					
Coût de production budgété	85 €	115 €	65 €	90 €	–
Quantités **produites** prévues	12 200	11 500	11 400	50 000	85 100
Montant total	1 037 000	1 322 500	741 000	4 500 000	7 600 500
Autres charges					
Coût budgété	3 €	5 €	2 €	4 €	–
Quantités **vendues** prévues	12 300	11 700	11 400	51 600	87 000
Montant total	36 900	58 500	22 800	206 400	324 600
Total des charges	1 073 900	1 381 000	763 800	4 706 400	7 925 100
Résultat attendu	332 100	234 000	34 200	1 857 600	2 457 900

2) Compte de résultat réel établi dans le cadre du contrôle budgétaire

REMARQUE : Toutes les données sont extraites de la comptabilité analytique. Seule la variation de stock est valorisée au coût budgété unitaire.

	Produit A	Produit B	Produit C	Produit D	Total
Production vendue					
Prix de vente réel (reconstitué)	110 €	150 €	60 €	128 €	
Quantités **vendues** réelles	12 400	13 200	10 100	51 000	86 700
Chiffre d'affaires réel	1 364 000	1 980 000	606 000	6 528 000	10 478 000
Production stockée					
Variation de stock (SF – SI)	– 300	4 800	900	– 500	– 4 900
Coût de production **budgété**	85 €	115 €	65 €	90 €	
Valeur de la variation de stock	– 25 500	– 552 000	58 500	– 45 000	– 540 000
Total des produits	1 338 500	2 532 000	664 500	6 483 000	11 018 000

☞

☞

	Produit A	Produit B	Produit C	Produit D	Total
Charges de production					
Coût de production réel		(données non fournies par la comptabilité)			
Quantités **produites** réelles	12 100	18 000	11 000	50 500	91 600
Montant total					8 024 160
Autres charges					
Coût réel		(données non fournies par la comptabilité)			
Quantités vendues réelles	12 400	13 200	10 100	50 000	86 700
Montant total					350 200
Total des charges					8 374 360
Résultat attendu					2 643 640

3) Calcul et décomposition de l'écart de résultat en fonction des responsabilités

Pour cette décomposition, il faut calculer au préalable deux données indispensables :

- le coût de production adapté aux quantités **vendues réelles** (nécessaires à la mise en évidence d'un écart sur marge) ;
- le coût de production adapté aux quantités **produites réelles** (nécessaires à la mise en évidence d'un écart sur coût de production).

Coût de production adapté aux quantités vendues réelles			Coût de production adapté aux quantités réelles produites		
12 400	85 €	1 054 000	12 100	85 €	1 028 500
13 200	115 €	1 518 000	18 000	115 €	2 070 000
10 100	65 €	656 500	11 000	65 €	715 000
51 000	90 €	4 590 000	50 500	90 €	4 545 000
		7 818 500			8 358 500

La décomposition s'obtient alors par le respect de la formule de décomposition tableau page suivante (*cf.* rappel de cours).

Vérification : (– 123 000 DEF) – (– 334 340 FAV) – (+ 25 600 DEF) = (+ 185 740 FAV)

La signification de l'écart s'analyse par rapport à son influence sur le résultat : une baisse de marge a un impact négatif (DEF) sur le résultat, mais une baisse de charges (ou économie) conduit à une hausse de résultat et s'analyse comme un impact positif (FAV).

Décomposition écart sur résultat — Résultat réel 2 643 640 – Résultat budgété 2 457 900 = Écart 185 740 FAV

Chiffre d'affaires réel	10 478 000	marge dite réelle (sur qtés vendues)	= 2 659 500	
–				
Coût de production adapté	7 818 500			
			–	Écart sur marge = – 123 000 DEF
Chiffre d'affaires budgété	10 558 500	marge budgétée (sur qtés vendues)	= 2 782 500	
–				
Coût de production budgété	7 776 000			–
Coût de production réel (quantités produites)	8 024 160			
–		=		Écart sur coût de production = – 334 340 FAV
Coût de production adapté ((quantités produites)	8 358 500			
				–
Autres charges réelles (quantités vendues)	350 200			
–		=		Écart sur autres charges = + 25 600 DEF
Autres charges budgétées (quantités vendues)	324 600			

CAS 27 Entreprise Variprod (2)

1) Décomposer l'écart de marge dans le cas d'un suivi produit par produit

	Réel			Adapté			Budget		
	Quantité	Marge	Montant	Quantité	Marge	Montant	Quantité	Marge	Montant
A	12 400	25	310 000	12 400	30	372 000	12 300	30	369 000
B	13 200	35	462 000	13 200	25	330 000	11 700	25	292 500
C	10 100	– 5	– 50 500	10 100	5	50 500	11 400	5	57 000
D	51 000	38	1 938 000	51 000	40	2 040 000	51 600	40	2 064 000
Total	86 700	30,6747	2 659 500	86 700	32,2088	2 792 500	87 000	31,9828	2 782 500

	Écart total(1)	Écart sur prix(2)	Écart sur quantités(3)
A	– 59 000	– 62 000	3 000
B	169 500	132 000	37 500
C	– 107 500	– 101 000	– 6 500
D	– 126 000	– 102 000	– 24 000
Total	– 123 000	– 133 000	10 000

(1) Montant réel – Montant budgété.
(2) (Marge unitaire réelle – Marge unitaire budgétée) Quantité réelle ou Montant réel – Montant adapté.
(3) (Quantité réelle – Quantité budgétée) Marge unitaire budgétée ou Montant adapté – Montant budgété.

2) Écart sur marge dans le cas d'une gamme étendue homogène

Seule la ligne « total » du tableau précédent est prise en compte. Chaque montant global est analysé en une quantité totale (somme des ventes de tous les produits) multipliée par une marge moyenne unitaire.

En respectant la décomposition proposée plus haut, il vient :

	Qté	Marge	Total
Réel	86 700	30,6747	2 659 500
Adapté	86 700	32,2088	2 792 500
Borne	86 700	31,9828	2 772 905
Budget	87 000	31,9828	2 782 500

Écart sur prix (Réel – Adapté)	– 133 000 DEF
Écart sur composition (Adapté – Borne)	19 595 FAV
Écart sur volume (Borne – Budget)	– 9 595 DEF
Écart total	– 123 000 DEF

CAS 28 Entreprise Vental

Le chiffre d'affaires budgété s'élève à 4 499 800 € pour 217 400 produits, soit un prix moyen de 20,698 €.

Le chiffre d'affaires réel est égal à 4 578 000 € pour 219 700 produits, soit un prix moyen 20,8375 €.

L'écart sur chiffre d'affaires apparaît à : 4 578 000 – 4 499 800 = + 78 200 FAV.

• Il faut maintenant calculer le chiffre d'affaires attendu (ou préétabli) si les prix sont ceux du budget compte tenu des quantités réelles vendues.

Produit A : 13 900 à 32 €	=	444 800
Produit B : 31 800 à 40 €	=	1 272 000
Produit C : 76 900 à 21 €	=	1 614 900
Produit B : 97 100 à 12 €	=	1 165 200
Total : 219 700 à 20,4684 €	=	4 496 900

La décomposition devient alors :

- Écart sur prix = CA réel – CA attendu (ou préétabli)
  = 4 578 000 – 4 496 900
  = + 81 100 FAV.
- Écart sur composition des ventes = CA attendu – (Prix moyen budgété x Quantités réelles)
  = 4 496 900 – (20,698 x 219 700 pdts)
  = – 50 450 DEF
- Écart sur volume global = (Prix moyen budgété x Quantités réelles) – CA budgété
  = 4 547 350 – 4 499 800
  = + 47 550 FAV

La vérification vient :

(+ 81 100) + (– 50 450) + (+ 47 550) = (+ 78 200)

Cette unité commerciale présente des résultats contrastés : elle a réussi à vendre plus de produits que prévu (écart sur volume global positif) mais en privilégiant les produits à faible prix de vente au détriment de ceux à prix élevé (écart sur composition négatif).

Cependant, l'écart sur prix est positif ce qui traduit des prix de vente supérieurs à ceux prévus ; l'analyse de cet écart doit être faite dans le contexte du marché de l'entreprise : si la hausse des prix est imputable à des facteurs économiques externes, alors l'unité n'est pas responsable de cette bonne prestation et a peut-être joué la facilité en privilégiant les efforts sur les produits les moins chers.

Si la hausse des prix est le résultat d'une action interne, cela traduit une agressivité commerciale à mettre au crédit de la force de vente.

CAS 29 Cabinet Conseils & Co

- Le chiffre d'affaires facturable prévu dans le cadre du budget s'élève à :

Nombre de jours travaillés x Temps présence par jour x Coefficient d'activité x Taux théorique de facturation

soit : 227 jours x 6 heures/jour x 70 % x 42 €/heure = 40 043 €

- Le chiffre d'affaires réel facturé est de :

400 heures x 47 € + 550 heures x 40 € = 40 800 €

soit un taux moyen de facturation de 42,95 €.

Le temps d'activité est de :

222 jours (5 jours supplémentaires pour convenances personnelles) x 6,33 heures/jour

soit : 1 405,26 heures année.

En conséquence, le taux d'activité s'établit à :

950 heures facturées/1 405,26 heures activité = 67,60 %.

La décomposition est la suivante :

Données réelles	222 j x 6,33 h x 67,60 % x 42,95 €	40 800 €	Écart sur taux horaire = 40 800 – 39 898 = + 902 € ou (42,95 – 42) 950 heures facturées(1)	Fav
Borne 1	222 j x 6 h 33 x 67,60 % x 42 €	39 898 €	Écart sur taux d'activité = 39 898 – 41 315 = – 1 417 € ou (67,60 % – 70 %) x 1 405,3 heures réelles x 42 €(1)	Déf
Borne 2	222 j x 6 h 33 x 70 % x 42 €	41 315 €	Écart sur activité/jour = 41 315 – 39 161 = + 2 154 € ou ou gain de 20' sur 222 jours x 70 % x 42 €(1)	Fav
Borne 3	222 j x 6 h **x** 70 % x 42 €	39 161 €	Écart sur jours travaillés = 39 161 – 40 043 = – 882 € ou 5 jours de CA perdu, soit 5 j x 176,4	Déf
Budget	227 j x 6 h **x** 70 % x 42 €	40 043 €	Écart total = 36 800 € – 40 043 € = + 757 (+ 902) + (– 1 417) + (+ 2 154) + (– 882) CQFD	Fav

(1) Aux arrondis près.

CORRIGÉS

CAS 30 Produit R

1) Reconstituer les consommations prévues dans le cadre du budget

Ces informations sont déduites de la fiche de coût standard.

Éléments de coûts	Rendement standard	Coût standard	Consommation pour un produit	Consommation pour 2000 produits
Matières premières	1,2	20	24	48 000
Main-d'œuvre directe	0,8	15	12	24 000
Centre Usinage	1,4	45	63	126 000
Coût total			99	198 000

2) Écart sur coût de production et décomposition de cet écart

Éléments de coûts	Rendement standard	Quantité attendue de facteurs pour 1 800 produits	Coût standard	Consomma-tion attendue pour 1 800 produits (B)	Consommation réelle pour 1 800 produits (A)	Écart sur coût de production (A) – (B)	
MP	1,2	2 160 u	20 €	43 200	45 100	+ 1 900	Déf
MOD	0,8	1 440 h	15 €	21 600	21 800	+ 200	Déf
Usinage	1,4	2 520 uo	45 €	113 400	112 000	– 1 400	Fav
Coût total				178 200	178 900	+ 700	Déf

3) Analyser les écarts par élément de coût

a) Charges directes

	Quantité réelle Qr	Coût unitaire Cr	Consom-mation réelle	Quantité attendue Qa	Coût unitaire standard Cs	Consom-mation attendue	Écart total	Écart sur coût (Cr – Cs) x Qr	Écarts sur quantité (Qr – Qa) x Cs
Matières	2 200	20,5	45 100	2 160	20	43 200	+ 1 900	1 100	800
MOD	1 362,5	16	21 800	1 440	15	21 600	+ 200	1 362,5	– 1 162,5

b) Charges indirectes

Pour le centre Usinage, les données budgétaires nous permettent de dire :

- Budget : 126 000 € dont 50 400 € de charges fixes (40 % de l'ensemble).
- Activité normale : 2 000 produits qui consomment 1,4 UO par unité, donc 2 800 UO.
- Coût d'unité d'œuvre : 126 000/2 800 = 45 € (dont 27 € de coût variable et 18 € de coût fixe).

En conséquence :

- Le budget flexible s'écrit : 27 € x A* + 50 400
- Le budget standard : 45 € x A*

La décomposition vient :

Frais réels :	112 000	Écart sur budget = 112 000 – 117 900 = – 5 900 Fav
Budget flexible pour 2 500 UO : (27 € × 2 500) + 50 400 €	117 900	Écart sur activité = 117 900 – 112 500 = + 5 400 Déf
Budget standard pour 2 500 UO : 45 € × 2 500 :	112 500	Écart sur rendement = 112 500 – 113 400 = – 900 Fav
Budget standard pour 2 520 UO : 45 € × 2 520 :	113400	

Il est possible de vérifier que : (– 5 900) + (+ 5 400) + (– 900) = (– 1 400)

Justification des résultats

Chacun des sous-écarts peut être calculé directement :

- Écart sur budget = Différentiel de coût variable de l'UO x Activité réelle

Coût variable réel de l'UO = (112 000 – 50 400) / 2 500 = 61 600 / 2 500 = 24,64

D'où : Écart sur budget = (24,64 – 27) 2 500 UO = – 5 900 Fav

- Écart sur activité = Écart d'imputation rationnelle
  = Différentiel de niveau d'activité x coût fixe standard unitaire de UO

Pour rappel, le coût fixe standard unitaire de UO a été calculé et est égal à 18 €.

D'où : Écart sur activité = (2 800 UO – 2 500 UO) x 18 € = + 5 400 Déf

il exprime ici le coût du chômage dû à la baisse d'activité

- Écart sur rendement = Différentiel de rendement x Production réelle x Coût de UO

De fait le rendement réel apparaît à 2 500 UO / 1 800 produits = 1,3889 UO/produit

D'où : Écart de rendement = (1,3889 – 1,40) x 1 800 x 45
= – 900 aux arrondis près.

L'ensemble de ces résultats peut être présenté sous une forme arborescente :

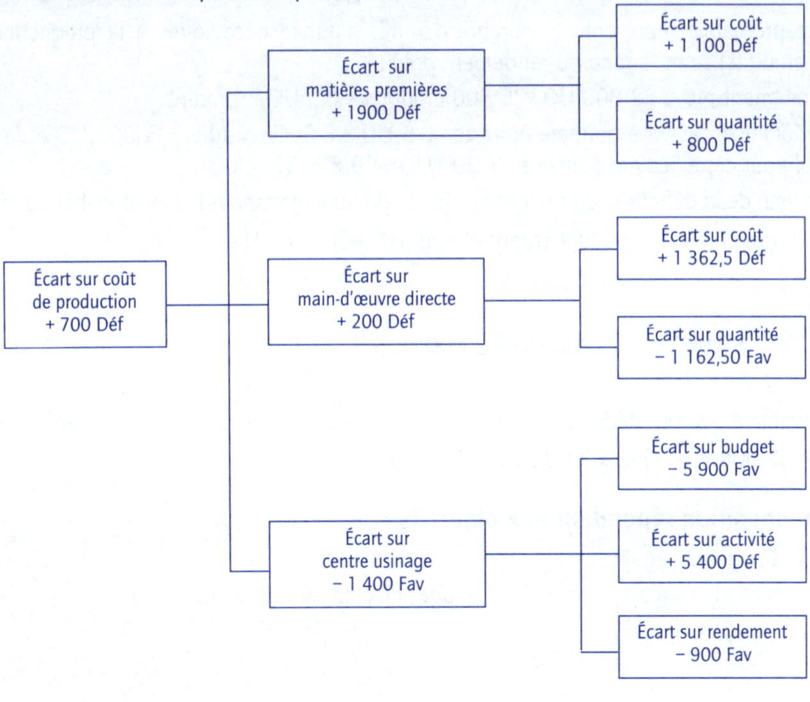

CAS 31 Oméga

1) Budget flexible pour l'activité réelle, coût standard de l'unité d'œuvre et niveau de l'activité préétablie

a) Budget flexible

Compte tenu de la décomposition en écarts des charges indirectes, il est possible d'écrire :

Écart sur budget = Frais réels – Budget flexible

D'où ici, Budget flexible : 61 000 – (+ 1 600) = 59 400 €.

b) Coût standard de l' unité d' œuvre

En partant d'une démarche analogue, il est possible d'écrire :

Écart sur activité = Budget flexible – Budget standard pour l'activité réelle

D'où ici : Budget standard (3 200 UO) = 59 400 – (–1 400) = 60 800 €

Soit un coût standard d'unité d'œuvre de :

60 800 € / 3 200 UO = 19 €

c) Niveau de l' activité préétablie

En conséquence, l'activité préétablie est égale à :

Budget standard pour A_p / Coût standard d'unité d'œuvre

Le budget standard pour A_p : Budget standard A_r – écart sur rendement

Soit ici, Budget standard pour A_p :

60 800 – (+ 7 600) = 53 200 €

et l'activité préétablie :

53 200 € / 19 € = 2 800 UO

2) Montant des charges fixes prévues au budget

L'activité préétablie représente le nombre d'unités d'œuvre nécessaires à la production réelle (5 600 produits) compte tenu du rendement prévu.

D'où rendement prévu : 2 800 UO / 5 600 produits = 0,5 UO / produit

En conséquence, l'activité normale était de : 0,5 UO x 6 000 produits = 3 000 UO et le budget standard pour cette activité s'élève à : 3 000 UO x 19 € = 57 000 €.

Compte tenu de la définition du budget flexible et du budget standard, il est possible d'écrire que :

Budget flexible pour A_r – Budget standard pour A_n $= (v_s . Ar + FFs) - (v_s . A_n + FF_s)$

$= v_s (A_r - A_n)$

D'où ici :

$59\,400 - 57\,000 = v_s (3\,200 \text{ UO} - 3\,000 \text{ UO})$

donc $v_s = 12$ €

Il est possible alors d'en déduire le montant des charges fixes prévues :

$FF_s = 57\,000$ € – 12 € x 3 000 UO = 21 000 €

3) Décomposition répondant aux objectifs

L'écart sur budget est égal :

Frais réels	–	Budget flexible pour l'activité réelle
$(v_r \times A_r + FF_r)$		$(v_s \times A_r + FF_s)$

Il s'agit de mettre en évidence l'écart sur charges variables, puis celui sur charges fixes. Pour cela, va être calculée une borne intermédiaire qui permet la décomposition comme suit :

Frais réels	–	Borne intermédiaire	–	Budget flexible pour l'activité réelle
$(v_r \times A_r + FF_r)$		$(v_s \times A_r + FF_r)$		$(v_S \times A_r + FF_S)$

$$(v_r - v_s) \times A_r \quad + \quad (FF_r - FF_s)$$

Écart sur charges variables + Écart sur charges fixes

Ici, les frais réels sont égaux à 61 000 et les charges fixes réelles sont données pour 22 100 ; les charges variables totales s'élèvent donc à 38 900, soit 12,15625 par UO.

La décomposition demandée est la suivante :

Écart sur budget	= Écart sur charges variables	+ Écart sur charges fixes
	= (12,15625 – 12) x 3 200 UO	+ (22 100 – 21 000)
	= (+ 500 Déf)	+ (1 100 Déf)
	= (+ 1 400 Déf) CQFD	

Cas de synthèse

CAS 32 Mecanik

1) Budget par produit et résultat global budgété

	Produit A	Produit B	Produit C	Total
Production vendue				
Prix de vente prévu	18	25	32	
Quantités vendues prévues	1 000	1 400	1 200	3 600
Chiffre d'affaires budgété	18 000	35 000	38 400	91 400
Production stockée				
Variation de stock (SF – SI)	Pas de variation de stock prévue			
Coût de production budgété	9	22	19	
Valeur de la variation de stock	–	–	–	–
Total des produits	18 000	35 000	38 400	91 400
Charges de production				
Coût de production budgété	9	22	19	
Quantités produites prévues	1 000	1 400	1 200	3 600
Montant total	9 000	30 800	22 800	62 600
Autres charges				
Coût budgété	1	2	7	
Quantités vendues prévues	1 000	1 400	1 200	3 600
Montant total	1 000	2 800	8 400	12 200
Total des charges	10 000	33 600	31 200	74 800
Résultat attendu	8 000	1 400	7 200	16 600

2) Compte de résultat réel dans le cadre du contrôle budgétaire

Remarque : Toutes les données sont extraites de la comptabilité analytique. Seule la variation de stock est valorisée au coût budgété unitaire.

	Produit A	Produit B	Produit C	Total
Production vendue				
Prix de vente réel (reconstitué)	17	24	28	
Quantités vendues réelles	1 200	1 500	1 100	3 800
Chiffre d'affaires réel	20 400	36 000	30 800	87 200
Production stockée				
Variation de stock (SF – SI)	– 100	– 50	80	
Coût de production budgété	9	22	19	– 70
Valeur de la variation de stock	– 900	– 1 100	+ 1 520	– 480
Total des produits	19 500	34 900	32 320	86 720
Charges de production				
Quantités produites réelles	1 100	1 450	1 180	3 730
Montant total	9 240	30 750	19 800	59 790
Autres charges				
Quantités vendues réelles	1 200	1 500	1 100	3 800
Montant total	1 070	3 000	8 200	12 270
Total des charges	10 310	33 750	28 000	72 060
Résultat attendu	9 190	1 150	4 320	14 660

3) Ensemble des sous-écarts

a) Décomposition en fonction des pôles de responsabilités

Pour cette décomposition, il faut au préalable calculer deux données indispensables :

- le coût de production adapté aux quantités **vendues** réelles (nécessaires à la mise en évidence d'un écart sur marge) ;
- le coût de production adapté aux quantités **produites** réelles (nécessaires à la mise en évidence d'un écart sur coût de production).

	Coût de production adapté aux quantités vendues réelles			Coût de production adapté aux quantités réelles produites		
A	1 200	9	10 800	1 100	9	9 900
B	1 500	22	33 000	1 450	22	31 900
C	1 100	19	20 900	1 180	19	22 420
Total			64 700			64 220

La décomposition s'obtient alors par le respect de la formule de décomposition ci-après (*cf.* rappel de cours.)

	Résultat réel		Résultat budgété		Écart
Décomposition écart sur résultat	**14660**	**–**	**16600**	**=**	**– 1 940 Déf**

Chiffre d'affaires réel = 87 200 – Coût de production adapté = 64 700	marge dite réelle = 22 500 (sur qtés vendues)	Écart sur marge – 6 300 Déf
Chiffre d'affaires budgété = 91 400 – Coût de production budgeté = 64 220	marge budgétée = 28 800 (sur qtés vendues)	
		–
Coût de production réel = 59 790 (quantités produites) – Cout de production adapté = 64 220 (quantités produites)		Écart sur coût de production – 4 430 Déf
		–
Autres charges réelles = 12 270 (quantités vendues) – Autres charges budgétées = 12 200 (quantités vendues)		Écart sur autres charges + 70 Fav

Vérification : (– 6 300 DEF) – (– 4 430 FAV) – (+ 70 DEF) = (– 1 940 DEF)

La signification de l'écart s'analyse par rapport à son influence sur le résultat : une baisse de marge a un impact négatif (DEF) sur le résultat, mais une baisse de charges (ou économie) conduit à une hausse de résultat et s'analyse comme un impact positif (FAV).

b) Contrôle budgétaire de la fonction commerciale

- Marge sur coûts budgétés

	Réel			Adapté			Budget			Décomposition par produits		
	Qté	Marge	Montant	Qté	Marge	Montant	Qté	Marge	Montant	Écart total	Écart sur prix	Écart /qtés
A	1 200	8	9 600	1 200	9	10 800	1 000	9	9 000	+ 600	– 1 200	+ 1 800
B	1 500	2	3 000	1 500	3	4 500	1 400	3	4 200	– 1 200	– 1 500	+ 300
C	1 100	9	9 900	1 100	13	14 300	1 200	13	15 600	– 5 700	– 4 400	– 1 300
Total	3 800	5,92105	22 500	3 800	7,789474	29 600	3 600	8	28 800	– 6 300	– 7 100	+ 800

- Analyse en global :

Réel	3 800 x 5,921 = 22 500	Écart sur prix =	– 7 100	Def
		+		
Adapté	3 800 x 7,7894 = 29 600	Écart sur composition =	– 800	Def
		+		
Borne	3 800 x 8 = 30 400	Écart sur volume =	+ 1 600	Fav
		=		
Budget	3 600 x 8 = 28 800	Écart total =	– 6 300	Def

c) Contrôle budgétaire de la fonction productive

- Calcul des écarts par éléments de coûts : voir colonne écart total.
- Décomposition des écarts sur charges directes :

	Réel			Préétabli			Écarts		
	Qté	CU	Montant	Qté	CU	Montant	Écart total	Écart / coût	Écart / Qté
Matières	10 110	1,8	18 198	10 265	2	20 530	– 2 332	– 2 022	– 310
MOD 1	7 830	1,4	10 962	8 000	1,5	12 000	– 1 038	– 783	– 255
MOD 2	4 101	≈ 2	8 230	4 130	2	8 260	– 30	+ 28	– 58
Centre	8 000	2,8	22 400	7 810	3	23 430	– 1 030		
			59 790			64 220	– 4 430		

- Décomposition de l'écart sur charges indirectes :

Budget :	22 800 €	Activité normale	7 600 UO
dont :		Coût UO fixe	1,2 €
charges fixes :	9 120 €	Coût UO variable	1,8 €
charges variables :	13 680 €	Coût UO standard	3 €

Frais réels	22 400	Écart sur budget	– 1 120 FAV
Budget flexible pour l'activité réelle 1,8 € × 8 000 UO + 9 120 €	23 520	Écart sur activité	– 480 FAV
Budget standard pour l'activité réelle 3 € × 8 000 UO	24 000	Écart sur rendement	+ 570 DÉF
Budget standard pour l'activité préétablie 3 € × 7 810 UO	23 430		
		Écart total	– 1 030 FAV

4) Représentation des écarts sous forme d'arborescence

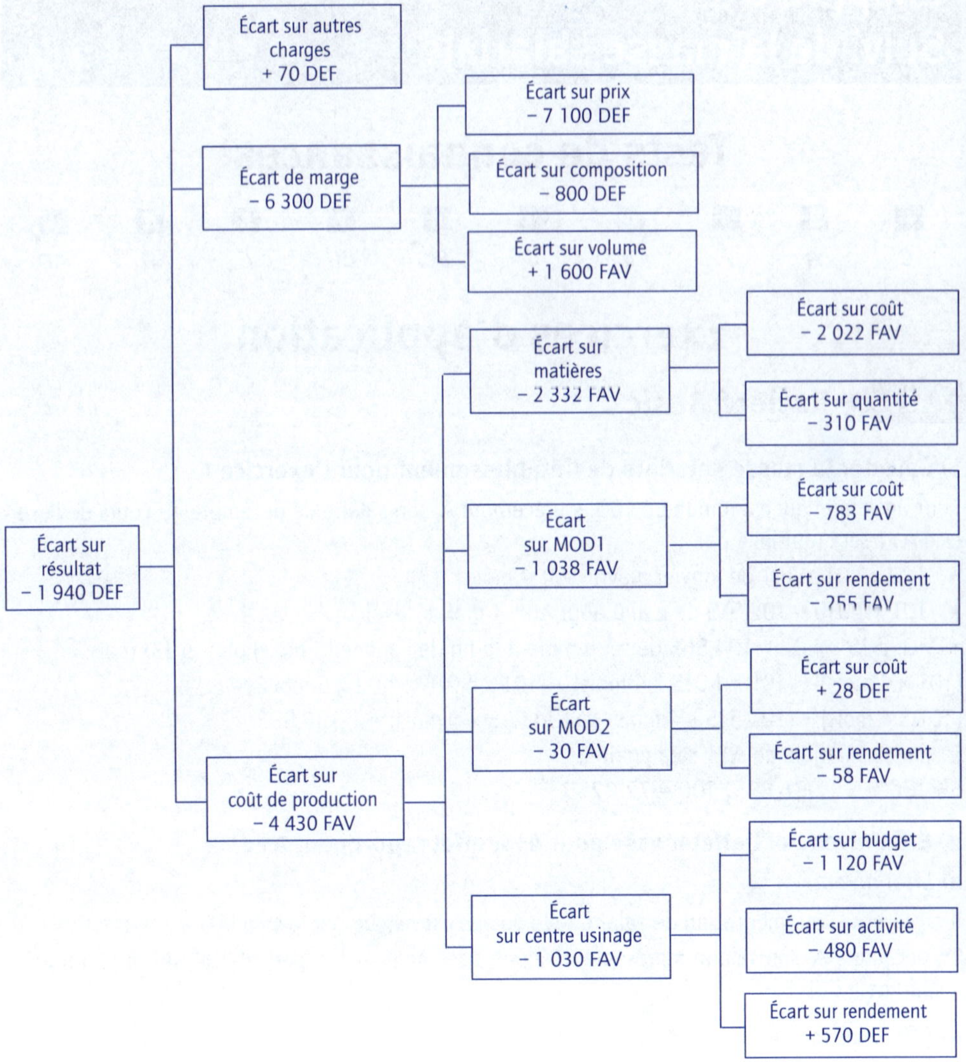

CORRIGÉS

Chapitre 6
Suivi de la masse salariale

Tests de connaissances

1	2	3	4	5	6	7	8	9	10
C	*A*	*A*	*B*	*C*	*BC*	*CD*	*C*	*D*	*AD*

Exercices d'application

CAS 33 Société Basic

1) Calculer la masse salariale de l'établissement pour l'exercice A+1

Pour un salarié qui est rémunéré 100 en décembre A, son salaire de décembre au cours de l'exercice A+1 sera multiplié par :

- 100 x 1,01 = 101 de janvier à avril, soit 4 mois ;
- 101 x 1,015 = 102,515 de mai à août, soit 4 mois ;
- 102,515 x 1,02 = 104,565 de septembre à la fin de l'année (5 mois) plus le 13e mois.

(101 x 4 mois) + (101 x 1,015 x 4 mois) + (101 x 1,015 x 1,02 x 5 mois)

(101 x 4 mois) + (102,515 x 4 mois) + (104,565 x 5 mois) = 1 336,885

La masse salariale de A+1 sera égale à :

54 100 € x 1 336,885/100 = 723 255 €

2) Effet niveau et l'effet masse pour A+1, effet report pour A+2

a) Effet niveau

Il représente l'augmentation de salaire telle qu'elle est perçue par le salarié.

En décembre A, son salaire représente 100 ; en décembre A+1, il perçoit 104,565 d'où un effet niveau de 4,565 %.

b) Effet masse

Pour l'établissement, en l'absence de toute augmentation, la masse salariale de A+1 aurait été de :

54 100 € x 13 mois = 703 300 €.

Les augmentations accordées ont donc eu un effet masse de :

$$\frac{723\,255 - 703\,300}{703\,300} = 2{,}84\ \%$$

Cet effet masse aurait aussi pu être calculé en prenant le coefficient d'augmentation de la masse salariale calculé à la question 1, réparti sur 12 mois pour obtenir une influence moyenne.

13,36885/12 = 1,028373 soit 2,8373 % arrondi à 2,84 %.

L'effet masse est plus faible que l'effet niveau car les augmentations de salaires accordées ne l'ont pas été sur une année pleine.

c) Effet report

La masse salariale minimale ou plancher pour A+2 sera égale à :

Salaire de décembre A+1 x 13 mois

soit : (54 100 € x 1,04565) 13 mois = 56 570 € x 13 = 735 410 €

Soit, en la comparant à la masse salariale de A+1, un effet report de :

$$\frac{735\,410 - 723\,255}{723\,255} = 1{,}68\ \%$$

REMARQUE : Il est possible de vérifier que :

(1 + Effet niveau) = (1 + Effet masse) x (1 + Effet report)

(1 + 4,565 %) = (1 + 2,84 %) x (1 + 1,68 %)

3) Niveau possible pour des augmentations de salaires spécifiques

La relation qui lie deux masses salariales est la suivante :

$MS_{A+2} = MS_{A+1}$ (1 + Effet report) (1 + % d'augmentations générales)

Par ailleurs et compte tenu des directives de la direction générale, il faut que :

$MS_{A+2} = MS_{A+1}$ (1 + 3 % Maximum)

Comme l'effet report est égal à 1,68 %, il est possible d'écrire que :

$$(1 + \%\ \text{d'augmentations générales}) = \frac{(1 + 3\ \%\ \text{Maximum})}{(1 + \text{Effet report})} = 1{,}03 / 1{,}0168 = 1{,}013$$

Pour l'établissement, les augmentations générales spécifiques possibles sont de 1,30 % maximum pour l'année A+2.

CAS 34 Entreprise Portic

1) Date d'augmentation des salaires de la catégorie au cours de l'année A

Pour un salarié de la catégorie, le salaire moyen de décembre est passé de 2 050 € en A–1 à 2 100 € en A. L'augmentation en niveau s'établit donc à :

2 100 / 2 050 = 1,0243902 soit 2,439 %

REMARQUE : Ce pourcentage peut aussi exprimer l'influence d'une augmentation en masse dans le cas où l'augmentation concernée est programmée le 1er janvier A (impact sur 12 mois).

Par ailleurs, sur la base d'un salaire de décembre A–1 à 2 050 €, le salaire moyen annuel serait égal à :

2 050 € x 12 mois, soit = 24 600 €.

En comparant avec le salaire moyen annuel de l'année A, un effet masse est mis en évidence de :

24 950 / 24 600 = 1,014227, soit 1,423 %

REMARQUE : Ce pourcentage exprime l'influence d'une augmentation en niveau sur M mois (M à déterminer).

La date des augmentations est une explication forte des différences entre la valeur de l'effet niveau et celle de l'effet masse : plus une augmentation est obtenue de manière précoce dans l'année, plus l'effet masse se rapproche de l'effet niveau. Si cette augmentation a lieu le 1er janvier de l'année étudiée alors les deux effets ont la même valeur.

Si l'augmentation des salaires nominaux est obtenue le 1er janvier A, le salaire moyen annuel serait égal à :

(2 050 € x 1,02439) x 12 mois = 2 100 € x 12 mois = 25 200 €

soit une augmentation en masse de 600 € (25 200 € – 24 600 €) pour 12 mois.

En fait, l'augmentation en masse constatée sur l'année A est de 350 € (24 950 – 24 600). Par une simple proportionnalité, il est possible de déterminer la date des augmentations obtenues durant l'année A.

(350 € x 12)/ 600 € = 7 mois

soit le 1er juin A. (Attention, il faut décompter les mois à partir de décembre A).

Remarque : En reprenant les remarques faites plus haut, il est possible d'écrire :
- impact de 12 mois ⇒ augmentation de 2,439 % ;
- impact de M mois ⇒ augmentation de 1,423 %.
  M = 1,423 % /(2,439 %/12) = 7 mois.

2) Calcul de l'effet report sur l'année A+1

Le salaire moyen attendu en A+1 compte tenu des augmentations de A s'établit à 25 200 € (2 100 x 12 déjà calculé), soit un effet report de :

25 200 / 24 950 = 1,01002 soit 1 %.

Ce calcul peut se vérifier en faisant le rapport entre l'effet niveau et l'effet masse calculés sur la période précédente :

1,0243902 / 1,0142276 = 1,01002 soit 1 %.

3) Niveau moyen des augmentations au cours de A+1

L'augmentation brute des salaires moyens annuels entre A et A+1 est de :

25 474 / 24 950 = 1,021 soit 2,10 %

qui se décompose en :
- un effet report de 1 % ;
- un effet augmentation A+1 de 1,087 %.

En effet le salaire annuel moyen prévu sur l'année A+1 est de 25 474 €. Les augmentations de l'année A+1 doivent se calculer hors effet report, soit :

25 474 € / 25 200 € = 1,010873 soit 1,087 %

On vérifie que : 1,01002 x 1,010873 = 1,02100

soit, aux arrondis près, le taux d'augmentation précédemment obtenu.

CAS 35 Info SA

1) Analyse de l'évolution de la masse salariale entre N et N+1

a) Calculs préliminaires

(Voir tableau page suivante.)

Catégories de salariés	Nature d'ancienneté	Masse salariale N				MS à salaire constant			MS à structure constante				MS à structure d'ancienneté constante				Masse salariale N+1			
		Effectif N	Poids en %	Salaire moyen N	Total masse salariale N [5]	Effectif total N+1	Salaire global moyen N	Total [4]	Effectif N+1 par catégorie	Poids en %	Salaire moyen N par catégorie	Total [3]	Effectif N+1 par ancienneté	Poids en %	Salaire moyen N par ancienneté	Total [2]	Effectif N+1	Poids en %	Salaire moyen N+1	Total masse salariale N+1 [1]
Ingénieurs	Junior	50	48 %	52,44	2 622								80	50 %	52,44	4 195,20	80	50 %	62,50	5 000
	Senior	45	43 %	62,33	2 805								56	35 %	62,33	3 490,67	56	35 %	69,64	3 900
	S/total	95	90 %	57,13	5 427				136	85 %	57,13	7 769,18	136	85 %	56,51	7 685,87	136	85 %	65,44	8 900
Techniciens		5	5 %	24,00	120				8	5 %	24,00	192,00	8	5 %	24,00	192,00	8	5 %	24,63	197
Employés		5	5 %	19,40	97				16	10 %	19,40	310,40	16	10 %	19,40	310,40	16	10 %	15,69	251
Total général		105	100 %	53,75	5 644	160	53,75	8 600	160	100 %	51,70	8 272	160	100 %	51,18	8 188	160	100 %	58,43	9 348

Données du texte

Seul l'effectif total change. Le salaire moyen global est celui de N

Les effectifs par catégories sont ceux de N+1 valorisés aux salaires moyens des catégories de N.

Les effectifs par catégories intègrent la structure d'ancienneté de N+1. Les salaires moyens sont ceux de N

Données du texte

***Remarque** : Les montants des totaux 2 et 3 sont obtenus en retenant la valeur non arrondie des salaires moyens concernés.*

Autre méthode

La présentation en tableaux n'est pas nécessaire. Le calcul des salaires moyens des différentes masses salariales peut s'effectuer directement :

- Salaire moyen global de la MS à structure constante :
  (57,13 x 85 %) + (24 x 5 %) + (19,4 x 10 %) = 51,70
- Salaire moyen global de la masse salariale à structure d'ancienneté constante :
  (52,44 x 50 %) + (62,33 x 35 %) + (24 x 5 %) + (19,4 x 10 %) = 51,18
- Salaire moyen global de la masse salariale à salaire constant :
  (idem le salaire global de l'année de référence) = 53,75

Le calcul des masses salariales est alors très simple (Effectif N+1 x salaire moyen global)

- Masse salariale à structure professionnelle constante : 8 272
- Masse salariale à structure d'ancienneté constante : 8 188
- Masse salariale à salaire moyen constant : 8 600

Les arrondis successifs de cette méthode (sur le poids des différentes catégories et sur les salaires moyens) peuvent conduire à des résultats sensiblement différents de ceux obtenus par la première méthode.

b) Analyse de la masse salariale

• Masse salariale N+1	9 348	Écart sur salaires nominaux [1] – [2]	1 160
• Masse salariale à structure d'ancienneté constante	8 188	Écart sur ancienneté ou noria [2] – [3]	– 83
• Masse salariale à structure professionnelle constante	8 272	Écart sur structure professionnelle [3] – [4]	– 329
• Masse salariale à salaire moyen constant	8 600	Écart sur effectif [4] – [5]	2 956
• Masse salariale N	5 644		
		Écart total = $MS_{N+1} - MS_N$	3 704

2) Mesurer les effets relatifs de cette évolution

Pour mémoire :

• Salaire moyen global de la MS_{N+1} [1]	58,43	Effet salaire nominal	[1] / [2]	1,141634 soit	14,16 %
• Salaire moyen global de la masse salariale à structure d'ancienneté constante [2]	51,18	Effet de noria	[2] / [3]	0,989928 soit	– 1,01 %
• Salaire moyen global de la masse salariale à structure constante [3]	51,70	Effet structure professionnelle	[3] / [4]	0,961769 soit	– 3,82 %
• Salaire moyen global de la masse salariale à salaire constant [4]	53,75				
• Effectif N+1 [5]	160	Effet effectif	[5] / [6]	1,52381 soit	52,38 %
• Effectif N [6]	105				

Accroissement des salaires nominaux
1,1416

Effet de noria
0,9899

Accroissement des salaires moyens par catégories
1,1416 x 0,9899 = 1,13007

Effet de structure
0,9618

Accroissement du salaire moyen global
1,13007 x 0,9618 = 1,086

Effet effectif
1,5238

Accroissement général de la masse salariale
1,0869 x 1,5238 = 1,656
ou encore : MS_{N+1} / MS_N = 9 345 / 5 644 = 1,65

3) Calcul du GVT

GVT = Effet d'ancienneté x Effet de structure professionnelle
= 0,9899 x 0,9618 = 0,9521 soit 4,79 %.

CAS 36 Lyon

1) Définition du GVT

Le GVT (glissement, vieillesse, technologie) exprime l'ensemble des phénomènes qui conduisent à une modification d'une masse salariale alors même que :

- les effectifs sont stables ;
- les salaires nominaux sont constants.

Il représente la variation de la masse salariale due aux phénomènes d'ancienneté et/ou à la meilleure technicité du personnel.

En termes d'effet, il est égal à l'effet d'ancienneté ou de noria x effet de structure professionnelle.

Ici, un GVT de 4,0964 signifie que la masse salariale sera multipliée par 1,04973 indépendamment de l'incidence des effectifs et de celle des salaires nominaux. Cette évolution naturelle s'impose à l'entreprise et dépend de choix de gestion précédents et des conventions collectives.

2) Hausse des salaires nominaux envisageable

Le coefficient multiplicateur global de la masse salariale autorisée par la DG est de 1,03.

Il est le résultat de plusieurs facteurs résumés dans la formule suivante :

1,03 = Coefficient multiplicateur des salaires nominaux x (1 + GVT) x Effet effectif

Ici l'effet effectif est calculable. Il est égal à :

Effectifs fin A / Effectifs fin A–1 = 49/53 = 0,924528

L'effet des salaires nominaux est alors égal à :

$$\text{Effet des salaires nominaux} = \frac{1,03}{1,04096 \times 0,924528} = \frac{1,03}{0,9624} = 1,07024 \text{ soit } 7,02\ \%$$

Soit en masse une augmentation de :

1 102 400 € x 7,02 % = 77 388 €

Le calcul de l'effet effectif aurait pu être fait sur la base de 51 personnes en A, à savoir 4 personnes sur un semestre sera repris pour 2 personnes à plein temps, d'où 53 – 2 = 51 personnes. Il serait alors égal à 0,96226 et l'effet sur salaires nominaux ne serait que de : 1,0282 soit 2,82 %.

3) Montant maximum pour des augmentations individuelles ?

• La hausse totale des salaires nominaux ne peut dépasser 77 388 €, compte tenu des objectifs de la DG (*cf.* question précédente) (ou 31 088 € si on effectue le calcul sur la base de 51 personnes).

Cette hausse est composée :

- d'augmentations générales qui s'appliquent à tout le personnel puisqu'elles ont lieu au cours du 1er semestre ;
- d'augmentations individuelles qui représentent le solde de l'enveloppe budgétaire après prise en compte des augmentations générales.

• Hausse due aux augmentations générales :

- augmentation de mars :

  elle s'applique sur 11 mois pour l'ensemble du personnel : mars à décembre plus le 13e mois et sur 4 mois pour les effectifs qui partent le 30 juin :

  (1 600 € x 1 % x 49 personnes x 11 mois) + (1 600 € x 1% x 4 personnes x 4 mois) = 8 624 + 256 = 8 880 €

- augmentation de juin :

  elle est calculée sur la base du salaire de mai, à savoir : 1 600 € x 1,01 = 1 616 €

  (1 616 € x 2 % x 49 personnes x 8 mois) + (1 616 € x 2% x 4 personnes x 1 mois) = 12 670 + 129 = 12 799 €

  soit au total 21 679 € pour les augmentations générales.

• Hausse possible pour les augmentations individuelles :

  77 388 € – 21 679 € = 55 709 €

Soit 1 137 € par salarié (49 personnes) sur l'année ce qui représente environ 70 % du salaire moyen mensuel.

Il faut noter que les hausses de salaire ne sont possibles que parce qu'il y a une baisse importante des effectifs. Sans cette dernière, les objectifs de la DG ne sont pas tenables puisque l'évolution naturelle de la masse salariale (GVT) conduit à un accroissement de 4,09 % (supérieur aux objectifs de 3 % de la DG).

4) Sur la base de 49 personnes, effet report sur l'exercice A+1

La masse salariale plancher pour l'année A+1 sur la base de 49 personnes est égale à :

(1 600 € x 1,01 x 1,02) x 13 mois x 49 personnes = 1 648,32 x 13 x 49 = 1 049 980 €

La masse salariale en A pour 49 personnes après les augmentations générales est de :

(1 600 € x 49 x 13 mois) + 8 624 € + 12 670 € = 1 040 494 €

soit un effet report égal à :

$$\frac{1\ 049\ 980 - 1\ 040\ 494}{1\ 040\ 494} = \frac{9\ 486}{1\ 040\ 49} = 0,91\ \%$$

5) Conséquences sur l'effet niveau et l'effet masse d'augmentations de 2 % en mars et 1 % en juin

a) Effet niveau : différence entre deux dates données de salaires nominaux

Soit dans le cas présent un coefficient multiplicateur de :

1,01 x 1,02 = 1,0302

soit 3,02 % d'effet niveau, quel que soit l'ordre des augmentations.

b) Effet masse : influence des hausses de salaires sur la masse salariale

Si les augmentations étaient de 2 % en mars et 1 % en juin, les augmentations seraient égales à :

- Augmentation de mars :
  (1 600 € x 2 % x 49 personnes x 11 mois) + (1 600 € x 2% x 4 personnes x 4 mois) = 17 248 + 512 = 17 760 €
- Augmentation de juin :
  salaire de référence mai, soit 1 600 x 1,02 = 1 632
  (1 632 € x 1 % x 49 personnes x 8 mois) + (1 632 € x 1% x 4 personnes x 1 mois) = 6 397 + 66 = 6 463 €
  soit au total 24 223 € pour les augmentations générales au lieu de 21 679 €.

Ce phénomène est logique car l'augmentation de 2 % dans l'hypothèse 2 porte sur une durée plus longue que dans l'hypothèse initiale.

Cas de synthèse

CAS 37 Entreprise Imeca

1) Effet Report

L'effet Report mesure l'impact des augmentations de salaires de l'année N–1/N sur l'année pleine N/N+1.

MASSE SALARIALE N (REPRISE DES DONNÉES)

	MS N–1	Masse salariale N–1 plancher		
	Salaire annuel	Effectifs	Sal Oct N-1	E x Sal oct x 12
Cadres	840 800	7	9 950	835 800
Techniciens	301 600	10	2 670	320 400
Employé front office	210 000	14	1 290	216 720
Employé back office	248 000	12	1 780	256 320
Total masse salariale	1 600 400	43	37 889	1 629 240

Effet Report : 1 629 240/1 600 400 = 1,01802049 soit un effet de 1,80 %

2) Économie salariale possible

Il s'agit :

- de calculer la masse salariale attendue compte tenu des mouvements de personnel et de l'augmentation de type GVT de l'année ;
- de comparer cette masse salariale à la masse salariale estimée de l'année N–1 ;
- d'envisager le nombre de saisonniers que l'on peut engager compte tenu de l'économie potentiellement réalisée.

Calcul de la masse salariale attendue

Coût du personnel stable

	Salaire moyen annuel	Masse salariale N de l'effectif stable		
		Effectifs N	Effet GVT	Masse N
Cadres	120 114	6	1,028	740 863
Techniciens	30 160	8	1,028	248 036
Employé front office	15 000	11	1,028	169 620
Employé back office	20 667	11	1,028	233 702
Total masse salariale		36	38 673	1 392 221

Coût des remplaçants

	Salaire moyen annuel	Masse salariale N de l'effectif stable		
		Effectifs N	Effet noria	Masse N
Cadres	120 114	1	60 %	72 068
Techniciens	30 160	2	70 %	42 224
Employé front office	15 000	3	80 %	36 000
Employé back office	20 667	1	85 %	17 567
Total masse salariale		7	23 980	167 859

• Coût du personnel stable :	1 392 221
• Coût des remplaçants :	+ 167 859
• Masse salariale attendue :	1 560 080
Partie variable : 3,00 % x 2 800 000 =	+ 84 000
Masse salariale totale attendue (A) :	1 644 080
• Masse salariale de l'année N−1 :	1 600 400
• Partie variable :	+ 78 000
Masse salariale totale de N−1 (B)	1 678 400
Économie réalisée (B) − (A) :	34 320
Nombre de d'embauche de saisonniers :	
• Économie potentielle :	34 320
• Coût d'un saisonnier (4 mois) :	6 800
• Nombre de salariés :	5

Chapitre 7 Compétence et pilotage des ressources humaines

Tests de connaissances

1	2	3	4	5	6	7	8	9	10
ABC	*ABDE*	*AC*	*ABC*	*AD*	*ABC*	*ABCE*	*C*	*B*	*BC*

Exercices d'application

CAS 38 Motivhom

1) Calcul des résultats d'exploitation pour les années N et N+1

	Année N : Production = Vente = 1 500 000 unités		Année N+1 : Production : 2 500 000 unités Vente : 1 800 000 unités	
	Global	Unitaire	Global	Unitaire
CA	4 € x 1 500 000 = 6 000 000	4	4 € x1 800 000 = 7 200 000	4
Coût variable unitaire	0,7 x 1 500 000 = 1 050 000	0,7	0,7 x 1 800 00 = 1 260 000	0,7
Coût fixe de production	1,3 x 1 500 000 = 1 950 000	1,3	= 1 950 000	0,78
Marge	= 3 000 000		= 3 990 000	+ 33 %
Charges de soutien	– 3 000 000		– 3 290 000	+ 9,6 %
Résultat d'exploitation	= 0		= 700 000	+ 700 %

2) Niveau de rémunération du dirigeant

Le directeur souhaite une prime de 10 % de 700 000 €, soit 70 000 €, en plus de sa rémunération fixe de 50 000 €, ce qui viendrait en déduction du résultat.

3) Légitimité de la satisfaction du dirigeant quant aux résultats et pertinence de la corrélation entre sa prime et le résultat de l'entreprise

La présentation des calculs donne une image positive ; en effet :

a) les quantités vendues augmentent de 20 % ;

b) le coût fixe unitaire de production et de vente baisse de 1,3 à 0,78 par composant ;

c) le résultat d'exploitation augmente de 700 %.

L'augmentation impressionnante du résultat ne doit pas occulter toutes les autres dimensions de la situation qui ne sont pas explicitées :

- l'affichage de la baisse du coût fixe unitaire de production vient du fait que le même montant de charges (1 950 000) est divisé par 2 500 000 unités, et non pas 1 500 000 unités, ce qui est artificiel alors même que toute la production n'a pas été vendue ;
- il ressort que les décisions du directeur ont conduit à un stockage de produits non vendus (2 500 000 – 1 800 000) de 700 000 unités ; ceci génère des coûts non évalués qu'il faudrait déduire du résultat d'exploitation et qui obèrent le futur ;
- les charges de soutien ont augmenté de près de 10 % en une année ce qui est beaucoup et ne peut se renouveler chaque année ; elles passent de 3 000 000 à 3 290 000 ce qui correspond à un montant plus élevé que la somme des charges fixes et variables des activités principales (production) : 3 210 000 par rapport à 3 290 000 ;
- la capacité maximale de production (3 000 000) n'est pas utilisée et il faudrait savoir si cela entraîne des coûts supplémentaires et si cela conditionne le futur.

La corrélation entre résultat d'exploitation et prime n'est pas légitime.

Le dirigeant demande une prime plus importante que sa rémunération fixe alors même que l'augmentation du résultat ne correspond pas à une performance supplémentaire ou à une création de valeur mais à une représentation biaisée et à court terme de la réalité.

Si la crise conjoncturelle continue, le stock de produits finis sera un coût supplémentaire important difficilement compensable.

4) Autres informations pour l'analyse de sa performance et indicateurs pour suivre la performance future

Pour relier rémunération et performance, il faudrait introduire d'autres paramètres comme la marge unitaire réelle, l'efficience globale de l'organisation, la productivité des acteurs, la satisfaction des clients et des salariés, le taux de pénétration sur le marché et l'évolution de la part de marchés, la rentabilité des capitaux investis, le niveau de stock, etc.

Tous ces indicateurs sont des exemples parmi d'autres des nombreuses variables possibles pour apprécier toutes les dimensions de la performance et donc relier la rémunération du directeur à un ensemble plus pertinent et plus réel de résultats.

Il faut donc à associer des indicateurs d'efficacité (comme le résultat mais surtout des marges réelles plus justes) et des indicateurs d'efficience sur l'organisation (productivité, satisfaction...).

CAS 39 FIPE

1) Forces et les points faibles de l'organisation

Forces sur le marché	Faiblesses sur le marché
Croissance forte dans les pays du Sud	Faible croissance du marché actuel
Forces dans l'organisation	**Faiblesses dans l'organisation**
Dans le personnel : – capacités de recherche – personnel motivé	Dans le personnel : – conflit entre personnes – peu d'efficacité de la force de vente – peu d'innovation
Dans la structure : – volonté de mettre en place la transversalité	Dans la structure : – dysfonctionnement dans la production – peu de communication entre services – pas de logistique interne – manque de réactivité
Dans les outils : – outils des gestion performants pour le système de facturation – meilleur suivi des clients	Dans les outils : – manque de suivi de règlements clients – incompatibilité entre logiciels – opacité de la facturation

Concrètement, pour mettre en place ces changements, il est possible de mobiliser les acteurs de l'organisation grâce à divers moyens :

- expliquer clairement aux salariés les objectifs du changement en les rassurant quant à leur emploi et leur futur pour que celui-ci soit accepté, intégré dans des représentations partagées ;
- mettre en place des formations adaptées ;
- faire participer les acteurs à la réflexion et la mise en place de la réorganisation, les faire communiquer entre eux en les faisant travailler par équipe, par groupe de projet ;

– mettre en place un système de rémunération motivant ;
– élaborer un calendrier de tout le processus de changement et respecter les échéances pour ne pas démobiliser les acteurs ;
– utiliser des outils de gestion, des tableaux de bord pour suivre les résultats des réalisations.

2) Évolution du mode actuel de rémunération

▶ *Analyse du mode actuel de rémunération*

Les représentants font des ventes et donc du chiffre d'affaires sans s'occuper de la qualité de ce dernier, en octroyant des remises aux clients sans en avoir de répercussion.
Ils ne prospectent pas de nouveaux clients et ne travaillent pas en équipe.

▶ *Les changements possibles*

Il est possible de motiver davantage les représentants avec un nouveau système de rémunération qui conserve les acquis et qui les incite à visiter plus de clients, à pénétrer de nouveaux secteurs, à satisfaire tous les clients, à accélérer la conclusion des contrats.
Exemple de proposition :
– même partie fixe ;
– partie variable :
  - 1,5 % sur le **CA net** automobile et métallurgie,
  - 2,5 % sur la **CA net** autres secteurs,
  - prime par nouveau client ayant conclu : 50 euros,
  - prime selon le nombre de clients visités ayant conclu :

Moins de 40 clients :	**Pas de prime**
Entre 40 et 60 clients :	Prime de 100 euros
Plus de 60 clients :	Prime de 200 euros

Impact sur la rémunération des trois représentants :

	M. Parota	M. Pèris	M. Dagyrru
1,5 % sur CA net automobile métallurgie	82 000 x 0,82 x 0,015 = 1 008,6	65 000 x 0,9 x 0,015 = 877,5	35 000 x 0,88 x 0,015 = 462
2,5 % sur le CA net autres secteurs	18 000 x 0,82 x 0,025 = 369	15 000 x 0,9 x 0,025 = 337,5	25 000 x 0,88 x 0,025 = 550
Prime nouveaux clients ayant conclu	50 x 5 = 250	50 x 6 = 300	50 x 8 = 400
Prime nombre clients	200	100	100
Partie variable individuelle	1 827,6	1 615	1 512
Situation antérieure	2 000	1 600	1 200
Différence	– 172,4	15	+ 312

• Il est possible également d'instaurer une partie « rémunération collective » en plus de la rémunération individuelle.

• Il est possible de calculer la commission sur les encaissements et non sur les ventes pour que les représentants suivent mieux la procédure depuis la vente jusqu'à la livraison de la commande et son paiement.

• Il est possible de faire participer les représentants à l'amélioration des produits et des processus en leur donnant une prime s'ils font remonter des informations, des désirs, des besoins des clients et les transforment en suggestions.

Cas de synthèse

CAS 40 Presstube

PARTIE 1

1) Analyse du système existant

Il est clair que le système actuel de prime n'est guère stimulant pour les ingénieurs et les techniciens qui constituent la vraie « richesse » de l'entreprise. Toutes les catégories de personnel sont traitées de la même manière et ce sont les directeurs de département qui reçoivent globalement une prime liée à un **seul critère quantitatif**, le chiffre d'affaires. La direction souhaite valoriser davantage les qualités et les compétences des ingénieurs et des techniciens en les évaluant plus précisément et plus efficacement ; il faut donc mettre en place des indicateurs qualitatifs qui permettent de suivre leurs activités. Mais il faut aussi que les conséquences des actions des ingénieurs (améliorations de la qualité) se concrétisent par des résultats (des primes) pour les acteurs concernés et non pas d'autres responsables. Dans le système existant ce sont les résultats financiers (chiffre d'affaires) et non pas les compétences des ingénieurs qui se traduisent par des primes aux responsables des départements et non pas aux ingénieurs.

Le contexte actuel du management oriente les entreprises vers la recherche d'une performance globale, aussi bien économique et financière que sociale et environnementale ; les contraintes sont donc de nature diverse, parfois contradictoires et obligent les managers à tenir compte de multiples variables quantitatives et qualitatives qu'il faut piloter.

Depuis les théories béhavouriales et l'analyse sociologique des acteurs, il ne suffit plus d'administrer le personnel avec le salaire et le temps de travail ; il faut motiver les acteurs, stimuler leur créativité, bien utiliser leurs compétences, gérer leurs connaissances, les faire coopérer entre eux, donc non seulement des dimensions techniques mais aussi relationnelles, comportementales. C'est pourquoi le pilotage des ressources humaines intègre aujourd'hui des indicateurs financiers et non financiers. Chaque organisation, en fonction de ses caractéristiques, de ses objectifs, de ses contraintes, peut élaborer des indicateurs qui correspondent aux qualités, aux critères qu'elle juge prioritaires pour son personnel. Ainsi, chaque entreprise peut construire un tableau de bord pour suivre les évolutions de son personnel et gérer au mieux les carrières pour les acteurs et pour l'organisation.

2) Impact d'une structure par projet sur la performance

La structure par projet est une organisation temporaire qui regroupe des compétences variées sans niveau hiérarchique, afin de résoudre un problème ou projet ou affaire bien délimité.

Les avantages attendus sont :

– synergie de créativité et d'innovation plus grande ;

- réactivité plus grande et délai de réponse plus court ;
- efficience des moyens plus grande car la structure est légère, peu coûteuse, donc la rentabilité (ou ratio des efforts consentis = résultats/moyens mis en œuvre) plus élevée ;
- motivation plus grande d'un petit groupe d'acteurs à qui on donne un objectif précis dans le temps et le contenu.

Les limites qui peuvent apparaître :

- une communication difficile entre les acteurs dans le groupe, des relations de pouvoir qui bloquent les initiatives et les innovations ;
- un groupe, sans un animateur qui stimule l'équipe, ne produisant pas de résultats et de solutions ;
- une équipe avec des compétences mal équilibrées ou mal distribuées qui n'arrivent pas à se comprendre, avec des vocabulaires différents.

3) Calcul des primes dans les deux systèmes

Prime ancien système	Année N Département 1	Année N Département 2	Année N+1 Département 1	Année N+1 Département 2
0,15 % du CA	23 000	14 835	21 285	14 970

Prime nouveau système	Année N Département 1	Année N Département 2	Année N+1 Département 1	Année N° 1 Département 2
Indicateur financier	17 280	14 400	16 920	14 800
2 % du résultat d'exploitation				
Indicateurs de qualité retouche	0	0	0	0
Pas de réduction de prime car coût inférieur à 2 % du résultat d'exploitation				
Indicateurs retours sur vente	2 000	2 000	2 000	2 000
2 % du CA toujours supérieur au coût des retours				
Indicateurs délais	0	4 000	2 000	0
En fonction des % de respect des délais				
Total prime	19 280	20 400	20 920	16 800

Pour le département 1, la mise en place des indicateurs non financiers ne permet pas d'augmenter le montant de la prime : ou bien cela décourage davantage les acteurs pour s'améliorer ou bien cela les stimule pour trouver des gains de qualité.

Pour le département 2, la mise en place des indicateurs non financiers permet d'augmenter la prime, ce qui peut vouloir dire que les acteurs sont plus motivés ou meilleurs, mais qui peut être aussi la résultante de produits et de clients différents du département 1 et alors cela peut signifier que les mêmes indicateurs ne peuvent être utilisés.

4) Analyse du nouveau système

▸ *Quant aux indicateurs*

Retours, retouches, délais sont les trois critères de qualité pris en compte pour évaluer l'activité de production ; ils concernent directement les produits et la qualité technique maîtrisée et non pas les améliorations mises en place par les techniciens, les idées apportées, les relations et les services apportés aux clients. Il pourrait être envisagé d'ajouter d'autres indicateurs pour évaluer le taux de service ou de satisfaction des clients, le nombre d'idées apportées sur une période ; donc de trouver des indicateurs qui évaluent et suivent mieux les compétences mises en pratique par les ingénieurs.

- *Quant au système global*

On peut constater un second décalage par rapport aux objectifs fixés : la cible de la prime n'est pas la bonne, puisque les acteurs dont on veut capter les compétences et que l'on veut fidéliser, ne perçoivent pas de rétributions suite à leurs contributions ; il ne peut y avoir implication et motivation pour des comportements qui ne sont pas valorisés financièrement ou d'une autre manière.

Il y a donc deux problèmes soulevés par ces indicateurs non financiers pour une politique de rémunération, qui pourraient constituer deux pistes de préconisations :

- le public visé n'est pas atteint (les responsables de département au lieu des ingénieurs) ;
- les compétences repérées ne sont pas suivies (qualité technique au lieu de qualité d'innovation) ;

Il serait possible de proposer :

- de mettre en place d'autres indicateurs non financiers, en plus de ceux portant sur la qualité et les délais, comme par exemple : nombre d'affaires obtenues par période, nombre d'idées transformées, nombre de participations à des groupes de travail, cercles de qualité ;
- de répartir les primes calculées à partir des résultats des indicateurs entre les ingénieurs, les techniciens et les responsables de départements ; éventuellement de séparer une prime individuelle et une prime collective.

PARTIE 2

1) Explication de la situation

a) En terme de masse salariale globale (poids relatif, effectif et salaire moyen)

Masse salariale globale	N-1	N	N+1
En euros	3 386 400	5 609 700 soit + 65 %	10 211 800 soit + 82 %
En % des charges totales	36 %	32.3 %	38 %
En effectif	105	160 soit + 52 %	300 soit + 87,50 %
En salaire moyen global (1)	32 251	35 061 soit + 8,7 %	34 039 soit – 3 %

(1) Masse salariale totale/effectif global : en N-1 = 3 386 400/105.

La masse augmente entre N–1 et N à un rythme très soutenu (65 % en masse globale, 52 % par rapport aux effectifs, 8 % pour les salaires nominaux) sans doute pour répondre au développement du marché. Cependant, son poids relatif (MS en % du total des charges d'exploitation) diminue entre N–1 et N ce qui est favorable et permet une amélioration de la marge opérationnelle.

En revanche, entre N et les prévisions de N+1, le poids relatif de la masse salariale augmenterait fortement (dérapage de 6 points) alors même que les salaires nominaux diminueraient (– 3 %). Cet effet négatif serait totalement expliqué par la hausse extrêmement forte des effectifs. Ces éléments prévisionnels doivent conduire à s'interroger sur la composition de cette masse salariale et de sa maîtrise en termes d'effectif.

b) En terme d' effectif global et de sa composition par catégories

Sur les deux comparaisons présentées, l'effet effectif est très important et explique, pour une grande part, les variations de la masse salariale entre N–1 et N et entre N et N+1.

ACCROISSEMENT PAR CATÉGORIES DE PERSONNEL EN POURCENTAGE

	N/N–1	N+1/N
Ingénieurs juniors	+ 60 %	+ 85 %
Ingénieurs seniors	+ 24 %	+ 75 %
Total ingénieurs	+ 43 %	+ 80 %
Techniciens	+ 60 %	+ 275 %
Employés	+ 220 %	+ 50 %

Il est possible de constater que toutes les catégories subissent des hausses d'effectif importantes mais qu'une modification de la structure de la masse salariale est en train de se mettre en place : les ingénieurs qui représentent 90 % en N–1 ne pèsent plus que 82 % en nombre en N+1. En revanche, les techniciens passent de 5 personnes en N–1 à 30 en N+1 et représentent 19 % des effectifs. Les employés connaissent un accroissement similaire puisque l'effectif passe de 5 à 24 personnes en 2 ans. Cette évolution est mise en évidence par le calcul de l'écart structure qui, pour chaque comparaison, est « favorable », exprimant une redistribution de la masse salariale vers des catégories globalement moins coûteuses :

– 197 100 en N/N–1 et – 188 100 en N+1/N.

Il s'agit de savoir si cette « recomposition » de la masse salariale est voulue et maîtrisée ou si elle représente une évolution non souhaitée. Il peut s'agir d'un rééquilibrage des fonctions administratives et de soutien nécessaire à certaines étapes de la croissance de l'entreprise ; dans ce cas, cette évolution traduit la mise en place de structures, qui, une fois opérationnelles, verront leur effectif se stabiliser. En revanche, si cette évolution n'est pas le fait d'une volonté exprimée, elle peut être le symptôme d'une perte de dynamisme de l'entreprise dont la performance dépend essentiellement de l'implication de la catégorie « ingénieurs » et dont le poids relatif dans les effectifs diminue.

Il faut, en outre, intégrer dans l'analyse les taux de rémunération des différentes catégories.

c) En terme de taux de rémunération des différentes catégories

Entre N–1 et N, la hausse des salaires nominaux est importante pour toutes les catégories sauf celle des employés. Cette distorsion peut s'expliquer moins par une baisse des salaires nominaux des employés que par un fort recrutement dans cette catégorie, + 11 personnes, qui peuvent avoir été recrutées en tant que débutantes, ce qui conduit à une baisse du salaire moyen de la catégorie.

Entre N et N+1, l'écart sur taux nominal est égal à – 104 200 favorable, essentiellement dû à une baisse des salaires moyens de la catégorie « ingénieurs » qui s'explique par un fort turn-over de cette partie du personnel. En revanche, les deux autres catégories du personnel voient leurs salaires nominaux augmenter quoique de façon plus modérée que l'année précédente. Ces évolutions imposent d'étudier plus précisément la population des ingénieurs.

d) En terme de fidélisation de la population « ingénieurs »

Pour analyser l'ancienneté, la catégorie ingénieurs peut être suivie en termes de mouvement :

	N–1/N		N/N+1		N–1/N+1	
	Juniors	Seniors	Juniors	Seniors	Juniors	Seniors
Effectifs début	50	45	80	56	50	45
Démissions	– 5	– 19	0	– 28	– 5	– 47
Promotions	– 30	+ 30	– 70	+70	– 100	+100
Embauches	+ 65	0	+ 138	0	+ 203	0
Effectifs fin	= 80	= 56	= 148	= 98	= 148	= 98

L'accroissement de l'effectif « senior » est essentiellement réalisé par une promotion interne (+ 30, + 70) alors même que l'entreprise perd chaque année un nombre important d'ingénieurs confirmés (19 sur 45 en N soit 42 %, 28 sur 56 en N+1 soit 50 %). Le sentiment exprimé relatif à l'incapacité à fidéliser son personnel de haut niveau semble être une réalité lourde de conséquences négatives pour l'avenir de l'entreprise. Parallèlement, l'entreprise ne semble pas éprouver de difficultés à recruter des ingénieurs en début de carrière ou débutants, puisqu'elle réussit à maintenir des taux d'embauche importants (65 nouveaux en N, 138 en N+1). Compte tenu des promotions, il est à craindre que l'intégration des nouveaux soit difficile : 15 ingénieurs juniors à plus d'un an d'ancienneté pour 65 nouveaux en N, 10 anciens pour 138 nouveaux en N+1.

Ce phénomène de renouvellement important des effectifs se traduit par des rémunérations moyennes en baisse puisque les nouveaux venus sont moins payés que le personnel plus ancien. Cette évolution est illustrée pour les ingénieurs « juniors » ; c'est l'effet de noria exprimé par les écarts de composition de l'ancienneté respectivement égaux à :

– 50 100 en N–1/N et – 14 300 en N/N+1.

Au total :

– la masse salariale est en forte hausse en valeur absolue et en valeur relative ;

– les effectifs « techniciens » et « employés » augmentent de façon importante alors qu'ils sont moins directement utiles à la performance de l'entreprise ;

– la fuite des ingénieurs seniors confirme la difficulté de conserver cette catégorie avec des salaires moyens en baisse.

Il s'agira donc de réorienter la politique de recrutement et la gestion des emplois et des compétences, une fois les objectifs clairement identifiés.

2) Orientations alternatives possibles de la politique RH dans le cadre d'une GPEC

• Au-delà de l'aspect quantitatif et financier, pour une véritable GPEC il s'agit de s'interroger sur le profil souhaité pour les ingénieurs en termes d'âge, d'ancienneté, de stabilité, de qualification.

• La DRH souhaite-t-elle fidéliser les seniors avec de l'expérience, faire de la promotion interne, transférer les compétences des anciens aux plus jeunes ? ou au contraire, renouveler l'esprit, l'innovation, avec une vague de jeunes ingénieurs pour changer les routines, les procédures et faire baisser la masse salariale ?

Selon les objectifs et les orientations souhaités, les variables à suivre ne seront pas les mêmes :

Objectif : conservation et développement des compétences présentes	État de l'existant : – nombre de seniors/nombre de juniors (% seuil) – niveau du salaire moyen, des primes – progression, promotion pour fidéliser – formation des juniors par les seniors – ...
Objectif : renouvellement et rajeunissement des équipes	État de l'existant : – nombre de jeunes, seuil à atteindre – évolution de la masse salariale (% de seuil) – gain sur la masse salariale/coût de recrutement, d'intégration, de formation...

3) Préconisations pour une politique de recrutement en rapport avec les objectifs fixés et indicateurs pour un tableau de bord pertinent

Pour cette organisation, et compte tenu de ce que l'on connaît du marché, il semble que la première orientation semble pertinente, en fonction des compétences requises et de la culture de l'entreprise ; il faut mieux capter l'expérience, les savoir-faire des seniors pour les transmettre aux plus jeunes, valoriser et fidéliser les seniors avec des incitations financières et non financières.

Pour cela, il faut bien connaître l'existant de ces acteurs, les potentialités actuelles pour les suivre et bien les utiliser pour l'ensemble des ressources humaines. Il serait, alors, possible de construire un tableau de bord pour suivre l'évolution de toutes ces variables pour piloter au plus près des objectifs les ressources humaines.

Effectif	Ancienneté	Rémunérations	Productivité résultats	Formation
Rapport junior/ senior	Par catégorie	Part des salaires	Productivité par catégorie	Nb de formation juniors/ période
Rapport par catégorie	Par tranches d'âge	Part des primes	Affaires par catégorie	Nb de formation par seniors/période
...	...	% de MS par catégorie (seuil à atteindre, ou maximum)	Idées, innovations par catégorie	Transmission expérience seniors/juniors

Chapitre 8
Outils pour gérer la qualité

Tests de connaissances

1	2	3	4	5	6	7	8	9	10
C	*ACB*	*A*	*A*	*B*	*BD*	*B*	*AC*	*B*	*AB*

Exercices d'application

CAS 41 Entreprise Agrair

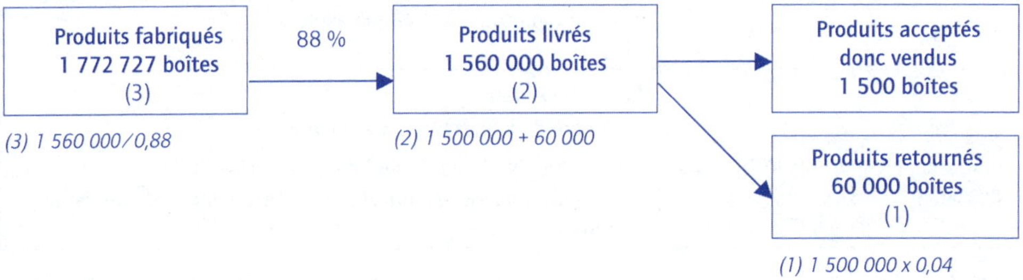

Pour connaître le nombre de produits mis en fabrication, il faut partir du nombre de produits conformes acceptés par la clientèle.

a) Coût de malfaçon

(Produits fabriqués – Produits livrés) x Coût de production

(1 772 727 – 1 560 000) x 5 = 212 727 x 5 = **1 063** 635 €

b) Coût de prévention (coût du contrôle sur l' ensemble des boîtes mises en fabrication)

1 772 727 produits fabriqués x 0,60 € = **1 063** 636 €

c) Coût du préjudice commercial

- *Coût de production des produits retournés*

Nombre de produits retournés = 1 500 000 x 0,04 = 60 000

Coût de production des produits retournés = 60 000 x 5 = **300 000** €

(Nous avons décidé d'intégrer le coût de production des produits retournés dans le coût du préjudice commercial car le produit défectueux est arrivé jusqu'au client. On aurait très bien pu calculer, au lieu du coût de malfaçon, le coût de production des rebuts, soit (1 772 727 – 1 500 000) x 5, et enlever du préjudice commercial le coût de production des produits retournés).

- *Coût de réexpédition*

Coût de réexpédition = 60 000 x 1.5 = **90 000** €

- *Remise*

Remise = 1 500 000 x 0.04 x (12 x 0,1) = **72 000** €

- *Coût du préjudice commercial*

Coût du préjudice commercial = Coût de production des produits retournés + Coût de réexpédition + Remise = 300 000 + 90 000 + 72 000 = **462 000** €

Soit un coût global de qualité de :

1 063 635 + 1 063 636 + 462 000 = 2 589 271 €

Ce qui représente la différence entre le coût réel de fabrication (10 017 271 + 72 000) et le coût sans défaut (7 500 000).

CAS 42 Société Airjet

Éléments	Détail	Détails des calculs	Total	% du total
Enquête	Enquête proprement dite	1 heure x 12 acc. graves x 5 personnes x100 € = 6 000 €	6 000 €	4,55 %
	Rapport	1 heure x 12 acc. graves x 1 c-maître x 100 € = 1 200 €	1 200 €	0,91 %
Arrêts de production		1/4 heure x 25 arrêts x 9 personnes x 100 € = 5 625 €	5 625 €	4,26 %
Logistique soins		1/4 heure x 12 acc. graves x 1 témoin x 100 € = 300 €	300 €	0,23 %
Absentéisme		500 heures perdues et payées x 20 € x 1,50 x (1 – 67 %) = 4 950 €	4 950 €	3,75 %
Intérimaires	Surcoût	400 heures x 35 € = 14 000 €	14 000 €	10,61 %
	Sous-activité	(400 heures/95 %) x 5 % x 100 = 2 100 €	2 100 €	1,59 %
Réorganisation des équipes		donnée	10 000 €	7,58 %
Perte de productivité		20 % de 400 heures x 100 € = 8 000 €	8 000 €	6,06 %
Administration	Déclaration	12 acc. graves x 1 heure x 100 €	1 200 €	0,91 %
	Gestion dossier	12 acc. graves x 1 heure x 100 €	1 200 €	0,91 %
Frais **généraux induits**		(4 % – 2,5 %) x 1 000 000 € = 15 000	15 000 €	11,37 %
Immobilisations détruites		Donnée	62 349 €	47,26 %
		Total	131 924 €	100,00 %

CAS 43 Société Micro-Vision

1) Diagramme de Pareto relatifs aux défauts constatés sur le composant C1

Le diagramme de Pareto met en relation la nature des défauts observés et le nombre de fois où le défaut est observé (ou la fréquence) ; les défauts sont classés par ordre de fréquence décroissante. Ce diagramme permet d'orienter la gestion de la qualité en luttant en priorité contre les défauts les plus fréquents (exemple : loi des 20/80).

Fréquence d'apparition des différents défauts

	Nature des défauts	Nombre de défauts	Fréquence
D1	Retards de livraison	70	5,98 %
D2	Flexibilité des matériaux	120	10,26 %
D3	Couleur inadéquate	230	19,66 %
D4	Diamètre excessif	95	8,12 %

☞

☞

	Nature des défauts	Nombre de défauts	Fréquence
D5	Longueur hors norme	460	39,32 %
D6	Cassé au montage	110	9,40 %
D7	Remplacé au service après-vente	85	7,26 %
	Total	1 170	100 %

Le graphique présente en abscisse les défauts par nature et en ordonnée les fréquences par ordre décroissant :

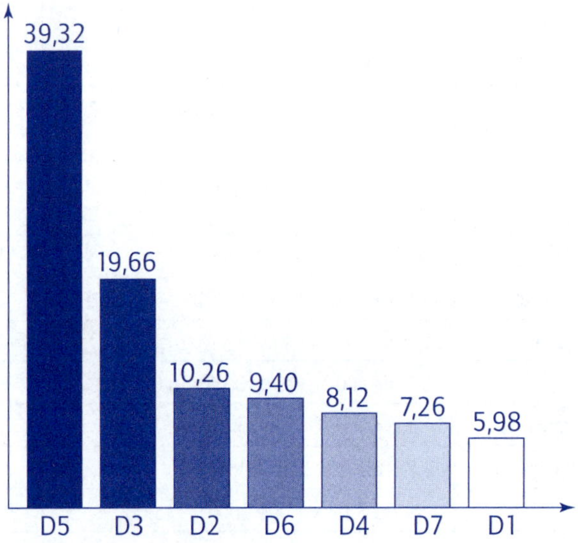

2) Mesures extrêmes ou tolérances que l'on peut accepter

Soit *x* longueur des composants exprimée en mm.

On sait que $x \rightarrow N\ (1\ 200\ ;\ 50)$

On cherche les mesures extrêmes M_{min} et M_{max} de sorte que 95 % des observations soient situées entre ces limites. Comme la loi normale est symétrique et centrée sur la valeur moyenne, on recherche :

$$\text{Prob}\ (M_{mim} < X < M_{max}) = 0{,}95$$

ce qui est équivalent à : Prob $(-t < x < t) = 0{,}95$; on obtient, par lecture dans la table $t = 1{,}96$. Donc :

$$M_{min} = 1\ 200 - 1{,}96 \times 50 = 1\ 102 \text{ mm}$$
$$M_{max} = 1\ 200 + 1{,}96 \times 50 = 1\ 298 \text{ mm}$$

3) Proportion de composants livrés non conformes

Il s'agit d'un problème d'estimation de paramètres d'une population totale connaissant les paramètres d'un échantillon.

Connaissant la valeur de l'écart type de l'échantillon, on en dédit que l'écart type de la population de référence est égal à : $\sigma_p = \sigma_e \sqrt{N / N-1}$

avec N, taille de l'échantillon.

Estimation de l'écart type sur la population mère : $60 \times \sqrt{(200/199)} = 60,15$

Soit *x*, la longueur d'un composant C, on cherche :
Prob. (1 102 < *x* < 1 298) et comme *x* → N (1180,2 ; 60,15), on obtient, suivant la loi normale centrée réduite, la probabilité suivante :

$$\text{Prob}\left\{\frac{1\,102 - 1\,180{,}2}{60{,}15} < R < \frac{1\,298 - 1\,180{,}2}{60{,}15}\right\} = \pi(1{,}96) - \pi(-1{,}30) = \pi(1{,}96) - [1 - \pi(1{,}30)] = 0{,}878$$

La probabilité de pièces ne respectant pas la norme est donc de : 1 – 0,878, soit 12,2 %.

Ce taux de défectuosité est 2,5 fois égal à celui qui est acceptable. Si ces taux perdurent dans les contrôles suivants, il sera nécessaire d'intervenir auprès du fournisseur afin d'améliorer la qualité des livraisons.
Ce constat est logique : la moyenne observée sur l'échantillon est sensiblement inférieure à 1 200 mm pour un écart type plus élevé. Il y aura donc une proportion significative de composants avec une longueur inférieure à 1 102 mm.

4) Diagramme d'Ishikawa

Le diagramme d'Ishikawa permet de classer les causes d'un dysfonctionnement en les regroupant en catégories.

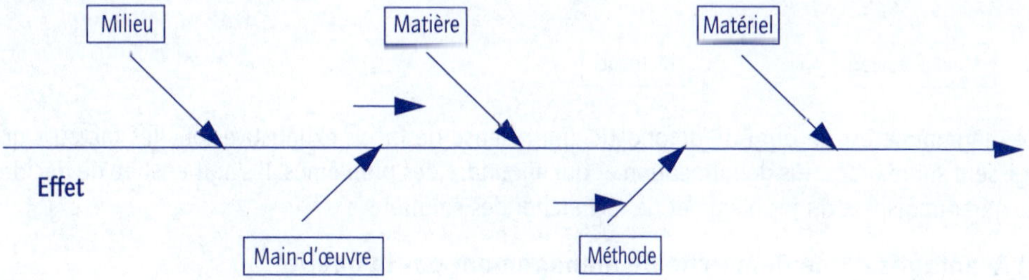

Le tronc principal (effet) correspond à un défaut analysé en causes (les 5 M). Chaque cause est elle même décomposée. Les différentes sous-causes sont portées sur des arêtes secondaires.
Méthode des 5 M :

- **milieu :** causes tenant à l'environnement (bruit, éloignement, place insuffisante...) ;
- **matière :** causes tenant à la nature de l'objet traité (imprimé...) ;
- **matériel :** machines inadaptées, pannes... ;
- **main-d'œuvre :** personnel incompétent, non motivé, absences... ;
- **méthode :** façon de procéder peu efficace...

Il s'agit enfin d'un outil dont l'usage est le plus souvent collaboratif et transversal.
Le diagramme à construire chez Micro-Vision peut se présenter ainsi :

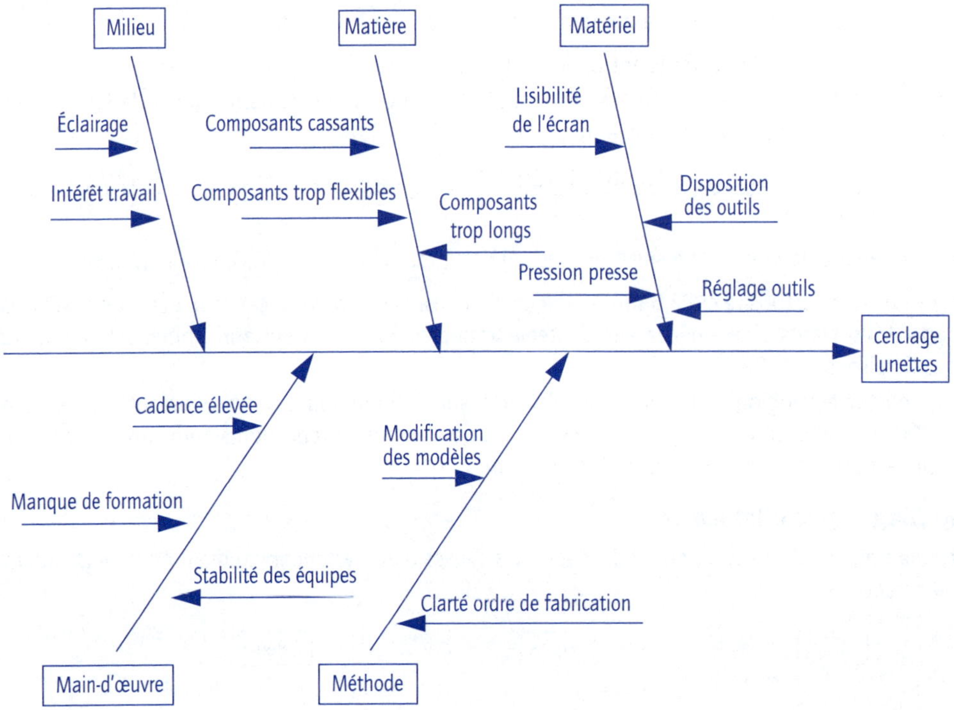

Ce diagramme est un outil de diagnostic, qui recense de façon exhaustive tous les facteurs qui agissent sur le processus de fabrication et qui engendre des problèmes. Il s'agit ensuite de décider de gérer un aspect du problème et de rechercher des solutions.

5) Avantages d'une démarche de management par la qualité

Critiques des méthodes statistiques

Les méthodes statistiques visent à lutter contre les défauts les plus fréquents (ou les plus coûteux). Elles définissent donc un niveau de qualité acceptable (ex : 95 %), acceptant ainsi certains défauts. Le contrôle de la qualité est effectué en aval, en temps différé, et par sondages. Les inconvénients sont multiples :

- les défauts génèrent des coûts de non qualité (rebuts, retouches, traitement administratifs des retours clients...) d'autant plus élevés que le contrôle n'est effectué qu'au terme des processus d'approvisionnement et de production ;
- il existe des coûts indirects de non qualité qui peuvent être très élevés (dégradation de l'image de l'entreprise et de sa marque, perte de parts de marché...) ;
- ce contrôle par échantillonnage engendre des risques de première espèce (risque vendeur) et de deuxième espèce (risque acheteur).

Avantages d'une démarche de management par la qualité

Ce type de management vise à rechercher le zéro défaut en procédant à des contrôles exhaustifs et en temps réel tout au long du processus d'approvisionnement (les fournisseurs sont associés à la recherche de la qualité totale) et de production (contrôle au niveau de chaque poste de travail en responsabilisant le personnel sur la qualité).

Il permet de lutter contre tous les inconvénients cités ci-dessus.

CAS 44 Société Logitek

1) Coût de la non-qualité

a) Sur le logiciel LG

- 5 % des produits ayant supporté tout le coût de fabrication et de contrôle sont rebutés : 5 (1 000 + 500 + 300) = **9 000 €**
- 3 % des produits ayant supporté coût de fabrication et coût de distribution sont livrés défaillants :
  3 (1 000 + 500 + 300 + 1 500) = 9 900 €
  Sur les trois produits, un est réparé pour un coût de 1 000 et deux sont remplacés pour un coût de 2 500 ; donc :
  1 000 + 2 (2 500) = 6 000 €
  Au total : **15 900 €**

b) Sur la formation

- 5 % des formations nécessitent une aide supplémentaire : 5 x (300) = **1 500 €**
- 3 % des formations dégagent un préjudice : 3 x (600) = **1 800 €**

Au total le coût de non-qualité représente :
9 000 + 15 900 + 1 500 + 1 800 = **28 200 €**

Il est possible de reconstituer le coût total de cette activité et la marge qu'elle dégage en tenant compte de la non-qualité.

• Chiffre d'affaires : 100 (10 000) =	1 000 000
• Coût de production, contrôle et distribution de 100 produits pour 100 ventes : 100 (1 500 + 300 + 1 500) =	– 330 000
• Coût des formations attachées aux logiciels : 100 (4 000) =	– 400 000
• Marge totale pour une qualité à 100 % :	270 000
• Coût de nonqualité supporté sur toutes les étapes :	– 28 200
Marge réelle restante :	241 800

2) Politique de qualité totale

- L'investissement à faire pour mettre en place cette politique de qualité est de : 100 000 + 50 000 € sur 5 ans pour 100 produits par an, donc **30 000 € par an**.
- Certains coûts de non-qualité sont supprimés :
  – 3 produits livrés défaillants pour un coût de 15 900 €
  – coût de formation supplémentaire pour 1 500 €
  – préjudice d'image pour 1 800 €

Il y a donc 19 200 € de coût en moins.

- Certains coûts de non-qualité sont réduits : 1 % des produits est rebuté au milieu du processus de production et supporte donc la moitié du coût de production : (1 500/2) = **750 €**

Au total, la politique de qualité totale engendre un coût annuel de **30 750 €** (**30 000 + 750 €**), au lieu de **28 200 €** dans la situation précédente.

Quelles conclusions en tirer ?

Dans une optique strictement financière et comptable, il apparaît que la politique de qualité totale est plus coûteuse que les coûts de non-qualité supportés dans la première situation.

Mais il faut mener une analyse plus globale en intégrant d'autres critères et indicateurs.

La différence n'est que de 2 550 €, soit moins de 0, 01 % de la marge totale ; le coût supplémentaire n'est pas important au regard des avantages que peut apporter cette politique : meilleure satisfaction des clients et donc plus grande fidélité dont il faudrait mesurer l'impact financier sur des commandes futures, meilleure efficacité du travail des salariés ayant des compétences plus grandes, motivation plus grande des techniciens et des commerciaux qui proposent des produits et services avec peu de défaillance, atout et différenciation visàvis des concurrents actuels et potentiels, etc.

Il semble donc opportun de mettre en place cette politique de qualité totale pour les cinq années à venir même si le calcul est quelque peu défavorable.

Cas de synthèse

CAS 45 Entreprise Bayard

PARTIE 1 : GESTION DE LA QUALITÉ

1) Définir le coût de la non-qualité et proposer une démarche d'évaluation

Le coût de la non-qualité est un coût d'opportunité, un manque à gagner. Il représente le coût entraîné par la correction des dysfonctionnements.

Il y a deux façons de calculer le coût de la non-qualité :

a) résultat sans défaut – résultat avec défauts ;

b) réductions accordées ± coût de la 2e production + coût de la 2e livraison.

2) Évaluer le coût de la non-qualité

Si le taux de retour est de 8 %, pour répondre à la demande de 150 000 produits, il faudra en livrer :

150 000/0,92 = 163 044

- Si le taux de rebut en interne est de 5 %, pour livrer 163 044 produits, il faudra en fabriquer

163 044/0,95 = 171 625

	Zéro défaut		Taux de retour 8 % – Taux de rebut 5 %	
Chiffre d'affaires	150 000 x 120 =	18 000 000	(150 000 – 13 044) x 120 = 13 044 x 120 € x 80 % =	16 434 720 1 252 224
CV de production	150 000 x 39 =	5 850 000	171 625 x 39 =	6 693 375
CV de livraison	150 000 x 7 =	1 050 000	163 044 x 7 =	1 141 308
Coûts fixes		8 400 000		8 400 000
Résultat		2 700 000		1 452 261

Coût de la non-qualité = 1 247 739 (différence entre les deux résultats)

Ce coût de la non-qualité résulte des corrections des dysfonctionnements :

- réductions accordées : 13 044 x 120 € x 20 % = 313 056
- 2e production : 21 625 x 39 € = 843 375
- 2e livraison : 13 044 x 7 € = 91 308

3) Différencier le coût de la non-qualité et le coût de la qualité

Le coût de la non-qualité regroupe les coûts de détection des défaillances internes ou externes (fournisseurs) et les coûts de correction des défaillances.

Le coût de la qualité prend en compte en plus le coût de la prévention, des modifications d'organisation dont l'objectif est de réduire les défaillances.

PARTIE 2 : UN CHOIX D'INVESTISSEMENT

4) Flux net de trésorerie sur chaque projet

Projet 1 : il n'y a pas d'amélioration de la qualité, il faudra donc toujours produire 171 625 produits. Par contre, ce projet permettrait une augmentation de la satisfaction des clients puisque la machine détecterait la quasi-totalité des produits non conformes en interne (seulement 1 % de 150 000/0,99, soit 1 515 produits seraient retournés par les clients au lieu de 13 044 devant être fabriqués avant).

Économies sur réductions (24 €) et 2e livraison (7 €) Frais de fonctionnement DAP	(13 044 – 1 515) x 31 € =	357 399 – 80 000 – 200 000
Gain avant IS		= 77 399
Gain après IS		= 51 599
Flux net de trésorerie supplémentaire	(200 000 + 51 599) =	251 599

Projet 2 : il y aura une amélioration globale de la qualité

Si le taux de retour est de 2 %, pour répondre à la demande de 150 000 produits, il faudra en livrer :

150 000/0,98 = 153 061 (au lieu de 163 044 avant)

Si le taux de rebut en interne est de 3 %, pour livrer 153 061 produits, il faudra en fabriquer :

153 061/0,97 = 157 795 (au lieu de 171 625 avant)

Économies sur réductions et 2e livraison Économie sur 2e production Frais de fonctionnement DAP	(13 044 – 3 061) x 31 € = (171 625 – 157 795) x 39 € =	309 473 539 370 – 400 000 – 100 000
Gain avant IS		= 348 843
Gain après IS		= 232 562
Flux net de trésorerie supplémentaire	(100 000 + 232 562) =	332 562

5) Projet à retenir

Les deux projets répondent aux critères de rentabilité. Compte tenu de l'amélioration globale de la qualité, le projet 2 est préférable ; il sera mis en œuvre avec une réelle volonté d'amélioration de la performance globale. Il amènera les acteurs de la production à modifier leur comportement dans une optique d'amélioration continue. Ce qui peut provoquer des résistances à court terme, une communication et une formation nécessaires mais un investissement humain profitable à long terme si les caractéristiques financières du projet sont réalisables par l'entreprise et si les contraintes budgétaires en découlant sont absorbables.

Chapitre 9
Stock et logistique

Tests de connaissances

1	2	3	4	5	6	7	8	9	10
B	*A*	*B*	*AD*	*C*	*A*	*ABC*	*B*	*B*	*C*

Exercices d'application

CAS 46 Entreprise Roche

1) Plan de production

Période	1	2	3	4	5	6	7	8
Commandes	40	50	60	70	70	60	60	50
Stock initial	200	160	110	250	180	110	250	190
Reliquat	200 – 40 = 160	110	50	180	110	50	190	140
Production			P 200			P 200		

2) Besoins en composants

- Pour que le premier lot de production de 200 produits soit prêt en période 3, il faut lancer la fabrication en période 2 car il y a une semaine de délai de mise à disposition. La combinaison productive donne : 200 P = 400 A + 600 B.

Besoins en composants	A	B
Stock initial	50	150
Besoins	400 – 50 = 350	600 – 150 = 450
Nb de lots nécessaires	4 lots de 100	3 lots de 150
Période de commande	Période 1	Période 0
Stock final après utilisation	50	0

- Pour que le second lot de production de 200 produits soit prêt en période 7, il faut lancer la fabrication en période 6 car il y a une semaine de délai de mise à disposition. De même, le calcul des besoins en A et B à partir de la combinaison productive donne : 200 P = 400 A + 600 B.

Besoins en composants	A	B
Stock initial	50	0
Besoins	400 – 50 = 350	600 – 0 = 600
Nb de lots nécessaires	4 lots de 100	4 lots de 150
Période de commande	Période 5	Période 4
Stock final après utilisation	50	0

CAS 47 Mecanic

1) Contraintes sous forme d'inéquations

Appelons x et y les quantités respectives de produits P_1 et P_2 à fabriquer.

Contraintes :

Les quantités ne peuvent être négatives : $x \geq 0, y \geq 0$.

Les ressources sont limitées :

- matière M : $1,5\,x + 4,5\,y \leq 360$.
- main-d'œuvre : $3\,x + 7,5\,y \leq 600$.
- machine type I : $4,5\,x + 4,5\,y \leq 450$.
- machine type II : $6\,x + 1,5\,y \leq 420$.

Les limites de la zone d'acceptabilité sont fixées par le système d'équations suivant :

$$\begin{cases} 1,5\,x + 4,5\,y = 360 \text{ (1)}. \\ 3\,x + 7,5\,y = 600 \text{ (2)}. \\ 4,5\,x + 4,5\,y = 450 \text{ (3)}. \\ 6\,x + 1,5\,y = 420 \text{ (4)}. \\ x = 0 \\ y = 0 \end{cases}$$

2) Représentation de la zone d'acceptabilité

La zone d'acceptabilité est alors la suivante :

ZONE D'ACCEPTABILITÉ DU PROGRAMME

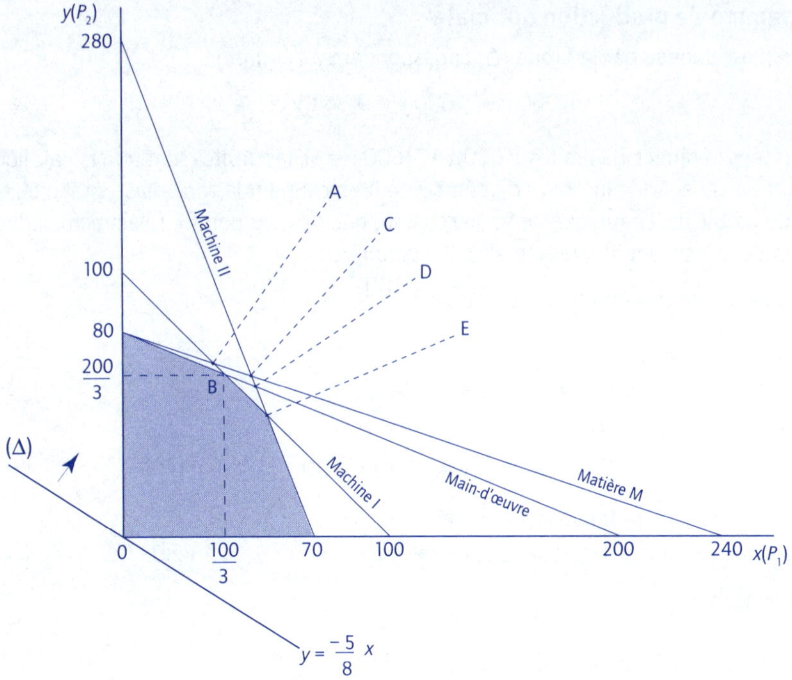

À l'intérieur et sur la périphérie (car toutes les inéquations comportent ≤ et non « strictement inférieur ») de cette zone, tous les programmes de fabrication respectent les contraintes et sont donc acceptables.

Exemple :

$\begin{cases} 70\ P_2 \\ 60\ P_1 \end{cases}$ $\begin{cases} 80\ P_2 \\ 0\ P_1 \end{cases}$ $\begin{cases} 0\ P_2 \\ 70\ P_1 \end{cases}$ etc.

3 et 4) Plein emploi et acceptabilité des solutions

Les points de concours des contraintes deux à deux correspondent respectivement aux programmes qui assurent le plein emploi de deux des éléments considérés.

Les points A, C et D sont en dehors de la zone d'acceptabilité. On ne peut donc avoir simultanément :

- plein emploi de la machine I et plein emploi de la matière (point A) ;
- plein emploi de la matière et plein emploi de la machine II (point C) ;
- plein emploi de la main-d'œuvre et plein emploi de la machine II (point D).

Le graphique met également en évidence l'impossibilité d'avoir le plein emploi de plus de deux facteurs de production.

5) Fonction économique

La fonction économique est ici la marge sur coûts variables totale, soit :

$F = 1\,000\,x + 1\,600\,y$.

Il s'agit donc de trouver le maximum de la fonction précédente :

$1\,000\,x + 1\,600\,y = \text{MAX}$.

6) Programme de production optimale

La direction est donnée par la droite (Δ) correspondant à l'équation :

$$1\,000\,x + 1\,600\,y = 0, \text{ soit } y = \frac{-5}{8}\,x$$

Si nous traçons la famille de droites $1\,000\,x + 1\,600\,y = M$, les droites sont toutes parallèles à (Δ), et celle qui est située « le plus loin » du point 0, tout en coupant la zone d'acceptabilité, fournit la solution du problème. Graphiquement, on constate que c'est au point B (plein emploi de la main-d'œuvre et de la machine I) que se réalise l'optimum.

Graphiquement, la solution est au point B : $x = \frac{100}{3}$ $y = \frac{200}{3}$

Vérifions-le par le calcul :

- Au point B, point de concours des deux droites :

$$\begin{cases} 4{,}5\,x + 4{,}5\,y = 450 \\ 3\,x + 7{,}5\,y = 600 \end{cases} \quad \text{ou} \quad \begin{cases} y = -x + 100 \\ y = -2/5\,x + 80. \end{cases}$$

- En B, le programme optimum sera réalisé.

Les coordonnées du point B sont la solution de $-x + 100 = -2/5\,x + 80$.

Nous trouvons : $x = \frac{100}{3}$

et en reportant dans l'une ou l'autre équation : $y = \frac{200}{3}$

7) Productivité de la machine II

Le nombre d'heures effectives d'utilisation de la machine II dans le programme de production optimal est de 300 heures. Elle est sous-utilisée pour 120 heures.

Le nombre de produits A fabriqués est de 33 ; le nombre de produits B fabriqués est de 66.

La productivité horaire du travail de la machine est donc de :

$$\frac{\text{nombre de produits fabriqués}}{\text{nombre d'heures utiles}} = \frac{99}{300} = 0{,}33 \text{ produit/heure}$$

8) Marge maximale

a) La marge maximale sera alors :

$$1\,000 \times 33\text{ A} + 1\,600 \times 66\text{ B} = 138\,600 \text{ €}$$

b) Les consommations correspondantes seront :

- matières : $1{,}5 \times \frac{100}{3} + 4{,}5 \times \frac{200}{3} = 350$ kg ;
- main-d'œuvre : $3 \times \frac{100}{3} + 7{,}5 \times \frac{200}{3} = 600$ h ;
- machine I : $4{,}5 \times \frac{100}{3} + 4{,}5 \times \frac{200}{3} = 450$ h ;
- machine II : $6 \times \frac{100}{3} + 1{,}5 \times \frac{200}{3} = 300$ h ;

CAS 48 Hôpital public

1) Coût annuel actuel de gestion du stock de viande

Le coût de gestion du stock est constitué par :

- le coût de lancement des commandes
- le coût de possession du stock
- et éventuellement le coût de pénurie (ce n'est pas le cas ici)

Le coût de lancement des commandes est égal à 112 € par commande une fois par semaine, soit : 112 € x 52 semaines = 5 824 €

Le coût de possession du stock est égal au coût de détention annuel :

- du stock actif moyen. Le stock est de 600 kg en début de chaque semaine et vide en fin de semaine, soit un stock moyen de : (600 + 0)/2 = 300 kg ;
- du stock de sécurité qui est détenu annuellement soit 600 kg puisqu'il est reconstitué dès qu'il est consommé.

Soit (300 kg + 600 kg) x 2,16 €/kg/an = 1 944 €

Le coût de gestion annuel du stock s'établit à : 5 824 + 1 944 = 7 768 €

2) Mode de gestion optimal des approvisionnements

▸ *Résolution par la formule de Wilson*

Consommation annuelle : C = 31,2 tonnes ou 31 200 kg

Prix d'achat moyen du kilo : p = 12 €

Coût de passation des commandes : f = 112 €

Coût de possession : Cr = 2,16 €/kg/an

Taux de possession du stock : t = 2,16 €/12 € = 18 %

La quantité économique s'obtient par la formule suivante :

$$Q^* = \sqrt{[(2 \times C \times f)/p \times t]} = \sqrt{[(2 \times 31\ 200 \times 112)/12 \times 18\ \%]} = 1\ 799 \text{ kg, soit } 1\ 800 \text{ kg}$$

- *Résolution par calcul des différents coûts*

Coût de passation des commandes : f x Q (inconnue) = 112 (31 200 /Q)

Coût de possession du stock : pt x Q/2 + pt x SS = 2,16 € (Q/2) + 2,16 x 600 kg

Coût de gestion du stock : K = 3 494 400 /Q + 1,08 Q + 1 296

C'est cette fonction qu'il faut dériver pour trouver la quantité optimale Q* qui minimise le coût de gestion.

On obtient :

$K' = -3\ 494\ 400/Q^2 + 1{,}08$

Et Q* = 1 799, soit 1 800 kg

Remarque : L'existence d'un stock de sécurité crée dans la fonction une constante qui est neutralisée dans la dérivation de la fonction (dérivée d'une constante = 0).

Par la suite, on déduit les différents indicateurs :

Nombre de commandes : N* = 31 200 kg/1 800 kg = 17,33 soit par an

Rythme des commandes : T* = 360 jours/17,33 = 20,77 jours, soit toutes les trois semaines

Coût de gestion : K* = 112 € x 17,33 cdes + 2,16 € x 1 800 kg/2 + 1 296 € = 5 181 €

Ou en utilisant la formule :

$$K^* = \sqrt{[(2 \times C \times f \times p \times t]} = \sqrt{(2 \times 31\ 200 \times 112 \times 12 \times 18\ \%)}$$

Cette solution qui conduit à une gestion optimum permet une économie de : 7 768 – 5 181 = 2 587 €, soit 33 % du coût actuel, ce qui semble être extrêmement avantageux.

Il faut cependant confronter cette « décision optimale » à la réalité des faits :

- la taille nécessaire des frigos (lieu de stockage de la viande) passe de 1 200 kg à 2 400 kg, soit un doublement des installations. Le modèle n'intègre pas le coût de frigos additionnels ;
- est-il possible de s'approvisionner toutes les trois semaines ? a-t-on pris en compte la nature périssable du produit ou l'existence de règlements de nature sanitaire ?

La solution à laquelle on arrive doit, on le voit, être mise en perspective dans le contexte spécifique où elle va s'appliquer.

3) Coût de gestion du stock de viande dans le cas d'une gestion à flux tendus

Pour mémoire, les données deviennent les suivantes :

- Consommation annuelle : C = 31,2 tonnes ou 31 200 kg
- Prix d'achat moyen du kilo : p = 12 €
- Coût de passation des commandes : f = 55 (transport) + 12/2 = 61 €
- Coût de possession : Cr = 2,16 €/kg/an
- Taux de possession du stock : t = 2,16 € /12 € = 18 %
- Quantité commandée : 100 kg 6 jours par semaine
- Nombre de commandes : 6 jours x 52 semaines = 312 commandes

Coût de passation des commandes et de livraison : 61 x 312 cdes = 19 032 €.

Coût de possession du stock : (100/2) x (6/7) x 2,16 = 93 € (ce coût peut être négligé)

Coût total de gestion du stock par an : 19 032 + 93 = 19 125 €.

Commentaire : le coût de possession est très bas car les stocks de viande sont très réduits (100 kg en début de journée et rien en fin de journée en moyenne, plus une journée sans stock par semaine). Mais le coût des livraisons explose, passant à 19 032 €, soit au total 245 % d'augmentation par rapport à la situation actuelle ce qui rend, quantitativement, ce mode de gestion impossible dans ces conditions.

Cependant, la gestion en petites quantités peut permettre une gestion plus qualitative qui répondra mieux, aux attentes des « clients » (patients, pensionnaires des maisons de retraite, personnel et extérieurs) en intégrant une plus grande souplesse dans le choix des menus. Elle peut permettre en interne des risques sanitaires réduits, des besoins en fonds de roulement moindres...

Elle ne peut cependant être envisagée que si le coût des commandes diminue donc compte tenu de sa structure si le coût du transport peut être fortement réduit.

4) Coût maximum de livraison pour retenir le mode de gestion à flux tendus

Il s'agit d'obtenir une baisse du coût des livraisons de sorte que ce mode ne coûte pas plus cher que celui en place actuellement, soit 7 768 €.

Coût maximum de passation des commandes et de livraison par an : 7 768 – 93 = 7 675 € pour 312 livraisons par an, soit par commande et livraison : 7 675/312 = 24,60 €, dont 6 € pour les commandes.

Il reste 24,60 – 6,00 = 18,60 € maximum pour les frais de transport par livraison.

Il faudrait donc trouver un fournisseur qui puisse livrer au rythme de 6 commandes par semaine pour un coût unitaire maximum de 18,60 € contre 55 € pour le fournisseur actuel.

À titre d'informations, l'utilisation du modèle de Wilson appliqué aux données du cas en juste à temps donne une quantité économique optimale de 1 327 kg et un coût optimal de gestion à 2 867 €. On le voit, le résultat strictement mathématique doit être confronté aux réalités matérielles du contexte de gestion dans lequel il doit être mis en œuvre.

Autres avantages que procurerait une gestion à flux tendus :

- moins de risque de péremption, moins de risque bactériologique, moins de contrôle du fonctionnement des frigos (température, propreté...) ;
- qualité de la viande (produit frais) ;
- possibilité de commander en fonction des besoins journaliers et des menus prévus par type de viande ;
- possibilité de mettre en place un système de menus à la carte (les clients choisissent leur menu la veille et les commandes sont passées le soir pour une livraison le lendemain matin).

Conclusion : une gestion à flux tendus serait préférable mais à condition qu'elle ne revienne pas (ou guère) plus cher qu'une gestion classique. Il faudrait par conséquent négocier les frais de transport avec le fournisseur, faire jouer la concurrence (il y a quand même un gros marché à la clé), trouver un ou des fournisseurs proches capables de livrer à moindre coût des produits frais...

CAS 49 Entreprise Ventil

Le système d'information tiré par l'aval fait remonter les étiquettes par étapes entre chaque segment du processus de production, donc entre deux ateliers ; il n'y a pas un seul système mais un dans chacune des deux boucles constituées par les ateliers : comptoir de ventes/atelier 2 et atelier 2/atelier 1.

La formule primaire la plus simple du nombre de Kanban est la suivante :

$$n = [(D \,.\, L) + s]/C$$

avec D : la demande ou consommation du poste aval ;

L : le délai de fabrication et livraison ;

C : la capacité de fabrication par période de temps ;

s : les aléas divers.

Ainsi dans la première boucle :

Atelier 1 ◄———— Atelier 2

10 B/h 20 B/h

Il vient :

D = 20 B/h L = 1 h C = 10 B/h s = 5 % de 20 = 1

$$n : \frac{[((20\ B/h) \times 1\ h) + 1\ B]}{10\ B/h} = 2{,}1$$

donc 3 étiquettes en arrondissant au chiffre supérieur pour donner plus de souplesse et pour amortir tous les aléas.

De même dans la deuxième boucle :

Atelier 2 ◄———— Comptoir de vente

40 B/h 5 B/h

Il vient :

D = 5 B/h L = 3 h C = 5 B/h s = 5 % de 20 = 1

$$n = \frac{[(5\ B/h \times 3\ h) + 1\ B]}{5\ B/h} = 1{,}2 \text{ donc 2 étiquettes.}$$

Au total :

Atelier 1 ◄— 3 étiquettes ◄— **Atelier 2** ◄— 2 étiquettes ◄— **Comptoir de vente**

Dans la situation actuelle et avec les capacités techniques des machines, le niveau de quantité est atteint ; il faut donc une boucle de 2 étiquettes et une boucle de 3 étiquettes de l'aval vers l'amont.

Si les aléas diminuent, il sera possible de supprimer une étiquette dans chaque boucle et ainsi de tendre davantage le flux.

CAS 50 Optima

1) Organisation classique

1 journée de travail : 8 h 20 = 500 minutes

	Phase 1	Phase 2	Phase 3	Phase 4	Phase 5	Phase 6
Temps de prod. pour 2 000 unités	2 000 unités x 5'= 100 000'/500' = 20 jours	4 jours	6 jours	12 jours	6 jours	4 jours
Temps d'attente entre chaque phase		1 jour	1 jour	1 jour	1 jour	1 jour

☞

Temps total de fabrication	57 jours
Temps de consom. des 2 000 u fabriqués	2 000/80 = 25 jours
Temps total du cycle prod. & consom.	Temps de fabrication et temps de consommation = 82 jours
Temps de stockage	82 jours mais pas sur une totalité de 2 000 unités *Cf.* graphe ci dessous

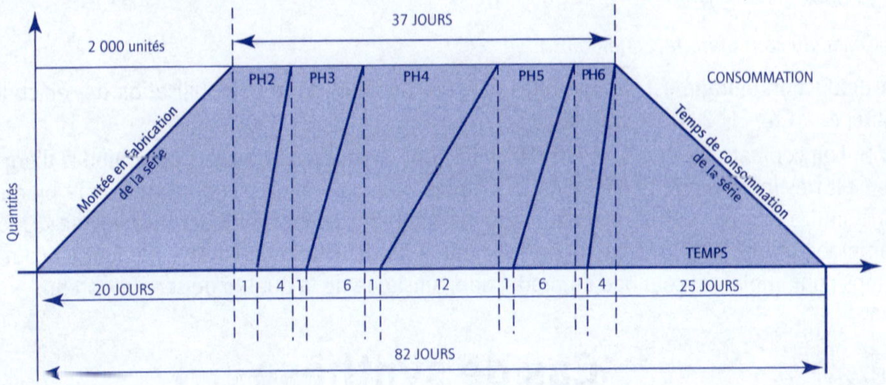

a) Calcul de la quantité en stock

La partie hachurée correspond à l'aire de stockage et d'en cours dont il faut calculer le coût ; la surface d'un quadrilatère se mesure par le produit longueur/largeur ; ici :

((82 + 37)/2) x 2 000 = 119 000 u/j

b) Calcul du coût de stockage pour une série de 2 000 unités

Le coût d'immobilisation est de 20% l'an (un an comporte 200 jours) du coût moyen qui est de 100 € pour 2 000 unités, et la quantité en stock de 119 000 u, soit :

C1 = 119 000 x 100 x 20%/200 = 11 900 €

c) Calcul du coût de stockage unitaire

C2 = 11 900 €/2 000 = **5,95 €**

2) Organisation en JAT et calcul du nombre d'étiquettes dans la phase 1

- En reprenant la formule du calcul du nombre d'étiquettes N (ou Kanban) circulant dans la phase 1, il vient : N = ((D x L) + S)/C
- Avec les données suivantes :
  D = demande journalière = 80 unités
  C = capacité d'un conteneur = 10 % de 80 = 8 unités
  L = délai de mise à disposition = 1/8 jours = 0,126
  S = marge de sécurité = 1 unité
  ⇒ N = ((80 x 0,126) + 1)/8 = 1,375 étiquette arrondi à 2 étiquettes

3) Calcul du coût de stockage dans l'organisation JAT

Nombre d'étiquettes total sur le processus : on additionne les étiquettes nécessaires pour les 6 phases, soit 14 étiquettes (et 14 conteneurs). Il y a donc en permanence 14 étiquettes qui circulent avec chacune une commande de 8 unités (taille des conteneurs auxquels sont fixées les étiquettes).

- *Calcul de la quantité du stock d'en cours*

Les 14 étiquettes (ou conteneurs remplis) représentent 14 x 8 = 112 unités immobilisées.

- *Calcul du coût d'immobilisation des en cours*

Avec les mêmes données (20 % du coût moyen de 100 € pour 200 jours par an) :

C3 = 112 x 100 x 20 %/200 = 11,2 €

- *Calcul du coût unitaire d'immobilisation*

La production unitaire est de 80 unités par jour, donc le coût d'immobilisation des en-cours par unité, est : C4 = 11,2/80 = **0,14 €**

⇒ Si l'on compare C2 et C4, la différence de coût de stockage dans les deux modes d'organisation est très importante. La réduction des stocks obtenue après réorganisation de la production, tension des flux et mise en place du système Kanban permet de diviser par plus de 40 le coût d'immobilisation. Pour conclure définitivement, il faudrait tenir de l'investissement en coût et en temps pour implanter ce mode de production, ainsi que de la qualité de service obtenu.

Cas de synthèse

CAS 53 Société X

PARTIE 1

1) Délai total de fabrication : temps de cycle total

- Temps utile pour œuvrer les 1 200 produits

Soudure : 6 min x 1 200 unités = 7 200 min
soit : 120 heures donc 15 jours
Usinage : 8 min x 1 200 unités = 9 600 min
soit : 160 heures donc 20 jours
Montage : 20 min x 1 200 unités = 24 000 min
soit 400 heures donc 50 jours
85 jours

- Comme le rapport temps de fabrication utile sur le temps de cycle total est égal à 1/3 , on obtient :

Délai total de fabrication = 85 jours x 3
= 255 jours

2) Nombre de produits en cours de fabrication : durée moyenne de stockage d'une série

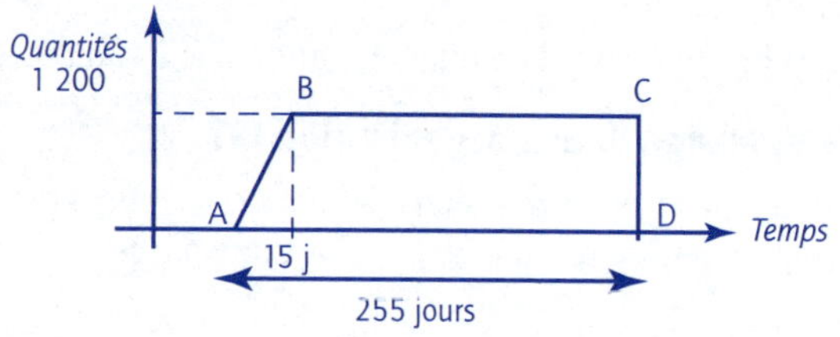

Ici la durée moyenne de stockage d'une série est de :
(255 jours – 15 jours) + 15/2 jours = 247,5 jours

3) Le coût moyen de stockage par produit

a) Valeur moyenne d' un en-cours

Coût de production = 200 € dont 60 % de matières et composants incorporés dès le début du cycle donc :

- Valeur d'un en-cours en début de cycle : 120 €
- Valeur d'un en-cours en fin de cycle : 200 €

Si l'on suppose une répartition régulière des en-cours tout au long du processus de production, il vient :

$$\text{Valeur moyenne d'un encours} = \frac{120 + 200}{2} = 160 \text{ €}$$

b) Coût moyen de stockage d' un produit pour une série de 1 200 unités

$$\frac{160 \times 247{,}5 \times 18\ \%}{360 \text{ jours}} = 19{,}8 \text{ €/Produit}$$

PARTIE 2 – ÉTAPE 1

1) Temps de cycle total

- Les temps de fabrication sont inchangés, pour œuvrer 600 produits il faut donc moitié moins de temps utile que pour en œuvrer 1 200, soit :

  85 jours/2 = 42,5 jours.

- Les temps improductifs sont égaux désormais aux temps productifs donc :

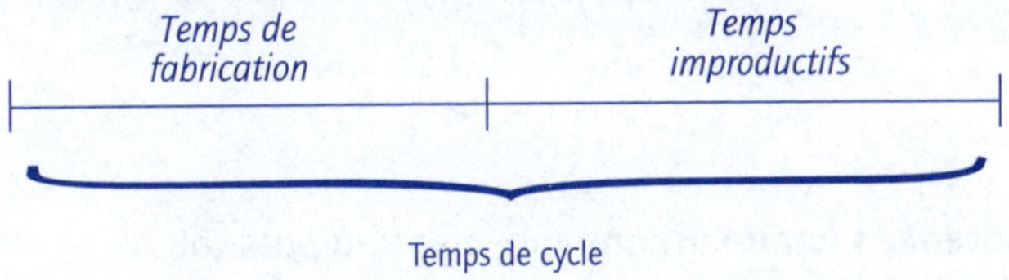

Le rapport $\frac{\text{Temps de fabrication}}{\text{Temps de cycle}}$ est de $\frac{1}{2}$ soit une amélioration de près de 50 % par rapport à la situation antérieure.
Délai total de fabrication : 42,5 jours x 2 = 85 jours

2) Durée moyenne de stockage d'une série

(85 jours – 7,5 jours) + 3,75 jours = 81,25 jours

3) Coût moyen de stockage d'un produit

- Valeur moyenne d'un en-cours : $120 + \frac{(200 \times 0{,}90)}{2} = 150$ €
- Coût moyen de stockage : $\frac{150 \times 81{,}25 \text{ jours} \times 0{,}18}{360} = 6{,}094$ €/Produit

PARTIE 2 – ÉTAPE 2

1) Calcul de la valeur du stock d'encours

- Temps de cycle :

(Temps de fabrication + temps improductif) Nombre de produits

[34 min + 0,5 (34 min)] 400 = 20 400 min

soit 42,50 jours

- Valeur d'un en-cours = 150 €
- Durée moyenne de stockage = (42,50 – 5) + 2,5 = 40 jours
- Coût moyen de stockage d'un produit :

$$\frac{150 \times 40 \text{ jours} \times 0{,}18}{360} = 3 \text{ €/Produit}$$

- Valeur du stock d'en-cours : 150 € x 40 jours x 400 produits = 2 400 000 €
- Valeur du stock de matières premières : 400 unités x 120 = 48 000 €

60 % du coût de production, livrées en totalité avant le démarrage de la série.

2) Graphe d'ordonnancement et date au plus tôt

REMARQUE : Les temps contraignants sont les temps de cycle, c'est-à-dire des temps qui intègrent des temps improductifs. Les dates au plus tôt sont inscrites à l'intérieur des étapes de l'ordonnancement.

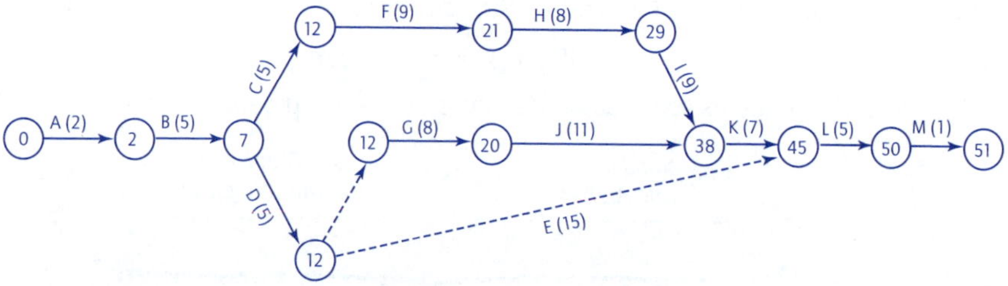

3) Économies obtenues par un ordonnancement au plus tôt

Opérations	Dates au plus tôt (début)	% des approvisionnements consommés	Nombre de minutes économisées
A	0	5	0,0
B	2	10	0,2
C	7	5	0,35
D	7	5	0,35
E	12	30	3,60
F	12	0	0,0
G	12	10	1,20
H	21	10	2,10
I	29	0	0,0
J	20	15	3,00
K	38	10	3,80
L	45	0	0,0
M	50	0	0,0
			14,50 unités

4) Gains réalisés sur les stocks

a) Sur les stocks de matières premières

Seuls 5 % du stock de matières premières subsistent soit une économie de 95 % du stock précédent : 48 000 x 95 % = 45 600 €

b) Sur le stock d' en-cours :

Les gains sont obtenus sur les matières incluses dans les en-cours :

$$\text{Valeur du stock d'en-cours} \times \frac{\text{Temps économisé}}{\text{Temps de fabrication}} \times \text{\% de MP dans le coût de production}$$

$$2\,400\,000 \times \frac{14,60}{51} \times \frac{120 \times 0,95}{180}$$

soit une économie de 435 137 €.

PARTIE 2 – ÉTAPE 3 : AMÉLIORATION FLUX EXTERNES AVAL

1) Économie de stockage sur la diminution du stock de produits finis

Coût de production	×	nombre de produits	×	% de diminution	×	taux financier
180	x	690	x	1/3	x	0,18

180 x 690 x 1/3 x 0,18 = 7 452 €

2) Conséquences financières d'une telle décision

- Marge sur coût variable générée par la vente d'un PF.
- Charges variables :
  - de production = 180 × 0,60 = 108 €
  - de distribution = 180 × 0,10 × 0,30= 5,4 €

  } 113,4 €
- Prix de vente prévu :

  0,95 (Coût de revient x 1,20) = 0,95 [(180 x 1,10) x 1,20] = 225,72 €

d'où un gain de marge sur coût variable de :

(225,72 – 113,4) x 690 x 1/3 = 112,32 x 230 = + 25 833 €

Chapitre 10 Utilisation de la méthode des coûts par activités

Tests de connaissances

1	2	3	4	5	6	7	8	9	10
A	*C*	*ABC*	*B*	*BD*	*C*	*ABC*	*A*	*A*	*B*

CORRIGÉS

Exercices d'application

CAS 52 Merfour

PARTIE 1 : Coût du montage traditionnel

1) Calcul du nombre d'unités d'œuvre de montage

Produits	Rendement	Volume	Total
A	12	5 000	60 000
B	8	2 000	16 000
C	10	10 000	100 000
D	18	3 000	54 000
Total unités d'œuvre (minutes de montage)			230 000

Coût de l'unité d'œuvre :

Total du centre	46 000 €
Nature de l'unité d'œuvre	MMOD
Nombre unité d'œuvre	230 000
Coût unité d'œuvre	0,2000 €

2) Coût unitaire de chaque produit

Produits	Rendement	Coût de l'unité d'œuvre	Total
A	12	0,2000	2,4000
B	8	0,2000	1,6000
C	10	0,2000	2,0000
D	18	0,2000	3,6000

PARTIE 2 : COÛT DES PRODUITS APRÈS PRISE EN COMPTE DU MONTAGE AUTOMATISÉ

1) Calcul du volume d'inducteur de montage automatisé

Produits	Rendement	Volume	Total
A	1,5	5 000	7 500
B	0,5	2 000	1 000
C	1,8	10 000	18 000
D	2	3 000	6 000
Volume de l'inducteur (minute de machine)			32 500

Coût unitaire des minutes de montage :

	Contrôle manuel	Montage automatisé
Coût de l'activité	32 200 €	13 800 €
Nature de l'inducteur	Minute MOD	Minute Machine
Volume inducteur	230 000	32 500
Coût de l'inducteur	0,14 €	0,424615 €

2) Coût unitaire de chaque produit

Produits	Rendement manuel	Coût de l'inducteur	Coût du montage manuel	Rendement montage automatisé	Coût de l'inducteur	Coût du montage auto-matisé	Coût total du montage
A	12	0,140	1,68	1,5	0,4246	0,6369	2,3169
B	8	0,140	1,12	0,5	0,4246	0,2123	1,3323
C	10	0,140	1,40	1,8	0,4246	0,7643	2,1643
D	18	0,140	2,52	2	0,4246	0,8492	3,3692

3) Écarts mis en évidence

Produits	A	B	C	D
Coût (vision CA)	2,4000	1,6000	2,0000	3,6000
Coût par activité	2,3169	1,3323	2,1643	3,3692
Écarts entre les deux méthodes (A)	0,0831	0,2677	– 0,1643	0,2308
Nombre de produits (B)	5 000	2 000	10 000	3 000
Montant des charges « déplacées » A x B	≅ 415	≅ 535	≅ – 1 643	≅ 692

La somme des « charges déplacées » des quatre produits est nulle : que les charges attribuées aux différents produits ont changé mais pas le montant global des charges de l'atelier.

4) Commentaire et justification des écarts

Rapport de temps entre les deux activités :

- Activité automatisée : 32 500 minutes
- Activité manuelle : 230 000 minutes

Soit : 32 500/230 000 = 0,141304

Pour chaque minute de montage manuel, on affecte en moyenne dans la vision comptabilité analytique 0,1413 minute de montage automatisé par produit, soit, pour le produit A : 0,1413 x 12 minutes = 1,69565 minute de montage automatisé au lieu de 1,5 minute, ce qui représente un différentiel de temps de 0,09565 à un coût unitaire de 0,42462, soit : 0,0831 € d'écart de coût.

Produits	A	B	C	D
Temps de montage manuel (gamme)	12	8	10	18
Temps moyen de montage automatisé (0,1413 x temps de gamme)	1,6957	1,1304	1,4130	2,5435
Temps réel de montage automatisé	1,5	0,5	1,8	2
Écart de minutes entre les 2 méthodes	0,1957	0,6304	– 0,3870	0,5435
Différentiel de coût (Δ minutes x 0,42462 €)	0,0831 €	0,2677 €	– 0,1643 €	0,2308 €

Lorsque dans un centre coexistent plusieurs activités, celles qui ne sont pas retenues comme support d'UO sont réparties sur la base d'une consommation moyenne.

Ainsi, les produits qui consomment plus que la moyenne de consommation sont subventionnés par les produits qui consomment moins que la moyenne.

Ici, les produits A, B et D subventionnent le produit C.

CAS 53 Société Dracir

1) Coût de l'usinage dans le système de la comptabilité actuelle

- Nombre d'unités d'œuvre de fraisage :

Produits	Rendement	Volume	Total
A	0,008	390 000	3 120
B	0,03	220 000	6 600
C	0,05	165 000	8 250
D	0,04	100 000	4 000
E	0,01	25 000	250
Total unités d'œuvre (heures de fraisage)			22 220

- Coût unitaire de l'unité d'œuvre :

Total du centre	202 800 €
Nature de l'unité d'œuvre	HMOD
Nombre unité d'œuvre	22 220
Coût unité d'œuvre	9,1269 €

- Coût unitaire des différents produits :

Produits	Rendement	C UO	Total
A	0,008	9,1269	0,0730
B	0,03	9,1269	0,2738
C	0,05	9,1269	0,4563
D	0,04	9,1269	0,3651
E	0,01	9,1269	0,0913

2) Calcul du nouveau coût de l'usinage. Analyse des écarts obtenus

- Volume des inducteurs des activités de Perçage et de Soudure :

	Perçage			Soudure		
Produits	Rendement	Volume	Total	Taille série	Volume	Nbre de séries
A	0,05	390 000	19 500	3 000	390 000	130
B	0,025	220 000	5 500	2 200	220 000	100
C	0,01	165 000	1 650	1 500	165 000	110
D	0,03	100 000	3 000	1 000	100 000	100
E	0,02	25 000	500	2 500	25 000	10
Volume de l'inducteur			30 150			450

- Coût unitaire des différents inducteurs :

	Fraisage	Perçage	Soudure
Coût de l'activité	100 570	67 900	34 330
Nature de l'inducteur	HMOD	HM	Lot
Volume de l'inducteur	22 220	30 150	450
Coût de l'inducteur (en €)	4,5261	2,2521	76,2889

- Coût de l'usinage dans une analyse par activités :

Produits	Fraisage	Coût de l'inducteur	Coût du fraisage	Perçage	Coût de l'inducteur	Coût du perçage	Taille de la série	Coût de l'inducteur	Coût de la soudure	Coût global de l'usinage
A	0,008	4,5261	0,0362	0,05	2,2521	0,1126	3 000	76,2889	0,0254	0,1742
B	0,03	4,5261	0,1358	0,025	2,2521	0,0563	2 200	76,2889	0,0347	0,2268
C	0,05	4,5261	0,2263	0,01	2,2521	0,0225	1 500	76,2889	0,0509	0,2997
D	0,04	4,5261	0,1810	0,03	2,2521	0,0676	1 000	76,2889	0,0763	0,3249
E	0,01	4,5261	0,0453	0,02	2,2521	0,0450	2 500	76,2889	0,0305	0,1208

- Écarts entre les deux méthodes :

Produits	A	B	C	D	E
Coût (vision CA)	0,0730	0,2738	0,4563	0,3651	0,0913
Coût par activités	0,1742	0,2268	0,2997	0,3249	0,1208
Écarts entre les 2 méthodes	0,1012	- 0,0470	- 0,1567	- 0,0402	0,0295
% d'écart/coût vision CA	≅ 139 %	≅ - 17 %	≅ - 34 %	≅ - 11 %	≅ 32 %

3) Pertinence de l'analyse par activités

La méthode des coûts par activités est plus pertinente car elle permet une meilleure connaissance des rentabilités relatives des différents produits (le résultat global reste le même, seule la répartition des charges a été changée).

Cette répartition est meilleure car :

- elle respecte la réalité des conditions de fabrication et assure une meilleure traçabilité de la structure des coûts ;
- elle permet d'envisager les conséquences de modifications des conditions de fabrication sur le coût des produits ;
- elle autorise un questionnement en termes de réduction de coût dans une optique de pilotage de l'organisation.

En respectant la réalité des conditions de fabrication en multipliant les inducteurs retenus, elle évite les subventionnements entre produits : ici le produit A, très peu consommateur de fraisage, était subventionné par les autres produits ; la prise en compte de l'activité perçage dont il est le principal utilisateur multiplie son coût unitaire de plus de 130 %.

CORRIGÉS

4) Coûts attendus après changement de la taille des séries

- Volume de l'inducteur « nombre de séries » et ressources consommées par l'activité Soudure :

Produits	Taille série	Volume	Total
A	3 000	390 000	130
B	2 200	220 000	100
C	2 500	165 000	66
D	2 000	100 000	50
E	2 500	25 000	10
Volume de l'inducteur			356
Coût fixe inchangé de l'inducteur			76,2889
Coût de gestion des séries			27 159 €

- Le coût unitaire des différents produits devient :

Produits	Fraisage			Perçage			Gestion des coûts			Coût global
	Temps	Coût de l'inducteur	Total	Temps	Coût de l'inducteur	Total	Taille de la série	Coût de l'inducteur	Total	
A	0,008	**4,5261**	0,0362	0,05	2,2521	0,1126	3 000	76,2889	0,0254	0,1742
B	0,03	**4,5261**	0,1358	0,025	2,2521	0,0563	2 200	76,2889	0,0347	0,2268
C	0,05	**4,5261**	0,2263	0,01	2,2521	0,0225	2 500	76,2889	0,0305	0,2793
D	0,04	**4,5261**	0,1810	0,03	2,2521	0,0676	2 000	76,2889	0,0381	0,2867
E	0,01	**4,5261**	0,0453	0,02	2,2521	0,0450	2 500	76,2889	0,0305	0,1208

- Soit des écarts avec la démarche précédente de :

Produits	A	B	C	D	E
Coût avant modification	0,1742	0,2268	0,2997	0,3249	0,1208
Coût après modification	0,1742	0,2268	0,2793	0,2867	0,1208
Écarts entre les 2 méthodes			0,0203	0,0382	

En fait, le calcul des coûts de revient n'était pas nécessaire, une action de rationalisation des conditions de production a une influence sur le volume de l'activité et comme **ce sont les activités qui consomment les ressources**, celles-ci sont réduites. Dans cet exemple, le volume de l'inducteur d'activité « gestion des lots » est réduit sans connaître les facteurs qui ont permis l'augmentation de la taille du lot des produits D et E.

Ce sont ces facteurs qui sont les inducteurs de coûts de l'activité Soudure.

REMARQUE : Les économies de coûts mises en évidence ne sont réellement une amélioration de la rentabilité générale de l'entreprise que dans la mesure où les capacités dégagées de soudure peuvent être réallouées à d'autres produits : compte tenu de la description de l'activité soudure (chaîne robotisée), les ressources consommées par cette activité doivent être principalement des coûts fixes de capacité, il faut donc que l'économie due à la modification des tailles de lots ne crée pas par ailleurs un coût de chômage.

CAS 54 Société Bacre

PARTIE 1

1) Finalisation du tableau des charges indirectes

CALCUL DU NOMBRE D'UNITÉS D'ŒUVRE (COMPTE TENU DES PRODUCTIONS POSSIBLES)

Produits	Production prévue	Nbre composants par produits	Total composants gérés	Minutes montage	Temps total de montage
A1	2 000	5	10 000	12	24 000
A2	10 000	3	30 000	10	100 000
A3	4 000	2	8 000	6	24 000
B1	5 000	4	20 000	8	40 000
B2	2 000	2	4 000	5	10 000
Total	23 000		**72 000**		198 000
				soit en heures :	**3 300**

	Entretien	Planning	Préparation	Montage	Total
Totaux primaires	275 000	440 000	475 000	856 000	2 046 000
Entretien	– 275 000	57 500	71 480	146 020	
Planning		– 497 500		497 500	
Totaux secondaires	0	0	546 480	1 499 520	2 046 000
Nature unité d'œuvre			Nbre composants	HMOD	
Nombre UO			72 000	3 300	
Coût UO			7,59	454,4	

2) Coût complet des produits

	A1	A2	A3	B1	B2
Coût direct					
Composant 1	20,00	20,00	20,00	20,00	20,00
Composant 2	30,00	30,00		30,00	
Composant 3	38,00	38,00		38,00	38,00
Composant 4	42,00		42,00	42,00	
Composant 5	48,00				
Sous-total composants	178,00	88,00	62,00	130,00	58,00
Coût horaire MOD	36,00	36,00	36,00	36,00	36,00
Temps unitaire en min	12′	10′	6′	8′	5′
Coût MOD par produit	7,20	6,00	3,60	4,80	3,00
Total coût direct	185,20	94,00	65,60	134,80	61,00

	A1	A2	A3	B1	B2
Coût indirect					
• Préparation					
Nbre composant x CUO	37,95	22,77	15,18	30,36	15,18
• Montage					
Nbre min x CUO	90,88	75,73	45,44	60,59	37,87
Total coût indirect	128,83	98,50	60,62	90,95	53,05
Coût complet	314,03	192,50	126,22	225,75	114,05

3) Résultat sur commande de référence

	A1	A2	B1	B2
Prix de vente	350,00	210,00	240,00	130,00
Coût prévisionnel	314,03	192,50	225,75	114,05
Résultat unitaire	35,97 €	17,50 €	14,25 €	15,95 €
Nbre de produits	160	2 000	200	500
Résultat total	5 755,20	35 000	2 850	7 975
Résultat de la commande	51 580,20			

PARTIE 2

1) Choix des centres de regroupement

L'analyse par activités doit permettre de retrouver une traçabilité des charges considérées auparavant comme indirectes. Il s'agit donc de construire une modélisation de la structure des coûts la plus proche possible de la réalité du processus de consommation de ressources. Cette modélisation privilégie les activités, vision transversale de l'entreprise par opposition à la vision verticale traditionnelle des centres d'analyse.

Le choix des activités permet de réintroduire des **regroupements de charges homogènes** et de **recréer un lien de causalité** entre le montant des ressources consommées et le volume de l'inducteur retenu pour exprimer cette activité.

Pour autant, cette volonté de recréer un système de calcul des coûts plus pertinent ne doit pas conduire à construire un système lourd, compliqué, coûteux et peu explicite et de fait peu utile pour les opérationnels.

En effet, très souvent une analyse par activités conduit à la multiplication des regroupements possibles par rapport au nombre de centres d'analyse (dans l'exemple, huit activités pour quatre centres d'analyses au départ). Par ailleurs, il est fréquent de constater qu'une même activité est réalisée par plusieurs centres (gestion des lots, par exemple).

Le tableau ci-dessous présente le montant global des ressources consommées pour chaque activité répertoriée :

	Entretien	Planning	Préparation	Montage	Total
Entretien ligne 1	135 000				135 000
Entretien ligne 2	82 300				82 300
Mise à jour spécifications	57 700	45 000			102 700
Suivi des composants		117 100	120 100		237 200

☞

☞

	Entretien	Planning	Préparation	Montage	Total
Suivi des commandes					162 800
Gestion des lots		65 200	97 600	147 200	617 200
Montage ligne 1		212 700	257 300	412 200	412 200
Montage ligne 2				296 600	296 600
	275 000	440 000	475 000	856 000	2 046 000

Cette volonté de simplification pousse à regrouper les activités qui dépendent d'un même inducteur dans des centres de regroupement.

Les regroupements s'effectuent donc en privilégiant la volonté de causalité entre les ressources et les inducteurs retenus.

Dans l'exemple ci-dessus, chaque activité peut être ramenée à plusieurs inducteurs ; ainsi, le suivi des commandes dépend du nombre de commandes, des références composants à gérer et du nombre de produits de la gamme.

Il semble que le nombre de références composants intervienne pour de nombreuses activités comme facteur explicatif ; sa fréquence, la simplicité de l'information qu'il représente, font qu'il sera retenu comme facteur explicatif pour un centre de regroupement constitué par les activités « mise à jour des spécifications », « suivi des produits », « suivi des commandes » et « suivi des composants ».

Un autre regroupement possible est celui des lignes en termes de coût de fonctionnement (montage) et de coût d'entretien (entretien) avec pour chaque regroupement le volume de produits passant sur la ligne comme inducteur.

L'activité très transversale de la « gestion des lots » forme à elle seule un dernier regroupement.

Cette proposition permet de répondre aux exigences du contrôleur de gestion :

– le nombre de références composants à gérer exprime la complexité du produit ;
– le nombre de lots est une caractéristique des conditions de fabrication ;
– la gestion des lignes de production permet la prise en compte du coût des moyens.

2) Calcul du coût des inducteurs pour les centres de regroupement retenus

	Gestion ligne 1	Gestion ligne 2	Gestion des lots	Gestion des composants	Total
Entretien ligne 1	135 000				135 000
Entretien ligne 2		82 300			82 300
Mise à jour spécifications				102 700	102 700
Suivi des composants				237 200	237 200
Suivi des commandes				162 800	162 800
Gestion des lots			617 200		617 200
Montage ligne 1	412 200				412 200
Montage ligne 2		296 600			296 600
Total activités	547 200	378 900	617 200	502 700	2 046 000
Inducteur retenu	Produits de la ligne	Produits de la ligne	Nombre de lots	Nombre de composants	
Volume de l'inducteur	16 000	7 000	100	5	
Coût de l'inducteur	34,20	54,13	6 172	100 540	

3) Coût attribuable à chaque produit

	A1	A2	A3	B1	B2
Gestion des lignes					
Inducteur retenu	produit	produit	produit	produit	produit
Coût inducteur	34,20	34,20	34,20	54,13	54,13
Qté inducteur consommé	1	1	1	1	1
Coût attribuable unitaire	*34,2*	*34,2*	*34,2*	*54,13*	*54,13*
Gestion des lots					
Inducteur retenu	Lot	Lot	Lot	Lot	Lot
Taille du lot	50	1 000	200	500	100
Coût inducteur	6 172	6 172	6 172	6 172	6 172
Qté inducteur consommé	0,02	0,001	0,005	0,002	0,01
Coût attribuable unitaire	***123,44***	***6,17***	***30,86***	***12,34***	***61,72***
Gestion des composants (voir tableau plus bas)					
Composant 1	4,37	4,37	4,37	4,37	4,37
Composant 2	5,91	5,91		5,91	
Composant 3	5,29	5,29		5,29	5,29
Composant 4	9,14		9,14	9,14	
Composant 5	50,27				
Coût attribuable unitaire	*74,98*	*15,57*	*13,51*	*24,71*	*9,66*
Coût attribuable global	**232,62**	**55,94**	**78,57**	**91,18**	**125,51**

- Calcul du coût des composants par produit :

Gestion des composants	C1	C2	C3	C4	C5
Production de A1	2 000	2 000	2 000	2 000	2 000
Production de A2	10 000	10 000	10 000		
Production de A3	4 000			4 000	
Production de B1	5 000	5 000	5 000	5 000	
Production de B2	2 000		2 000		
Nombre de produits	23 000	17 000	19 000	11 000	2 000
Coût de l'inducteur	100 540	100 540	100 540	100 540	100 540
Coût par unité de produit	4,37	5,91	5,29	9,14	50,27

- Coût de production complet :

	A1	A2	A3	B1	B2
Charges directes	185,20	94,00	65,60	134,80	61,00
Coût attribuable	232,62	55,94	78,57	91,18	125,51
Coût complet unitaire	417,82	149,94	144,17	225,98	186,51

4) Analyse de la pertinence des méthodes

a) Première remarque

La méthode des coûts par activités n'améliore pas la rentabilité globale de l'entreprise, elle distribue les mêmes montants de charges selon une logique différente que celle de la méthode des coûts complets. Toutes choses égales par ailleurs, le résultat global de l'entreprise reste le même, seuls les résultats partiels et donc les rentabilités relatives des produits sont changés.

Cette idée est développée dans le tableau ci-dessous :

	A1	A2	A3	B1	B2	Charges totales attribuées
Coût complet vision CA	314,03	192,50	126,22	225,75	114,05	4 414 800
Coût complet vision ABC	417,82	149,94	144,17	225,98	186,51	4 414 800
Écart de coût	– 103,79	42,56	– 17,95	– 0,23	– 72,46	0
Nombre de produits	2 000	10 000	4 000	5 000	2 000	
Écart total	– 207 580	425 600	– 71 800	– 1 150	– 144 920	≈ 150(1)

(1) Aux arrondis près.

b) Deuxième remarque

Cette méthode est plus pertinente car elle **privilégie une attribution des charges** aux produits en fonction de leur **consommation d'activités**. Elle réintroduit une traçabilité des coûts et prend en compte par la diversité des inducteurs retenus la complexité des produits, les conditions réelles de leur fabrication et les coûts des moyens mis en œuvre. De ce fait, elle propose une représentation de la réalité des coûts de l'entreprise plus pertinente. Elle autorise des décisions adaptées en termes de positionnement de produits. Elle ouvre la voie à des politiques de réduction de coûts comme :

- une optimisation de la taille des séries (quelles sont les raisons qui obligent à produire A1 en lots de 50 unités ?),
- une simplification des nomenclatures (peut-on remplacer le composant 5 par un des quatre autres ?),
- une optimisation des moyens (l'utilisation de la ligne de production 2 plus onéreuse est-elle optimale ?).

c) Troisième remarque

Les calculs qui ont été réalisés font référence à un volume de production donné. Les charges imputées, fixes pour certaines, sont réparties sur l'ensemble des produits. Une modification de ce niveau de production peut conduire à une sur ou sous-imputation de ces mêmes charges.

Dans cette perspective, cette méthode n'échappe pas aux reproches faits aux méthodes qui reposaient sur des unités d'œuvre volumiques.

Cette remarque doit conduire à une réflexion sur le niveau de production retenu comme norme, à une utilisation pertinente des inducteurs volumiques comme le nombre de produits, et au calcul **systématique d'un coût de chômage** lorsque les moyens sont surdimensionnés par rapport au volume de production envisagé.

5) Résultat sur commande de référence

	A1	A2	B1	B2
Prix de vente Coût prévisionnel	350,00 417,82	210,00 149,94	240,00 225,98	130,00 186,51
Résultat unitaire	- 67,82	60,06	+ 14,02	- 56,51
Nbre de produits	160	2 000	200	500
Résultat total	- 10 851,20	120 120	2 804	- 28 255
Résultat de la commande	+ 81 217,80			

La modification des coûts des produits rejaillit sur leur rentabilité apparente. Les prix de transfert ayant été choisis par rapport aux coûts antérieurs, les résultats sont profondément modifiés : les subventionnements cachés de la méthode des coûts complets sont mis clairement en évidence.

Ainsi le produit A1 complexe (cinq composants dont une référence propre le C5), fabriqué en petites séries (lots de 50 unités) voit son coût très fortement croître.

En revanche le produit A2, plus simple (seulement trois composants) et fabriqué en grandes séries (lots de 1 000 unités) sur une ligne de production moins coûteuse par produit, a un coût en forte baisse.

Ici, la structure de la commande favorise le centre montage puisqu'elle porte sur 2 000 A2 surfacturés par rapport au coût réel optique ABC et seulement sur 160 A1 et 500 B2 facturés à un prix plus faible que leur coût de revient.

Il faut néanmoins remarquer que la validité des calculs établis dépend d'un volume et d'une structure de production donnés et qu'une modification de ce volume ou de cette structure agit sur le coût des produits par l'intermédiaire du :

- coût de la gestion de la ligne ;
- coût de la gestion des composants.

En conséquence, les prix de transfert sur lesquels s'appuient les cessions à l'intérieur du groupe peuvent être sources de conflit si une des parties s'estime lésée dans leur mode de fixation. Sur la base des résultats obtenus à la question 3 sur la commande de référence, il peut être décidé le développement de la vente et de la production de A1 comme produit le plus rentable, alors même que cette décision est mal fondée.

Une fois encore, le **système de calcul des coûts modélise le fonctionnement de l'entreprise** et il est d'importance stratégique que cette représentation soit la plus pertinente possible pour servir d'aide à la décision.

CAS 55 Générator

1) Coût des produits

a) En référence aux unités d' œuvre

Ce calcul classique n'appelle pas de remarques particulières : il est fait en référence au niveau d'activité réelle.

- Nombre d'unités d'œuvre :

Modèle	G 1	G 2	G 3	G 4	Total
Production annuelle (A) Temps MOD/unité (B)	10 000 0,4	100 000 0,3	25 000 0,6	25 000 0,6	
Temps MOD global (A) x (B)	4 000	30 000	20 000	15 000	69 000
Temps HM/unité (C)	0,5	0,6	1,1	1,2	
Temps HM global (A) x (C)	5 000	60 000	55 000	30 000	150 000

- Coût d'unité d'œuvre :

	MOD	HM	
Encadrement de production	987 200		
Personnel de logistique	378 700		
Personnel de qualité	304 800		
Coût des installations		2 430 540	
Total charges indirectes	1 670 700	2 430 540	4 101 240
Nbre UO	69 000	150 000	
Coût UO	24,21	16,2	

- Calcul des coûts de production unitaires :

Modèle	G 1	G 2	G 3	G 4
Coût des composants	9,00	12,00	17,00	24,00
Coût main d'œuvre directe	7,20	5,40	7,20	10,80
Charges indirectes de personnel	9,68	7,26	9,68	14,53
Coût des installations	8,10	9,72	17,82	19,44
Coût unitaire	33,98	34,38	51,70	68,77

REMARQUE : Si prise en compte du coût de sous-activité :
Les calculs précédents ont été établis sur la base de l'activité réelle. Compte tenu de la sous-activité (25 % des capacités installées), il est possible de calculer les coûts par rapport à une activité normale en utilisant la méthode de l'imputation rationnelle.

Sous-activité : 25 % de la capacité installée
Charges imputées au coût de l'installation : 1 822 905 (2 430 540 € x 0,75)
Coût UO : 12,15

Modèle	G 1	G 2	G 3	G 4
Coût des installations par produit	6,075	7,29	13,365	14,58
Coût de revient	31,96	31,95	47,25	63,91

Pour mémoire, les charges globales de cette exploitation sont les suivantes :

Modèle	G 1	G 2	G 3	G4	Total
Total charges imputées aux coûts des produits	339 800	3 438 000	2 585 000	1 719 250	8 082 050

b) En référence aux inducteurs

- Volume des inducteurs :

Modèle	G 1	G 2	G 3	G 4	Total
Production annuelle Temps MOD/unité	10 000 x 0,4	100 000 x 0,3	50 000 x 0,4	25 000 x 0,6	
Temps MOD global	4 000	30 000	20 000	15 000	69 000
Nombre de lancements	100	400	200	250	950
Nombre de contrôles qualité	150	300	400	800	1 650

- Coût des inducteurs :

	Activité encadrement	Activité de logistique	Activité de qualité	Coût sous-activité	Total
Encadrement de production	987 200				987 200
Personnel de logistique		378 700			378 700
Personnel de qualité			304 800		304 800
Part chargée/activité	60 %		40 %		
Coût des installations	1 093 743(1)		729 162	607 635(2)	2 430 540
Charges attribuables	2 080 943	378 700	1 033 962	607 635	4 101 240
Volume d'inducteur	69 000	950	1 650		
Coût de l'inducteur	30,159	398,632	626,644		

(1) 1 093 743 = (2 430 540 x 75 %) x 60 %. *(2) 2 430 540 x 25 % (taux de chômage).*

- Calcul des coûts unitaires de production :

Modèle	G 1	G 2	G 3	G 4
Coût des composants	9,00	12,00	17,00	24,00
Coût main d'œuvre directe	7,20	5,40	7,20	10,80
Gestion de l'encadrement	12,06	9,05	12,06	18,10
Gestion de la logistique	3,99	1,59	1,59	3,99
Gestion de la qualité	9,40	1,88	5,01	20,05
Coût unitaire	41,65	29,92	42,87	76,93

2) Prise en compte des manipulations pour la logistique

Dans le calcul précédent, il est possible de noter des subventionnements des produits G2 et G3 au profit de G1 et surtout de G4. Le nombre de manipulations dépend du nombre de lots et du nombre de composants. G4 est produit en lots de petite taille et est constitué de nombreux composants. Dans ces conditions, retenir le nombre de manipulations pour G4 va augmenter la part des charges qui lui seront imputées.

Le nombre de manipulations est obtenu en multipliant le nombre de composants par le nombre de lots.

Modèle	G 1	G 2	G 3	G 4	Total
Nombre de composants Nombre de lots	10 100	10 400	14 200	22 250	
Volume inducteur	900	4 800	3 400	6 000	15 100
Coût inducteur	378 700 €/15 100				25,079

Le coût des produits est modifié comme suit :

Modèle	G 1	G 2	G 3	G 4
Gestion de la logistique/produit(1)	2,26	1,2	1,71	6,02
Coût unitaire total modifié	39,92	29,53	42,99	78,96

1. Pour G1 par exemple : 2,26 € = 25,079 € x 900 manip./10 000 pdts.

Pour mémoire, il est possible de vérifier que les charges imputées le sont pour un même montant que précédemment.

Modèle	G 1	G 2	G 3	G 4	Total
Total charges imputées	416 500	2 992 000	2 143 500	1 923 250	7 475 250
Coût sous-activité					607 635
					8 082 885

3) Simulation de plan de progrès

Proposition 1

Simplifier la conception du produit en évitant les composants spécifiques au profit de composants standard :

- réduction du coût de la gestion des composants (non évaluée ici)
- diminution du nombre de manipulations ; ainsi supprimer les 8 composants spécifiques par des composants standard permet une économie de 8 composants x 250 lancements x 25,1 € = 50 158,00 €
- diminution du coût du contrôle qualité ; ainsi 1/3 des installations de contrôle est propre à G4 : 243 054,00 €
  dans ce cas : nombre de composants = inducteurs de coût

Proposition 2

Supprimer le traitement à chaud : il ne semble pas apporter de valeur au client mais a un coût très élevé :

- réduction du temps de gamme machine (attention, en sous-activité, économiser sur ce temps ne diminue pas le coût global) ;
- réduction du nombre de contrôles qualité ; économie potentielle : 375 contrôles à x 626,6 € = 234 991,50 €
- sans doute, réduction du nombre de manipulations ;
- réduction nombre de mises à jour nomenclature et gamme.

4) Rédaction d'une courte note sur unités d'œuvre (UO) ou inducteurs

a) Questions posées

- UO et inducteurs, réponses à des besoins de tarification (détermination de prix) dans des contextes différents ?
- UO ou inducteurs : deux visions antagonistes de la valeur des produits ?
- UO : simple technique pour le calcul des coûts « contre » inducteurs, véritable vision de pilotage et de réduction des coûts pour une performance globale (ABC et ABM) ?

b) Quelques pistes

▶ *Unités d'œuvre*

Renvoie à un contexte de calcul des coûts par la méthode des centres d'analyse mais plus avant celle des sections homogènes (Rimailho). Utilisation très majoritaire en France pour plusieurs raisons historiques et culturelles : la comptabilité française est dualiste ; les règles des marchés publics imposent cette méthode de coût alors même que l'initiative de l'État dans le développement économique de la reconstruction est prédominante ; l'adéquation entre la pensée cartésienne et la structure de la méthode qui s'appuie sur les critères d'exhaustivité et de décomposition fine d'un tout complexe.

Deux utilisations principales :

– en tarification pour déterminer le prix avec coût + marge = prix ; contexte : travail *a priori* ; vision stratégique ; valable si le marché est offreur (offre des entreprises < demande consommateur) ou de pénurie relative ;
– en suivi opérationnel pour s'assurer de la maîtrise des coûts a posteriori par rapport au budget ou à des normes.

À l'origine, les préoccupations de tarification ont été les plus fortes ; une grande importance était donc accordée à la notion de traçabilité dans la structure des coûts et au regroupement de charges à comportement homogène dont le montant est lié (par la causalité ou tout le moins par une forte corrélation) aux nombres d'UO.

Avec le temps, la demande de suivi opérationnel a été prédominante et a conduit à l'abandon du caractère homogène du regroupement des charges au profit de regroupement utile au pilotage de la structure comme les centres d'analyse, les unités budgétaires et les centres de responsabilité. Conséquence : perte du lien de causalité et le coût ne dit plus rien sur la profitabilité du produit.

▶ *Changement de contexte*

Le prix est imposé par le marché qui devient demandeur, la clientèle volatile et les marchés fortement concurrentiels. La notion de produit dépasse le « produit technique » pour devenir un package de coût, délai et services accrochés. La notion de coût est remplacée par la notion de valeur. La structure des coûts des entreprises est fortement modifiée : importance des charges indirectes/directes, disparition du poids de la MOD dans le coût des produits, montée en puissance des charges relatives aux activités aval et amont au détriment des charges de la production.

⇒ **Questionnement modifié** : « Quel est le coût des produits ? » est abandonné au profit de « Comment réduire (durablement et sans perte de valeur) mes coûts ? »

▶ *Inducteurs*

Dans une optique de calcul des coûts et « théoriquement » uniquement dans une optique de tarification, permet de réintroduire la traçabilité (activités consomment les ressources et les produits consomment les activités) et lien de causalité ; dans ce contexte ABC : inducteur d'activités même rôle que celui des UO.

Mais, dans une vision ABM, le découpage par activités permet de trouver par des questionnements appropriés les vraies causes des activités et donc de proposer des améliorations ou des remises à plat complètes de l'organisation qui seules vont permettre de « réduire les coûts » : notion d'inducteurs de coûts et encore plus en amont (au niveau de la conception par exemple) les points clés qui assureront la performance de demain (inducteurs de performance). Dans ce contexte, plus besoin de calcul régulier des coûts des produits (vision comptabilité analytique), une maîtrise du pilotage du coût des activités et de leur volume suffit à maîtriser la profitabilité.

Cas de synthèse

CAS 56 SARL Décor en fête

PARTIE 1

1) Coût unitaire des différents produits

Éléments de coûts	Bougie colorée			Bougie avec inclusion		
	Qté	CU	Total	Qté	CU	Total
Charges directes						
Matières premières			0,50 €			0,90 €
Emballages			0,10 €			0,20 €
Main d'œuvre directe			0,15 €			0,20 €
Sous-total charges directes			0,75 €			1,30 €
Coût des activités						
Malaxage	5	0,04 €	0,20 €	9	0,04 €	0,36 €
Moulage	2	0,10 €	0,20 €	2	0,10 €	0,20 €
Refroidissement	3	0,02 €	0,06 €	5	0,02 €	0,10 €
Polissage	4	0,12 €	0,48 €	8	0,12 €	0,96 €
Conditionnement	8	0,08 €	0,64 €	6	0,08 €	0,48 €
Sous-total coût des activités			1,58 €			2,10 €
Coût unitaire des bougies (par boîte)			2,33 €			3,40 €

Le coût des boîtes de bougies avec inclusion est supérieur de plus de 1,07 €, soit 46 %, du coût du produit de base. On constate que les matières sont plus onéreuses et que les opérations de malaxage et de polissage sont plus consommatrices d'activité que pour le produit de base.

Le système de calcul des coûts mis en place retrace correctement les consommations de chaque produit et semble évaluer les conditions réelles de fabrication. Dans ce contexte, il peut paraître pertinent de le retenir comme base pour le calcul des prix si le marché le permet.

CORRIGÉS

2) Prévisionnel d'exploitation pour l'année N

- Charges directes :

		Bougies colorées	Bougies inclusion	Total
Consommation de matières	(Coût unitaire x nbre de boîtes)	110 000 €	75 600 €	185 600 €
Consommation d'emballages	(Coût unitaire x nbre de boîtes)	22 000 €	16 800 €	38 800 €
Main-d'œuvre directe	(Coût unitaire x nbre de boîtes)	33 000 €	16 800 €	49 800 €
	Total charges directes			274 200 €

- Coût des activités

	Volume inducteurs					Coût inducteur	Coût par activité
	Bougies colorées		Bougies avec inclusion		Volume global		
Malaxage	5	1 100 000	9	756 000	1 856 000	0,04 €	74 240 €
Moulage	2	440 000	2	168 000	608 000	0,10 €	60 800 €
Refroidissement	3	660 000	5	420 000	1 080 000	0,02 €	21 600 €
Polissage	4	880 000	8	672 000	1 552 000	0,12 €	186 240 €
Conditionnement	8	1 760 000	6	504 000	2 264 000	0,08 €	181 120 €
	Total des coûts d'activité						524 000 €
Prévisionnel total : Sur la base de 220 000 boîtes de bougies colorées et 84 000 de bougies avec inclusion							798 200 €

PARTIE 2

1) Suivi d'exploitation réelle pour l'année N

Sur la base de 180 000 boîtes de bougies colorées et 124 000 boîtes de bougies avec inclusion :

- Charges directes :

	Bougies colorées	Bougies inclusion	Total
Consommation de matières	90 000 €	111 600 €	201 600 €
Consommation d'emballages	18 000 €	26 040 €	44 040 €
Main-d'œuvre directe	27 000 €	27 280 €	54 280 €
	135 000 €	164 920 €	299 920 €

- Coût des activités :

	Volume global	Coût inducteur	Coût par activité
Malaxage	2 024 000	0,038 €	76 912 €
Moulage	608 000	0,100 €	60 800 €
Refroidissement	1 160 000	0,020 €	23 200 €
Polissage	1 754 000	0,130 €	228 020 €
Conditionnement	2 188 000	0,082 €	179 416 €
Total des coûts d'activité			568 348 €
Réel total : charges directes (299 920) + 568 348 =			868 268 €

Sous cette forme, ce document ne permet pas un véritable pilotage : il fait référence à des quantités de ventes différentes et il constate des volumes et des coûts unitaires différents sans les relier à une consommation attendue des différents éléments de coût.

- Consommation attendue compte tenu des ventes réelles

Pour mémoire :

– ventes bougies colorées : 180 000

– ventes bougies avec injection : 124 000

- Suivi des consommations directes attendues :

	Bougies colorées	Bougies inclusion	Total
Consommations de matières	90 000 €	111 600 €	201 600 €
Consommations d'emballages	18 000 €	24 800 €	42 800 €
Main d'œuvre directe	27 000 €	24 800 €	51 800 €
	135 000 €	161 200 €	296 200 €

Une rapide confrontation entre les résultats réels et ceux attendus démontre que si les bougies colorées ont été fabriquées selon les prévisions du budget, ce n'est pas le cas des bougies avec injection. Le différentiel de coût porte sur :

– le cout des emballages qui présente un surcoût de : 1 240 € (44 040 – 42 800)

– le coût de main d'œuvre directe pour un montant de : 2 480 € (54 280 – 51 800)

ce qui traduit les difficultés évoquées dans le texte au moment du conditionnement du fait des défauts de polissage.

- Suivi du coût attendu des activités

En tenant compte des ventes réelles, il s'agit de calculer le volume des activités attendues par produit. Ce volume sera valorisé au coût prévisionnel. Ce calcul déterminera une consommation attendue des activités, liée aux ventes réelles.

	Bougies colorées		Bougies avec injection		Total	Coût unitaire (€)	Montant
	Volume prévu	Volume total	Volume prévu	Volume total			
Malaxage	5	900 000	9	1 116 000	2 016 000	0,040	80 640 €
Moulage	2	360 000	2	248 000	608 000	0,100	60 800 €
Refroidissement	3	540 000	5	620 000	1 160 000	0,020	23 200 €
Polissage	4	720 000	8	992 000	1 712 000	0,120	205 440 €
Conditionnement	8	1 440 000	6	744 000	2 184 000	0,080	174 720 €
	Coût attendu des différentes activités						**544 800 €**

Une comparaison entre les volumes attendus d'inducteurs par types de produit et les volumes réels consommés confirme les propos du responsable de fabrication : les bougies colorées ont été produites en respectant les données du prévisionnel et les dérapages proviennent exclusivement des bougies avec injection et plus particulièrement des activités de polissage et de conditionnement.

En regroupant les informations réelles à celles calculées ci-dessus, on peut faire apparaître des dysfonctionnements.

	Consommation réelle			Consommation attendue			Écart
	Volume global	Coût inducteur	Coût par activité	Volume global	Coût unitaire (€)	Montant	
Malaxage	2 024 000	0,038	76 912 €	2 016 000	0,040	80 640 €	– 3 728 €
Moulage	608 000	0,100	60 800 €	608 000	0,100	60 800 €	– €
Refroidissement	1 160 000	0,020	23 200 €	1 160 000	0,020	23 200 €	– €
Polissage	1 754 000	0,130	228 020 €	1 712 000	0,120	205 440 €	22 580 €
Conditionnement	2 188 000	0,082	179 416 €	2 184 000	0,080	174 720 €	4 696 €
Total des coûts d'activité			**568 348 €**			**544 800 €**	**23 548 €**

Les écarts mis en évidence pourraient permettre ensuite des analyses en termes de volume et de coût. Ici, clairement, les écarts sont dus aux bougies avec injection (*cf.* le texte et les données en volume précédentes) : on retrouve les remarques des responsables et il est possible de chiffrer les dysfonctionnements.

- l'opération de polissage se révèle beaucoup plus consommatrice de ressources que prévue tant en volume qu'en coût ;
- par voie de conséquence, elle impacte l'activité aval de conditionnement en obligeant à surconsommer des volumes d'activité (ici 4 000 bougies ont été jugées non conformes) ;
- en revanche, l'activité malaxage apparaît comme plus économe que prévue mais n'est ce pas une explication au problème de polissage : un mauvais mélange qui ne permet pas une finition satisfaisante.

Tout un travail de contrôle budgétaire est alors possible et peut autoriser un pilotage des conditions de fabrication sans avoir besoin de recalculer les coûts unitaires des différents produits. Dans ce contexte, la méthode ABC reste très proche de la méthode des centres d'analyse. Seule la variété des inducteurs retenus est plus grande et donc, on peut le penser, plus explicative des consommations de ressources.

> Remarque : Les simulations de consommation ont été faites en considérant que les coûts unitaires des inducteurs étaient variables en fonction du volume. Cela semble simpliste et il est plus que probable qu'une partie des ressources consommées par les différentes activités soit des charges fixes dues aux capacités mises en œuvre. Il faudrait en tenir compte dans les calculs.

2) Coût unitaire des différents produits

Éléments de coûts	Bougie colorée			Bougie avec inclusion			Total
	Total	Qté	CU	Total	Qté	CU	
Charges directes							
Matières premières	90 000 €	180 000	0,50 €	111 600 €	124 00€	0,90 €	201 600 €
Emballages	18 000 €	180 000	0,10 €	26 040 €	124 000	0,21 €	44 040 €
Main d'œuvre directe	27 000 €	180 000	0,15 €	27 280 €	124 000	0,22 €	54 280 €
Sous-total charges directes	135 000 €		0,75 €	164 920 €		1,33 €	299 920 €
Coût des activités							
Malaxage	34 200 €	180 000	0,190 €	42 712 €	124 000	0,344 €	76 912 €
Moulage	36 000 €	180 000	0,200 €	24 800 €	124 000	0,200 €	60 800 €
Refroidissement	10 800 €	180 000	0,060 €	12 400 €	124 000	0,100 €	23 200 €

☞

Éléments de coûts	Bougie colorée			Bougie avec inclusion			Total
	Total	Qté	CU	Total	Qté	CU	
Coût des activités	292 680 €		1,626 €	275 668 €		2,223 €	568 348 €
Coût réel des bougies	427 680 €		2,376 €	440 588 €		3,553 €	868 268 €
Coût prévisionnel			2,330 €			3,400 €	

Le coût réel des deux produits est modifié ; c'est logique puisque les coûts unitaires et les volumes de ressources sont différents de ceux du budget. Les bougies avec injection voient leur coût augmenter de près de 9 %. Ce niveau de dérapage peut complètement obérer la marge prévue.

Ces variations sont problématiques en matière de tarification. Quels coûts retenir ? Quelles quantités respectives de chacun des produits ? Chaque fois qu'un coût estimé est établi, il ne faut pas oublier qu'il fait référence à des données de capacité disponible, de couverture de charges fixes et à des conditions de fabrication normées qui peuvent ne pas se retrouver dans la réalité.

De fait, la démarche retenue est plutôt de tester le marché, de déterminer un prix acceptable par ce dernier, et d'en déduire un coût plafond à ne pas dépasser pour ne pas détruire la profitabilité attendue. Ce coût plafond est alors confronté à un coût estimé qui tient compte des savoir-faire de l'entreprise. Le coût estimé est obtenu par une démarche similaire à celle développée ci-dessus.

Le pilotage en matière de conditions de fabrication consiste alors à respecter ce coût estimé par des démarches de progrès continu et de maîtrise des consommations de ressources par les différentes activités ; ici, il faut s'interroger sur les difficultés de polissage et les plans d'actions à entreprendre pour les résoudre.

PARTIE 3

1) Analyse de la demande du contrôle de gestion

La demande du contrôle de gestion renvoie à la notion de coût global ou *life cycle cost*.

Dans cet esprit, le produit doit couvrir tous les frais qu'il génère au cours de son cycle de vie :

– les coûts de recherche ;
– les coûts d'industrialisation ;
– les coûts de production ;
– les coûts d'extinction ou de destruction ;

C'est une vision à long terme d'un coût moyen minimum.

La démarche mise en œuvre par le département bougie s'inscrivait plus dans une vision à court terme où des capacités sont installées et où il s'agit d'optimiser ces dernières.

2) Calcul du coût global

Pour une production de 300 000 produits maximum.

Coût des activités de soutien :

• Études en matière de polissage :	10 000
• Prospection commerciale :	8 000
• Design emballages (2 prototypes) :	4 000
• Logistique commerciale :	12 000
• Étude sur emballage :	1 000
	35 000
Soit pour un produit (boîtes de bougies) :	**0,117**

Dans ces conditions, le coût d'une boîte de bougies avec inclusion devrait être de :

- Coût de production : 3,400 €
- Coût des activités de soutien : 0,117 €
- Coût global ou *life cycle cost* : 3,517 €

Dans une démarche de tarification, on voit clairement qu'il s'agit d'une opération de nature stratégique car elle contraint l'organisation sur le long terme.

Cette démarche s'appuie sur des hypothèses de durée de vie du produit, de quantités qui doivent être clairement identifiées et justifiées ; elle contraint à une vision transversale de l'entreprise pour intégrer la totalité des activités qui contribuent, qui ont contribué ou qui contribueront à l'existence du produit.

Chapitre 11
Analyse de la valeur et coûts cibles

Tests de connaissances

1	2	3	4	5	6	7	8	9	10
B	*D*	*ABC*	*B*	*A*	*A*	*ABCD*	*B*	*ABC*	*BD*

Exercices d'application

CAS 57 Service informatique NETI

1) Résultat de l'analyse

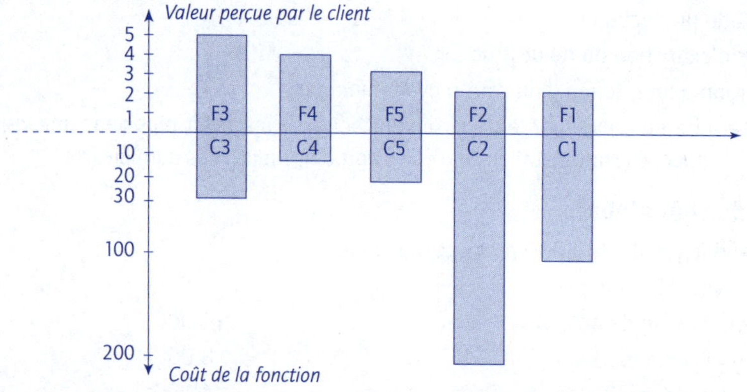

- Les deux fonctions les plus coûteuses F1 et F2 sont celles classées en dernier par les clients.
- Les fonctions F3 F4 F5 considérées comme secondaires par l'entreprise arrivent en premier et ne coûtent pas beaucoup à l'entreprise.
- L'analyse de la valeur renverse l'ordre présupposé par l'entreprise.

2) Améliorations possibles

Il apparaît que la dimension humaine, psychologique, est plus importante que la dimension technique. Si la personne qui répond sait rassurer le client, instaurer une relation de confiance même sans apporter une solution immédiate, le client est satisfait et apprécie le service. Il rappellera et utilisera de nouveau les services de la société.

Il est donc important d'améliorer la formation des personnes au téléphone sur le plan du « sourire », de la gentillesse, des mots employés, de la patience, de la rapidité de réponse, etc.

CAS 58 Entreprise GE

- CC semble correspondre à la définition d'un coût cible mais il n'est utilisé que par la direction des produits pour décider ou non de l'étude. Une fois cette étape achevée, il n'est plus utilisé et n'est pas comparé aux autres coûts. Le service des lignes de produit a donc tendance et intérêt à sousestimer ce coût CC pour faire accepter leur projet.
- CP est calculé par la direction des études avec les contraintes techniques de production ; il n'est donc plus possible de revenir en arrière et de modifier la conception même du produit. Le coût cible est défini comme un outil d'orientation des décisions et d'amélioration des actions : CP ne peut pas jouer ici ce rôle. Il semble que CP soit calculé par les concepteurs et puisse servir de moyen de contrôle des producteurs si le coût de production réel dépasse ce CP. Donc il est davantage utilisé comme mesure de la performance et de la compétitivité et non pas comme outil d'amélioration des procédures et des structures.
- CR est calculé avec d'autres informations et, si l'écart avec le premier coût CC est grand, ce qui pourrait indiquer un manque de fiabilité économique du projet, il n'y a pas de remise en cause complète. On a plutôt tendance à rejeter la responsabilité toujours plus vers l'aval.

Ces différents calculs de coûts sont utilisés de manière séparée, sans communication entre les services et résolution de problème commun.

Ils servent davantage à justifier des choix de services, à mesurer la responsabilité des autres services pour se décharger des problèmes. Il n'y a donc pas intégration des services dans un processus continu et réflexion commune pour améliorer l'ensemble, mais plutôt cloisonnement et optimisation locale, comme avec les anciens outils de gestion.

CAS 59 Constructeur automobile CA

1) Type de démarche d'élaboration du coût proposée

La démarche d'élaboration des coûts que le chef projet essaie d'introduire est la méthode du coût cible. Les apports de la méthode :

- une vision transversale de la structure et un décloisonnement des services ;
- une entreprise et des activités tournées vers le marché ;
- une méthode pour piloter en permanence l'organisation et l'améliorer ;
- un processus d'apprentissage collectif.

Les difficultés viennent surtout du comportement des acteurs et de l'état d'esprit nécessaire ; ce ne sont pas les outils techniques qui sont difficiles à comprendre ou à manipuler mais la démarche collective de réflexion et d'action pour que l'ensemble du processus de fonctionnement de l'organisation évolue vers plus de qualité et d'efficacité. (*Cf.* manuel chapitre 18).

2) Raisons du refus de la démarche

Plusieurs raisons peuvent expliquer les difficultés rencontrées :
- la culture technique des ingénieurs est plus forte que la culture du marché ; les critères et les considérations marketing sont alors jugées subjectives, peu rationnelles, peu fiables.
- la tradition de gestion informelle, orale, par engagement des acteurs entraîne des réticences pour des systèmes de gestion formalisés, bureaucratiques ;
- le target costing peut provoquer des remises en cause ou seulement des légères modifications de manière fréquente et répétée, ce qui peut être difficile à accepter dans une entreprise plutôt régie par une culture de contrat technique ;
- l'état d'esprit des acteurs n'est pas vraiment le progrès continu mais plutôt un résultat tangible bon ou mauvais.

CAS 60 Entreprise Coupela

PARTIE 1

1) Profits cibles et coûts cibles en fonction de la durée de vie du produit

Cycle de vie du produit	Lancement	Démarrage	Maturité
Prix de vente	25 €	25 €	25 € x 0,9 = 22,50 €
Marge désirée	25 x 0,05 = 1,25 €	25 x 0,15 = 3,75 €	22,50 x 0,20 € = 4,50 €
Coût cible	23,75 €	21,25 €	18,00 €

2) Coûts estimés du produit en fonction de son cycle de vie

Cycle de vie du produit	Lancement	Démarrage	Maturité
Coût des composants			
Composant A	3,60	3,06	2,75
Composant B	3,00	2,55	2,30
Composant C	1,90	1,62	1,45
Sous-total	*8,50*	*7,23*	*6,50*
Coût de production			
Réglage (3 types de composants)	1,50	1,50	1,50
Montage :			
– pour mémoire, capacité utilisée	*10 000*	*16 000*	*20 000*
– coût fixe global	*80 000*	*80 000*	*80 000*
– coût unitaire fixe	8,00	5,00	4,00
Coût variable unitaire	5,00	4,00(1)	3,40(2)
Gestion des lots (100 unités)	2,00	2,00	2,00
Sous-total	*16,50*	*12,50*	*10,90*
Coût publicitaire *Sous-total*	5,00	3,50	1,25
Coût estimé	**30,00**	**23,23**	**18,65**

(1) 5 x 0,8 *(2) 4 x 0,85.*

3) Progrès en matière de coûts nécessaires au respect des objectifs

Cycle de vie du produit	Lancement	Démarrage	Maturité
Coût cible (question 1)	23,75	21,25	18,00
Coût estimé (question 2)	30,00	23,23	18,65
Écart de coût = Progrès	**– 6,25**	**– 1,98**	**– 0,65**
% par rapport au coût cible	– 26,32 %	– 9,29 %	– 3,63 %

PARTIE 2

4) Chiffrer les différentes améliorations proposées

Cycle de vie du produit		Lancement	Démarrage	Maturité
Coût des composants				
Composant A		3,60	3,06	2,75
Composant B		3,90	3,32	2,98
Composant C				
	Sous-total	*7,50*	*6,38*	*5,73*
Coût de production				
Réglage (2 types de composants)		1,00	1,00	1,00
Montage :				
– pour mémoire, capacité utilisée		*12 500*	*16 000*	*20 000*
– coût fixe global		*80 000*	*80 000*	*80 000*
Coût unitaire fixe		6,40	5,00	4,00
Coût variable unitaire		5,00	4,00 (1)	3,40 (2)
Gestion des lots (100 unités)		1,00	1,00	0,50
	Sous-total	*13,40*	*11,00*	*8,90*
Coût publicitaire	*Sous-total*	5,20	3,50	1,25
Coût estimé après améliorations		**26,10**	**20,88**	**15,88**

(1) 5 x 0,8 (2) 4 x 0,85.

5) Analyse des résultats obtenus

a) Progrès restant à réaliser après améliorations

Cycle de vie du produit	Lancement	Démarrage	Maturité
Coût cible (question 1)	25,00 (1)	21,25	18,00
Coût estimé (question 4)	26,10	20,88	15,88
Écart de coût = Progrès	**– 1,10**	**0,37**	**2,12**
% par rapport au coût cible	– 4,40 %	1,76 %	7,94 %

(1) Le coût cible devient identique au prix de vente puisque le service financier a revu ses contraintes à la baisse et tolère une vente au coût de revient.

La profitabilité du projet s'est fortement améliorée dans toutes les phases du cycle de vie du produit, particulièrement en phase de maturité où il existe une marge importante (≅ 8 %) par rapport au coût cible. En revanche, et si l'on s'en tient aux exigences de la direction financière, il reste des progrès à réaliser en phase de lancement (environ 4,5 % de réduction de coût), l'équilibre étant atteint en phase de démarrage.

b) Éléments possibles d' améliorations

- La suppression d'un composant doit simplifier la gestion des références, la nomenclature des produits, et être sans doute source d'économie non envisagée ici.
- La sous-utilisation des capacités en phase de lancement pèse fortement sur les coûts, il est peut-être possible d'étudier une montée en puissance des moyens de production plus étalée dans le temps, qui permettrait de diminuer le coût fixe unitaire.

Remarque : Le sujet ne spécifie pas la durée relative des trois phases envisagées du cycle de vie du produit. Il semble probable que la phase de maturité soit beaucoup plus longue que celle du lancement ; en conséquence et compte tenu des résultats de chaque phase, la rentabilité obtenue en global est supérieure aux objectifs mais décalée par rapport aux attentes de la direction financière. Lancer le produit, c'est, en l'état, accepter une perte en phase de lancement et récupérer des marges confortables en période de maturité en cas de succès. Il s'agit donc d'évaluer le risque d'échec du lancement de ce type de produit nouveau.

CAS 61 Nouvelles du Nord (NDN)

1) Coût théorique d'un supplément

Coût de fabrication des différentes pages

	Page rédactionnelle	Page publicité
Coût du papier	140	140
Coût de la collecte	175	94
Coût du maquettage	40	40
Coût de fabrication	355	274

Coût du supplément

Soit t le tarif du magazine acheté à la régie nationale, PR le nombre de pages rédactionnelles, PP le nombre de pages de publicité :

(Coût d'achat du magazine + coût du papier) : (86 000 x t + 140 € x 10 pages)
+ Coût des pages rédactionnelles : + 355 x PR
+ Coût des pages de publicité : + 274 x PP
+ Coût fixe d'impression : + 34 500

Coût du supplément = 86 000 t + 355 PR + 274 PP + 34 500

2) Nombre de pages publicitaires nécessaires par période de l'année de lancement pour tenir les objectifs de résultats imposés

a) Marge dégagée par page de publicité

	Publicité Deux premiers mois	Publicité Quatre mois suivants	Publicité Au bout de six mois
Chiffre d'affaires collecté par page	2 834	2 333	4 167
Coût de fabrication d'une page	274	274	274
Marge par page de pub	**2 560**	**3 059**	**3 893**

b) Coût du supplément hors publicité

	Publicité = 2 834 Magazine = 0,08	Publicité = 3 333 Magazine = 0,08	Publicité = 4 167 Magazine = 0,15
Durée concernée (étude sur un an)	deux mois	quatre mois	six mois
Coût du supplément hors pages publicitaires			
Coût d'achat du magazine			
• Tarif	*0,08*	*0,08*	*0,15*
• Volume	*86 000*	*86 000*	*86 000*
S/total	**6 880**	**6 880**	**12 900**
Coût des pages rédactionnelles			
• Nombre de pages	*5*	*5*	*5*
• Coût d'une page	*355*	*355*	*355*
S/total	**1 775**	**1 775**	**1 775**
Coût fixe	35 900	35 900	35 900
Coût total d'un exemplaire	44 555	44 555	50 575
Objectif de gain	6 880	6 880	6 880
Cible pour un tirage (en €)	**51 435**	**51 435**	**57 455**

c) Nombre de pages de publicité pour respecter la cible

	Publicité = 2 834 Magazine = 0,08	Publicité = 3 333 Magazine = 0,08	Publicité = 4 167 Magazine = 0,15
Durée concernée	deux mois	quatre mois	six mois
Cible pour un tirage	51 435	51 435	57 455
Marge par page de publicité	2 560	3 059	3 893
Nombre de pages de publicité	**20**	**17**	**15**
Nombre total de pages du supplément	**15 + 20 = 35**	**15 + 17 = 32**	**15 + 15 = 30**

3) Analyse et pertinences des résultats obtenus, limites de la méthode

Sur le plan commercial

Pour le succès commercial, il ne faudrait pas que le nombre de pages de publicité dépasse le nombre de pages rédactionnelles. Ici cet objectif n'est atteint qu'en phase de maturité, c'est-à-dire au bout de 6 mois quand la collecte de publicité est à son maximum.

Sur les deux premiers mois, même dans une hypothèse de résultat attendu nul, les 15 pages de publicité (pour respecter la logique de structure du supplément) conduisent à générer 2 560 € x 15 pages = 38 400 €, soit un montant insuffisant pour couvrir les coûts de fabrication du supplément (44 555 €).

Le même raisonnement sur les quatre mois suivants permet de dégager une marge de 15 pages x 3 059 € = 45 885 € qui couvre juste le coût de fabrication de 44 555 € et dégage un excédent d'environ 1 300 €.

D'où deux questions :

- comment a été décidé le niveau de résultat attendu par la direction (rappel 8 centimes par exemplaire) et celui-ci est-il un incontournable pour la direction ?
- quelle fiabilité peut-on donner aux prévisions de chiffre d'affaires générées par les pages de publicité ?

Sur le plan de la performance

Ce projet reste profitable puisqu'il permet d'obtenir l'objectif de résultat fixé par la direction au bout de six mois. Il participe ainsi à dégager de la marge supplémentaire pour améliorer la profitabilité du journal. Il faut toutefois se demander quelle est la durée de vie d'un tel supplément. En l'état, il est peut-être possible de négocier un tarif d'achat du supplément clé en mains plus faible pour améliorer la contribution du supplément au résultat de l'entreprise.

Sur la modélisation des coûts mis en œuvre

La compréhension de l'objet de coût « journal » comme la somme de « sous-journaux » compte tenu de la structure des pages et de leur impact, soit en termes de coût (pages rédactionnelles), soit en termes de contribution (pages payantes et de publicité), permettent des simulations en fonction de la structure du supplément.

Retenir des objectifs de profitabilité en fonction de la durée de vie du produit pour déterminer le nombre de pages minimum de publicité nécessaires aux contraintes financières revient à mettre en œuvre une démarche de coûts cibles et à se projeter avant le lancement du supplément dans ces contraintes de fonctionnement.

Cependant, les données fournies n'évoquent pas des informations nécessaires pour continuer l'analyse, par exemple :

- la fabrication du supplément demande des moyens matériels additionnels en termes de tirage ou d'impression ; l'entreprise a-t-elle les capacités disponibles nécessaires ?
- la qualité des calculs effectués dépend fortement de la qualité des données fournies qui doivent être régulièrement mises à jour pour ne pas être obsolètes et conduire à des choix non pertinents.

Cas de synthèse

CAS 62 Société SAMA

1) Détermination du coût cible

Quantités	N	N+1	N+2
	6 000	8 000	9 000
Prix fixé par le marché	450,00 €	441,00 €	432,00 €
Éléments à couvrir par la marge Rémunération de la société mère (1 000 000 x 10%/quantités)	17,00 €	13,00 €	11,00 €
Rémunération des capitaux empruntés (1 000 000 x 6%/quantités)	10,00 €	8,00 €	7,00 €
Frais de recherche (Prix x 8 %)	36,00 €	35,28 €	34,56 €
Quote-part frais fixes	18,00 €	18,00 €	18,00 €
Montant de la marge cible	81,00 €	74,28 €	70,56 €
Coût cible	369,00 €	366,72 €	361,44 €

2) Évaluation des efforts en matière de coût

	N	N+1	N+2
Coût cible	369,00 €	366,72 €	361,44 €
Coût estimé	397,00 €	397,00 €	397,00 €
Écart de coût (en montant) en % du coût estimé	– 28,00 € – 7,05 %	– 30,28 € – 7,63 %	– 35,56 € – 8,96 %

Ce pourcentage de réduction est à obtenir en plusieurs étapes. Généralement, on distingue des réductions à obtenir pendant la phase de conception et des réductions à atteindre en phase de production ou d'exploitation.

Les outils à mettre en œuvre ne sont pas les mêmes selon les étapes où l'on veut construire une politique de réduction de coût.

– pendant la phase de conception, la mise en œuvre d'une analyse de la valeur, accompagnée ou non d'une démarche de gestion par projet permet des réductions substantielles avant le lancement de la production ;

– pendant la phase d'exploitation, on peut estimer les gains qui seront obtenus par deux phénomènes connus :

1) les réductions dues aux effets d'apprentissage,

2) les réductions de coûts dues aux économies d'échelle.

L'entreprise estime donc les gains attendus pendant la phase d'exploitation et détermine ainsi un coût cible intermédiaire à atteindre par des réductions de coût en phase de conception. Ici, rien n'est dit sur le partage éventuel des efforts entre les étapes de conception ou d'exploitation.

Le sujet invite à s'intéresser uniquement à la phase de conception par l'étude d'une approche de l'analyse de la valeur.

Cela peut se comprendre car les efforts en termes de réduction de coûts sont très raisonnables et il est fréquemment possible d'obtenir par des démarches de la valeur bien menées des réductions de l'ordre de 20 % du coût estimé.

3) Estimation de la contribution des composants aux fonctions

Le raisonnement s'intéresse aux éléments constitutifs du coût direct et en particulier aux coûts des composants.

Fonctions retenues Degré d'importance	F1 0,15	F2 0,5	F3 0,3	F4 0,05	Poids désiré de chaque composant(1)
Composant 1	0 %	10 %	30 %	50 %	16,50 %
Composant 2	10 %	20 %	0 %	0 %	11,50 %
Composant 3	30 %	50 %	20 %	20 %	36,50 %
Composant 4	60 %	20 %	50 %	30 %	35,50 %
Total	1	1	1	1	1

(1) Le poids de chaque composant est la moyenne pondérée de la contribution de chaque composant par le degré d'importance de la fonction.
Ainsi pour le composant 1 : (0 % x 0,15) + (10 % x 0,5) + (30 % x 0,3) + (50 % x 0,05) = 16,50 %.

Le poids précédemment calculé exprime une juste contribution des différents composants aux fonctionnalités du produit tel que le perçoit le client final.

Il faut le mettre en rapport avec ce que l'entreprise réalise dans le cas de son coût estimé c'est-à-dire dans la situation présente compte tenu de ses compétences et de ses choix actuels de conception.

4) Comparaison du coût des composants et propositions d'améliorations

Considérons que l'ensemble des réductions de coût doit être obtenu sur les composants.

Il faut repérer que l'économie de 28 € à obtenir représente un effort de – 10,04 % sur le coût total des composants.

Aujourd'hui, le poids de chaque composant est de :

	C1	C2	C3	C4	Total
Coût unitaire estimé	55 €	28 €	166 €	30 €	279 €
Poids actuel de chaque composant	19,71 %	10,04 %	59,50 %	10,75 %	100 %
Poids désiré de chaque composant	16,50 %	11,50 %	36,50 %	35,50 %	100 %
Coût unitaire cible	41 €	29 €	92 €	89 €	251 €
Variation de coût à réaliser	– 14 €	1 €	– 74 €	59 €	0,00 €

Si les écarts sur les composants C1 et C2 peuvent sans doute être en partie réduits par des négociations avec les fournisseurs et un partenariat en termes de choix de conception et de tarifs, les composants C3 et C4 semblent ne pas répondre aux aspirations des clients. Leur poids est totalement inadapté au profil recherché par les consommateurs.

Seule une démarche transversale de gestion par projet, où les responsables du marketing et ceux du bureau d'études sans négliger les industriels peuvent proposer des solutions qui répondent à tous les impératifs, peut permettre de « recibler » les caractéristiques fondamentales du produit.

Chapitre 12
Tableaux de bord et indicateurs

Tests de connaissances

1	2	3	4	5	6	7	8	9	10
AB	*A*	*B*	*ABCDE*	*B*	*CDE*	*ABCE*	*ABD*	*AB*	*BD*

Exercices d'application

CAS 63 Entreprise F

1) Étapes

F	C	A
	Réception	Réception
Stockage matières	Stockage pièces F	Stockage pièces C
Production	Approvisionnement	Approvisionnement
Stockage pièces	Production usinage	Production assemblage
	Stockage pièces C	
⇒ livraison	⇒ livraison	⇒ livraison

ÉTAPES	F	C	A
Flux physiques	⇒ Production + Livraison ⇒	⇒ Approvisionnement + Production + Livraison ⇒	⇒ Approvisionnement + Production + Livraison ⇒
Flux d'informations	⇐ Besoins approvisionnement	⇐ Besoins approvisionnement	⇐ Besoins approvisionnement

2) Variables

Variables à prendre en compte et à piloter pour les trois entreprises de la chaîne :

- niveau de production par période ;
- coût de production pour fixer prix et tarif ;
- taux de qualité ;
- délai de livraison à partir de la commande ;
- niveau de stocks ;
- productivité ;
- délai de production ;
- délai de réception à partir de la commande.

3) Indicateurs

Exemple de deux indicateurs par variables :

Variables	Indicateur 1	Indicateur 2
Production	Niveau de production par période (semaine, mois), mini, maxi	Répartition de la quantité de production par référence
Stock	Niveau mini, maxi par référence	Durée de stockage par référence
Coût	Coût de production	Coût de stockage
Productivité	Productivité/investissement machine	Productivité/temps de travail homme
Qualité	Taux de rebut, retouche	Taux de retour client, taux de satisfaction
Délai	Durée du cycle de production	Temps de livraison

4) Exemples de tableau de bord

a) Exemple de tableau de bord pour l'entreprise C pour piloter sa production et ses stocks

Indicateurs ⇒	De Stock chez C	De Production chez C	De Commande du client A	⇒ aide aux décisions
Indicateurs renseignés à partir de chaque information nouvelle	Niveau de stock Fournitures Mini, maxi par ref	Niveau de production Par période, mini, maxi	Niveau de commande moyen	⇒ niveau de production en fonction du niveau de stock et du niveau de commande de A, en fonction des délais de livraisons
	Délai de livraison de F pour fournitures, qq minimum	Délai du cycle de production	Délai moyen entre deux commandes	⇒ niveau de stocks en fonction des coûts de stockage, des délais de livraisons et du niveau de production
	Coût de stockage de fournitures	Coût de production		
	Niveau de stock produits finis	Taux de rebut, retouche		
	Délai de livraison au client A			
	Coût de stockage de produits finis			

b) Exemple de tableau de bord de suivi de commande et de livraison pour l'entreprise fournisseur F

Date du jour : 9/10			
N° de commande, date, client, délai	État de la commande	État de la livraison	Stock, quantité, coût
C123/ 1.10/ F/10 jours	T terminée	A En attente ⇒ **alerte**	Niveau après commande
C124/ 24.10/ H/8 jours	E en cours		
.....			

CAS 64 Décor en Fête

PARTIE 1

1) Marge unitaire sur coût de production par flacon produit

a) Calcul du coût des inducteurs

Nature inducteurs	Flacons	Lots	Références	Total
A1 – Ordonnancement		1 500 000		1 500 000
A2 – Préparation installations			2 000 000	2 000 000
A3 – Embouteillage	2 200 000			2 200 000
A4 – Conditionnement	3 300 000			3 300 000
A5 – Contrôle qualité		2 000 000		2 000 000
Total par activité	5 500 000	3 500 000	2 000 000	11 000 000
Volume d'inducteurs	5 500 000	300	40	
Coût par inducteur	1	11 667	50 000	

b) Calcul de la marge unitaire sur coûts de production

	Ventes France		Ventes Export		Total
	Total	Unitaire	Total	Unitaire	
Prix de vente	15 000 000	5,00	15 000 000	6,00	30 000 000
Coût variable direct[1]	– 6 000 000	– 2,00	– 6 000 000	– 2,40	– 12 000 000
Coût fixe direct	– 1 800 000	– 0,60	– 2 000 000	– 0,80	– 3 800 000
Marge sur coût spécifique	7 200 000	2,40	7 000 000	2,80	14 200 000
Coût attribuable					
Gestion des flacons		– 1,0000		– 1,0000	
Gestion des lots					
Taille moyenne des lots	60 000		10 000		
Coût pour un flacon	11 667 €/60 000	– 0,1945	11 667 €/10 000	– 1,1667	
Gestion des références					
Nombre de références	5		35		
Coût total	250 000	– 0,0833	1 750 000	– 0,7000	
Total attribuable des charges de production indirectes		1,2778		2,8667	
Coût de production	11 633 400	3,8778	15 166 750	6,0667	26 800 150
Marge sur coût de production	**3 366 600**	**1,1222**	**– 166 750**	**– 0,0667**	**3 199 850**

(1) Obtenu par différence entre chiffre d'affaires et marge sur coût variable.

2) Conclusions sur les résultats obtenus

Les données calculées du texte faisaient ressortir le même résultat global mais aucune connaissance réelle des charges indirectes. Si les calculs se font avec une clé simple et volumique, comme le nombre de flacons, le résultat par produit est de :

	Ventes France	Ventes Export
Volume de production Marge sur coût spécifique	3 000 000 7 200 000	2 500 000 7 000 000
Marge unitaire	2,40 €	2,80 €
Charges indirectes unitaires	– 2,00 €	– 2,00 €
Résultat unitaire	0,40 €	0,80 €

Comme de nombreuses activités ont des causes différentes du volume, les données entraînaient un subventionnement des ventes Export par les ventes France.

En décomposant l'activité globale de soutien à la production en plusieurs activités spécifiques, la méthode retient plusieurs facteurs explicatifs de la consommation de ressources comme la complexité des produits (les références), les conditions particulières de fabrication (la taille des lots), etc.

La fabrication « Export » s'effectue en quantités nécessairement limitées, puisque chaque pays impose sa propre réglementation. Elle consomme donc des activités liées à la taille des lots et aux différentes obligations imposées aux matières et composants dans une proportion plus importante que la production « France ».

Ces activités, qui ne tiennent pas compte uniquement du volume fabriqué sont, de fait, subventionnées par la production « France » lorsque les charges indirectes sont réparties sur la base du seul critère du volume produit. La méthode ABC permet de diminuer ces effets de subventionnements croisés.

PARTIE 2

1) Objectif de réduction de coût

Coût de gestion de lots pour « Export » :

• Nombre de lots :	250
• Coût unitaire d'un lot :	11 667
Coût total :	2 916 750

Les objectifs de 30 % d'économie peuvent être calculés de deux façons :

– par rapport au montant :	875 025 €
– par rapport aux lots :	75 lots à 11 667 €

Donc :

– nombre de lots maximum :	175 lots
– pour une production en flacons :	2 500 000
– soit une taille moyenne de lots de :	14 286
ce qui représente une augmentation de la taille moyenne du lot « Export » de :	42,86 %

2) Pertinence du résultat trouvé

Le résultat trouvé ci-dessus repose sur l'hypothèse selon laquelle les coûts des activités A1 et A5 sont strictement proportionnels au nombre de lots.

Ainsi, la diminution du nombre de ces derniers doit entraîner, *ipso facto*, la diminution des coûts dans une même proportion.

L'hypothèse préalable, doit être rejetée, ne serait-ce que par la présence très probable de frais fixes indépendants de l'inducteur retenu : le nombre de lots.

Cependant, ce type de calcul, même discutable, devrait être suffisamment incitatif auprès des représentants Export pour que la direction générale atteigne le but qu'elle s'est fixé : réduire le nombre de lots ou, ce qui revient au même, lancer des productions pour l'export qui soient de taille supérieure à ce qu'elles sont actuellement. Il y a donc démarche de pilotage et mise en œuvre de plan d'actions.

3) Définir la notion d'inducteur de coût

a) Inducteur de coût

Il représente la ou les causes qui génèrent l'existence d'une activité, qui explicitent sa nature et sa complexité de mise en œuvre. Il se situe, en règle générale, en amont de la réalisation de l'activité proprement dite. L'amélioration de l'activité, la diminution de sa consommation de ressources et sa place dans le processus global de création de valeur impliquent que l'inducteur soit véritablement la cause originelle de l'existence de l'activité.

b) Inducteur d' activité

Il n'est en fait qu'une unité d'œuvre représentant la consommation de cette activité. Il permet l'affectation du coût de l'activité aux produits et services de l'entreprise.

En ce qui concerne la production Export :

- l'inducteur d'activité est le nombre de lots qui doivent être lancés en fabrication ;
- l'inducteur de coûts peut être représenté par le niveau et la structure des différentes commandes que les représentants négocient avec leurs clients.

Conséquences : La réduction du nombre de lots passe par l'augmentation de la taille des commandes, laquelle implique une politique davantage volontariste concernant la nature des contrats commerciaux Export. C'est à ce niveau que le centre doit agir.

4) Indicateurs de performance pour le centre « Export »

La mise en place d'indicateurs de performance doit tenir compte des objectifs prioritaires déterminés préalablement. Dans le cas de l'entreprise, il semble logique de favoriser le suivi de la taille des lots et, en observant le détail des activités analysées ci-dessus, d'améliorer le niveau de gestion des références qui, pour l'Export, entraîne une consommation importante.

Taille d'un lot de production avec une valeur cible	Nombre de flacons commandés /nombre de lots	< 14 286
Carnet de commandes par pays	Nombre de commandes par pays Montant moyen d'une commande	
Évolution des commandes	% d'augmentation du nombre de commandes (par rapport à N–1) % d'augmentation de la taille des lots	

CORRIGÉS

CORRIGÉS

5) Intérêt de la méthode ABM

Une démarche de type ABM consiste, tout à la fois, à gérer les activités et à piloter l'entreprise grâce à ces activités. Pour ce faire, la connaissance des coûts ABC est un atout supplémentaire. Ainsi, par la connaissance précise du coût d'une activité particulière, il est possible, pour la direction générale, de fixer des objectifs à atteindre afin d'améliorer le pilotage de l'entreprise.

La mise en place du modèle ABC a imposé la recherche d'un certain nombre d'informations, parmi lesquelles :

- les activités liées au processus de production ;
- les inducteurs ;
- le coût des inducteurs ;
- le coût de « l'effet série ».

L'équipe de projet s'est focalisée sur « l'effet série » dont il est apparu qu'il entraînait une surconsommation sur laquelle il fallait intervenir. ABM représente le management des activités et le management par les activités. Le département concerné se situe dans cette logique puisque, après avoir défini les points d'amélioration, il se donne les moyens de suivre les activités et les inducteurs correspondant au problème à résoudre, notamment en retenant des indicateurs de performance adaptés.

CAS 65 Société Com2000

1) Exemple possible de tableau de bord pour un représentant

Le choix est d'intégrer les deux indicateurs dans le même tableau :

Trimestre T	1er contact	2e contact	3e contact	R
Client A	X	X	Affaire conclue NC = 3	R = 4 semaines
Client B	X	Arrêt	–	–

On ajoute le nombre de colonnes et de lignes nécessaires pour les clients et les nombres de contacts.

2) Commentaire sur la procédure

La procédure est tout à fait correcte et cohérente avec l'objectif défini : l'entreprise veut mieux suivre le travail des commerciaux précisément sur un domaine (un service au client) et pouvoir réagir vite grâce à un instrument en temps réel.

Le critère premier de l'objectif étant le délai, l'entreprise élabore un indicateur de temps. Mais il faut s'interroger sur l'adéquation de la mesure de ce critère, soit ici le temps entre la date et la signature du contrat et le moment de la mise en service.

3) Causes des résultats

Il semble a priori qu'il y ait une contradiction entre R qui se réduit et NC qui augmente ; en fait, des effets de comportement des vendeurs peuvent perturber la pertinence de l'indicateur.

Pour réduire R, le vendeur repousse la date de signature du contrat avec le client, le fait attendre le plus longtemps possible pour qu'ensuite le délai de mise en service soit le plus court ; mais, durant ce temps, le client qui n'est pas nécessairement convaincu et décidé peut changer d'avis, annuler son contrat potentiel, être attiré par d'autres concurrents. Ceci explique que NC augmente : le temps d'incertitude est plus long et le risque de perdre le client potentiel est donc plus élevé.

En conséquence, ce n'est pas la procédure qui est mauvaise, ni l'objectif, mais l'indicateur choisi. La réactivité qui doit être mesurée est celle demandée par les clients pour leurs besoins. Un client qui prévoit longtemps à l'avance un achat de matériel et donc signe son contrat, n'a pas nécessairement besoin d'une mise en service immédiate ; en revanche, quand il aura décidé de sa date d'installation, il souhaite que le délai de réponse pour la mise en service soit court. R n'est donc pas pertinent pour améliorer le service ici, car les vendeurs peuvent camoufler la réalité des dysfonctionnements.

4) Amélioration de l'indicateur

Il faudrait calculer un autre indicateur ou plutôt deux indicateurs qui peuvent se réguler réciproquement.

Par exemple :

- DS = délai souhaité par le client, proposé par l'entreprise pour réaliser l'installation ;
- DR = délai réel mis par l'entreprise pour réaliser la mise en service.

Le recours à deux indicateurs qui s'équilibrent mutuellement peut être un moyen de rendre pertinent le tableau de bord.

Cas de synthèse

CAS 66 Tiplast

PARTIE 1 : UN TABLEAU DE BORD POUR L'ATELIER « PEINTURE »

1) Pertinence de l'indicateur de coût

L'indicateur de coût est insuffisant en lui-même car il est n'intègre pas tous les éléments de coût : il ne prend pas en compte la main-d'œuvre, certaines charges directes.

De plus, l'indicateur de coût reste quantitatif et n'intègre pas d'autres dimensions, d'autres variables qui permettraient une approche plus globale, plus exhaustive de la réalité du fonctionnement et des résultats pour l'atelier.

La performance d'une activité ne se limite pas à un simple calcul de coûts (« myopie » des coûts) et pour piloter une activité et décider des actions efficaces, il est nécessaire de suivre des clignotants de différentes natures, en volume, en moyens consentis, en retour sur investissements...

Le contrôle de gestion doit donc se développer sur des axes autres que les coûts pour être une aide à la décision, quelle que soit l'unité considérée : atelier, usine, filiale, groupe.

Ici l'évaluation de la performance du sous-traitant est importante car c'est sa survie qui est en jeu.

2) Points de fonctionnement à suivre pour piloter les dérives et les dysfonctionnements

À partir des informations collectées en observant le fonctionnement des ateliers, plusieurs points techniques apparaissent comme des dysfonctionnements et des goulots d'étranglement.

▸ *Pour le temps de travail*

Le temps effectif de travail des ouvriers :

- 235 jours : est-ce juste ? ne faut-il pas le vérifier ?
- 88 % du temps de présence est effectif : est-ce sûr ? comment le mesurer ?
- Taux d'absentéisme de 3 % du temps de présence : est-ce vrai ?

▸ *Pour le nombre de pièces fabriquées*

- Taux de rebut de l'atelier moulage 3 %.
- Taux de rebut de l'atelier peinture 4 %.

Si c'est la réalité, il faudrait fabriquer 107,38 jeux pour en avoir 100 de conformes (100/0,97/0,96) ; or, le responsable constate qu'il faut en fabriquer 110 aujourd'hui (c'est donc que le taux de rebut a augmenté, que la qualité a baissé, que des problèmes apparaissent).

▸ *Pour le temps de fabrication*

Le temps total du cycle pour les 3 étapes passe de 15 h à 16 h ; de plus, d'après les données initiales, le temps total strictement nécessaire pour effectuer toutes les étapes de transformation est de 1 h pour le moulage + 9 h pour la peinture + 1 h pour la finition, soit 11 h, donc déjà il y a 4 h de temps d'attente improductif dans le processus.

▸ *Conclusion*

Ainsi, il semble nécessaire de suivre, avec des indicateurs, tous ces éléments qualitatifs de temps, de rebut car ils ont de fortes influences sur le coût total et sur la marge bénéficiaire : nombre de jours travaillés, taux de présence effectif, taux d'absentéisme, taux de rebut.

3) Objectifs du tableau de bord opérationnel de l'atelier de peinture

Un tableau de bord opérationnel pour l'atelier de peinture doit permettre d'avoir une vision simple mais complète des résultats de son activité, en fonction des objectifs fixés et des contraintes et des caractéristiques de l'unité.

▸ *Les objectifs de l'atelier et donc du tableau de bord*

En fonction des informations et des souhaits du responsable de l'atelier, il apparaît une liste possible d'objectifs :

- maintenir ou augmenter la qualité des prestations ;
- maintenir ou réduire les délais de traitement des commandes ;
- maintenir ou réduire les coûts de l'activité ;
- conserver le personnel et améliorer les conditions de travail.

▸ *Variables d'action à suivre*

De ces objectifs, il est facile d'induire les variables d'action à suivre : qualité, délai, coût, ressources humaines.

4) Tableau de bord global respectant les caractéristiques de chaque atelier tout en présentant une vision commune

Ainsi, en fonction des informations déjà existantes et de nouvelles données qu'il serait intéressant de connaître, il est possible de construire des indicateurs pour chacune de ces variables, par exemple :

Qualité	• Rebut • Réclamation client	• Taux de rebut atelier peinture • *Nombre de réclamations*
Délai	• Temps d'attente dans un cycle de peinture • *Temps d'attente entre chaque étape*	• Temps de traitement effectif/temps total de cycle • *En amont et en aval de la peinture*
Coûts	• Directs • *Indirects*	• Coût de MOD • Coût de machine • *Coût des 3 types de peinture* • *Coût de stockage* • *Coût de rebut* • *Coût administratif*
Ressources humaines	• Temps de travail • *Conditions travail*	• Temps productif (temps effectif/temps de présence) • Taux d'absentéisme • *Taux d'accident (fréquence, gravité)*
	En italique : nouvelle variable à introduire	*En italique* : indicateur nouveau lié à une nouvelle variable

Puisque le contrat se déroule sur trois années, que des dérives importantes ont déjà été perçues au bout de six mois d'activité et pour ne pas laisser déraper trop le processus, il serait souhaitable de renseigner certains indicateurs tous les mois afin de recentrer, le cas échéant, les actions : ainsi, pour le taux de rebut, le temps d'attente sur le temps de cycle, le taux d'absentéisme, le temps de travail effectif. Cela permettra de recalculer les coûts et d'agir sur les segments les plus sensibles.

• La périodicité des indicateurs doit être fixée en fonction des possibilités et des contraintes des services et des personnes pour renseigner les données : il ne s'agit pas d'imposer des délais qui ne sont pas réalisables concrètement, parce que les données n'existent pas ou parce que les acteurs n'ont pas assez de temps disponible pour le faire à cette fréquence.

• De même, il faut réfléchir sur la périodicité identique pour tous les indicateurs : certains sont peut être plus importants ou avec des volatilités plus grandes donc il faut les suivre avec une périodicité plus courte ; de ce fait, avec des périodicités différentes, le tableau de bord sera plus pertinent et plus utilisable mais en revanche, son fonctionnement et sa vie seront plus difficilement gérables.

PARTIE 2 : UN TABLEAU DE BORD POUR L'ENSEMBLE DES ATELIERS

1) Adaptabilité du tableau de bord construit à l'atelier de montage

Les objectifs de pilotage sont les mêmes pour tout le processus de fabrication, donc pour les trois ateliers ; un tableau de bord global devra donc aider au pilotage de la qualité, des délais, des coûts et des ressources humaines.

Si les objectifs et les variables d'action sont communs pour les trois ateliers, en revanche, les caractéristiques et les contraintes de l'atelier de peinture ne sont pas identiques à celles de l'atelier de moulage ni à celles de l'atelier de finition. Ainsi, il n'est complètement possible de « plaquer » le tableau de bord de l'atelier de peinture pour l'atelier de moulage ; une partie des indicateurs peut être conservée et d'autres doivent être spécifiques de l'activité de moulage.

Les variables et les indicateurs de coût, de délai, de qualité, de ressources peuvent être repris (*cf.* tableau de la question 4, partie 1) en adaptant les informations : par exemple sur la quantité et le coût de la matière plastique, sur les coûts de MOD, sur les taux de rebut.

2) Tableau de bord pertinent pour l'atelier de moulage

Avec des indicateurs identiques à ceux du tableau de bord peinture et d'autres spécifiques :

Qualité	• Rebut	• Taux de rebut atelier moulage • *kg de matières plastiques gâchés* • *Nb de pannes/arrêts de la presse*
Délai	• Temps d'attente dans un cycle de moulage • Temps d'attente entre chaque étape • *Moule*	• Temps de traitement effectif/temps total de cycle • En amont et en aval du moulage • *Temps de changement de moule*
Coûts	• Directs • • Indirects • • • Investissement	• Coût de MOD • Coût de machine • *Coût de stockage* • *Coût de rebut* • *Coût administratif* • *Coût affecté à la production*
Ressources humaines	• Temps de travail • • Conditions travail	• Temps productif (temps effectif/temps de présence) • Taux d'absentéisme • taux d'accident (fréquence, gravité)
		Indicateur spécifique au moulage

3) Possibilité d'agréger les deux tableaux de bord

La vision globale ne peut « ajouter » automatiquement les deux premiers tableaux de bord construits car :

- ils ne sont pas homogènes (pas les mêmes types d'indicateurs) ;
- ils ne sont pas tous pertinents pour une vision synthétique ; il n'est pas nécessaire d'avoir un niveau de détail précis mais plutôt une synthèse simple.

Il faut essayer de construire un tableau de bord qui permette d'agréger certaines valeurs pour avoir une mesure globale et de faire ressortir les spécificités de chaque atelier afin d'agir sur les points sensibles de chacun ; il faudrait donc une partie commune et des parties différenciées, des indicateurs homogènes communs pour tous les ateliers pour pouvoir les comparer et des indicateurs globaux pour l'ensemble de l'usine.

4) Proposition d'un tableau de bord global qui respecte les caractéristiques de chaque atelier tout en présentant une vision commune

Le tableau de bord usine pourrait être constitué de 2 parties :

- les ateliers ; avec des informations renseignées chaque mois : extraction de certains indicateurs dans chacun des tableaux de bord « atelier » mais ils doivent être identiques pour les 3 ateliers pour pouvoir les comparer ;
- l'usine ; avec des informations agrégées calculées tous les deux ou trois mois : des indicateurs synthétiques devront être construits à partir de ceux des ateliers ou de manière indépendante.

Par exemple :

TB mois m		Moulage	Peinture	Finition
Qualité	Rebut par atelier	X	Y	Z
Délai	Temps de cycle par atelier	T1	T2	T3
Coût	Coût total par atelier	C1	C2	C3
Ressources humaines	Taux absentéisme Temps de présence			

TB usine m−1/m	
Temps de cycle total	T1+T2+T3 + temps de stockage + autres temps d'attente
Taux de rebut total	X + Y + Z
Coût total du produit	C1+ C2 + C3 + autres coûts
Taux de satisfaction client	Nb de réclamations sur la période
Ressources humaines	Taux d'absentéisme

Chapitre 13 Sujet d'annales 2011 (1)

CAS 67 Le Livre français

DOSSIER 1 – BUDGETISATION ET CONTRÔLE BUDGETAIRE

1) Rôle de la budgétisation dans une organisation et fonctions du contrôleur de gestion dans la pratique budgétaire

- *Rôle de la budgétisation*

La budgétisation est un mode de gestion consistant à traduire en programmes d'action chiffrés, appelés « budget », les décisions prises par la direction. Ce mode de pilotage englobe l'organisation dans un ensemble de prévisions, régulièrement confrontée aux réalisations par la mise en évidence d'écarts qui doit déclencher des actions correctives. Il s'agit alors de mettre sous tension le fonctionnement de l'organisation par un réseau de prévisions qui doit permettre à chaque responsable de connaître ses objectifs, les moyens dont il dispose et d'agir au mieux dans une perspective d'efficience des centres de responsabilité et d'efficacité de l'ensemble.

Ce processus de budgétisation s'inscrit dans la planification de l'entreprise qui, en rétrécissant pas à pas les horizons temporels, cherche à prévoir et à encadrer le devenir de l'organisation.

(1) Pour apporter le maximum d'informations au lecteur, tous les corrigés des questions rédactionnelles sont ici plus développés que les réponses attendues du candidat à l'examen.

Partant d'un plan stratégique (à 4 à 5 ans), on construit des plans opérationnels (de 2 à 3 ans), qui sont déclinés dans un horizon annuel dans un réseau de budgets. Ces prévisions sont régulièrement confrontées aux réalisations (temps continu) et permettent un pilotage en temps réel de l'entreprise.

La gestion budgétaire

La gestion budgétaire est constituée de deux grandes étapes : la budgétisation qui correspond à l'élaboration de tous les budgets (programme d'actions chiffrées) et le contrôle budgétaire qui est la confrontation périodique des réalisations et des prévisions.

L'établissement des budgets est un processus qui s'étale souvent sur plusieurs mois avec :

- des études préalables (commerciales, techniques...) et l'établissement de variantes budgétaires ;
- la discussion des budgets détaillés (navette budgétaire) et enfin l'élaboration des budgets définitifs.

La construction de cette architecture doit respecter une articulation spécifique : les budgets déterminants (budget des ventes, de production) conditionnent les budgets de moyens ou budgets dérivés (budget des approvisionnements, du personnel...).

Les conséquences financières des budgets sont agrégées dans le budget de trésorerie.

La dernière phase de la budgétisation consiste à agréger les différents budgets établis dans des documents de synthèse prévisionnels : le bilan et le compte de résultat prévisionnels.

L'ensemble de ces documents constitue alors une vision recherchée de l'exploitation à venir de la structure étudiée.

Enjeux et limites des budgets

Les **enjeux** dépendent plus de la culture de mise en œuvre de la gestion budgétaire que des avantages intrinsèques de l'outil.

- la gestion budgétaire est une aide au pilotage de l'entreprise à court terme et à la mise en place d'actions correctives (contrôle budgétaire) si les objectifs assignés sont acceptés par les différents responsables ;
- cette gestion, si elle est ressentie comme légitime, peut servir de référence pour juger les performances des responsables des centres et devenir un élément de motivation du personnel ;
- cette gestion, quand les budgets sont négociés, peut être une activité créatrice de valeur. En effet, la recherche de plans d'action permet d'identifier les différents facteurs qui contribuent à la performance de l'entreprise ;
- ce peut être un vecteur de communication entre les différents services (si procédure décentralisée, participative, interactive).

Les **limites** se sont accrues avec un contexte économique instable et porteur de ruptures.

Déjà, dans un contexte économique stable et en croissance, il avait été noté des faiblesses au processus de budgétisation. Des dysfonctionnements existent tant au niveau de la budgétisation que du contrôle budgétaire. La volonté de tout prévoir avait poussé l'organisation vers une dérive bureaucratique Le budget apparaît plus comme un instrument de rigidité, voire de frein, qu'une aide à la gestion de l'organisation. Chaque service privilégie son intérêt propre au détriment de l'intérêt de l'organisation, surtout si les dirigeants ne mettent pas en place de code de bonne conduite pour les responsables opérationnels. Ainsi, les reproches se font entendre envers les directions générales pour leur refus de donner de l'autonomie aux unités décentralisées et pour un manque de coordination des sous-systèmes. Globalement, les principaux défauts sont les suivants :

- recherche des résultats essentiellement financiers à court terme au détriment de l'intérêt à long terme de l'entreprise ;
- vision de la performance essentiellement financière ;
- démarche tournée vers le passé et pas assez prospective ;
- apparition de rapports de force entre les différents responsables ;
- rigidité, complexité, lourdeur et coût de la démarche prévisionnelle.

Enfin, si le système n'a pas été accepté, pour de multiples raisons, par le personnel de l'entreprise, un phénomène de rejet apparaît. Celui-ci s'accompagne souvent d'une rétention d'informations rendant le contrôle de gestion déconnecté de la réalité.

• La démarche budgétaire n'est pas « vendue » par la direction générale. Cette attitude peut en partie expliquer également un phénomène de rejet.

• La direction générale ne précise pas de manière assez claire le rôle qu'elle attribue au respect du budget et l'autonomie des responsables. L'entreprise connaît une centralisation excessive de l'information : le système de contrôle de gestion devient inopérant.

Le positionnement du contrôleur de gestion dans la pratique budgétaire

Le contrôleur de gestion participe, en relation avec la direction, à la définition des objectifs (aide à la décision). Il anime la construction des budgets et assure la coordination entre les équipes. Il est aussi un technicien qui utilise des outils quantitatifs et qualitatifs pour élaborer les budgets (système d'information, modèles de prévisions, ordonnancement, etc.) et déterminer les coûts. Il suit et analyse les performances de l'entreprise (écarts, résultats et détermination des actions correctives). Dans la pratique, le contrôleur de gestion doit s'adapter au contexte organisationnel (style de direction, structure de l'organisation...).

La mission et le rôle du contrôleur de gestion de la Société du Livre français peuvent être appréhendés sous deux aspects :

- un aspect « contrôle et vérification » : il s'agit ici de vérifier la conformité des réalisations aux normes. Si des écarts apparaissent, il faut les expliquer. Ce type de contrôle, producteur de normes, peut être considéré comme un contrôle hiérarchique ;
- un aspect maîtrise (au sens anglo-saxon) de l'organisation. Dans cette acception, le contrôle de gestion a pour but de permettre à l'entreprise de suivre la direction assignée. Sa mission est alors rapprochée de la notion de pilotage.

Le contrôle de gestion a alors pour mission de mettre en place un système facilitant le pilotage. Ce système devra comprendre plusieurs éléments :

- des objectifs (assimilés à une trajectoire) ;
- des prévisions (les budgets) ;
- la confrontation entre les réalisations et les prévisions ;
- la possibilité de prendre des actions correctives.

Dans cette perspective, le contrôleur de gestion doit :

- assister les responsables :
  - dans la définition des objectifs,
  - dans la détermination des moyens pour atteindre les objectifs,
  - dans l'élaboration des budgets,
  - dans la mesure des performances ;

– assister la direction générale pour s'assurer que les différentes composantes de la planification (objectifs, stratégie, actions, moyens) sont en cohérence. Sur plusieurs plans :
  • cohérence des actions entre elles et par rapport à la stratégie,
  • cohérence des moyens entre eux,
  • cohérence des moyens par rapport aux actions ;
– informer la direction générale des résultats obtenus. Cette information doit être communiquée dans le but de rendre compte de la gestion de l'entreprise et non comme un moyen permettant de prendre des sanctions.

2) Écart sur résultat global et pour chaque collection

▸ *Calcul des données budgétées*

Collection	Volume	Px unit.	Chiffre d'affaires prévu	Coût prod. unit.	Coût de production prévu	Autres charges prévues	Coût revient prévu	Résultat prévu
	V_b	p_b	CA_b	c_b	CP_b	AC_b	CR_b	R_b
C 1	736 000	5,20	3 827 200	0,38	279 680	2 576 000	2 855 680	971 520
C 2	75 000	3,70	277 500	0,25	18 750	245 250	264 000	13 500
C 3	1 300 000	3,90	5 070 000	0,82	1 066 000	3 822 000	4 888 000	182 000
Total			9 174 700		1 364 430	6 643 250	8 007 680	1 167 020

▸ *Calcul des données réelles*

Collection	Volume	Px unit.	Chiffre d'affaires réel	Coût de production réel	Autres charges réelles	Coût revient réel	Résultat réel
	V_r	p_r	CA_r	CP_r	AC_r	CR_r	R_r
C 1	690 700	5,30	3 660 710	246 026	2 395 000	2 641 026	1 019 684
C 2	69 000	3,77	260 130	16 000	231 000	247 000	13 130
C 3	1 323 600	3,97	5 254 692	1 074 752	3 906 000	4 980 752	273 940
Total			9 175 532	1 336 778	6 532 000	7 868 778	1 306 754

▸ *Calcul de l'écart sur résultat*

Collection	Résultat réel	Résultat prévu	Écart de résultat	Signification
	R_r	R_b	E/Résultat	
C 1	1 019 684	971 520	+ 48 164	FAVORABLE
C 2	13 130	13 500	– 370	DEFAVORABLE
C 3	273 940	182 000	+ 91 940	FAVORABLE
Total	1 306 754	1 167 020	**+ 139 734**	**FAVORABLE**

L'écart de résultat est positif d'environ 140 k€, soit environ plus de 12 % du résultat budgété ce qui est très favorable. Cette bonne performance est principalement le fait de la collection C3, avec un résultat réel supérieur de plus de 50 % à celui budgété, et la prestation sur la collection C1 dont le résultat constaté dépasse d'environ 5 % le résultat prévu. Seule la collection C2 présente un écart négatif mais de peu d'importance (moins de 3 %).

Ainsi, dans une première approche, les résultats réels de l'entreprise Le Livre français sont positifs.

3) Décomposition de l'écart sur résultat conformément aux indications

La procédure évoquée (en annexe 1) parle de décomposer l'écart de résultat en un écart de marge sur coût de revient en référence au coût de production unitaire préétabli (ou budgété) et en deux écarts de production à savoir un écart sur charges directes de production et un écart sur autres charges de production sur la base des quantités réelles.

- *Calcul de l'écart de marge sur coût de revient*

Collection	Données réelles semi-réelles			Données budgétées			Écart
	Marge unitaire semi-réelle	Volume de référence	Marge totale semi-réelle	Marge unitaire budgétée	Volume de référence	Marge totale budgétée	Écart de marge sur coût de revient
	$M_r = p_r - c_b$	V_r	MT_r	m_b	V_b	MT_b	E/MCR
C 1	5,3 – (0,38 + 3,50) = 1,42	690 700	980 794	5,2 – (0,38 + 3,50) = 1,32	736 000	971 520	+ 9 274 F
C 2	3,77 – (0,25 + 3,27) = 0,25	69 000	17 250	3,70 – (0,25 + 3,27) = 0,18	75 000	13 500	+ 3 750 F
C 3	3,97 – (0,82 + 2,94) = 0,21	1 323 600	277 956	3,90 – (0,82 + 2,94) = 0,14	1 300 000	182 000	+ 95 956F
Total	0,6145	2 083 300	1 276 000	0,5528	2 111 000	1 167 020	+ 108 980 F

- *Calcul de l'écart sur coût de production direct*

Collection	Données réelles constatées			Données budgétées adaptées (ou préétablies) au volume réel			Écart
	Coût de production direct unit	Volume de référence	Coût total de production direct	Coût de production direct unit	Volume de référence	Coût total production direct	Écart sur Cp direct
	C_r (1)	V_r	CPD_r	c_b	V_r	CPD_p	E/CPD
C 1	0,356	690 700	246 026	0,38	690 700	262 466	– 16 440 F
C 2	0,232	69 000	16 000	0,25	69 000	17 250	– 1 250 F
C 3	0,812	1 323 600	1 074 752	0,82	1 323 600	1 085 352	– 10 600 F
Total		2 083 300	1 336 778		2 083 300	1 365 068	– 28 290 F

(1) Coût arrondi obtenu en divisant le coût de production réel par le volume réel.

- *Calcul de l'écart sur autres charges de production*

Collection	Données réelles constatées			Données budgétées adaptées (ou préétablies) au volume réel			Écart
	Autres charges production unit.	Volume de référence	Autres charges de production	Autres charges production unit.	Volume de référence	Autres charges de production	Écart sur autres charges
	AC_r (1)	V_r	AC_r	AC_b	V_r	AC_p	E/AC
C 1	3,467	690 700	2 395 000	0,38	690 700	2 417 450	– 22 450 F
C 2	3,348	69 000	231 000	0,25	69 000	225 630	+ 5 370 D
C 3	2,951	1 323 600	3 906 000	0,82	1 323 600	3 891 384	+ 14 616 D
Total		2 083 300	6 532 000		2 083 300	6 534 464	– 2 464 F

(1) Coût arrondi obtenu en divisant le coût de production réel par le volume réel.

On vérifie que la somme algébrique des trois écarts calculés donne l'écart de résultat.

Collection	Écart de marge sur coût de revient	Écart sur CP direct	Écart sur Autres charges	Écart de résultat
	E/CR	– E/CPD	– E/AC	= E/Résultat
C 1	+ 9 274 **F**	– 16 440 **F**	– 22 450 **F**	+ 48 164 **F**
C 2	+ 3 750 **F**	– 1 250 **F**	+ 5 370 **D**	– 370 **D**
C 3	+ 95 956 **F**	– 10 600 **F**	+ 14 616 **D**	+ 91 940 **F**
Total	+ 108 980 **F**	– 28 290 **F**	– 2 464 **F**	**+ 139 734 F**

Globalement, les réalisations de cette entreprise sont satisfaisantes. Tous les écarts composant l'écart de résultat sont favorables :

– fortement pour l'écart de marge sur coût de revient (+ 108 980 Fav), soit plus de 9 % de la marge budgétée attendue ;
– une économie de 28 290 € est constatée sur les coûts de production directs, soit 2 % du coût direct attendu pour ce volume de production ;
– les autres charges voient leur réalisation conforme aux prévisions une fois celles-ci ramenées au volume réel de production (– 2 464 €).

Cette vision peut être affinée par un travail par collection :

– le profil des collections C1 est positif sur tous les plans ;
– celui de la collection C3 doit être pondéré car l'écart sur autres charges est négatif.
– en revanche, la collection C2, dont l'écart sur résultat avait été jugé sans intérêt, est le combiné de deux écarts plus importants de sens inverse : des écarts positifs sur la marge et les charges de production directes, contrebalancés par un écart défavorable sur autres charges.

S'il existe un responsable par collection, alors il est possible de juger de leur qualité à piloter leur collection.

4) Intérêt et critiques de la décomposition de la marge

Calculer un écart de marge en se référant aux coûts budgétés permet de mettre en évidence la « vraie » responsabilité des commerciaux qui doivent respecter des objectifs de chiffre d'affaires mais aussi des objectifs de marge par collection dont la structure doit contribuer à générer les résultats attendus. Recalculer les écarts de production en référence aux quantités produites permet une juste localisation des performances : en effet si les écarts de volume entre quantités vendues et réelles sont de la responsabilité des commerciaux, les responsables productifs se doivent de respecter des conditions d'exploitation en fonction de volumes réels.

Rappel : Sur la base de la question 2, l'écart sur résultat est globalement favorable (12 % du résultat budgété), mais celui-ci cache d'importantes disparités selon les collections, la collection 3 ayant un résultat réel bien supérieur à celui espéré (+ 50 %) ; ces propos sont cependant à nuancer par le fait que l'on compare le résultat réel à un résultat budgété (quantités prévues) et non à un résultat calculé pour une production réelle.

En décomposant cet écart sur résultat (question 3), on voit que :

– les services commerciaux dégagent un écart favorable de 108 980 € ;
– le coût des services fonctionnels et productifs est plus faible que prévu. Suite à l'externalisation d'une partie des services fonctionnels et le recours à l'intérim pour les services productifs (non-renouvellement systématique des CDI), les coûts ont été très réduits (au-delà de ce que l'on prévoyait).

5) Analyse de l'écart sur marge

L'analyse de l'écart sur marge doit faire apparaître un écart sur marge unitaire (écart sur prix) ainsi qu'un écart sur composition (puisque les trois collections sont interdépendantes) et un écart sur volume.

a) Première analyse

Il est possible d'analyser globalement l'écart sur volume et l'écart sur composition, mais l'écart sur prix devra obligatoirement être analysé par collection.

- *Calcul de l'écart sur marge ou de prix*

Collection	Données semi-réelles			Données budgétées adaptées aux volumes réelles dites préétablis			Écart
	Marge unitaire semi-réelle	Volume de référence	Marge totale semi-réelle	Marge unitaire budgétée	Volume de référence	Marge totale budgétée	Écart de marge ou de prix
	$M_r = p_r - c_h$	V_r	MT_r	m_b	V_p	MT_p	E/Prix
C 1	5,3 − 0,38 + 3,50) = 1,42	690 700	980 794	5,2 − (0,38 + 3,50) = 1,32	690 700	911 724	+ 69 070 F
C 2	3,77 − (0,25 + 3,27) = 0,25	69 000	17 250	3,70 − (0,25 + 3,27) = 0,18	69 000	12 420	+ 4 830 F
C 3	3,97 − (0,82 + 2,94) = 0,21	1 323 600	277 956	3,90 − (0,82 + 2,94) = 0,14	1 323 600	185 304	+ 92 652 F
Total	0,6145	2 083 300	1 276 000	0,5325	2 083 300	1 109 448	+ 166 552 F

- *Décomposition globale en trois sous-écarts*

Marge semi-directe
0,6145 x 2 083 300 = 1 276 000

Écart de marge = + 166 552 Fav

Marge préétablie
0,5325 x 2 083 300 = 1 109 448

Écart sur composition des ventes = − 42 200 Déf

Borne intermédiaire
0,5528 x 2 083 300 = 1 151 648

Écart sur volume global = − 15 372 Déf

Données budgétées :
0,5528 x 2 111 000 = 1 167 020

On retrouve facilement l'écart de marge sur coût de revient :

(+ 166 552 F) + (− 42 200 D) + (− 15 372 D) = (+ 108 980 F)

b) Deuxième analyse

De fait, l'écart de composition est un écart qui mesure le poids en pourcentage de la structure des ventes réelles par rapport au poids en pourcentage de la structure des ventes telle qu'elle avait été prévue.

	Données semi-réelles				Données budgétées			
	Volume réel	% réel	M unit	Marge semi-réelle	Volume budgété	% budgété	M unit	Marge budgétée
	V_r	% r	m_r	MT_r	V_b	% b	m_b	MT_b
C1	690 700	33,15	1,42	980 794	736 000	34,86	1,32	911 724
C2	69 000	3,31	0,25	17 250	75 000	3,55	0,18	12 420
C3	1 323 000	63,53	0,21	277 956	1 300 000	61,58	0,14	185 304
Total	2 083 300	100,00	0,6145	1 276 000	2 111 000	100,00	0,5528	1 109 448

	Écart/Prix	Écart/Composition	Écart/Volume Global	Écart sur marge
	$(m_r - m_b) \times V_r$	$(\% r - \% b) \times m_b \times VT_r$	$(VT_r - VT_b) \times \% b \times m_b$	$MT_r - MT_b$
C1	+ 69 070 **F**	– 47 024 **D**	– 12 746 **D**	+ 9 274 **F**
C2	+ 4 830 **F**	– 900 **D**	– 177 **D**	+ 3 750 **F**
C3	+ 92 652 **F**	+ 5 687 **F**	– 2 388 **D**	+ 95 956 **F**
Total	+ 166 552 **F**	– 42 237 **D**	– 15 041 **D**	+108 980 **F**

Explications des calculs pour la collection C1 :

- Écart de prix = (1,42 – 1,32) x 690 700 = 69 070 FAV
- Écart de composition des ventes : (33,15 % – 34,86 %) x 1,32 x 2 083 300 = – 47 024 DEF
- Écart de volume global = (2 083 300 – 2 111 000) x 34,86 % x 1,32 = – 12 746 DEF

Remarque : Dans cette analyse, la décomposition utilisant des données unitaires arrondies (%, marge, etc.), la gestion des arrondis conduit à ne pas retrouver aussi facilement l'écart de marge.

6) Signification des écarts et commentaire des résultats obtenus

a) Signification des écarts

Il faut se souvenir que l'écart de marge sur coût de revient relève de la responsabilité des commerciaux. Cet écart est calculé sur la base d'un coût de production prévu. On considère ainsi que l'efficience ou l'inefficience des centres productifs reste localisée dans l'écart sur coût de production et que les commerciaux « achètent » à la production des produits au coût standard. La confrontation avec le marché définira ainsi l'efficacité des commerciaux qui se sont engagés sur trois points :

- respect des prix de vente budgétés ;
- maintien d'une structure des ventes car faire du chiffre d'affaires n'est pas synonyme de générer du résultat ; il est donc important de respecter la répartition des ventes et des marges unitaires qui sont prévues par le budget ;
- vendre un volume conforme aux données prévisionnelles.

Chacun des écarts calculés exprime le respect de ces engagements : l'écart sur prix est le reflet du respect des prix, l'écart de composition mesure l'impact de la structure des ventes, l'écart de volume traduit les différences de quantités vendues.

b) Commentaire des résultats obtenus

• **L'écart sur marge sur coût de revient** est globalement de 108 980 Fav. Après analyse, la majeure partie de cet écart est constituée par l'écart sur prix favorable de 166 552 dégradé par des écarts défavorables sur composition des ventes (– 42 200) et sur volume global (– 13 372).

• **L'écart sur prix** positif doit être expliqué. On constate que les prix réels ont été globalement plus élevés que prévus sans connaître la raison de ce fait :

- le marché est-il inflationniste ?
- les prévisions ont-elles été sous-évaluées ?
- les commerciaux ont-ils été agressifs ?

Seule la dernière explication est à mettre au crédit de ce service.

• **L'écart sur composition** exprime une structure des ventes réelles qui donne un poids plus important aux produits à faible marge que ce qui était prévu : le poids de la collection 1 (la plus forte marge) dans les ventes réelles (33,15 %) est plus faible que les prévisions (34,86 %) au profit de la collection 3 (63,53 % en réel contre 61,58 % en prévu).

• **L'écart sur volume** est défavorable car les ventes réelles globales (2 083 300) sont inférieures aux ventes globales prévues (2 111 000) même si cette affirmation doit être nuancée en fonction des collections : perte de 45 300 unités sur la collection 1 et de 6 000 sur la collection 2, mais accroissement de 23 600 sur la collection 3. Il est à noter que l'accroissement des volumes s'effectue sur le produit à plus faible marge (peut-être plus facile à vendre car l'entreprise accepte des marges très faibles ?).

En conclusion, les commerciaux n'ont pas respecté la composition des ventes qui était prévue ; leur action commerciale n'a pas non plus permis d'accroître le volume global des ventes, alors même que les objectifs de vente avaient essayé de tenir compte du contexte économique difficile actuel. Les commerciaux ont réussi à vendre les collections à un prix supérieur à ce que l'on avait prévu. Mais, dans l'annexe 2, nous apprenons que les prévisions ont été faites sans augmentation du prix de vente, et qu'une petite augmentation serait consentie en cours d'année si le contexte commercial le permettait. Ainsi, l'entreprise a simplement pu se permettre, comme chaque année, une petite augmentation du prix de vente. L'écart sur prix favorable vient donc de prévisions qui étaient en fait trop pessimistes ; les commerciaux ne semblent avoir aucun mérite...

DOSSIER 2 – INVESTISSEMENT ET ORDONNANCEMENT

1) Intérêt d'une méthode d'ordonnancement et avantages d'un tel outil

L'ordonnancement permet une représentation claire et précise d'une succession d'opérations sous contraintes de temps (ordre de succession des tâches et délai à respecter) et/ou sous contraintes de capacité (ressources techniques, humaines, financières).

Intérêt d'une méthode d'ordonnancement

Lorsqu'un projet comporte :

– un nombre élevé de tâches ou d'opérations mettant en œuvre des capitaux importants, des matériels, des compétences diverses,
– des métiers différents au sein de l'entreprise,
– une durée qui est contrainte en date de fin, et dissocié du temps classique comptable (année civile),
– une réussite qui tient à la bonne coordination des acteurs,

il devient nécessaire de prévoir et de suivre le déroulement de toutes les opérations afin d'éviter les retards et de rester dans les limites du budget de financement.

Avantages d'un tel outil

- Clarification du projet par une présentation claire et précise d'un programme d'après une procédure stricte (détermination des niveaux, ascendants...).
- Maîtrise de la durée du projet par la détermination de la durée minimale de réalisation d'un projet sous contraintes.
- Connaissance des activités à surveiller par la mise en évidence du chemin critique composé des tâches critiques pour lesquelles aucun retard n'est permis.
- Mesure de la flexibilité du projet par l'évaluation des marges de chaque tâche (intervalle de flottement).
- Optimisation du projet par soit la diminution du coût total d'un programme, ou l'accélération d'un programme au moindre coût.

CORRIGÉS

2) Graphe PERT ou MPM du planning d'avancement des travaux, chemin critique et la date prévisionnelle de fin des travaux

L'annexe 3 donne les ascendants de chacune des opérations, il sera ensuite possible de déduire les niveaux du graphe :

Opérations	A	B	C	D	E	F	G	H
Ascendants			A	A B	D	C E	F	G
Niveaux	I	I	II	II	III	IV	V	VI

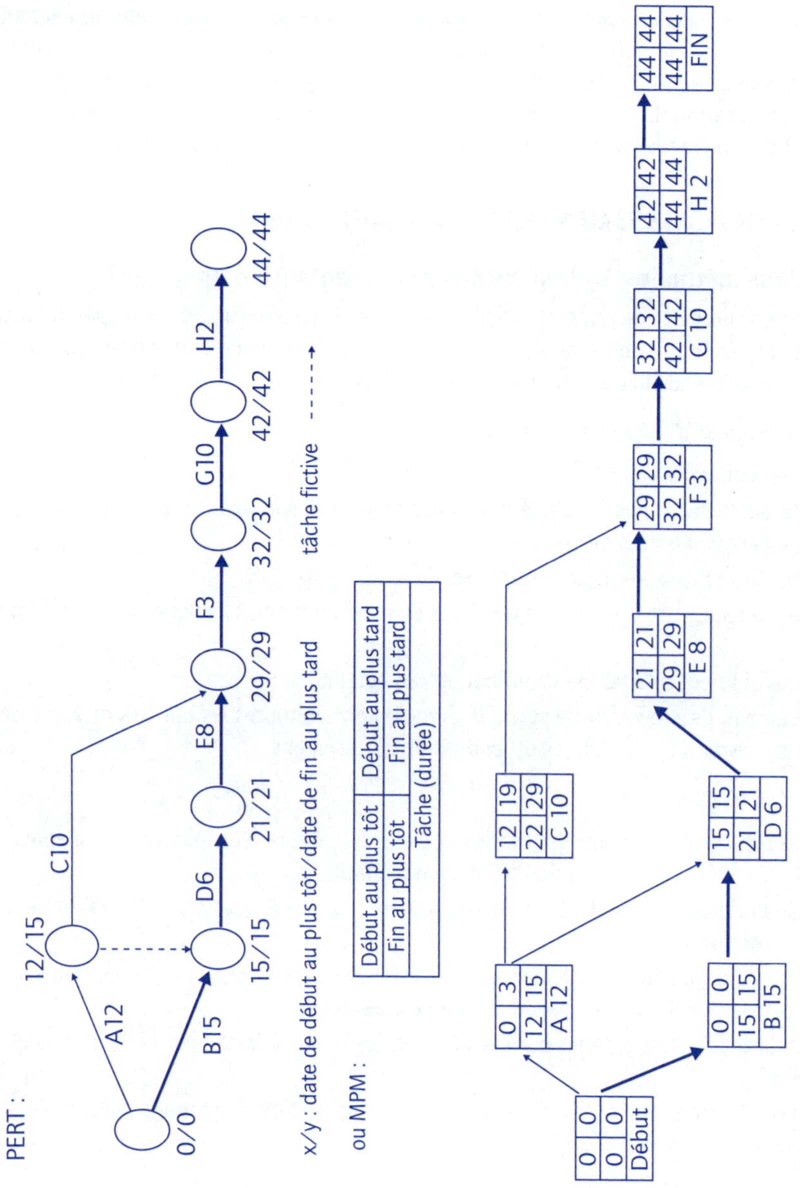

Chemin critique = B, D, E, F, G, H = 44 jours

3) Calculer et interprétation des marges totales et libres

• La **marge totale** d'une tâche représente le retard (en nombre de jours) que l'on peut apporter au démarrage de cette opération sans modifier la durée totale du programme. Cette donnée stratégique n'est généralement connue que du responsable du projet car elle exprime la flexibilité totale du projet.

• La **marge libre** d'une tâche représente le retard en nombre de jours) que peut prendre la tâche sans obliger la suivante à démarrer au plus tôt. Cette donnée est fournie au responsable de chaque opération car elle représente la marge de manœuvre sur l'exécution de leur travail.

Opérations	Marge totale = [Date fin + tard – Date fin + tôt]	Marge libre = [Date fin + tôt – Date fin + tard]
A	3 – 0 = 3 jours	0
C	19 –12 = 7 jours	7
B D E F H G	0	0

4) Opération à réduire en priorité pour améliorer la durée du projet au moindre coût

L'annexe 4 donne : Coût marginal croissant : C H F D E A G H

Pour diminuer le temps de réalisation du projet, il faut agir sur les tâches critiques et accélérer leur exécution en sachant que ces décisions vont faire augmenter le coût total du projet. Cependant, il faut chercher à minimiser l'augmentation de coût. Il faut, alors, choisir la tâche critique qui a le coût marginal le plus faible, soit la tâche H (attention la tâche C n'est pas sur le chemin critique). La réduction du temps d'exécution de la tâche H (1 jour économisé) n'aura pas d'influence sur le réseau global (le chemin critique reste inchangé) mais permettra à la société SIL de satisfaire l'éditeur au moindre coût et réduira la durée totale du projet d'un jour.

DOSSIER 3 – GESTION DE LA MASSE SALARIALE

1) Définition et calcul de l'effet niveau et de l'effet masse pour 2010

a) Définitions

Effet niveau : taux de variation du salaire **mensuel** perçu par le salarié entre deux dates données (souvent décembre).

Évolution en niveau = Salaire Date N / Salaire Date (N–1)

Effet masse : progression de la masse salariale entre deux exercices causée uniquement par les augmentations accordées durant l'exercice N. Effet lié à l'impact des décisions prises en N sur l'évolution du salaire moyen de N.

Évolution en masse = Salaire annuel N / Salaire décembre (N–1) x 12

Pour un même effet niveau, l'effet masse est fonction de la date à laquelle les augmentations ont été accordées : plus elles sont précoces dans l'exercice plus l'effet masse se rapproche de l'effet niveau.

b) Calculs pour 2010

Calendrier des augmentations de salaires :

	01/03/10	01/09/10
Base 100 au 31.12.2009	1 %	1 %

Période	Indice (base 100 au 31/12/09)	Nombre de mois	Total
Du 01/01/10 au 28/02/10	100	2	200
Du 01/03/10 au 31/08/10	100 x 1,01 = 101	6	606
Du 01/09/10 au 31/12/10	101 x 1,01 = 102,01	4	408,04
Total		**12**	**1 214,04**

- *Effet niveau 2010*

Effet niveau 2010 = Indice décembre 2010/Indice décembre 2009 = 102,01/100 = 1,0201
Soit un effet niveau de + 2,01 %.

- *Effet masse 2010*

Coefficient multiplicateur annuel de la MS de 2010/2009 = 1 214,04
Effet masse 2010 = Somme des indices 2010 / Somme des indices 2009 = 1 214,04/(100 x 12) = 1,0117 soit un effet masse de + 1,17 %.

c) Commentaire

Le salaire mensuel a progressé de 2,01 % entre décembre 2009 et décembre 2010 (effet niveau). L'impact des augmentations collectives de salaires accordées en 2010 sur la masse salariale de 2010 est de 1,17 % (effet masse). L'augmentation des salaires en deux temps (mars et septembre) atténue l'effet niveau : en effet l'entreprise voit sa masse salariale augmenter que de 1,17 % alors qu'elle a accordé des augmentations qui sont de 2,01 %. À terme, l'augmentation de la masse salariale dans les comptes de l'entreprise aura un impact de 2,01 %, une fois pris en compte l'impact de cette augmentation sur une année pleine. Ce phénomène est mesuré par l'effet report dont il est question à la question suivante.

2) Impact des augmentations collectives de salaires de 2010 sur la masse salariale de 2011

La prise en compte de l'augmentation des salaires de l'année N–1 sur une année pleine conduit à une nouvelle hausse de la masse qui a pour impact de porter l'augmentation à son niveau maximal à savoir ici 2,01 %.

L'accroissement constaté entre 2010 et 2011 s'appelle l'effet report.

Effet de report de 2010 sur 2011 = Indice décembre 2010 x 12 / Somme des indices annuel 2010 = (102,01 x 12) /1 214,04 = 1,0083, soit un effet report de + 0,83 %.

Vérification : Effet niveau = Effet masse x Effet report = 1,0117 x 1,0083 = 1,021 soit 2,01 %

3) Masse salariale prévisionnelle pour 2011

La masse salariale de 2011 est constituée :

- de la masse salariale des effectifs présents sur l'exercice du 1/01/2011 au 31/12/2011 (ici appelée masse de l'effectif stable et valorisée à 1 866 020 €) ;
- de la masse salariale des effectifs sortants sur l'exercice (un ouvrier partant au 31 mai et un cadre partant le 31 août) ;
- de la masse salariale des effectifs entrants (un ouvrier recruté le 1er juin).

- *Masse salariale des effectifs sortants*

CSP	Effectif	Salaire de référence	Nombre de mois	Total
Ouvrier	1	1 725	2	3 450
		1 725 x 1,005 = 1 734	3	5 202
		Total ouvrier		**8 652**
Cadre	1	3 570	2	7 140
		3 570 x 1,005 = 3 588	6	21 528
		Total cadre		**28 668**
Total de la masse salariale des sortants				**37 320**

- *Masse salariale des effectifs entrants*

CSP	Effectif	Salaire de référence	Nombre de mois	Total
Ouvrier	1	1 380	7	9 660
Total de la masse salariale des sortants				**9 660**

D'où masse salariale 2011 = 1 866 020 + 37 320 + 9 660 = **1 913 000**

DOSSIER 4 – GESTION DES STOCKS

1) Programme d'approvisionnement pour minimiser l'ensemble des coûts liés à la gestion du stock de la collection L5 et coût total de gestion du stock

a) Programme d' approvisionnement

L'optimisation de la gestion des stocks consiste, pour des données d'exploitations données, à minimiser le coût de gestion du stock qui est constitué :

- du coût de passation des commandes considéré comme un coût administratif qui dépend du nombre de commandes, chaque commande demandant la même charge de travail en sélection de fournisseurs, suivi administratif de la commande, de la livraison et du règlement du fournisseur. Ici le texte positionne ce coût à $C\ell$ = 658,80 € ;
- du coût de possession du stock qui exprime le coût des moyens de stockage (magasin, chambres froides, etc.) et le coût du financement des besoins en fonds de roulement que représente l'existence d'un stock. Ce coût est appréhendé comme un taux moyen de stockage à appliquer à la valeur du stock moyen ; ici t = 18 € pour 100 € stockés, soit un taux de t = 0,18 % ;
- éventuellement, du coût de pénurie ou de rupture qui se définit comme la période de stockage où le stock est nul et où on ne peut répondre à la demande. La nature de la pénurie peut-être variée : des ventes différées à des ventes ponctuelles perdues, voire des clientèles perdues. Ici, elle est exprimée comme dépendant du temps (jours de retard) et articles manquants.

  Cr = 0,02 par article manquant et par jour de retard.

Cette modélisation a été théorisée par Wilson et est connue comme le modèle de Wilson. Elle n'est opératoire que sous certaines hypothèses (assez peu réalistes) mais qui permettent une solution optimale.

Dans cette modélisation, la fonction de gestion du stock en fonction des quantités à commander Q s'écrit :

$$\text{Coût de gestion K} = \text{Coût de lancement des commandes} + \text{Coût de stockage}$$
$$= C/Q \times C\ell + t \times P \times Q/2$$

Les hypothèses d'exploitation retenues sont les suivantes :

C = Consommations connues et régulières sur l'année ;

P = Tarif d'achat unique quels que soient le fournisseur et les quantités commandées ;

$C\ell$ = Coût de lancement d'une commande connue ;

t = Taux de possession du stock donné ;

Dans cette modélisation, la fonction de gestion du stock en fonction des quantités à commander Q s'écrit :

$$\text{Coût de gestion K} = \text{Coût de lancement des commandes} + \text{Coût de stockage}$$
$$= C/Q \times C\ell + t \times P \times Q/2$$

Il s'agit alors de chercher la valeur de Q appelée Quantité économique et notée Q* pour laquelle la dérivée de la fonction du coût de gestion K et nulle.

On obtient : $Q^* = \sqrt{\dfrac{2 \times C \times C\ell}{P \times t}}$

De ce calcul, on peut déduire un certain nombre d'indicateurs utiles à la gestion des stocks comme :

- le nombre de commandes $N^* = C/Q^*$
- le rythme des commandes $R^* = 360/N^*$
- le coût de gestion minimal $K = \sqrt{2 \times C \times C\ell \times P \times t}$

b) Coût total de gestion du stock

Dans l'exercice, les données sont :

C = Quantité à approvisionner = Consommation annuelle + Stock à reconstituer
= 900 000 + (35 000 – 20 000) = 915 000

P = 12,80 €

$C\ell$ = 658,80 €

t = 0,18 %

ce qui donne un coût de stockage annuel pour un produit de Cs = 0,18 % x 12,80 € = 2,304 €.

Compte tenu du questionnement de l'exercice, il pouvait suffire de calculer le coût de gestion minimal en utilisant la formule du modèle :

$K^* = \sqrt{2 \times 915\,000 \times 658{,}80 \times 12{,}80 \times 0{,}18} = 52\,704$ €

Cependant, en faisant ainsi on néglige les objectifs du calcul qui doivent permettre de donner des indicateurs de gestion utiles au gestionnaire, aussi faut-il préférer calculer les différentes données :

$$Q^* = \sqrt{\frac{2 \times 915\,000 \times 658{,}80}{12{,}80 \times 0{,}18}} = 22\,875 \text{ unités}$$

N* = 915 000/22 875 = 40 commandes

R* = 360/40 = 9 jours ; les commandes seront passées tous les 9 jours.

2) Intérêts et limites d'une gestion de stock avec pénurie volontaire

Envisager la pénurie consiste à décider que, pendant un laps de temps (à déterminer), il n'y aura pas de produits disponibles et ce tous les 9 jours. Ici, on considère que les clients qui ne trouveront pas leur ouvrage attendront le réapprovisionnement pour acheter leur livre : on parle de ventes différées.

- *Intérêts*

Une gestion avec pénurie permet de diminuer les coûts annuels de possession, et éventuellement de réduire le coût annuel de gestion des commandes grâce à une augmentation de la taille des lots. Elle peut aussi parfois rendre possible un réapprovisionnement à prix promotionnel.

- *Limites*

Une gestion avec pénurie peut cependant désorganiser la production (dans le cas d'une entreprise industrielle qui connaîtrait des ruptures de stocks de matières premières). Ici, le seul risque est celui lié à une perte du client suite à sa non-satisfaction. Une telle gestion n'est cependant envisagée que lorsque le client accepte volontairement (contre d'autres avantages) la pénurie ou y est contraint comme c'est ici le cas (distributeur exclusif). Il faudrait donc, dans notre calcul, pouvoir tenir compte des coûts cachés liés au mécontentement des clients et au coût de gestion des situations de pénurie (temps consacré par les managers).

3) Programme d'approvisionnement dans le cas d'une gestion avec pénurie et économie réalisée par rapport à une gestion sans pénurie

Le coût de gestion du stock est alors constitué de :

- le coût de passation des commandes ;
- le coût de stockage des produits ;
- le coût de pénurie.

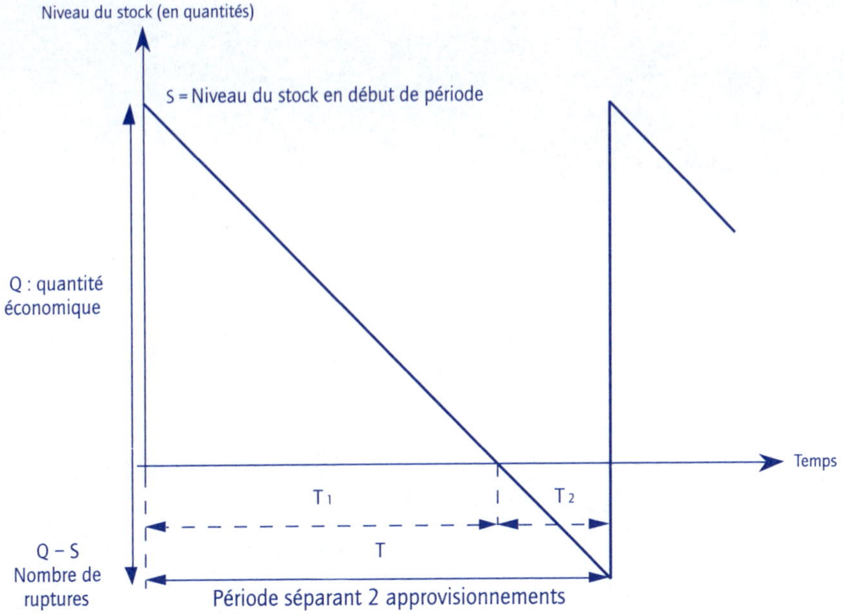

Dans cette acception du modèle, il existe deux inconnues :

- la quantité optimale à approvisionner Q* ;
- le niveau du stock après le réapprovisionnement une fois que les ventes différées stockées aient été satisfaites S*.

Les résultats sont alors les suivants :

Q* avec pénurie = Q* sans pénurie x $1/\sqrt{\alpha}$

K* avec pénurie = K* sans pénurie x $\sqrt{\alpha}$

S* = α x Q* avec pénurie

Il est aussi démontré que α = Cr/(Cr + Cs) et cette valeur exprime un taux de service pendant lequel le stock n'est pas vide.

Appliquer ici les données chiffrées :

- Cr = 0,02 € par article et par an ⇒ Cr annuel = 0,02 x 360 jours = 7,2 €/an
- Cs = 12,80 € x 18 % l'an = 2,304 €/an

On en déduit que = 7,20 / (7,20 + 2,304) = 0,7575

- Q* avec pénurie = 22 875 unités x $1/\sqrt{0{,}7575}$ = 26 281 produits
- N* devient N* = 915 000/26 281 soit 34,81 commandes
- T* = 360 jours/34,81 = tous les 10 jours environ

Le coût de gestion avec pénurie s'établit à :

K* avec pénurie = $\sqrt{2 \times 915\,000 \times 658{,}80 \times 12{,}80 \times 0{,}18} \times \sqrt{0{,}7575}$ = 45 868 €

L'économie se chiffre donc entre les deux systèmes :

Économie = 52 704 – 54 868 = 6 836 €, soit 12,96 %, soit la valeur de $\sqrt{0{,}7575}$. .

Pour l'éditeur, le principe est d'utiliser des papiers composés de fibres naturelles, renouvelables, recyclables et fabriquées à partir de bois issus de forêts qui adoptent un système d'aménagement durable. En outre, l'éditeur attend de ses fournisseurs de papier qu'ils s'inscrivent dans une démarche de certification environnementale reconnue.

056022 - (II) - (1) - OSB 80° - reflex - STI - MGS

Imprimerie Nouvelle - JOUVE
45800 Saint-Jean-de-Braye
N° d'Imprimeur : 2107478M
Dépôt légal : mai 2012
Suite de tirage : juillet 2013

Imprimé en France